미국은 왜 복지국가 만들기에 실패했나

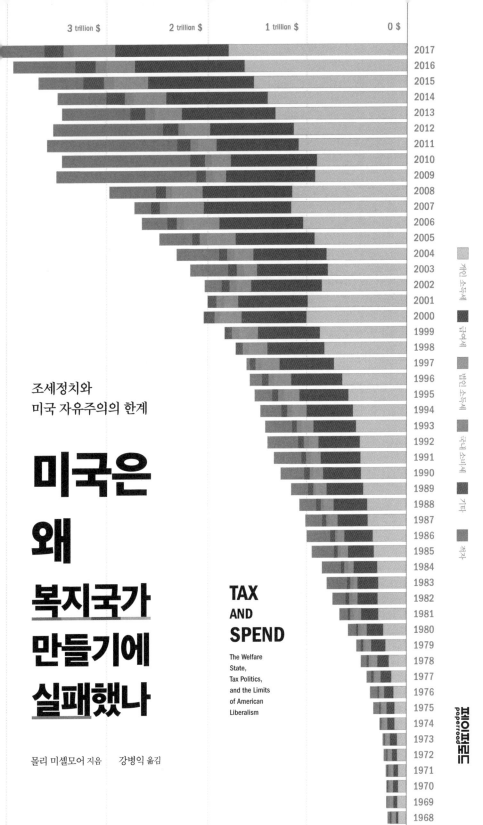

3 trillion $	2 trillion $	1 trillion $	0 $

2017
2016
2015
2014
2013
2012
2011
2010
2009
2008
2007
2006
2005
2004
2003
2002
2001
2000
1999
1998
1997
1996
1995
1994
1993
1992
1991
1990
1989
1988
1987
1986
1985
1984
1983
1982
1981
1980
1979
1978
1977
1976
1975
1974
1973
1972
1971
1970
1969
1968
1967

개인 소득세

급여세

법인 소득세

국내 소비세

기타

적자

조세정치와
미국 자유주의의 한계

미국은
왜
복지국가
만들기에
실패했나

**TAX
AND
SPEND**

The Welfare
State,
Tax Politics,
and the Limits
of American
Liberalism

몰리 미셸모어 지음   강병익 옮김

페이퍼로드
paperroad

목차

일러두기

· 본문에 나오는 인명과 지명 등은 원칙적으로 한글 맞춤법 표기법에 따랐다.

· 본문 아래쪽의 각주는 역자 주, 본문 뒤쪽의 후주는 저자 주다.

· 신문이나 잡지, 단행본은 「 」, 노래, 영화 등은 〈 〉로 표기했다.

세금은 왜 중요한가?

미국인들에게 세금은 중요하다. 주州세, 지방세, 연방세로 봉급의 절반이 깎이는 모든 노동자들에게 세금은 중요하다. 매년 소득세 환급을 신청하는 수백만의 미국인들에게 세금은 중요하다. 세금은 조세 재정에 의존해 필수적인 공공 서비스를 제공하는 주정부, 지방정부, 중앙정부에게 중요하다. 국가 경제를 관리하고, 물가를 조정하며, 실업을 퇴치하고자 하는 경제학자들과 정책 결정자들에게 세금은 중요하다. 사회보장제도와 메디케어Medicare에 의지하여 살아가는 수백만의 미국 노령층에게, 그리고 자신의 급여세payroll taxes로 사회보장제도의 재정을 대는 노동자들에게 세금은 중요하다. 평범한 납세자들의 권리와 이익을 보호하기 위한 공약과 다른 정책적 우선성 사이에서 균형을 잡아야 하는 정치인들—자유주의적인 민주당과 보수주의적인 공화당 모두 마찬가지로—에게 세금은 중요하다. 실제로 지금은 세금과 세금 담론tax talk이 국내 정책 결정을 지배하고 있다. 1960년 민주당 강령에는 세금에 대해 9개의 문장이 기술된 반면, 공화당은 2개에 그쳤다.

2008년에 이르자 민주당은 33개, 공화당은 거의 80개 문장에 가까운 조세 정책이 채택되었다.[1] 요즘 정치인들은 미국인들을 시민이나 유권자로 부르는 것만큼이나 납세자로 부르길 좋아한다.

세금에 대한 미국인들의 강박관념은 현대 복지국가의 성장과 궤를 같이한다. 과거 루스벨트Franklin D. Roosevelt 대통령이 "인생의 위험과 부침"으로 묘사한 것으로부터 연방정부가 시민을 보호하는 수많은 방식을 포함하여 광범위하게 정의되는 복지국가는 지난 80여 년간 비약적으로 성장했다.[2] 21세기로 접어들면서, 정부가 제공하는 사회 정책이 연방 예산의 3분의 1 이상을 차지했다. 즉 90% 이상의 미국인이 많든 적든 사회보장 및 경제적 안정을 공공자금에 의존했다.[3] 과거와 마찬가지로, 오늘날 연방부조 수급자의 대부분은 대중들이 상상하는 '복지여왕들'*이 아니라, 중산층 자택 소유자, 유급 전문직 종사자, 그리고 퇴직자들이다. 인정은 고사하고 거의 인식조차 되지 않았지만, 미국 중산층은 사실상 1세기 동안 표적화된 사회·경제 정책의 산물이다. 하지만 대부분의 미국인들은 자신을 경제적 안정과 중산층이 다수가 되도록 계층 상승을 도왔던 정부 정책의 수혜자보다는 조세법의 과중한 희생자로 간주하고 싶어 한다.

세금 일반, 특히 연방소득세에 대한 미국인들의 증오는 보수주의 지도자들이 세금에 대한 대중적 불만을 적극적 국가activist state에 대한

---

* 복지 과잉수급자들을 일컫는 말로, 1960년대 미국에서 부양아동가족부조(AFDC)에 의존하는 여성을 경멸하는 말로 주로 쓰였다. 이후 1979년 당시 공화당의 레이건 후보가 대통령 선거운동에서 복지정책을 비난하는 말로 활용하면서 대중화되었다.

광범위한 거부로 전환하는 데 성공했듯이, 지난 40년간 정치적 우경화로 나타났고, 또 이를 촉진했다.[4] 1970년대 중반까지 공화당은 사회적·경제적 불평등을 바로잡으려는 연방정부의 노력을 비효율적이고 반생산적이며 심지어 부도덕한 것으로 공격하는 정치 및 정책 의제를 발전시키고 대중화했다. 공화당은 1978년 전국위원회에서 "민주당 자유주의자들이 복지제도의 자격 기준과 … 수당을 확대하는 데 몰두"함으로써 "기초적 빈곤에서는 벗어났지만, 거의 전부를 국가에 의존하며, 이를 벗어날 희망도 가능성도 없는 미국의 새로운 계급을 창출"했다고 선언했다.[5] 로널드 레이건Ronald Reagan은 그의 첫 번째 대통령 취임 연설에서 정부가 국가 문제의 "해결책이 아니고", 정부 그 자체가 문제였다고 주장하면서 이러한 생각을 더욱 명료하게 표현했다.[6]

공화당은 복지국가를 축소하고자 했지만, 크게 성공하지는 못했다. 미국 사회보장망 중 가장 크고 재정 지출이 많은 메디케어와 사회보장제도는 레이건 집권기 예산 삭감에도 살아남았다. 단지 두 개의 주요 복지 프로그램—공공 서비스 일자리와 일반재정 공유제도general revenue sharing*—만이 완전히 폐지되었을 뿐이다.[7] 게다가 공화당은 복지국가 축소에 실패하는 것을 넘어 복지국가의 성장에 적극적으로 기여했다. 한 예로, 2003년 부시George W. Bush 대통령과 원내 공화당은 메

---

* 연방보조금의 일환으로 실시된 제도로, 1972년 주 및 지방 재정지원법(The State and Local Fiscal Assistance Act)으로 도입되었다가 1985년 폐지되었다. 이 연방보조금은 주정부나 지방정부가 사회보장을 포함, 각종 정책을 추진하기 위해 특별한 제한 없이 사용할 수 있었다.

디케어 프로그램에 거대 재정이 소요되는 무료 처방전 수당을 추가했다.[8] 모든 사람이 현재 미국 정부가 시민들의 생계와 복지 보장을 위한 프로그램에 그 어느 때보다 많은 돈을 지출한다고 말한다.[9] 더욱 놀라운 것은 1960년대 중반부터 정부제도에 대한 미국인들의 신뢰도가 급락했음에도 그들이 가장 기본적인 복지국가의 목표는 계속 지지한다는 것이다.[10] 2011년 해리스 여론조사Harris Poll에 따르면, 대다수의 미국인들은 퇴직 안정 프로그램, 교육, 그리고 보건에 대한 지출 삭감에 반대한다. 사실 특정한 정부 정책에 대한 지지는 레이건 집권 후 수십 년간 계속 증가했다.[11]

이것이 현대 미국 정치의 기본적인 역설이다. 미국인들은 정부를 싫어하지만, 정부가 제공하는 특례, 사회보장, 계층 이동성을 하나의 권리 문제로 요구하고, 기대한다.[12] 이 책의 목적은 1930년대 뉴딜로부터 1980년대 레이건 혁명을 거쳐 지금까지 조세와 지출 정책의 전개 과정을 분석함으로써 이러한 명백한 모순을 해명하는 데 있다. 세금이나 정부 지출만으로 20세기 후반과 21세기 초반 미국 정치의 우경화를 설명할 수는 없다. 납세자 권리와 린든 존슨Lyndon Johnson 정부 때 공식적으로 생활보호 대상자들을 "세금 먹는 하마tax eater"로 불렀던 비난 사이의 정치 투쟁 맥락에서만 이러한 변화를 이해할 수 있다.[13] 이 연구는 두 가지 경제·사회 정책의 핵심 기제—연방소득세와 부양아동가족부조—에 초점을 맞춰 전후 자유주의—흔히 잊힌 성공작 또는 실패, 모순, 한계로 잘 알려진—뿐만 아니라 자유주의를 대체하고 의존하기도 했던 보수주의의 반동에 대한 새로운 해석을 제공한다.

부양아동가족부조—일반적으로 '복지'의 대명사로 언급되는—는 미국인들이 국가를 이해하는 데 결정적인 역할을 해왔다. 연방정부는 1935년 사회보장법의 상징으로 수립된 부양아동부조ADC—AFDC의 원래 명칭—로 홀로 아이들을 키우는 빈곤 여성들에게 최저생계비를 제공하는 보충적 정부 프로그램을 운영했다.[14] 부양아동부조는 결코 규모가 크거나 비용이 특별히 많이 들지는 않았다. 의회에서 최종적으로 폐지하기 2년 전인 1994년까지 AFDC 예산은 전체 국가 복지 예산의 2% 미만이었다.[15] 하지만 복지는 평균적인 납세자들에게 그 규모나 비용과는 무관한 정치적 함의를 오랜 기간 지녀왔다. 1949년 초, 전국 언론은 공적 기금을 '위스키, 마리화나, 열대어'를 사는 데 사용함으로써 '납세자들의 눈먼 돈'을 훔친 '복지 사기꾼들'에 대한 비난에 열을 올렸다.[16] 1950년대 중반에 이르자, 국회의원, 언론, 그리고 대중들은 '복지'라는 단어에 대한 협의의 정의를 수용했는데, 필요에 기초한 극빈층 현금 부조를 언급할 때 사용했다.[17] 이러한 복지는 눈에 잘 띄고 정치적으로도 취약했는데, 사회보험의 자격과 다양한 조세지출 형태로 인해 이른바 중간계급 복지국가의 비가시성 및 상대적인 안정성과는 분명히 대비된다. 사실 수급자에 대한 인종적 비하 및 도덕성과 연계—1960년대 초까지 유색인종과 한부모 여성들은 복지 수급자 중 매우 적은 비중을 차지했다—된 AFDC의 가시성은 중간계급의 경제적 번영과 이동성을 보증해온 정부 정책의 범위를 애매하게 만들었을 뿐만 아니라, 자유주의 국가 자체에 대한 지지를 감소시켰다. 특히 보수주의자들이 복지에 대한 단순화된 미국식 정의definition 로부터 정치적인 수혜를 받았다. 1970년대에 들어서며 경제가 침체 되자 공화당은 스스로를 '방만한 세입 세출을 주도하는' 자유주의 국 가의 희생자로 규정하는 중간계급 자택 소유자와 납세자들을 견인하 기 위해 AFDC와 AFDC 수급자들에 대한 대중적 적대감을 활용했다.

자신들을 납세자 권리의 대중적 옹호자로 재포장하기 위해 세금과 복지에 대한 대중의 반감을 이용하는 미국 우파의 행동이 물론 새로 운 이야기는 아니다. 어쩌면 그보다 놀라운 것은 공화당의 그러한 행 동이 민주당의 전략에서 일부 차용된 것이라는 점이다. 전후 내내 자 유주의 국가의 건설자들은 자유주의 국가가 약속하는 생계 보장의 핵 심적인 요소로 평범한 미국인들에 대한 낮은 조세율을 옹호했다. 자 유주의의 반反조세 논리는 1930년대 복지국가 탄생에서도 분명히 드 러났듯이, 처음에는 세금 신설에 대한 대중적 저항으로 형성된 문제 들에 대해 국가 건설자들이 내린 판단을 반영하는 것이었지만, 곧 그 자체로 자유주의적 사회 협약의 필수적인 요소가 되었다. 1930년대 와 1960년대, 전후 국가 건설의 예정된 대개혁 시기에서조차, 양원 모 두에서 전대미문의 다수를 차지했던 민주당의 대통령들은 대다수 국 민을 의식하여 증세로 직접 연계되는 사회수당 신설을 거부했다. 루 스벨트 대통령은 연방소득세의 기반을 확장하여 뉴딜 정책에 사용하 려는 어떠한 노력도 거부했다. 린든 존슨도 마찬가지로 '위대한 사회 the Great Society' 프로그램을 추진하면서 동시에 전반적인 소득세 삭감을 지지했다. '구호사업의 종식'을 약속했던 루스벨트로부터 '우리가 알고 있는 복지의 종식'으로 '큰 정부 시대'를 마감한다는 빌 클린턴Bill Clinton 대통령의 공약까지, 자유주의 정책 결정자들은 복지에 대한 매우 모순적인 태도에 개별 납세자 권리에 대한 적극적 옹호를 연계했다.[18] 미국의 자유주의자들은 시민들에게 페어 딜Fair Deal,* 뉴 프론티어 New Frontier에 입각한 '위대한 사회' 창조, 『또 다른 미국the Other America』** 에서 규명한 빈곤 문제 처방, 그리고 '출구 없는 빈곤'에 갇힌 미국인들의 너무도 긴 장벽 제거를 약속해왔지만, 이들 공약에 끊임없이 납세자들의 '권리' 보호를 위한 소득보장, 개별적인 계층 상승, 낮은 세금을 약속하는 정책 의제를 결합시켰다.[19] 지출정치가 아닌 조세정치에 초점을 맞추면 이른바 20세기 후반의 우경화와 그 이전의 자유주의적 합의 간의 연속성을 발견할 수 있다. 20세기 후반과 21세기 초에 예정된 보수주의의 역습은 깊은 뿌리를 가지고 있다. 평범한 납세자의 이름으로 빈곤층을 위한 복지지출 삭감을 약속한 레이건 혁명과 그의 약속은 과거와 근본적으로 단절한 것이 아니었다. 오히려 이것은 뉴딜과 제2차 세계대전 시기 자유주의 국가 건설자들에 의해 처음으로 명확하게 된 반조세 논리 위에 구축되었고, 완전하게 실현된 것이었다.

---

* 1945년 뉴딜 정책을 계승한 해리 트루먼(Harry Truman) 행정부의 국내 정책 기본 요강으로서 갖추어졌고, 1949년 의회 연두교서에서 정식화된 것으로, 인권 확대, 사회보장, 공정한 노사 관계 등을 담고 있다.
** 미국의 빈곤 문제를 제기한 마이클 해링턴(Michael Harrington)의 저서로 1962년 출판되었으며, 린든 존슨 대통령의 '빈곤과의 전쟁'뿐만 아니라 메디케어, 메디케이드, 그리고 푸드 스탬프 같은 사회보장 정책에 영향을 주었다.

조세복지국가의 건설

대공황은 미국의 국가 건설에서 중대한 분기점으로 작용했다. 사회 사업가인 조세핀 브라운Josephine Brown이 지적했듯이, 1929년에서 1939년 사이에 '공공복지' 영역에서 과거 3백 년 동안보다 더 많은 것이 이루어졌다.[20] 하지만 대공황의 절정기에서조차 공공복지에 대한 자유주의자들의 공약은 매우 양면적이었다. 연방정부는 1933년까지 개인에게는 어떠한 직접부조도 제공하지 않았는데, 당시 루스벨트 대통령은 2,800여만 명에게 절대적으로 필요한 자금과 일자리를 제공했던 토목사업국Civil Works Administration; CWA과 민간자원보존단Civilian Conservation Corps; CCC을 포함한 초기의 다른 뉴딜 프로그램과 함께, 연방긴급구제국Federal Emergency Relief Administration; FERA을 설립하여 미국 국민들에게 뉴딜에 대한 강한 인상을 남긴 선거 공약을 이행했다.[21] 하지만 FERA와 여타 형태의 직접구제는 루스벨트 행정부의 몇몇 인사와 대통령 자신에게는 받아들이기 힘든 것이었다. 구제에 대한 의존이 지속되면 국가 조직을 근본적으로 파괴하는 정신적·도덕적 해이가 올 것이라 우려한 루스벨트는 1934년 미국인들에게 구제가 아니라 '생계 보장', '인생의 위험과 부침에 대비한 보장', '적정 수준을 갖춘 가정의 보장'을 제시했다.[22]

미국 복지국가의 '초석'인 1935년의 사회보장법은 '남성, 여성, 그리고 국가의 아이들'의 생계 보장에 대한 공약을 실천하는 데 목적을 두었다.[23] 기여형 노령연금OAI과 실업보험UI, 연방정부가 보조하고 주정부가 운영하는 노령부조OAA, ADC, 그리고 맹인부조AB 등 5대 주요 사회보장 프로그램으로 구성되어 있는 사회보장법은 "더 안정된 경제 체제의 복원을 촉진 … 발전시킬 것"과 위험 및 사회적·경제적 불균형에 노출된 피해자들을 도울 것을 분명하게 약속했다.[24] 기여형 사회보험은 새로운 경제 보장 체계의 핵심이었다. 즉 대부분의 뉴딜 추진자들은 부문별 부조 프로그램을 공황에 의해 야기된 극도의 빈곤에 대처하기 위한 임시 응급조치로 이해했던 것이다.[25]

뉴딜 복지국가의 형성, 그리고 뉴딜 복지국가의 가장 중요한 정책 혁신을 지원하는 역진적이지만 사람들이 잘 체감하지 못하는 급여세에 대한 의존성은 자유주의적 정책 결정에 대한 조세정치의 중요성을 반영했다. 뉴딜 추진 세력들은 연방소득세 신설에 따른 대중적 저항을 관리하고, 1930년대 초 활발하고 강력한 조세저항운동을 불러일으켰던 납세자들의 조세에 대한 적대감에서 정부를 보호할 필요성을 인식했다. 자유주의 국가 건설자들은 새로운 예산 증대를 위해 소득세 기반을 확장하자는 제안을 거부하고, 대신 뉴딜의 지출 프로그램 비용을 상쇄할 간접적이거나 사람들이 잘 체감하지 못하는 조세 ─역진적 소비세와 원천소득과세─에 의존했다. 사회보장 재정, 그리고 노령연금과 실업보험이 특정 목적의 급여세로부터 충당된다는 행정부의 주장은 또한 재정적으로 보수주의적인 복지국가에 대한 루스벨트 자신의 선호─그의 핵심 자문단의 상당수가 공감했던─를 반영하는 것이었다.[26] 역사학자인 줄리언 젤라이저Julian Zelizer가 지적했듯이, 루스벨트 대통령은 재정보수주의가 금융계와 투자자들의 요구에 대한 해답일 뿐만 아니라 "여전히 균형예산을 안정적인 정부의 상징으로 이해"하고 "전통적인 미국인들의 세금에 대한 반감을 공유"하고 있는 유권자들에게 호소력이 있을 것이라고 믿었다.[27] 실제로 신설된 사회보장위원회Social Security Board: SSB뿐만 아니라, 재무부 장관 헨리 모겐소Henry Morgenthau와 예산국장 루이스 더글러스Louis Douglas를 포함한 뉴딜의 재정보수주의자들은 기여형 사회보장만이 대통령이 1935년 일반교서에서 약속한 경제 안정을 위한 안정적 기반을 제공할 수 있을 것이라고 주장했다. 반조세정치에 대항하여 이러한 핵심적인 경제 안정화 정책 보호를 기대하며, 몇몇 사회보장 프로그램의 지지자들은 노령연금과 실업보험이 궁극적으로 주정부와 지방정부는 말할 것도 없고 평범한 납세자들을 '구호의 부담'에서 구제해줄 것이라는 주장까지 했다.[28]

물론 신설된 실업보험과 노령연금 프로그램은 연방세에 의존했고, 많은 미국 시민들의 복지를 위한 연방정부의 책임성 확대가 요구되었다. 하지만 자유주의 국가 건설자들은 대부분 대공황의 위기에서 벗어나면 사라질 것으로 기대했던 복지 및 구제 프로그램과 사회보험을 철저하게 구분했다. 행정부와 신설된 사회보장위원회 위원들은 일반적으로 급여세를 기여자들에게 당연한 권리로서 연금 자격이 주어지는 일종의 보험료로 생각했다. 한 사회보장위원회 위원의 말에 따르면, "자연적인 생활상의 위험"에 대처하기 위해 "노동자와 사용자가 … 그들 소득에서 적은 부분을 납부하라"는 요구는 "화재와 도난에 대비한 보험"과 가장 잘 비교될 만했다.[29] 공적 복지보다는 훨씬 민영보험에 가까운 것으로 옹호되고, 알려졌으며, 이해되었던 노령연금―

약간 정도는 덜했지만 실업보험도—은 다른 공적 복지제도에 누적되었던 적대감으로부터 벗어났지만, 복지 일반이 갖는 공적 이익으로부터도 벗어났다.

이 무늬만 연금인 제도에 대한 행정부의 공약은 부분적으로 사회보장법안에 대한 대중적 지지를 강화하고, 신설 혹은 고율의 세금에 대한 대중적 저항으로부터 프로그램을 보호할 필요성에서 나왔다. 노령연금에 대한 광범위한 요구—60세 이상의 모든 미국인에게 매달 200달러를 연금으로 지급하자는 '타운센드 운동'의 제안에 대한 대규모 지지의 여파로 가시화되었던—가 새로운 증세에 대한 대중의 지지로 전환되지는 않았다.[30] 사실 조세 폭동과 시위는 농민, 부동산업자, 자산 소유자들이 주정부와 지방정부의 재산세법에 저항하기 위해 조직한 각종 풀뿌리납세자연맹에 참여했던 1930년대 내내 일반적인 현상이었다. 이러한 집단들은 지방정부 예산을 엉망으로 만들어 놓았다. 예를 들어, 1932년에는 시카고 납세자연맹이 재산세 납부를 거부해 시는 5억 달러의 세수 손실을 입었고, 지방경찰, 소방관, 교사들에게 임금을 지급하지 못했다.[31] 한 기사에 따르면, "이러한 조세저항은 이 나라에서 거의 정치혁명에 가까웠기" 때문에 지방정부와 주정부 관료들에게 조세제한법뿐만 아니라 중앙정부 차원의 복지와 사회보장 정책 수립을 심각하게 고민하게 만들었다.[32]

납세자의 조세저항을 최소화하는 경제 안정 프로그램을 설계하는 데 백악관만 나섰던 것은 아니었다. 한 예로, 타운센드 계획은 소득세나 재산세보다 눈에 띄지 않도록 대규모 역진적 과세를 할 수 있는 새로운 연방판매세로 노령연금을 지급하고자 했다. 미네소타주 하원 의원인 어니스트 런딘Ernest Lundeen의 후원하에 진행된 상원 의원 휴이 롱Huey P. Long의 포퓰리스트적인 '부의 공유Share Our Wealth' 계획*과 '노동자 권리 장전Workers' Bill'을 포함한 정부의 경제안정법에 대한 훨씬 급진적인 대안조차도 새로운 프로그램의 재원은 부유층에 대한 과세로만 충당하려고 했다.[33] 정부는 가장 중요한 복지정책 계획에 대한 재정을 급여세와 무늬만 연금인 연금 공약에 의존하여 사회보험료와 다른 공공복지 재정에 소요되는 세금을 분리함으로써 이들 프로그램과 프로그램 재정에 쓰일 세액에 대한 납세자들의 저항을 누그러뜨리는 데 성공했다.[34]

1930년대 조세국가의 또 다른 요소들은 신설된 직접연방세에 대한 대중적 적대감에 대응하기 위해 예산 및 지출을 조정하려는 뉴딜 추진 세력들의 의지를 반영한다. 예를 들어, 1930년대 조세 체계를 지탱했던 가공세processing tax, 물품세excise tax, 사치세luxury tax, 기타 소비세는 대중적 주목을 받지 못했다. 이러한 체감되지 않는 세금들hidden taxes이 예산의 상당 부분을 충족했고, 극빈층조차 연간 최고 100달러까지 부담을 졌음에도 불구하고, 많은 경우 세금으로 인식되지 않았을 뿐만 아니라 상당한 수준의 납세 의식을 불러오지도 않았다.[35] 1939년에

---

* 1934년 2월 23일 전국 라디오 연설을 통해 처음 모습을 드러낸 휴이 롱의 '부의 공유' 계획은 누진적 연방소득세법, 정부 수당 및 공공근로를 통한 정부 예산 배분의 개혁으로 개인 자산을 5천만 달러로 제한하는 부의 배분을 통해 모든 미국인들에게 '괜찮은 삶(decent standard of living)'을 제공한다는 것을 골자로 하고 있었다. 소득과 상속 제한 이외에도 가족 생계비 보장, 무상 대학 교육, 주당 30시간 노동 등이 이 계획에 포함되어 있었다.

실시한 한 여론조사에 따르면, 응답자의 거의 25%가 "세금 낼 일이 없을 것"이라고 믿고 있었다. 높은 소득면세점 덕분에 어떠한 연방소득세도 납부하지 않는 저소득 납세자들이 스스로 납세자로 불리길 싫어한다는 것은 놀랄 일이 아니다. 상위 소득 유권자의 93%와 중위 소득 유권자의 81%가 자신을 납세자로 인식하고 있는 반면, 하위 소득 유권자는 40%만이 그렇게 생각했다.[36]

뉴딜 추진 세력들이 납세자 저항의 위험 감수를 꺼렸다는 것만으로 그들이 임금 기반 사회보장에 기초한 재정적으로 보수주의적인 복지국가를 공약했다는 것은 설명되지 않는다. 경제 불안정의 원천에 대한 자유주의자들 스스로의 이해와 백인 남성 산업노동자의 경험에 뿌리를 둔 경제 안정 모델 공약은 똑같이 중요했다.[37] 뉴딜 복지국가의 설계자들은 1935년에 자리 잡은 사회보험 프로그램이 궁극적으로 모든 미국인들에게 의미 있는 정도의 경제 안정을 제공하며 확대될 것이라고 믿었다. 대통령부터 실무진까지 뉴딜 추진 세력들은 1935년에 법으로 규정된 분야별 부조 프로그램들을 임시적이고 잔여적인 것으로 보았고, 다른 직접적인 구호 정책과 마찬가지로 경제가 회복되고 사회보험 체계가 성장하면 사라질 것으로 예측했다. "공공부조의 잔여 부담"이 완전히 제거되지는 않더라도 "경제적인 위험에 노출된 모든 사람을 대상으로 하는 포괄적인 기여형 사회보험 체계"는 축소될 것이라는 확신이 대공황 시기에도 존재했다.[38] 미국공공복지협회American Public Welfare Association; APWA 회원들을 포함해 공공부조 프로그램에 전력을 투구했던 진보적 정책 결정가들조차도 보험 중심 모델에 찬성했다. APWA의 입법 자문위원이었던 엘리자베스 위켄든Elizabeth Wickenden에 따르면, 이 단체는 항상 "공공부조 정책의 필요성을 차단하는 하나의 수단으로 사회보장제도에 대한 가장 강력한 지원"을 제공했다.[39] 경험적으로 검증된 주장이라기보다는 신념에 가까운, 즉 제2차 세계대전과 전후 경제 번영으로 미국이 '장기 침체'의 정점, '불충분한 경기회복', '공황 자체를 자양분으로 하는 공황', 그리고 '해결하기 힘들어 보이는 실업 문제'에까지 이르렀다는 대공황기의 우려가 거짓임이 드러나면서, 공공부조의 필요성은 경제 성장과 활발한 임금 기반의 사회 안전망으로 곧 '사라질 것'이라는 생각이 1940년대에 더 강력해졌다.[40] 1950년대 초에 이르자 노조 대표와 기업집단은 포괄적 사회보장 체계로 연방정부가 "극빈층 부조 제공을 순차적으로 중단"하는데 동의했다.[41] 해리 트루먼 대통령은 "공공부조의 기본 목적은 항상 우리 사회보장 체계를 보충하는 데 있었다"고 밝히면서, 1951년 대통령으로서 위와 같은 합의를 정식으로 승인했다.[42]

초기에는 경제 불안정으로부터 보호받지 못하는 수많은 미국인들이 존재했지만, 기여형 사회보험은 사회 안전망의 궁극적인 확장을 위한 자유주의 국가 건설자들의 계획 속에 안착했다. 사회보장위원회의 사회보장법 주창자들과 이후 신설된 소득세에 대한 납세자들의 저항 가능성을 경계했던 사회보장청은 기여를 통한 재정 마련에 대한 어떠한 대안—복지국가에 대해 진보주의 찬성 측이 지지하느냐, 보수주의 반대 측이 지지하느냐에 상관없이—도 이 기본적인 경제 안정 체계를 확장하려는 정치적 동기를 약화할 것이라고 주장했다. 사회보장위원회 위원장인 아서 알트마이어Arthur Altmeyer가 훗날 인정했듯이 많은 사회보장 전문가들과 마찬가지로 그도 기여형 사회보험 급여를 일반예산에서 지급되는 정액연금으로 보충하기 위한 어떠한 대안도 "비보장 집단들을 기여형 사회보장 체계로 포괄하려는 동기를 약화할" 것이라고 믿었다.[43] 알트마이어는 최소한 부분적으로는 그의 예측으로 선견지명을 보인 셈이었다. 일단 급여 지급이 시작되자 이 기여형 제도는 현행 급여를 유지하는 것뿐만 아니라 개선하는 데 관심을 갖는 새로운 정치적 지지층을 형성했다. 급여 상승과 상대적으로 낮은 급여세 유지를 바라는 대중적 요구에 호응하기 위한 입법가들의 노력 덕분에 농업노동자와 가사도우미를 포함해 원래 입법 과정에서는 제외되었던 집단을 포함하도록 사회보장 범위를 확대했다.[44] 노령연금이 확대됨으로써 한때 사회보장법에 의해 수립된 프로그램 중 규모와 재정 소요가 가장 컸던 노령부조는 어느 정도 유명무실해졌다.

이러한 임금 중심의 사회보험에 대한 공약과 정책 결정 과정에서 '시행착오 줄이기'에 대한 폭넓은 수용은 자유주의 국가 건설자들의 잘 알려지지 않은 인종적·젠더적 측면의 전제와 편견을 반영했다.[45] 여성 노동을 주변적인 것으로, 심지어는 비정상인 것으로 보는 경제 및 가족 모델에 집중했기 때문에 사회보장 체계의 설계자들은 임금 중심의 사회보험이 확장되면 임금소득 남성에 연계된 덕으로 취약한 여성과 아이들에게 경제적 안정이 제공될 것이라고 생각했다. 이들은 대체로 경제 안정 문제를 대공황 시기 남성 고용의 위기로 이해했기 때문에 에이브러햄 엡스타인Abraham Epstein과 같은 사회보장 전문가들은 노령연금과 실업보험 모두 실업, 질병, 노동 능력 상실이나 노령으로 인해 임시 혹은 영구적으로 일자리를 잃는 것으로부터 파생되는 경제적 위기에 대처하여 노동자와 그의 가족을 보호하기 위한 목적으로 설계했다.[46] 이 남성 부양자 모델이 이미 대다수의 노동계급에게 한물 간 것으로 인식되고 있었고, 비백인 가족에게는 결코 적용된 적이 없었다는 사실이 이러한 젠더적 가정assumption들을 뉴딜 사회 정책의 중심에서 제거하는 데 도움을 주지는 못했다. 알트마이어는 미국노동총연맹American Federation of Labor; AFL—조직 차원에서 남성 부양자 모델과 가족임금 체계에 전적으로 매진했다—에 사회보장제도의 확장은 "남성의 소득으로 부양되는 국내 모든 이들—전체 국민과 남성의 가족—을 보호해줄 것"이라고 말한 바 있다.[47]

자유주의 국가 건설자들은 새로운 경제 안정 체계가 아프리카계 미국인들에게 어떤 영향을 미치게 될지 충분히 고려하지도 않았다. 인종 불평등 문제는 대체로 계급정치의 관점에서 이해되었기 때문에 해롤드 이커스Harold Ickes 같은 진보파 지도자들은 '흑인 문제'는 일반적으로 평균 혹은 그 이하의 생계와 불안정에 처한 미국 시민들이라는 더 커다란 문제의 관점에서 우선적으로 보아야 한다고 주장했다.[48] 많은 지도적 흑인 단체들이 대공황기 정책 결정에 대한 이 비인종적color-blind 접근에 동조했지만, 이 전략으로 흑인 공동체 전체에 새로운 경제적 기회의 문을 여는 데는 실패했다. 백인 노동자들은 종종 격렬하게 인종 간 경계를 침범하여 이전에는 '검둥이 직업'으로 매도했던 일자리까지 요구했다. 뉴딜 노동법으로 규제되지 않는, 1935년 사회보장법에 성문화된 특정 인종에 편중된 직업 배제와 결합하여 지속적인 노동시장 차별화는 어떤 형태의 임금 중심 경제 안정화에 대해서든 비백인 노동자들의 요구를 침해했다. 심지어 이 문제는 비백인 노동자들을 더 열악한 형태의 공공부조로 강등시켰고, 인종 차별 문제를 야기한 1960년대와 1970년대의 '복지 위기'의 출발점이 되었다.[49]

더욱 중요한 것은 최고 부유층을 제외하고 새로운 세금에 대한 대중적 저항이 있을 것을 알고 있었던 뉴딜 복지국가의 설계자들이 시민의 의무와 권리 간 관계를 고의적으로 모호하게 했고, 곧 많은 사람들이 하나의 권리 문제로 인식하게 될 경제 안정을 위한 징세 요구를 평범한 납세자들에게 결코 하지 않았다는 것이다. 1932년 허버트 후버Herbert Hoover 정부의 재무부 장관 오그덴 밀스Ogden Mills는 미국인들이 "높은 수준의 면세와 더 적은 과세 대상 소득에 대한 매우 낮은 세율에 익숙해져 있다"고 지적했다.[50] 뉴딜 시기 이에 대한 변화는 거의 없었다. 뉴딜의 지출 프로그램 확장으로 연방 재정에 대한 전례 없는 요구가 있었음에도, 그리고 자신의 재정적 보수주의 경향에도 불구하고 루스벨트는 연방소득세 체계에 중간계급을 포함하려는 어떠한 시도도 거부했다. 조세 기반을 확장하는 조세 개혁이 1930년대 중반 몇몇 진보개혁주의자들과 자유주의 경제학자들 사이에서 지지를 얻었다. 나무랄 데 없는 진보적 신망을 받고 있던 위스콘신주 공화당 상원의원 로버트 라폴레트Robert La Follette가 옹호했던 조세 기반 확대는 '부와 소득의 불균등 분배' 문제를 해결하고 '사회를 재건'하는 또 다른 방식으로 제안되었다.[51] 일반 국민들에게 과세하려는 행정부의 근성이 부족한 데 실망한 개혁주의자들은 최고 부유층과 기업에 대한 더 높은 소득 과세만으로는 사회복지 프로그램에 반드시 필요한 재정이 충족되지도 않고, 경제력의 의미 있는 재분배도 촉진하지 못할 것이라고 지적했다.[52] 하지만 조세 기반을 확대하려는 노력은 거의 결실을 보지 못했고, 롱 상원 의원이 '소시민little people'[을 위한 것]이라고 불렀던 세금에 대한 어떤 제안에도 대중의 적대감은 여전했다. 예를 들어, 1939년 한 여론조사에 따르면, 사람들은 중간 및 저소득층에 대한 과세에 전반적으로 반대했다.[53] 이러한 '대책 없는 비인기' 정책을 받아들이는 것을 당연히 꺼렸던 루스벨트 행정부는 대신, 역진적이지만 대체로 체감되지 않는 소비세와 급여세를 통한 예산에 계속 의존했고, 이른바 '악한 거대 부자들'에 대한 공격에 공개적으로 몰두했다.[54]

그러나 자유주의 국가 건설자들이 정치적인 이유로 대중적 과세를 기피했었다면, 1930년대 말까지 지도적인 뉴딜 추진 세력들은 다수 국민들에 대한 낮은 세율을 자유주의 사회계약 내용에 포함하기 시작했다. 다우존스 산업지수가 단 7개월 만에 48% 하락했던 1937년 경기 침체로 산업 생산과 기업 이윤이 곤두박질쳤고, 이미 포화 상태였던 실업군에 4백만 명이 더 늘어났다. 이른바 루스벨트식 경기 침체는 또한 과세와 지출 정책을 분배의 결과 혹은 예산과 지출 사이의 균형의 관점이 아니라 거시경제 결과의 장기적 관점에서 이해할 것을 주장하는 새로운 경제 담론을 앞세움으로써 미국 자유주의에 변형을 가져왔다.[55] 자유주의자들은 경기회복, 장기적 안정, 심지어는 경제 성장의 비결도 소비자들의 수요를 자극하는데 있다고 점차 확신했지만,

새롭고 직접적인 지출 프로그램에 대한 반대 여론에 제약을 받았기 때문에 일반 시민의 낮은 개별 소득세율을 경제와 사회보장 공약의 중심에 놓았다.[56] 미국 경제의 장기 침체에 대한 뉴딜 시기의 공포가 거짓임이 밝혀짐과 동시에 연방소득세 기반을 중간계급 및 노동계급으로 확대할 필요성이 있었던 제2차 세계대전은 낮은 세율, 드러나지 않은 지출, 그리고 임금 기반의 사회보험을 통해 경제 성장과 안정을 창출하는 데 자유주의자들이 점점 더 몰두하게 만들었을 뿐이었다.

제2차 세계대전을 위한 동원 정책으로 뉴딜 자유주의는 비로소 그 변화를 완료하게 되었다. 1942년 재정법은 현대 미국 조세복지국가의 기초를 놓았던 사회보장법과 함께 대다수 미국인들을 납세 시민으로 국가에 편입시킴으로써 연방소득세를 계급에 따른 조세에서 대중적인 조세로 효과적으로 개혁했다.[57] 이 새로운 조세 체계를 설득하기 위해 1942년 법안의 설계자들은 전쟁사학자 마크 레프~~Mark Leff~~가 이야기했던 "희생의 정치"[58]라는 용어를 활용했다. 법안 서명이 거의 완료되자 재무부는 모든 미국인이 "추축국을 이기기 위해 세금을 납부하도록" 독려하는 강력한 홍보운동을 펼쳤다. 행정부는 어빙 벌린,* 로이 로저스,** 대니 케이,*** 심지어는 월트 디즈니의 도널드 덕까지 포

---

* Irving Berlin(1888~1989). 러시아 태생의 유대계로 미국의 대표적인 뮤지컬 작곡가다. 브로드웨이 뮤지컬과 할리우드 영화음악을 포함해 1,500여 곡을 남겼다. 〈Easter Parade〉, 〈White Christmas〉, 〈Happy Holiday〉 등이 대표작이다.
* * Roy Rogers(1911~1998). 미국의 컨트리 가수 겸 작곡자이자 서부극의 스타 배우로도 활약했다. 대표작으로는 〈Dark Command〉(1940), 〈Sunset Serenade〉(1942), 〈Roll on Texas Moon〉(1946) 등이 있으며, 자신의 이름을 딴 텔레비전 쇼도 진행했다.
* * * Danny Kaye(1913~1987). 미국의 희극 배우 겸 가수로 많은 희극 영화에 출연하여 인기를 모았다. 대표작으로 〈The Kid from Brooklyn〉(1946), 〈The Secret Life of Walter Mitty〉(1947), 〈The Court Jester〉(1956) 등이 있다.

함하여 인기 있는 연예계 인물들에게, 미국 유권자들에게 그들이 내는 소득세가 "민주주의의 전진을 담보할" 것이라는 점을 상기시켜 줄 것을 요청했다.[59] 루스벨트 행정부는 세금 인상을 "히틀러와 히로히토"탓으로 돌리고, "우리에게 세금을 부담하게 하는 실질적인 장본인"은 베를린과 도쿄에서 찾을 수 있을 것이라고 주장함으로써 미국인의 전시 협력을 위한 광범위한 대중적 지지를 이용하고자 했다.[60]

이 홍보운동은 놀랄 만큼 성공적이었다. 세금이 늘어나도 대다수의 미국인들은 그들의 세금 부담이 공정하다고 믿었다. 전시정보국Office of War Information; OWI에 따르면, 많은 이들이 소득세를 후방에 있는 이들이 전시 협력에 일조할 수 있는 방법이라고 생각했다.[61] 하지만 제2차 세계대전과 연방소득세 간 관계를 강조함으로써, 평범한 노동자들에게 부과된 연방세 및 조세 부담과 다른 공적 우선성 간의 관계는 한층 단절되었다. 사실 재무부의 공개 홍보운동은 종종 고의적으로 새로운 조세 체계를 행정부의 이전 국내 지출의 우선성과는 거리를 두게 했다. 마치 루스벨트가 1943년 자신은 이미 '뉴딜 박사'가 아니라 '승전 박사'가 되었다고 공식 선언했던 것처럼, 재무부는 홍보물을 통해서 새로운 세금이 추가적인 뉴딜 사회 프로그램 기금으로 활용될 것이라는 비판에 맞서 평시 지출을 삭감할 것이라고 강조했다.[62]

1942년 재정법은 미국 노동자의 다수를 신설된 조세 및 소득 이전 프로그램으로 그들의 경제 보장이 신장되기보다는 위협받을지도 모른다고 생각하는 납세자로 변화시킴으로써, 자유주의 정책 결정자들이 경제 공황과 비상 전시가 지나면 세우고자 기대했던 요람에서 무덤까지의 복지국가에 대한 대중적 지지를 잠식했다. 뉴딜 국가 건설자들은 1935년에 만들어진 사회보장 프로그램들이 언젠가는 좀 더 보편적인 사회 지원 체계를 위한 방도를 확실하게 하고, 모든 미국인들을 위한 진정한 경제 보장을 보증할 것이라고 도박과 같은 막연한 기대를 걸었다. 1930년대 후반과 1940년대 초반에 걸쳐 자유주의 활동가들과 정책 결정자들은 기존 사회보장 체계를 '소득 능력의 상실이나 장애'에 맞서 '자신의 소득으로 살아가는 모든 미국인들'을 보호하는 보편적이고 전 국민을 대상으로 하는 복지국가로 전환시키려는 희망을 갖고 계획을 세웠다.[63] 사회보장위원회의 이완 클라그Ewan Clague와 같은 정책 전문가들은 "수많은 극빈층이 … 어떠한 도움도 받을 수 없는" 현행 누더기 사회보험과 분야별 공공부조의 한계를 잘 알고 있었기 때문에 뉴딜 사회 안전망에서 이 빈틈을 메울 수 있기를 희망했다.[64] 의회에서는 몬태나주 민주당 상원 의원인 제임스 머리James Murray와 뉴욕주 민주당 상원 의원 로버트 와그너Robert Wagner가 미시간주 민주당 하원 의원인 존 딩걸John Dingell과 함께 "경제적 불안정으로부터의 보호 틀을 완료"할 요람에서 무덤까지의 복지국가를 만들기 위해 1943년과 1945년에 입법안을 제출했다.[65]

이 세 번째 뉴딜은 결코 일어나지 않았는데, 의회 내 보수주의자들이 이 시도를 저지하기 위해 다시 고개를 든 기업의 로비와 결탁했기 때문이다. 1943년의 와그너 - 머리 - 딩걸 법안도, 1945년 다시 제출된 같은 법안도 상임위원회조차 통과하지 못했다. 이 법안에 대한 대부분의 분석은 미국의학협회American Medical Association; AMA의 의료 보장 반대운동이 성공한 데 초점을 맞추고 있지만, 조세정치도 요람에서 무덤까지의 복지국가를 위한 의회와 대중의 지지가 약화되는 데 중요하게 작용했다.[66] 반대자들은 사회보장 프로그램을 확대하면 현행 납세의무에 새로운 세금이 추가될 것이고, '신규 인력'을 고용하고자 하는 사용자들에게 '불이익'을 주어 전후 복구 노력을 저해할 것이라고 판에 박힌 주장을 했다.[67] 새로운 복지 프로그램의 비판자들은 1930년대와 1940년대 초 자유주의 국가 건설자들에 의해 신중하게 구축된 보험 체계의 상(像)을 거부하면서 잠재적인 비용 문제를 환기했는데, 이 프로그램에 소요되는 세금이 미국 경제의 성과를 억누르고, 평범한 노동자들에게 유례없는 세금 부담을 지울 것이며, 미국인들의 경제 보장과 번영에 대한 새로운 기대를 위협할 것이라고 주장했다. 성장의 정치에 대한 자유주의자들의 새로운 공약과 시민의 의무를 혜택과 연계하는 어떠한 정치적 전통도 없었다는 것이 이러한 주장들에 효과적으로 대항하는 데 어려움을 겪게 했다.

사실 와그너-머리-딩걸 법안에 대한 보수주의자들의 반대와 다른 포괄적 경제 및 사회보장에 대한 제안들은 다양한 방식으로 뉴딜 복지국가 자체의 제도적 구조와 이념적 틀에 기대고 있었다. 1930년대와 1940년대 초에 걸쳐 사회보장 전문가들은 여러 차례 노령연금과 실업보험 모두 다른 공공복지 제도와 차별성을 가지며 훨씬 우수하다고 설명했다. 사회보장위원회 위원들은 기여형 사회보험의 자격에 의해 발생한 독립성이 복지 '의존성'에서 나온다고 생각한 낙인degradation보다 낫다고 비교하곤 했다. 사회보험은 '독신 여성과 자존심

강한 남성'이 소득을 하나의 권리 문제로 받아들이도록 했지만, 복지 급여는 극빈층만이 요구할 수 있었다.[68] 뉴딜 복지국가의 핵심인 사회보험을 보호하고 확장하기 위해 동원된 이런 말은 궁극적으로 다른 형태의 공공지출의 정당성에 대해 의문을 자아냈다. 무늬만 연금 또한 양날의 칼임이 드러났다. 급여세를 일종의 보험료로 같이 묶는 데 성공한 사회보장 옹호자들은 루스벨트가 1941년에 예측했던 것과 같이, 수급자들이 '합법적·도덕적·정치적 권리'로 급여를 받고, 은퇴 및 실업 프로그램 모두가 축소되지 않고 유지되는 데 도움을 주었다.[69] 하지만 급여세를 통해 입법권자들이 기존 수당을 개선하고, 입법권자들에게 개선이 요구되기도 했지만, 이것이 새로운 자격 기준이나 적극적 국가를 위한 더 많은 지지를 이끌어내지는 못했다.[70]

대공황과 제2차 세계대전이라는 위기의 시기에 입안된 정책 선택으로 자유주의자들의 가장 인상적인 정책 성과 중 공공복지의 측면은 효과적으로 은폐되었고, 연방소득세를 통해 명실상부하게 구축된 시민권의 의무가 시민권의 혜택으로부터 떨어져 나가게 되었다. 1940년대 말이 되자 대부분의 자유주의자들은 요람에서 무덤까지의 복지국가 만들기에 대한 어떠한 기대도 포기했다. 대신 목적세로서의 급여세, 경제 성장에 의해 자동으로 발생되는 세입, 그리고 새로운 프로그램에 소요되거나 기존 프로그램을 확대하기 위한 '숨겨진' 조세지출 체계에 의존하는 정치 및 정책 전략을 수립했다. 이 전략으로 정책 결정자들이 새로운 사회복지 형태에 대한 이념적 반대와 제도적 장벽 모두를 극복할 수 있게 되었지만, 보이지 않는 경제 지원 형식으로는 복지국가 혹은 복지국가를 건설하는 데 힘을 보태려 했던 정치가들에 대한 대중적 지지는 창출되지 않았다.[71] 더 중요한 것은 6년 이상 낮은 세율을 지키기 위한 양당의 협력을 통해, 이러한 은밀한 방식으로 수많은 미국인들에게 경제적 보장과 기회를 확대하는 데 성공했고, 이는 중간계급이 스스로를 자유주의 조세복지정책의 수혜자가 아니라 희생자로 여기게 함으로써 적극적 국가에 대한 지지를 약화했다는 데 있다.

이 책의 구성

이 책은 필자가 명명한 미국 조세복지국가의 발전 과정을 대공황 시기부터 1980년대 레이건 혁명의 종착점까지 연대기적 순서에 따라 추적하고 있다. 뉴딜과 제2차 세계대전에서의 조세와 복지정책은 한때 미국인들에게 어느 정도 경제적 안정을 제공하기 위한 연방정부의 의무로 인정받았고, 대다수 시민을 납세자로 국가에 통합시켰다. 뉴딜 추진 세력은 임금 중심 사회보험에 기반을 둔 복지국가에 전념하면서 대중적 저항으로 소득세 신설에 제약을 받기는 했으나, 경제성장의 가능성과 그 효과에 대한 낙관을 바탕으로 경제적 안정과 낮은 개별세율을 모두 약속하는 자유주의적 사회 협약의 제도적 기초를 놓았다. 필자가 제1장에서 제시한 바와 같이 전후의 재번영은 공화당의 보수주의자들과 기업집단에게, 뉴딜과 제2차 세계대전의 사회 협약에 배태된 명백한 모순을 이용하여 새롭게 권한을 부여받은 납세자의 이익에 호소함으로써 자유주의 조세복지국가를 후퇴시킬 기회를 제공했다. 자유주의 국가 건설자들은 이러한 도전에 대해 눈에 드러나지 않는 세금 보조금과 경제 성장 관리를 위해 직접적 형태의 복지 지원을 하지 않는 기존 조세 및 복지정책으로 대응했다. 이 전략적 선택은 냉전 시기 국가주의 정치에 대한 적대감과 케인스주의 경제학에 대한 자유주의자들의 진정한 믿음이라는 맥락에서 이해하고도 남음이 있었지만, 그럼에도 대다수 미국인들이 납부하는 세금과 국가로부터 그들이 받는 혜택 간의 연계를 약화함으로써 전체적인 자유주의 기획을 훼손했다.

뉴딜과 제2차 세계대전, 그리고 전쟁 직후 시기에 형성된 정책 제도와 이념적 공약은 이후 수십 년에 걸친 자유주의 정치에 영향을 미쳤다. 1960년대의 자유주의적 조세 및 지출 정책은 모든 미국인들의 사회적·경제적 안정을 보증하는 자유시장의 능력에 대한 정책 결정자들의 믿음을 반영했다.

제2장은 1964년 재정법에 초점을 맞춰 시장에 대한 자유주의자들의 공약이 어떻게 국내 및 국제 정치경제에서의 변화에 대응하는 그들의 능력을 제약했는지, 더 나아가 적극적 국가에 대한 대중적 지지의 토대가 어떻게 무너졌는지 보여준다. 1960년대 후반과 1970년대 미국 경제의 붕괴는 또한 주류 미국 자유주의의 한계를 분명하게 조명해주었다.

제3장과 제4장은 뉴딜 질서의 붕괴, 이념적으로 일관된 정치적 다수를 재건하는 데 실패한 자유주의 세력, 그리고 공급경제의 광신자

인 주드 와니스키 Jude Wanniski가 "감세의 산타클로스"라고 불렀던 공화당의 변신을 분석한다.[72] 1970년대 중반 공화당 지도자들에 의해 수용된 공화당식 조세정치는 과세에 대한 초기의 대중적 반대를 전국적으로 확산시켰고, 상대적인 경기 침체에 시달린 침묵하는 다수와 강력하게 공명했다.

이 책은 1980년대 레이건 혁명을 활성화하고 미국의 보수주의 정치를 대중화하는 데 기여한 조세 및 지출 정책에 대한 분석으로 결론을 맺는다. 로널드 레이건 대통령의 임기와 그 전후 기간 공화당의 조세 및 지출 정책과 정치를 면밀하게 조사해보면 어떻게 이 보수주의의 부활이 1940~1960년대 국가와 시민 사이에 성사된 그 수많은 사회 협약에 의존했고, 그것을 재생산했는지 드러난다. 레이건 행정부는 전후 자유주의 이념과 제도 모두에 의지함으로써 연방국가를 해체하거나 그 규모를 축소하는 것 모두 실패했다.

전후 자유주의 합의를 유지해왔고, 더 보수주의적인 정책 수립으로 대체되는 것을 정당화했던 조세 및 복지정치는 1980년대 첫해에 한계에 다다랐다. 자유주의도, 보수주의도 지속적이고 이념적으로 일관된 유권자의 다수를 구축하지 못했기 때문에 이 조세 및 복지정치의 소멸은 현대 미국 정치의 교착 상태가 형성되는 데 일조했다.

조세복지국가의 발전 과정을 이해하면 지난 70년간의 두 가지 주요 정치적 전환 사이의 관계를 엿볼 수 있다. 적극적 국가의 부흥과 강력하고 활력 있는 보수주의 운동의 출현이 그것인데, 이것은 대중적 지지―적어도 선거 시기에―를 가능하게 했고, 자유주의 국가의

제도에 맞서고자 했으며, 경우에 따라서는 이를 되돌리고자 했다.[73]
레이건 혁명을 추진하는 데 도움이 되었던 1970년대 초의 감세 의제
는 그 동력의 많은 부분이 명시적으로 국가를 은폐하고, 미국 시민 다
수에게 세금 부담과 그 세금을 부담함으로써 받는 혜택을 분리하는
데 성공했던 자유주의 세력에서 나왔다. 보수주의 세력이 전후 사회
협약을 통해 자유주의 세력이 보증한 개인의 권리, 낮은 세율, 아메리
칸 드림의 유지에 대한 약속을 흡수할 수 있었던 것은 전후 자유주의
자체의 강점과 약점 모두를 말해준다.

제1장

복지국가와 조세국가 지키기

뉴딜과 전후 복지국가 논쟁

DEFENDING
THE WELFARE
AND
TAXING
STATE

1947년 1월, 볼티모어시 복지국장인 토머스 왁스터Thomas Waxter는 시의 공공부조 프로그램 예산 삭감을 발표하고, 지역의 한 비정부단체에 복지국에 대한 조사와 현행 체계의 '결함을 해소하는' 조치를 권고할 수 있도록 도움을 요청했다.[1] 몇 주가 지나지 않아 시의 가장 큰 일간지인 『볼티모어 선Baltimore Sun』은 1면에 관련 7개 시리즈 중 첫 기사를 내보내며, 복지 당국의 속임수, 미숙함, 느슨한 행정으로 이미 납세자들의 호주머니에서 상당한 액수가 빠져나왔다고 폭로했다.[2] 같은 해 뉴욕시에서는 한 지역언론이 공적 지출로 호화로운 생활을 한 몇 가족을 폭로했고, 이는 시의 공적구제 체계에 대한 지방 당국과 주 당국의 별도 조사와 시의 복지 담당관 파면으로 이어졌다.[3] 공공부조에 관한 유사한 사건들이 전국적으로 속속 밝혀졌다. 메인주에서 캘리포니아주에 이르기까지 지역 정치인과 주 정치인들이 부양아동부조와 일반부조를 공격하면서 1950년대 초, 공공부조 프로그램들은 "원점으로 되돌아갔다."[4] 연방정부 역시 ADC와 노령부조 수급자들의 신원을 공개하고, "가출한 부양아동의 아버지"를 추적하는 주정부 지원 법안에 찬성하며 그 움직임에 동참했다.[5] 광범위한 여론을 반영한 이 같은 개혁 조치들과 이에 대한 대중적 지지는 볼티모어 조사 담당자들에 의해 가장 먼저 공식화되었던 광범위한 여론, 즉 '정부 재정'을 "검소함, 절약, 극기self denial에 대한 일종의 믿을 만한 대체재"로 제공할 수도 없고, 제공해서도 안 된다는 것을 반영한 것이었다.[6]

이러한 전후 복지 위기는 연방정부의 과세 권한을 제한하려는 동시대의 노력과 연계되어 있었다. 위로부터는 1946년 중간선거 이후 일시적으로 다수당 자리를 되찾은 공화당 국회의원들이 연방세율을 급격하게 낮추고, 연방 예산의 원상복구와 '수많은 뉴딜 조항의 폐지'[7]를 약속했다. 아래로부터는 과세 반대 집단들이 연방소득세, 토지세, 증여세율을 제한하는 대공황기의 운동을 재개했다. 1953년이 되자 과세제한운동은 전국변호사협의회the National Bar Association; NBA, 재향군인회the American Legion; AL, 전국제조업협회the National Association of Manufacturers, NAM, 그리고 25개 주의회에서 연방세율을 25%로 제한하는 헌법 수정안에 서명할 만큼 호응을 얻었다. 2년 후 실시된 여론조사에서는 모든 사회·경제 항목에 걸쳐 70%에 이르는 국민들이 연방세율의 25% 제한에 찬성한다는 결과가 나왔다.

과세제한에 대한 명시적이고 굳건한 지지와 대부분 최저선 형태를 지닌 직접적인 공공부조에 대한 적대감으로 경제와 사회보장 프로그램에 대한 다른 중요한 정부 지원은 널리 수용되지 못했다. 정치인들과 언론, 대중들은 정부 보조금에 의존하는 '복지 여왕들'과 '복지 왕들'이 국가의 미래에 위협을 가한다고 분노를 표출했다. 반면 퇴역 군인 프로그램, 노령연금과 실업보험, 농업 보조금, 그리고 중간계급 주택 소유자들을 위한 모기지세 보조금을 포함해 더 많은 비용과 광범위한 형태를 갖춘 공적 지원에 대해서는 지지를 아끼지 않았다.[8] 친기업 언론인 『유에스 뉴스 앤드 월드 리포트U. S. News & World Report』의 편집장 데이비드 로렌스David Lawrence가 1950년에 기술했듯이, "기업과 개인의 경제에 대한" 연방정부의 개입은 "하나의 원칙으로 확고해졌다." 단지 정부 개입의 "범위와 정도, 질"이 문제로 남을 뿐이었다.[9]

사실 대중들은 정부 지출에 대해 공공연하게 반감을 표시했으나, 전후 정부는 비약적으로 성장했다. 연방 지출은 뉴딜이 최고조에 다다랐을 때 국내총생산GDP의 10.5%에 이르렀고, 1947년에서 1960년 사이 GDP 대비 평균 17.3%를 차지했다.[10] 1930년대와 1940년대 초 대부분의 자유주의 사회 프로그램이 종전 직후 짧았던 보수주의의 부활에도 살아남았다. 대중들의 지지에 힘입어 입법권자들은 퇴역 군인과 그의 가족들을 위해 교육 수당을 늘리고, 심지어는 주택 구매도 더욱 손쉽게 할 수 있도록 새롭고 이전보다 훨씬 관대한 수당제도를 쏟아냈다.[11] 사회보장 역시 확대되었다. 물론 어떤 이들은 이 프로그램을 미국적이지 않은, "노동자와 사업주의 급여를 통해 지급되는 주정부의 자선 형식"이라고 공격했다.[12] 그러나 1950년대 초에 이르자 오하이오주의 공화당 상원 의원 로버트 태프트Robert Taft와 같은 투철한 보수주의자와 전국상공회의소마저도 이 프로그램을 받아들였다. 상하 양원 모두에서 양당 간 협력을 통해 다수로 통과된 1950년의 사회보장법 수정안은 이 프로그램이 장기간 확장될 수 있는 길을 열어주었고, 미국 복지국가의 핵심에 이 프로그램을 정착시킬 수 있게 했으며, 이전의 취약했던 프로그램을 미국 정치의 '불문율third rail'로 전환시키도록 도왔다. 제2차 세계대전 시기 구축된 조세국가를 무력화하고자 하는 노력은 수포로 돌아갔다. 양당 정치인들 모두 경제 성장을 이룩하고, 성장을 유지하며, 특정한 집단과 개인, 기업에 구체적인 세제 혜택을 주고, 개인과 국가의 번영을 보장하는 가장 중요한 도구로 연방소득세에 의존함으로써 제2차 세계대전의 조세 체계는 유지됐을 뿐만 아니라 확장되기까지 했다. 1954년 의회는 대체예산 계획을 거부했고, 양당은 투표를 통해 1942년에 도입된 예산 체계를 확정했다.[13]

이렇게 조세복지국가는 전후 재번영이라는 시험대 속에서도 살아남았다. 자유주의 국가의 건설자들은 재빠르게 국가 경제 성장과 개인의 경제력 향상economic mobility에 대한 새로운 약속을 뉴딜의 경제 보장 약속에 접목하면서 국가적 풍요와 개인의 번영에 대한 약속을 전후 세계의 비전으로 통합했다.[14] 이러한 풍요의 비전들은 완전고용, 노동력 부족, 그리고 현실화되지 못한 소비자의 권한이 10년 전 광범위하게 퍼졌던 실업과 빈곤을 대체했던 전쟁을 통해 발전했다. 전후 시기는 "모든 이들에게 실질적인 생활 보장과 함께 생활수준의 향상"이 "미국인들의 삶의 유형으로 받아들여지는" 세상, 그 이상의 것을 약속했다.[15] 동시에 자유주의 국가의 건설자들은 대공황기 동안 유지하며 실행한 사회 정책을 국가의 새로운 풍요와 전후 성장의 지상과제로 구체화했다. 한 자유주의 정책 결정자가 설명했던 것처럼, 경제

안정 프로그램은 "실업, 노령, 장애 등으로 인한 소득의 손실로부터" 보호해줄 뿐만 아니라, "모든 고용주와 노동자들이 자유롭게 산업 혹은 시장 변화에 대응하는 데 어떻게든 적응"하게 함으로써 전체적인 국가의 번영에 기여하게 할 터였다.[16]

전후 초기, 미국 조세복지국가의 형성과 미래, 그리고 이에 대한 자유주의 국가 건설자들의 대응 방식에 관한 정치적 논쟁은 정책기구 설립으로 전후 사회 협약의 특성과 내용, 종전 이후의 정책과 정치에 영향을 끼쳤던 정부에 대한 사고방식을 결정하는 데 일조했다. 특정 공공지출 프로그램에 대한 대중의 선호는 조세와 지출 정책을 경제 성장 관리에 활용하는 엘리트 스스로의 능력에 관한 신념과 결합하여 뉴딜과 제2차 세계대전 기간 조세와 복지체계가 효과적으로 제자리를 잡도록 방어해주었다. 하지만 조세와 복지체계가 유지되기 위해서는 보수주의와 자유주의 모두의 변화와 함께 헨리 루스*가 말한 "미국의 세기"의 도전과 기회에 대응할 정치가 필요했다. 조세와 복지체계에 관하여, 공화당 주류와 기업집단은 연간 균형예산, 누진소득세 반대, 그리고 사적 부문인 시장 활동의 성장을 보장하고 촉진하기 위해 공공자원—대체로 연방소득세법을 통해 지원하는—에 의존하는

---

* Henry Luce(1898~1967). 시사주간지 『타임(Time)』을 창간한 미국 언론계에서 가장 영향력 있는 인물.

제한적 형식의 '상업적 케인스주의*'에 기초한 정부의 어떠한 경제 개입도 차단한다는 이전의 공약을 폐기했다.[17]

자유주의자들 역시 그들의 시각을 수정했다. 전후 조세복지국가의 생존이 결코 보장된 것은 아니었다. 조세국가와 복지국가는 전시에 사라졌던 심각한 국가적 위기 상황을 배경으로 만들어지고 승인받았다. 조세국가와 복지국가, 양자에 대한 도전은 전쟁이 끝나기 전에 시작되었다. 1942년 전쟁 자금에 관한 획기적인 재정법을 승인했음에도 불구하고 의회는 이미 예정되어 있던 사회보장세 인상을 동결했고, 공공사업진흥국Works Progress Administration; WPA과 같은 대공황기 구제 조직을 폐쇄했으며, 기존의 사회보호제도 확대 제안에 대한 심의조차도 거부하며, 한때 '3차 뉴딜'을 추진하고자 했던 자유주의 국가 건설자들에게 사실상의 경고를 보냈다. 전후 자유주의 국가를 봉쇄하고 저지하려는 노력은 보수주의 정책 엘리트들이 세금을 삭감하고, 뉴딜 사회 정책 프로그램의 폐지와, 국가의 성장을 억제하는 데 진력함으로써 배가되었다. 주정부와 지방정부의 부양아동부조와 일반부조 수급자 명단에 대한 조사 및 수급자 퇴출, 그리고 조세 부담 증가에 대

---

* 상업적 케인스주의(Commercial Keynesianism)란 전후 미국에서 변형된 케인스주의를 의미하는 것으로, 완전고용보다는 인플레이션 규제를 더 강조하면서, 감세와 공공지출의 자동조정(자유재량이 아니라)을 통한 거시경제 관리에 초점을 맞춘다. 마거릿 위어(Margaret Weir)와 테다 스카치폴(Theda Skocpol)이 거시경제 관리와 적극적 노동시장 정책을 통해 복지지출 확대를 융합한 스웨덴의 케인스주의 정책을 사회적 케인스주의(Social Keynesianism)로 명명한 것에 대비시키기 위해 사용한 이 용어는 미국의 경제학자 로버트 레커치먼(Robert Lekachman)에 의해 처음 사용되었다. Margaret Weir and Theda Skocpol, 1985, "State Structures and the Possibilities for "Keynesian" Responses to the Great Depression in Sweden, Britain, and the United States," in Peter Evans et al(eds.), *Bringing the State Back In*, Cambridge: Cambridge University Press, 108, 151.

한 대중적 불만의 고조는 지난 20년간 성공적이었던 뉴딜 정책을 백지화하는 위협이 되었다.

결국 자유주의 세력은 자유주의 정치 기획을 통째로 저당잡힘으로써 그럭저럭 조세국가와 복지국가의 기본 제도를 유지할 수 있었다. 조세저항 심리가 기존의 경제 및 사회 정책 프로그램—초기 냉전 시기의 국가주의 정책에 대한 반감과 전후 자유주의 정책 결정에 대한 케인스주의 경제 성장의 중요 논리가 조화된—을 위험에 빠뜨릴 수도 있다는 자유주의 세력의 공포는 입법자들이 핵심적인 경제 및 사회 정책 프로그램에 대한 재정 지원을 훨씬 복잡하고 모호하게 만들도록 이끌었다. 종전 직후 1930년대와 1940년대 초 수립되었던 조세 복지국가의 한계를 악화한 몇 년간의 정책 결정은 1960년대 후반과 1970년대 초 뉴딜 질서의 쇠퇴를 불러왔다. 전후 자유주의 국가 건설자들은 철저하게 국가를 은폐함으로써, 빈곤하지 않은 다수가 향유하고 기대한 복지국가의 혜택들과 다수에게 부과된 세금, 그 제공자인 정부, 그리고 다수가 동의했던 더 직접적인 방식들을 가진 공공부조를 사실상 무관한 것으로 만들어버렸다.

지역에서의 복지국가 반대운동

1947년 말, '정부 효율성과 경제위원회Commission on Government Efficiency and Economy; CGEE'는 볼티모어 공공부조 프로그램에 대해 오랫동안 기다려왔던 조사 결과를 발표했다. 위원회는 "바로잡을 필요성이 많다"며

'보통 시민'에 대한 장기적 비용을 고려하여 공공복지의 실행과 원리에 관한 근본적인 개혁을 권고했다.[18] 위원회의 보고서는 "미국 공공복지 역사상 그 어떤 유사한 문서보다 더 많은 대중들의 관심"을 받았고, 볼티모어뿐만 아니라 전국 대도시 및 중소도시에서 복지정치가 형성되는 데 기여했다.[19] 1947년과 1948년 공공부조 프로그램에 대한 자체 감사를 실시했던 뉴욕주 사회복지부는 조사 결과와 볼티모어 보고서의 결론 사이의 눈에 띄는 유사점을 지적했다.[20] 다른 주와 도시의 복지 당국에서도 공감한 볼티모어와 뉴욕주의 결론과 권고 사항은 20세기의 남은 기간을 지배할 복지 시각을 압축적으로 보여주었고, 그에 영향을 미쳤다. 거대한 미국 복지국가의 개별 부문에 초점을 맞추고, '개인'이 그 자신과 '사회' 모두에 대해 "스스로의 사회보장을 해결하도록 의무 지워져" 있다고 강조함으로써 주와 지방의 복지 당국은 극빈층에 대한 현금 부조 프로그램만을 합의하고, 다른 경제와 사회 영역에서 국가의 점증하는 역할을 제한한다는 복지에 관한 협소한 정의를 승인하는 데 일조했다.[21]

1940년대 후반에서 1950년대 초까지의 복지정치는 자격 없는 빈민에게 제공되는 공공부조에 대한 오랜 편견을 이용했고, 친숙한 개인주의 찬가를 반복했으며, 국민의 반국가적인 수사적 전통을 금과옥조로 여겼다. 야망 있는 정치인들은 자격 없는 사기꾼과 엄살쟁이들 —빈민—을 공적구제 명단에서 빼겠다고 오랫동안 공약해왔다. 대공황의 극단적인 상황에서도 지방 행정 당국은 공공부조의 남용을 막고 비용을 줄인다며 구제 이력에 대한 일상적인 재조사를 시행했다.[22]

하지만 이러한 전후 복지 위기와 공공복지 비용에 대한 대중들의 관심은 미국, 그리고 거의 20년에 걸친 대공황과 전쟁으로 맺어진 미국인들과 국가 간 관계의 근본적인 변화의 시각에서만 완전하게 이해될 수 있다. 전후 볼티모어, 뉴욕, 디트로이트 등 거의 모든 곳에서 발생한 공공부조 척결은 전전戰前 몇십 년간 조세복지국가의 거대한 팽창으로 형성된 딜레마뿐만 아니라, 전후 기간에 유별났던 정치적·경제적 압력을 반영했다. 무엇보다 공공부조 프로그램의 규모와 비용은 전례가 없었다. 전시 및 전후 실업은 분명히 사라졌지만, ADC와 일반부조 비용은 급상승했다. 일례로 볼티모어에서 ADC 해당 건수가 1945년에서 1947년 사이 122% 증가했고, 일반부조 인구는 60%까지 늘어났다.[23] 이에 따라 비용도 급증했다. 1946년 볼티모어시의 복지 예산은 390만 달러였다. 1년 후, 볼티모어시 복지과는 공공복지로 660만 달러를 썼는데, ADC와 일반부조 프로그램에서 가장 많은 비용이 증가했다.[24] 볼티모어시 복지과 공무원들은 이러한 비용 상승에 대한 대중들의 반응에 두려움을 느끼면서 "완전고용의 시대에 왜 이와 같은 거대한 추가 자금이 필요한지 시민들에게 어떻게 설명"할 수 있을까 걱정했다.[25]

대중지들도 똑같은 질문을 했다. 정부 효율성과 경제위원회의 보고서가 이슈가 되기 전에 이미 『볼티모어 선』은 시의 복지체계 내 부정수급과 남용에 주목했다.[26] 편집부의 논설은 극빈층 원조를 위한 공적 프로그램의 의무에 대해 말했지만, 하워드 노튼Howard Norton이 쓴 7회 연재물에서는 시의 복지체계를 비효율성, 부실 관리, 범죄적 남용도 가능한 것으로 규정했다. 연재의 첫 번째 기사가 나머지 기사의 수위를 결정했는데, 시의 부조 프로그램—노튼은 ADC와 일반부조만을 지목했다—에 드는 비용을 강조했고, "분명한 완전고용"에도 불구하고 "2만 3천 명 이상의 사람들이 생계 구제"를 받아야 하는 '역설'에 대해 지적했다.[27] 노튼과 편집부는 복지 비용이 증가하고 납세자들의 부담이 더 무거워졌기 때문에 그동안 실행된 부조 프로그램이 부정할 수 없는 하나의 '대중적 관심사'가 되었다고 주장했다.[28]

비용 증가는 전후 뉴욕시에서 유사한 복지 위기가 발생하는 데 일조했다. 미국에서 가장 큰 뉴욕시의 복지체계는 전후 해당 건수의 폭발적 증가를 보여주었는데, 시 복지부의 연간 비용은 1946년 7,500만 달러에서 이듬해 1억 2,200만 달러로 증가했다.[29] 전후 경제 호황을 감안하면, 이러한 복지 비용의 증가는 시의 언론이 밝힌 소수의 '호화 구제' 사례로는 명쾌하게 설명되지 않으며, 설사 그 폭로가 거짓이라고 하더라도 해명하기 힘들어 보였다. 지방 복지사업에 대한 주 공무원들의 일상적인 조사를 통해 시의 복지 담당자들이 종종 공공부조 수급자들을 지역 내 호텔에 묵게 했음이 밝혀졌다. 이러한 사례들은 상대적으로 아주 적은 것—단지 서른일곱 가족이 호텔에 묵었다—이었고, 조사에 거론된 호텔 역시 호화 숙박시설로 묘사할 만한 곳은 아니었다. 또한 시가 이러한 이른바 호화 구제 사례들에 신속한 조치를 취했다는 사실에 관해서도 마찬가지였다. 언론이 첫 번째 기사를 내보낸 후 2주째가 되는 5월 26일, 호텔에는 한 가족만이 남아 있었고, 나머지 서른여섯 가족은 다른 장소로 옮겨졌다. 그럼에도 신문의 머리기사들은 선정적이었다. 언론은 "모든 차고지마다 두 가족을"이라는 농담이 당시 많은 미국인들이 직면한 주택 부족을 너무나 잘 설명하고 있을 시기에 어떻게 시 당국이 한 달에 500달러의 비용이 드는 호텔에 '구제 대상 가족'을 묵게 했는지 묘사하는 데 흥미를 두었다.[30] 지역신문들은 한 달이 넘도록 시 복지국의 "부끄러움을 모르는 낭비벽"을 강조하고, "형편없는 판단력"을 가진 복지 담당자들이 "시를 전국적인 웃음거리로 만들었다"고 공격했다.[31] 대중들이 납세자들의 돈을 "술과 청량음료, 제철이 아닌 멜론, 사탕 ⋯ 그리고 택시를 타고 다니는" 것과 같은 사치에 쓰는 외관상 "신체적 장애가 없는 복지 사기꾼, 부랑자, 매춘부, 무책임한 부모, 노령층의 부유한 자식들"을 향해 이러한 적대감을 갖는 것은 놀라운 일이 아니었다.[32]

공공복지 프로그램에 대한 널리 퍼진 대중들의 적대감은 뉴딜로부터 계승된 복지국가의 한계와 종전 직후의 불안정한 정치적·경제적 특성을 모두 말해주는 것이었다. 대부분의 미국인들이 대공황과 전시 이후 평화와 번영의 미래를 희망적으로 고대했지만, 그러한 미래가 가능할지에 대한 의문도 품고 있었다. 히로시마와 나가사키에 떨어진 원폭이 부정적인 영향을 미쳤다. 소련과의 관계 악화와 냉전의 출현은 또 다른, 그리고 아마도 최후의 전 지구적 갈등이라는 불안감을 드높였다. 1946년 3월, 태평양 전쟁이 끝난 지 6개월 만에 미국인들의 70%가 미국이 25년 안에 또 다른 전쟁을 맞이할 것이라고 믿었고,[33] 그것이 핵전쟁일 것이라는 데 거의 의문을 갖지 않았다. 1946년의 한 조사에 따르면, 80%의 미국인이 다른 국가에서 핵기술을 이미 가지고 있거나 5년 이내에 보유할 것으로 생각했다. 이 조사에서 60% 이상이 언젠가 미국에 대항해 사용될 핵폭탄에 매우 '실질적인 위험'이 존재한다고 믿었다.[34] 마오쩌둥의 공산주의 세력에 중국을 '잃은' 후, 1948년 소련의 핵무기 실험 성공은 미국인들의 핵 불안감만 고조시켰다.

전후 경제 성장은 그 자체로 문제를 야기했다. "사치와 결핍"이 뒤섞여 경기 호황 자체가 혼란스러웠는데, "결핍의 목록"은 "끝이 없었고 … 수요는 … 엄청났으며 … 돈 없는 사람이 없고 … 돈 때문에 곤란을 겪는 사람은 없어 보이지"만, 미래는 불안정해 보였다.[35] 많은 이들이 10년 이내에 또 다른 심각한 경기 불황이 올 것이라고 걱정하면서 이러한 번영이 지속될 것인지에 대해 의심을 품었다.[36] "은행 예금의 가치, 채권, 보험 정책을 무력화"하고 "공적 연금 생활자, 상이군인, 연금보험 및 배당 생활자 … 그리고 화이트칼라 노동자"의 경제적 안정을 파괴하는 물가 인상과 예상되는 임금과 가격 상승에 대한 두려움이 더 시급한 문제로 대두되었다.[37] 진보적인 민주행동연합the Union for Democratic Action; UDA의 1945년 보고서에 따르면, 물가 상승은 "모든 가정에 어려움"을 주고 "모든 노동자, 봉급생활자, 소기업 경영자들의 건강과 복지"를 위험에 빠뜨릴 수 있었다.[38] 자유주의자들은 전시물가관리국Office of Price Administration; OPA을 통한 연방 당국의 조치만으로도 일반 소비자들을 물가 상승으로부터 보호할 수 있다고 주장했지만, 전국제조업협회가 주도하는 기업집단은 정부, 특히 OPA가 전후 물가 상승에 책임이 있다고 반박했다. 기업집단과 이들의 의회 내 협력자들은 정부가 가격 통제를 포기하면 개별 기업들이 시장 공급을 늘릴 것이

고, 결국 물가 하락을 유도할 것이라고 주장했다.[39]

그 원인이 무엇이든, 물가 인상은 평범한 미국인들의 삶을 황폐하게 만들었고, 종전 직후 조세와 지출 정책을 정치화하는 데 기여했다. 생계비 상승에 대한 광범위한 분노는 분명히 정부 지원금으로 "차, 텔레비전, 라디오 달린 전축, 모피와 보석"을 사고, 이웃보다 그럭저럭 나은 삶을 영위하는 '구호민 사기꾼들'의 무책임한 지출 습관에 대한 대중들의 강박관념을 설명하는 데 도움을 준다.[40] 연방소득과세에 대한 대중적 불만이 생계비 상승과 함께 높아졌다. 1944년 여론조사에서는 90%가 조세 부담이 공정하다고 느꼈지만, 3년 뒤에는 거의 60%가 세금이 너무 높다고 생각했다.[41] 실제로 평균 조세 부담이 전쟁 이후 급격하게 상승했다. 1948년에서 1953년 사이, 미국인들의 소득에서 연방정부에 대한 평균적인 과세가 차지하는 비중이 거의 25% 증가했는데, 연방, 주, 지방세 부담까지 합치면 개인 소득의 약 27%에서 31%까지 상승했다. 급속한 생계비 상승과 병행한 조세 부담의 증가는 지출정치에도 영향을 주었다. 1950년 정치 분야 저널리스트인 새뮤얼 러벨Samuel Lubell이 지적한 바와 같이, "한번 조세에 의한 고통이 느껴지자 … 복지국가는 새로운 국면을 맞이했다."[42]

러벨은 '복지국가'란 빈곤층 혹은 차상위 계층에 대한 정부 지출을 의미하는 것이 당연하다고 여겼다. "정부에 대한 의존성, 게으름, 빈곤, 의무에 대한 방기, 불법, 부정과 무책임"을 조장하는 복지 프로그램에 대한 관료와 대중들의 비난은 빈곤층에 대한 직접적인 부조 프로그램과 경제에 대한 모든 다른 형식의 정부 개입 간 분명하고 침범

할 수 없는 경계선을 만들어냈다.[43] 복지국가에 관한 이 협소한 정의는 복지 재정과 복지 부정, 그리고 연방정부 지출의 특성, 목적, 범위에 대한 근본적으로 잘못된 규정과 조세 부담 상승의 배후 세력을 둘러싸고 주와 지역에서 벌어진 투쟁의 중차대한 결과물이었다. 납세자들의 눈먼 돈을 훔치는 '구호민 사기꾼들'이라고 비난한 신경질적인 머리기사들에도 불구하고 공공부조는 결코 세금 상승의 원인도, 공공 지출의 상당한 부분을 차지한다고도 말할 수 없었다. 1946년 공공부조에 대한 지방·주·연방 지출은 모두 약 14억 4천만 달러였다. 1956

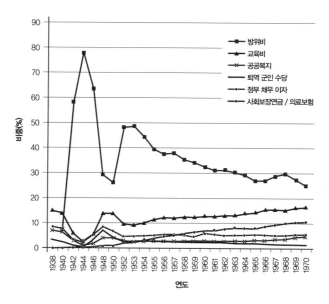

그림1 **연방정부의 총지출에서 차지하는 부문별 비중, 1936~1960**

그림은 다음 자료를 사용하여 계산했다. John J. Wallis, "Total Government Expenditure, by Function, 1902~1995," 표 61-124, in *Historical Statistics of the United States, Earliest Times to the Present: Millennial Edition*, ed. Susan B. Carter, Scott Sigmund Gartner, Michael R. Haines, Alan L. Olmstead, Richard Sutch, and Gavin Wright(New York: Cambridge University Press, 2006).

년에는 총 32억 달러로서, 10년 동안 122% 증가했다. 이는 분명 현저하게 증가한 것이었지만, 균형감 있게 이해되어야 한다. 같은 기간 미국의 우편 서비스 비용은 14억 달러에서 29억 달러로 110% 상승했다. 방위비가 다른 모든 지출 항목의 증가를 억제했다는 것은 놀라운 일도 아니다. 종전 3년 후인 1948년 미국은 군비와 다른 외교 사업에 정부 예산의 거의 30%인 160억 달러를 썼다. 같은 해 복지지출은 정부 예산의 3.9%에 불과한 21억 달러였다(그림 1 참조).

공공복지는 국가에서 가장 예산이 많이 드는 국내 정책 사업이 아니었다. 1952년에서 1960년 사이, 미국은 교육 부문에 1,070억 달러를 지출했고, 공공복지에 대한 지출은 270억 달러에도 미치지 못했다. 빈곤층과 차상위층은 심지어 직접 지급되는 공공보조금의 절반 이상을 받지 못했다. 1960년까지 중위 소득 이상의 미국인들이 연방정부로부터 직접 지급되는 이전급여의 51%를 가져갔다. 중간계급 납세자들은 특히 퇴역 군인과 농민 수당의 지원을 받았고, 심지어 대부분의 빈곤층에게 지급되는 프로그램들조차도 중산층과 상위 계층의 소득자들에게 일부 지원금을 제공했다. 예를 들어, 1960년에는 사회보험 지급액의 30% 이상이 중위 소득 이상의 사람들에게 돌아갔다.[44] 그러나 연방정부는 연방 재정 정책을 설명하는 전문용어를 활용하여 중간계급의 구성원들—풍요로운 미래의 꿈에 대해 새롭게 자각하고 향유하는—이 그들의 새로운 금전적 이익과 경제적 안정, 그리고 직접적인 정부 지출과 간접적인 정부 지출 간 연결고리를 무시함으로써 이 막대한 대부분의 국내 지출을 지속적으로 위장하거나 숨기기까지

했다.

정책 선택이 이러한 수사법을 통한 분리를 강화했다. 민주당 정책 결정자들, 특히 사회보장 전문가들과 주창자들은 노령자유족보험OASI 과 같은 기존 제도를 보호하려는 그들의 노력을 배가함으로써 공공 지출과 세금 인상에 대한 의회와 대중의 적대감에 대응했다. OASI로 통칭되는 사회보장제도가 ADC와 일반부조 반대운동을 이끌었던 것과 같은 세금에 대한 미사여구와 반국가적 수사법에 희생될 것을 우려한 사회보장청의 전문가들은 이 프로그램을 실패한 복지정책과 거리를 두게 하고, 연간 예산 절차가 미치지 않는 범위에서 재정을 확보하기 위한 노력에 착수했다. 사회보장제도 주창자들은 OASI가 "모든 미국인 가정이 직면한 사회적 위험을 대상"으로 하도록 고안된 "일종의 정부 보험회사"에 지나지 않는다는 점을 강조했다. 그들은 이 "체계적이고 현명한 절약" 프로그램에 호감을 갖게 하기 위해 열심히 일하는 납세자들에게 엄청난 부담을 지워 건전하지 못한 국가 의존성을 당연시하며 조장하는 다른 복지 프로그램들과 대비시켰다.[45] 사회보장 전문가들은 1950년 사회보장법 개정안이 하원(333 대 14)과 상원(81 대 2) 모두에서 압도적 다수로 통과됨으로써 중요한 승리를 거두었는데, 이 개정법은 복지 프로그램을 꾸준히 확장시키고 복지체계의 장기적인 정치적 실행 가능성과 재정적 안정성을 보장하는 것이었다.[46] 이러한 사회보장제도의 변화는 미국 복지국가의 사회보험과 공공부조 추세 간의 관계에서 하나의 전환점을 이루었다. 이 개정안은 1935년에 제정된 사회보장법에서 직업과 관련한 많은 배제 조항을 삭제하

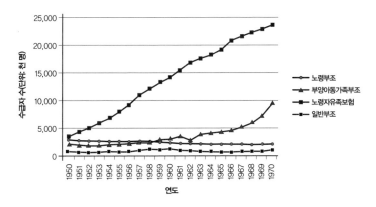

그림 2 프로그램별 공공복지 수급자 수, 1950~1970

Blanche Coll, *Safety Net: Welfare and Social Security*, 1929~1979(New Brunswick, N. J.: Rutgers University Press, 1995), 표 7-1.

고 대부분의 국내 노동자와 농업 노동자들을 포함함으로써 OASI의 자격 기준을 완화했고, 현재와 미래의 은퇴자들이 받을 수 있는 수당을 올려놓았다. 이러한 변화의 결과로 1951년 OASI는 한때 개인에게 주어지는 가장 높은 액수의 정부 직접지급 형태였던 노령부조를 앞섰다(그림 2 참조).[47]

1950년의 개정법은 급여세와 OASI 간 연계를 강화했고, 보충급여, 특히 가난한 은퇴자들에 대해 일반예산이 사용되는 것을 원천적으로 금지했다. 이러한 변화는 사회보장법상의 '기여금'과 '연금'을 다른 사회보장 프로그램에 지급되는 세금과 더욱 분리시켰고, 곧 국가의 사회 안전망 중 가장 비용을 많이 차지하는 부분의 공공성과 재분배의 특성을 없애버렸다. 1950년 개정된 사회보장법 설계자들은 이법이 민간 연금제도와 다르며, 오히려 현재의 임금생활자에서 은퇴자들에게 현금의 세대 간 이전에 영향을 주는 정부 프로그램이라는 점을 분명하게 이해했음에도 불구하고, 복지국가 없이도 전국의 은퇴자들을 위한 장기적인 재정을 보장한다는 점에서 일거양득이라고 주장했다. 의회에서 사회보장법안을 주도한 아칸소 출신의 민주당 의원 윌버 밀스_{Wilbur Mills} 세입위원장조차도 "노령자들의 필요에 반하여 제공되는 사회보장제도로 복지국가를 만들거나 복지국가의 방향을 설정하는 것에 대해 이의"를 제기했다. 오히려 밀스는 사회보장제도는 "정부기구가 개인에게 65세 이후에 급여(연금)로 제공할 수 있는 돈을 … 경제활동 기간에 개인이 따로 모아두는 것"일 뿐이라고 주장했다.[48]

사회보장법 개정과 재정 충당의 변화가 사회보장 프로그램의 장기 비용과 분배 결과를 감추는 데 도움을 줬다면, ADC에 대한 연방정부의 지급 방식의 변화는 기존 사회보장 프로그램이 가졌던 중요한 정치적 부담을 가중했다. 1943년과 1945년의 포괄적 복지 개혁이 실패한 이후, 주정부와 지방정부의 공공부조에 대한 관심이 고조되면서 연방정부 내외의 복지 전문가들은 공공부조에 대한 연방정부의 지출 분담을 늘리고, 개별 주의 재정 능력에 따라 급여 지급을 다양화하는 데 총력을 기울였다. 1946년에서 1958년 사이, 연방의회는 재정 능력의 한계로 부조 대상자들이 가장 많으면서도 복지 수요층에게 최소의 지원만을 할 수 있는 빈곤한 주정부에 더 많은 보조금을 지원하도록 설계된 여러 가지 재정 지원 방식을 실험했다.[49] 이로 인해 연방정부의 복지지출은 1953년 13억 달러에서 1960년 20억 6천만 달러로 증가했다.[50] 정부는 ADC의 개별 급여를 인상하는 대신, 다양한 재정 지원 방식으로 ADC 프로그램 비용을 효과적으로 담당하면서 복지 대상자들을 ADC로 전환시키고 보조금 지원이 되지 않는 일반 공공부조 프로그램—남녀 모두를 지원하는—에서 벗어나도록 지방과 주정부의 복지관료들을 설득했다.[51] 그 결과, 실업률이 비교적 높은 기간에도 일반부조 프로그램이 그 기능을 발휘하지 못하자, 복지 '의존성'이 단지 한부모 여성과 그들의 자녀만을 괴롭힐 뿐만 아니라, 연방 조세 부담의 증가와 ADC의 증대에 분명한 연관성이 있다는 사실에 주목하는 대중들의 인식이 강화되었고, 납세자의 권리와 복지 소비자들의 미덥지 못한 권리 주장이 충돌하는 전국적인 복지 위기 단계로 진입하게 되었다. 나중에 사회보장국의 로버트 볼Robert Ball은 "공공부조 문제로 공동체가 갈라졌다. 단지 '가난한' 수급자들만 혜택을 받았고, 나머지 사람들은 돈만 댔다"고 지적했다.[52]

미국의 중간계급과 노동계급은 1942년 재정법으로 형성된 연방조세국가와 종전을 통해 약속된 것으로 보였던 번영과 풍요에 대한 기대가 반감되면서 점차 복지—그리고 복지를 위한 납세—가 그들의 아메리칸 드림을 위협하는 것으로 인식했다. 1942년 재정법은 미국의 재정 시민권을 민주화했지만, 잠재적인 과부담 납세자로서 뉴딜 시기부터 이어져온 다수의 사회보장 프로그램으로부터 혜택을 받았고, 또한 이를 지원했던 중산층 및 하층 저소득 미국인들에게 자유주의 국가에 대한 보수주의자들의 비판도 호소력을 발휘할 수 있게 했다. 1950년에 전 민주당원 한 명은 "우리는 세금 때문에 죽을 맛이

다!"라며 그가 처음으로 공화당 후보에게 투표하기로 결심한 이유를 설명하기도 했다.[53]

뉴딜이여, 안녕

제2차 세계대전의 종전과 1944년 프랭클린 루스벨트의 죽음은 미국 보수주의자들에게 1930년대와 1940년대 초의 정치적 변화에 도전할 수 있는 기회를 제공했다. 종전 이전에도 우파 정치 세력은 뉴딜 국가의 확장에 반대하는 세력과 연합을 형성하려는 시도를 한 바 있다. 1945년과 1946년, 지역 인종 문제의 현상 유지를 갈망하는 보수적인 남부 민주당원들의 비판적 지지를 받고 있었던 공화당은 자유주의 세력의 전후 두 가지 핵심적인 국내 의제였던 완전고용법안을 무력화했고, 물가관리국을 해체시켰다. 전쟁에 의해 경제적·정치적으로 강력해졌고, 노동조합 활동과 1945년과 1946년 대규모 파업 물결에 자극받아 행동으로 옮겼던 기업집단들의 지원을 끌어냈던 우파 성향의 정치인들은 자유기업을 제한하고 기업 활성화를 축소한다고 믿었던 몇 가지 뉴딜 시대의 법률들을 이전으로 되돌리고 싶어 했다. 1946년 중간선거 결과―매우 보수적인 인물들이 주도한 공화당이 상하 양원을 거의 20년 만에 처음으로 장악했던―는 미국 정치에서 우경화의 징표로 여겨졌다. 『워싱턴 포스트The Washington Post』의 보도에 따르면, 평균적인 미국인들은 한때 "풍요를 기대"했지만, 정부 규제에 진저리를 쳤고, 파업에 분노했으며, 결핍에 염증을 느꼈다. 유권자들이 그 어느 때보다 높은 세금 부담에 짓눌렸기 때문에 부동층의 대규모 '우파 쏠림' 현상은 지속될 터였다.[54]

공화당 지지자들은 다수당으로의 복귀에 환호했고, 미국 정치에서 새로운 시대를 기대했다. 신임 하원 원내대표인 매사추세츠 출신 조 마틴Joe Martin은 더욱더 공화당이 부흥할 것으로 내다봤고, 1946년 선거 결과를 공화당이 "30년 동안의 시련을 견뎌낸" 증거로 해석했다.[55] 전국적으로 공화당 의원들은 "뉴딜의 무능, 소모, 부정, 낭비와 관료주의"를 뿌리 뽑기 위한 계획을 열성적으로 알렸다.[56] 태프트 상원 의원을 내세운 공화당은 자유를 수호하고 "가족의 삶과 기업에 대한 독재 정부의 관료들과 전제적 노동조합 지도자들의 지속적인 간섭 증대"를 일소하고자 워싱턴에 입성했다.[57] 미국 정치에서 새로운 보수주의 시기는, 한 공화당 하원 의원이 예측했듯이 "국민을 부양하는 기생적인 뉴딜 정부 철학의 종말"이었다.[58]

뉴딜 지출 정책에 대항한 공화당의 선거운동에는 감세 공약이 포함되었다. 당내 인사가 설명했듯이 감세는 "정부 수입의 상당 부분을 삭감"하고 축소를 강제함으로써 간접적으로 뉴딜 정책을 봉쇄하려는 것이었다.[59] 공화당의 감세에 대한 옹호는 다양한 정치적·경제적 논쟁을 불러일으켰다. 많은 공화당 의원들은 감세가 새로운 투자, 더 많은 일자리, 더 많은 생산, 그리고 모든 미국인들에게 더 나은 생활수준을 위한 확실한 수단을 제공할 것이라고 진정으로 믿었다. 공화당은 개인과 법인 소득에 대한 감세가 "임금 인상만큼의 … 절감"을 제공함으로써 개별 납세자들에게 이로울 뿐만 아니라, "투자에 대한 자극과 경영 계획"을 제공할 것이라고 주장했다.[60] 마틴 원내대표에 따르면, 감세, 균형예산, 지출 삭감만이 국가가 "더 많은 생산, 더 낮은 물가", 그리고 모든 이들의 실질소득 증대를 기대할 수 있게 한다는 것이었다.[61] 네바다주의 공화당 초선 상원 의원인 조지 멀론George Malone은 상원 동료들에게 "현재의 높은 과세율은 우리 경제의 점진적 확대에 반드시 필요한 돈의 흐름을 기저에서부터 막을 것"이라는 점을 상기시키며 이에 동의했다.[62] 공화당의 새로운 의회 다수는 HR1 – 제80회 의회의 첫 번째 처리 의제 – 로 개인과 기업의 소득세율을 낮추는 공화당의 1947년 제안서를 통해 감세 공약을 발표했다.[63]

공화당은 또한 감세의 정치적 호소력을 알고 있었다. 1947년 공화

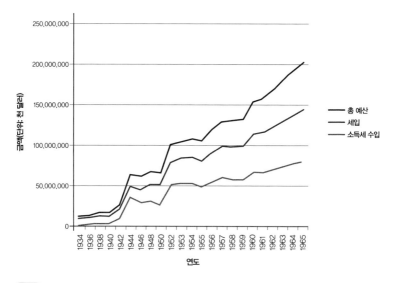

그림 3 미국 정부의 총예산, 세입, 소득세 수입, 1935~1965

Wallis, "Total Government Revenue, 1902~1995", 각 연도, 표 24-512, in Historical Statistics of the United States, ed. Carter et al.

당 열성분자들이 주장했던 감세는 '미국의 복지'뿐만 아니라 '1948년 공화당의 성공'을 넘어 그 이상의 중요성을 가지는 것이었다.[64] 평균 적인 시민들에게 부과된 조세 부담은 전시와 전후 모두 눈에 띄게 증가했다(그림 3 참조). 1939년 1분위 과표 구간－가장 빈곤한 임금소득 자들이 연방정부에 지불하는 과세소득 비중－은 4%에 있었다. 기혼 자들에 대한 5천 달러의 높은 면세점은 이 명목세금조차 부과되지 않았다는 것을 의미한다. 1948년이 되자 최저세율은 20%에 다다랐고, 기혼자의 1천 달러 면세로 훨씬 많은 저임금자들이 연방 과세 대상자로 편입되었다.[65] 전후 소득이 높아지자 그만큼 연방정부에 지불해야 할 소득세 비율도 늘어났다. 1948년 연방소득세는 개인 소득에서 평균 8.65%를 차지했다. 5년 후 그 비중은 10.77%까지 올랐는데, 이는 거의 25% 증가한 것이었다.[66]

주정부와 지방정부의 조세도 유사한 형태를 따랐다. 1944년 주와 시정부는 소득세와 판매세를 28억 달러 올렸을 뿐이지만, 1953년이 되자 주와 지방의 총 소득세와 판매세는 거의 80억 달러까지 늘어났다.[67] 생계비 상승과 연동된 세 부담의 상승은 풀뿌리 수준에서 유권자의 불만을 고조시켰는데, 이는 민주당 표밭에서 유권자들이 이탈하도록 공화당에 절호의 기회를 제공할 것으로 보였다.

국민 경제의 변화는 세금을 정치 쟁점화하는 데 도움을 주었다. 인플레이션은 생계비 상승을 가져왔고, 임금도 올랐지만 급속하게 오른 생계비를 따라잡지는 못했다. 인플레이션으로 서민들이 점점 더 세금을 의식하게 되자 감세는 더 매력적인 정치 의제가 되었다. 더욱이 감세는 공화당이 핵심 원칙을 위반하거나 기업집단에 대한 지지 기반을 잠식하지 않고 선거에서 호소력을 키울 수 있게 했다. 공화당에는 허버트 후버의 그림자와 대공황 시기 당의 무책임성이 계속 드리워져 있었다. 1945년의 한 여론조사에 따르면, 대부분의 유권자들은 여전히 공화당이 '기업과 화이트칼라'의 이익을 대변한다고 생각하고 있었다. 전시의 대규모 소득세 창출은 공화당이 납세자인 대다수 유권자들에게 접근하여 호소할 기회와, 한 정치 고문의 말에 따르면 공화당에 "이상주의의 의식과 좋은 삶에 헌신"할 기회를 제공했다.[68] 1947년 공화당의 한 유력 인사는 "무거운 과세 부담" 탓에 일반 노동자들이 "정부를 위해 10일 중 3일"을 일해야 한다고 지적했다.[69] 공화당 지도자들과 전략가들은 세금을 통해 공화당이 미국의 신흥 중간계급 —"소유권을 가지고 있거나 소유권에 대해 열망하고 통제를 싫어하는"—에서 지지를 확대할 수 있다고 권고했다. 그들은 '주택', '생명보험', 혹은 '저축 계좌'에 투자해왔던 중간계급 남성과 여성들을 자유주의자들의 사회적 실험을 떠받치기 위한 부담을 참고 견디는 납세자로 끌어들일 수 있었다. 1930년대에 "다수의 빈곤층은 공공지출의 혜택을 받고, 소수의 부유층은 그 비용을 걱정"했던 반면, 재번영과 조세국가의 팽창은 '부유층'을 "납세자와 국방채권E bond 소유자"의 자격을 갖춘 다수에 편입시켰다.[70] 조세정치를 통해 공화당은 민주당의 안정과 끝없는 번영에 대한 미래의 약속 모두를 흡수할 수 있었고, 진보적인 사회 및 경제 정책을 이후 점점 더 증대하는 중요한 국가 목표의 방해물로 낙인찍을 수 있었다.

1947년 초에 도입된 1948년의 감세안은 1948년 선거를 고작 몇 달 앞두고 트루먼 대통령의 세 번째와 마지막 거부권을 거쳐 통과되었다. 이 법안은 연방정부의 과세에 대한 미국 국민들의 점증하는 불안감과 혐오를 이용하고 격화하는 데 목적이 있었다. 세금 감면에 대한 대부분의 압력은 평범한 유권자가 아니라, 전후 부담스럽고 불공정한 초과이득세로 간주했던 것을 신속하게 원상 복귀시키고 법인세와 개인소득세율 전반을 낮추기 위해 동원된 조직적인 기업집단으로부터 나왔다. 이 집단들은 또한 연방상속세율, 증여세율, 소득세율을 헌법으로 제한하려는 대공황 시대의 운동을 부활시켰다.[71] 하지만 연방의회 법안이 "대규모의 열광적 지지"를 만들어내지 못하자 감세 지지자들은 감세 문제에 관한 헌법 제정을 요구하기 위해 주의회가 연방의회에 청원할 것을 로비하며 운동 방향을 주의회로 정했다.[72] 이러한 전략 수정은 즉각적인 성과를 올렸다. 1939년 와이오밍주는 감세에 서명하는 첫 번째 주가 되었다. 이후 5년 동안 16개 주가 추가로 유사한 법안에 찬성했다.[73] 당연한 것이지만, 1942년 재정법의 효과로 8개 주에서 감세 법안이 통과되면서 과세제한은 특히 1943년에 성공적이었음이 증명되었다. 1945년에서 1950년 사이 몇몇 주에서 이전의 감세 조치에 대한 지지를 철회하면서 감세운동이 둔화되긴 했지만, 한국전쟁의 발발과 이에 따른 조세 증가로 다시 원상회복되었다. 1954년에는 26개 모든 주의회에서 연방정부의 과세권을 헌법으로 제한하는 데 찬성했다.[74]

감세 지지자들은 이 운동이 "자연스럽고", "자발적이며", "자생적인” 대중운동이라고 주장했다.[75] 예컨대 뉴욕주의 공화당 하원 의원인 랠프 그윈Ralph Gwinn은 감세운동이 세율을 낮추라는 보통 노동자들의 요구로부터 발생한 것이라고 공개적으로 주장했다. 그윈은 1949년 뉴저지주 부동산연합회 연설에서 “소득세 부담의 대부분을 차지하는 일하는 사람”의 이름으로, 연방소득세를 제한하려고 노력하는 부동산 중개업자들의 노력에 지지를 보냈다.[76] 하지만 연방세 제한운동은 일반 대중보다는 엘리트로부터 시작되었다. 예를 들어, 시카고를 기반으로 하는, 감세를 위한 주 단위 운동의 ‘주도 세력’으로 묘사된 서부조세위원회의 지도부에는 스탠더드 오일Standard Oil,* 엘리 릴리Eli Lilly,** 보그 워너Borg Warner,*** 내셔널 오토모티브 파이버스National Automotive Fibers,**** 쉐퍼 펜 컴퍼니Sheaffer Pen Company*****의 대표들이 속해 있었다.[77] 그리고 대체적으로 감세에 찬성하는 전국적인 조직들—미국변호사협회, 미국상공회의소, 전국제조업협회—은 조세에 민감한 기업, 전문직, 부유층 인사를 대변했다.

거대 기업체들은 또한 반뉴딜 일간지 창설자인 프랭크 개닛Frank Gannet이 만든 보수주의 옹호 집단인 헌법통치위원회the Committee for Constitutional Government; CCG를 통해, 연방소득세에 반대하는 전국적인 로비

---

* 록펠러(John D. Rockefeller)가 1870년에 창립한 석유 생산. 수송. 정제 및 판매 회사.
* * 동명의 기업인이 1885년에 설립한 거대 제약 회사.
* * * 자동차 기어 등의 부품 제조업체.
* * * * 자동차 실내 장식 제조업체.
* * * * * 보석상으로 유명한 제이콥 쉐퍼(Jacob. R. Sheaffer)의 아들인 월터 쉐퍼(Walter Sheaffer)가 설립한 필기구 제조업체.

를 위한 자금 지원을 도왔다. 개닛은 이전에 루스벨트 대통령과 공산주의-좌파 중심 세력이 미국을 "전체 연방의 희생과 우리 사적 이익에 대한 반미적 통제"로 몰아갈 계획을 세웠다고 주장했다.[78] 1937년에 설립된 CCG는 루스벨트의 연방대법원 구성 제안이 잘못되었다고 맞서면서 1940년대 말과 1950년대 초에 엄청난 세력으로 성장했다. 1950년 로비 활동에 관한 상원 특별위원회는 이들이 1949년에만 75만 달러를 지출했는데, 이는 그해 등록된 로비 단체 중 두 번째로 많이 지출한 것이라고 보고했다.[79] 위원회는 이 단체의 재정 후원자들의 명단 공개를 거부했지만, 일간지들은 의회 모욕으로 소환장을 받을 것이라는 위협 속에서도 이 조직과 "멜론Mellon 관계사들, 듀퐁duPont, 리퍼블릭 스틸Republic Steel, 뉴저지 스탠더드 오일Standard Oil of New Jersey, 텍사스 오일Texas Oil, 그리고 조 퓨 선 오일Joe Pew Sun Oil 관계사"들이 관련 있다고 보도했다.[80]

대부분의 CCG 활동과 그들이 쓴 자금은 '대중적 감성'을 자극하기 위한 것이었다.[81] CCG의 사무총장 에드워드 럼리Edward Rumely에 따르면, 이들은 "로비를 위한 대중적 접근"을 택했고, "대중들에게 정보를 제공하여 그들이 자기 지역 의원들에게 요구하도록" 하는 데 심혈을 기울였다.[82] 상원 특별위원회를 통해 드러난 이들의 가장 중요한 기능은 "입법에 직간접적으로 영향을 주기 위해 팸플릿을 배포하여 … 여론에 영향력"을 행사하려는 것이었다.[83] 1937년에서 1944년 사이, 이들은 8,200만 개의 팸플릿, 도서, 기타 문서들을 배포했다. 이러한 행보는 전후에도 계속되었다. 1940년대 말까지 이들은 "수백만 통의 편지와 문서들을 교사, 시민단체, 그리고 의회 의원들을 포함한 다른 여론 조성자들에게 살포했다." 감세 문제와 관련해서만 65만 명 이상이 이를 받아 보았을 것이라고 이들은 주장했다.[84]

엘리트 집단의 로비와 교육에 대한 노력은 주 의원들에게 긍정적인 인상을 남겨 이들이 여론을 움직이는 데 도움을 주었고, 감세 문제를 전국적인 정치 문제로 전환시켰다. 1951년『유에스 뉴스 앤드 월드 리포트』는 "이 운동이 ⋯ 연방소득세, 상속세, 증여세에 대한 과감한 감세 압력 활동을 ⋯ 진행 중"이라고 보도했다.[85] 이듬해 연방 과세 제한을 위해 헌법 개정운동을 14년 동안 펼쳐왔던 주도 세력 중 하나인 미국납세자협의회the American Taxpayers Association; ATA는 이 운동이 곧 연방의회의 행동에 압력을 가할 만큼 주의회를 충분히 지원할 것이라고 전망했다.[86] 같은 해 7월에는 갤럽 여론조사에서 조사 대상자의 68%가 연방세 최고 한도를 25%로 하는 제안에 찬성한다는 결과가 나왔는데, 찬성 의사는 직업군에 상관없이 고르게 나타났다. 기업인과 전문 직종에서 64%의 지지 의사가 표출되었고, 육체노동자와 농민층은 68%, 화이트칼라 노동자는 69%가 찬성했다.[87]

이들 납세자 중 이와 같은 감세안으로 혜택을 받을 이들은 거의 없었다. 이 조치의 반대자들은 감세안이 과세 부담을 기업과 부자들로부터 중간 및 하위 소득 납세자에게 전가하는 방식임을 정확하게 간파했다.[88] 1952년 미국의 연간 중위 소득은 2,890달러였다. 같은 해 합동경제위원회와 하원 중소기업특별위원회의 전문위원들이 수행한 연구에 따르면, 25% 과세 최고 한도로부터 금전적 혜택을 받으려면 단일 가구 납세자는 매년 8천 달러, 두 자녀를 둔 기혼 가구(4인 가구)는 2만 달러를 더 벌어들여야 했다.[89] 사실 개인 납세자의 약 1%만이 과세제한으로부터 직접적인 혜택을 받게 되어 있었다.[90] 이 운 좋은 소수를 위해, 감세 혜택의 규모는 직접적으로 그들의 소득 규모와 연동하여 늘어나게 되어 있었다. 연간 2만 5천 달러로 살아가는 4인 가족은 약 750달러의 세금 감면을 기대할 수 있었고, 연간소득이 100만 달러인 유사한 가족 구성원을 가진 부부는 62만 달러 이상의 횡재에 가까운 감세 이익을 기대할 수 있었다.[91] 거대 기업에게는 훨씬 유리했다. 1950년대 초, 모든 기업의 법인세는 30%였으며, 2만 5천 달러 이상의 과세 대상 기업 소득에 22%를 부가 징수했다. 과세제한은 특별부가세를 완전 폐지하면서 국내 거대 기업과 부자 기업에 막대한 혜택을 제공하는 것이었다. 초거대기업—순소득이 100만 달러를 초과하는—은 50% 이상의 세금 감면을 예상하고 있었다.[92]

1940년대 말과 1950년대 초 몇몇 의원들은 정책 입안까지는 아니더라도, 유권자를 의식하여 감세의 명분을 받아들였다. 1951년과 1953년에 일리노이주 에버렛 덕슨Everett Dirksen 상원 의원과 그의 동료인 촌시 리드Chauncy Reed 하원 의원은 수정헌법 16조* 폐지와 연방 과세 한도를 25%로 제한하는 헌법 개정 요구 법안을 제출했다. 1950년대 초 연방정부의 과세권과 지출 권한 문제에 대한 다른 접근 방식도

---

* 연방의회는 어떠한 소득원에서 얻어지는 소득에 대해서도 각 주에 배당하지 아니하고 국세 조사나 인구수 산정에 관계없이 소득세를 부과·징수할 권한을 가진다.

추진되었다. 예를 들어, 프레더릭 쿠더트Frederick Coudert 뉴욕주 공화당 하원 의원은 국가 비상사태를 제외하고는 연방 지출이 연방 예산을 초과하지 못하도록 규정하는 법안을 제출했다. 로버트 태프트와 그의 동료인 호머 퍼거슨Homer Ferguson 미시간주 공화당 상원 의원은 군대와 국방 목적을 제외하고는 연방 지출을 국민 소득의 5%로 제한하는 법안을 제시했다. 전국의 납세자 단체들은 이들 중 한 단체가 언급한 "전반적인 조세 부담의 체계적인 감세"를 요구했다.[93]

이러한 연방 과세권 제한운동은 민주당의 지출 프로그램에 대한 간접적인 공세를 표출한 것이었고, 뉴딜 국가의 후퇴를 목적으로 한 것이었다. CCG와 밀접한 관계가 있던 뉴욕주 공화당 하원 의원 그윈은 과세제한이 연방정부를 "건국 초기에 수립된 전통적인" 기능으로 제한할 것이고, 정부에 대한 대중들의 더 많은 서비스 요구로부터 의회를 보호해줄 것이라고 주장했다. 의회를 "특정 집단을 만족"시키기 위한 "어떤 자금"과도 차단시켜야만 정부 규모의 축소를 기대할 수 있다는 것이었다.[94] 그윈의 발언은 대부분의 초기 과세제한 주창자들의 위험한 포퓰리즘을 시사한다. 비록 그들이 신속하게 대중들에게 이 운동을 지지해줄 것을 요청했지만, 대부분의 과세제한 주창자들은 솔직하게 민주정치에 대해, 특히 과세와 지출 문제가 서로 관련될 때 상당한 의구심을 표출했다. 『미국변호사협회지American Bar Association Journal』에서 인디애나주의 한 변호사는 누진소득세는 "다수의 유권자에 의해 소수의 부가 몰수"되도록 허용하는 것으로, "부자에 대한 빈자의 전쟁"에서 하나의 완벽한 무기라고 주장했다.[95]

연방정부의 과세권에 대한 몇 가지 헌법적 제한을 지지하는 이들은 국가 재정 구조의 근본적인 개혁을 갈망했고, 제2차 세계대전의 조세 체계에 중대한 이의를 제기했다. 감세 주창자들이 종종 정부가 지출 삭감을 통해 25% 과세상한으로 발생하는 160억 달러의 손실분을 메울 수 있다거나 1970년대와 1980년대 공급 측면 경제의 선구자로서 도발적인 감세 효과가 궁극적으로는 "더 높은 세율로 확보되는 재정보다 더 많은 재정 확보로 귀결"될 것이라고 주장했지만, 대부분의 전문가들은 25% 혹은 심지어 35%로 과세상한을 올리더라도 정부는 전국적인 판매세나 다른 종류의 소비세에 기반한 조세제도를 실행해야 할 것이라고 확신했다. 전국제조업협회를 중심으로 몇몇 조직들이 1942년부터 이와 같은 해법을 밀고 나갔다. 다수에게 "최소 과세 능력을 가진 이들에 대한 과도하고 불균형적인 과세 부담"으로 인식되었던 전국적인 판매세의 공포는 전후 몇 년 동안 계속되었다.[96] 1953년 진보 성향의 민주행동국민모임Americans for Democratic Action; ADA은 누진과세에 상당한 완화를 가져올 전국 판매세와 연방세 상한에 대한 제안서를 작성했다.[97] 실제로 과세제한은 현행 소득 기반 재정 체계를 사실상 소비세에 의존하는 재정 체계로 대체하려는 일종의 '속임수운동stealth campaign'으로 보일 수 있었다. 한 과세제한 지지자는 너무나 많은 "정서적 태도"가 "누진과세에 대한 이상idea을 … 강력하게 떠받치고" 있었기 때문에 "현실적으로는 누진과세를 받아들이는 것"이 정치적으로 필요했었다고 비통해했다.[98] 과세상한에 반대했던 하버드 로 스쿨의 어윈 그리스월드Erwin Griswold 학장이 한 논문에서 결론지었듯이,

기업 및 개인 과세율에 대한 25% 과세상한으로 인해, 결국 다른 환경이었다면 유권자들이 "의식적으로 받아들이기" 힘들었을 대규모의 판매세 수용을 요구받게 될지도 모르는 것이었다.[99]

1953년과 1954년, 의회는 아이젠하워 Dwight D. Eisenhower 대통령의 요구로 세입위원회와 재무부가 내국세입법에 대한 전문적인 연구를 시작하면서 일반판매세, 법인세 폐지, 개인 소득 과세율에 대한 정액상한제, 그리고 물품세 폐지와 같은 광범위한 제안을 심의할 기회를 가졌다.[100] 재무부·국세청 관료들과 상원 입법 자문위원들은 조세법을 살펴보고 정책권고안을 준비하는 데 1인당 준비시간을 모두 합쳐 30만 시간 이상을 할애했다. 이 심사의 결과물인 1954년 재정법은 조세 체계 개정 요구를 거부한 대신 극단적으로 누진적인 현행 한계세율 체계를 특정한 형태의 비임금 소득에 대한 세금우대로 상쇄시키고, 사회보장 급여세로 보완하도록 제도화했다.

1954년 재정법은 2만 달러 이하 과세소득에 20%부터 20만 달러 이상 과세소득에 91%까지 범위로 한계세율을 책정했다. 하지만 이러한 누진성은 특별면세, 공제, 그리고 개인과 기업 모두에 조세 부담을 줄여주는 다른 조세 특례의 확산 등을 감안할 때 사실 형식적인 것이었다. 1954년 재정법은 미국 조세국가의 전체 구조에서 이러한 조세 특례의 중요성을 확인해주었고, 모두에게 혜택을 제공했다. 개정법은 하위 혹은 중간 소득자들에게 부양 자녀의 기준을 완화해주었고, 의료비 공제를 확대했으며, 자녀 양육비를 공제해주었다. 또한 부유층 납세자들에게는 자선 기부로 공제받을 수 있게 해 소득액을 늘려주었고, 특정 배당 소득에 대해 공제 및 세금을 면세해주었으며, 기업은 감가상각 비용과 경상지출의 법적 조치로 혜택을 받았다. 의회는 또한 모든 중요 과세소득 규정에서 고용주의 피고용인 의료보험 기여분에 대해 면세해주기로 결정했다.[101]

1954년 재정법은 전후 8년 기간 중 가장 중요한 조세법이었다. 이 법은 1942년 구축된 조세 체계를 확정 지었는데, 그보다 더 중요한 것은 소득 과세의 목적에 대해 양당의 정책 책임자 간 합의를 반영했다는 것이다. 이전에는 의회에서의 세율에 대한 논쟁이 예산과 지출의 균형, 추가 기금 증대, 혹은 몇 가지 경제적 분배에 대한 영향에 집중되었던 반면, 1950년대 중반에 대중과세 체계가 미국의 영구적인 부분으로 정착되면서 의회는 점점 대규모화되는 조세 입법이 거시경제에 미치는 결과에 초점을 맞췄다. 1954년 세법에 의해 재확인된 연방 조세 구조는 미국 정책 결정자들이 안정적 경제 성장을 위해 지출보다는 과세에 의존하는 일종의 미국화된 케인스주의를 통해 경제 성장에 주력할 것을 반영하고 강화했다.[102]

누진적 소득세를 보호하는 데 성공한 자유주의 세력은 뉴딜 복지국가의 유지와 확장을 명백히 하는 데 성공했을 때와 마찬가지로 상당한 대가를 치렀다. 사회민주주의자들과 자유주의자들이 지지한 누진적 소득세는 좋은 조세 정책의 중심에 '지불 능력' 기준을 가장 구체화함으로써 복지뿐만 아니라 자유주의 국가의 '비용'을 가시화하여 자유주의 자체에 대한 대중들의 거부감을 촉발했다.[103] 몇몇 공화당 인사들은 종전 이전에 이미 자유주의 국가에 대한 이 같은 잠재적

견제 심리를 인식하고 있었다. 공화당 전국자문위원회 위원들은 소비세와 다른 간접세들이 누진적 소득세보다 '덜 공정할' 것이라는 점과 국가적 수요에 대응하기 위해 소득세만이 '필수 예산'을 제공할 수 있다는 점을 인정하면서, 제2차 세계대전의 조세 체계를 지지한다는 정치적으로 강력하고 이념적으로 보수적인 주장을 재차 승인했다. 즉 1944년 공화당이 적절하게 예측했듯이, "임금소득자 다수에 대한 직접세"는 "정부 활동에 의식적으로 참여하는 다수의 시민"을 형성함으로써 국민국가의 성장을 효과적으로 견제하게 될 것이었다.[104]

납세자, 세금 수혜자, 그리고 성장의 정치

연방소득세, 상속세, 증여세에 대한 헌법적 제한을 두기 위한 노력과 복지, 복지 부정, 그리고 복지관료에 대한 반대운동은 종전 직후 자유주의 국가 건설자들이 직면한 장애물들이었다. 자유주의 정책 결정자들은 뉴딜 그 자체 − 개별 납세자가 지불한 세금과 그들이 새로 제정된 경제 및 사회보장제도로부터 받을 수 있을 것으로 기대했던 혜택 간의 관계를 분명하게 하지 못했지만, 미국 국가 건설의 분기점이었던 − 로부터 이러한 수많은 문제점을 이어받았다.[105] 적어도 1935년 이후 뉴딜의 조세에 관한 수사rhetoric는 직접연방세의 방식으로 많은 부담을 져야 할 평범한 납세자들의 도덕적·정치적 의무를 면제해 주면서 '경제적 특권층'의 납세 의무에 초점을 맞추는 경향이 있었다.[106] 1942년 재정법은 연방소득세의 범위를 중간계급과 노동계급까지 확대하여 납세 의무를 지닌 시민권을 대중화했다. 하지만 제2차 세계대전 조세 체계의 설계자들과 주창자들은 새롭게 확대된 소득세를 대외 전쟁 자금과 국내 물가 상승 위협을 조정하는 데 필요하다고 설명함으로써, 뉴딜의 전임자들과 마찬가지로 새로운 조세 부담을 국가와 시민의 상호 의무에 관한 논리성을 갖춘 이론으로 연결시키는 데 실패했다. 더욱이 특별한 부류의 납세자－중간계급의 자택 소유자와 상대적으로 부유한 국채와 지방채 소유자에서 거대 석유회사에 이르기까지－를 위한 특권의 토대 위에 구축된 전전戰前 조세 체계는 소득세의 분명한 누진성을 상쇄했을 뿐만 아니라 내국세법을 통한 연방정부의 개인과 기업의 안녕을 위한 보조금 지원 역할도 약화했다. 이러한 면세, 감세, 특례는 대부분 강력한 하원 세입위원회의 공개적 평가 없이 만들어졌기 때문에 거의 대중적 주목을 끌지 못한 상태에서 은폐된 연방 혜택 체제로 기능했다.[107]

전후의 국가 건설자들은 이전 세대에 의해 자리 잡은 조세복지국가를 상당 부분 제도화하는 데 성공했다. 그리고 그들의 주목할 만한 사회 정책의 성과를 은폐하는 방식으로 국민 다수를 위한 국가의 풍요와 개인의 사회보장을 보증하도록 연방정부의 책임성을 성문화했다. 연방정부는 개인과 기업에 대한 상당한 권력을 직접적인 지출에 의해서가 아니라 간접적인 유인책과 보조금－종종 직접지출에 대한 기능적 등가성을 강조하는 조세지출로 언급되는－을 통해서 행사했다. 이러한 유인책과 보조금은 간접적으로만 제공되었기 때문에 결코 정부로부터 나온 것이라고 인식되지 않았다. 제대군인원호법과 고용을 전제로 한 의료 및 연금제도와 같은 전후 정책들은 주요 노동조합들의 지지를 받았고 연방조세법에 의해 보증되었는데, 이 또한 거시경제의 성장을 개선함으로써 늘어나는 중간계급의 복리에 기여했다. 1930년대에 처음 도입된 이후 소규모의 정책 관계자 집단에 의해 육성되고 보호되었던 사회보험제도들은 이러한 '눈에 보이지 않는 복지국가'를 보완했다. 사회보장제도와 같은 프로그램들은 개인에 대해 직접적인 자금 지원을 제공했지만, 다른 복지제도에 쏟아진 경멸과 적대감은 피해 갔다. 그럴 수 있었던 것은 사회보장제도의 정책 지지자들이 '국가 연금 계획'에 보험료를 냄으로써 사회보장제도 수급자들이 받는 '연금'과 근로시민이 지불한 세금으로 복지 수급자들이 향유하는 의심스러운 공적 자선금을 구분하는 데 성공한 덕분이었다.

전후 정책 결정자, 경제학자, 국가 건설자들이 몰두했던 '경제성장우선주의economic growthmanship'의 출현은 뉴딜 복지국가와 제2차 세계대전 기간 조세복지국가의 모순에서 성장했고, 이 양자를 통합했다. 경제 성장 추구와 관리를 통해 1940년대 후반과 1950년대, 그리고 1960년대에 걸쳐 경제 정책과 정치가 형성되었다. 1930년대 많은 이들이 예측했던 경제 쇠퇴와 스태그플레이션은 현실화되지 않았다. 대신 미국 경제는 활성화되었다. 제2차 세계대전의 방위비는 재빨리 냉전 시기의 군산복합체로 흡수되었고, 이는 다시 국내 생산을 촉진했으며, 전후 경제 번영의 밑바탕이 되었다.[108] 국민총생산의 증대는 풍요로운 미래, 즉 "이전 역사 어느 때보다도 풍성한 자유, 안보, 성취의 조치들"을 특징으로 하는 한 시대에 대한 약속을 뒷받침했다.[109] 1950

년 트루먼 대통령은 모두를 위한 경제 성장과 더 많은 기회가 "전진하는" 미국 경제의 "중단 없는 의지"로부터 자연스럽게 넘쳐날 것이라고 약속했다.[110] 노동운동의 지도자들과 평범한 노동자들에게 경제성장은 생활수준의 향상, 즉 노동운동 지도자인 월터 루서Walter Reuther의 표현에 의하면, "경제민주주의 … 충분한 생산 … 완전고용, 그리고 충분한 분배", "정치민주주의의 틀" 안에서 모든 것을 성취하는 사회의 약속을 보증하는 것이었다.[111] 기업의 총수들도 이러한 풍요의 약속을 공유했다. 1943년 제너럴 모터스General Motors의 알프레드 슬론Alfred P. Sloan 회장은 "취업 기회의 확대, 역동적이고 팽창하는 경제", 그리고 "더 높은 생활수준"이 "이 나라 모든 사람들"의 목표가 될 것임을 천명했다.[112] 완전고용, 높은 생산성, 국민총생산 증가는 노동자와 기업주 모두의 생활수준을 높일 것이며, 1956년 제너럴 일렉트릭General Electric Company사가 명명했듯이 이 "국민자본주의People's Capitalism"는 소비자, 노동자, 주주, 모든 대기업과 소기업을 포함한 모두에게 "중단 없는 발전"을 제공할 터였다.[113]

전시와 종전 직후 많은 기업인과 기업 대표들은 연방정부가 사적이윤을 구축驅逐할 것이라는 공포에 휩싸였다. 슬론은 제2차 세계대전이 발발한 후 2년 동안 국내 기업 엘리트들에게 만약 기업이 적정한 고용을 제공하지 않는다면 연방정부가 곧 "상품과 서비스 생산에서 민간기업과 직접적인 경쟁"을 요구받을 것이라고 경고했다.[114] 하지만 그처럼 걱정할 필요가 없었다. 연방정부는 많은 기업인들이 두려워했던 것처럼 민간 부문을 대체하기보다는 오히려 지원했다.[115] 성장의 경제학은 사실상 연방정부가 능동적으로 "고용, 생산, 구매력의 극대화를 촉진"하기 위해 정부 자원을 활용할 것을 요구했다.[116] 그러나 국가는 은밀하게 공공자원을 민간 부문으로 양도하는 데 집중했다. 1946년 1월 라디오 연설에서 트루먼 대통령이 밝혔듯이, 부흥, 경제 성장, 그리고 국가의 번영은 "경제 구조의 기초"를 마련하고 "충분한 생산과 완전고용"을 달성하기 위한 사적 기업과 국가의 협력에 달려 있었다. 사적 기업은 은밀하게 공공 부문을 "독려하고 보조하면서" 주도적인 역할을 했다.[117]

트루먼이 연설에서 제시했듯이, 대부분의 자유주의자들은 전적으로 성장의 정치를 받아들이고, 연방 정책과 연방 재정을 통해 미국인들 다수의 생활수준을 향상시키며, 기초적인 경제적 안전망 보장의 역할을 분명히 하는 데 열정적으로 협력했다. 자유주의자들이 경제성장우선주의를 수용하고 가시적인 지출에 대한 그들의 의존성이 증대한 것은 국가주의 체제와의 이념 및 군사적 갈등이 도드라진 시대의 정치적 현실을 반영하는 것이었다. 1940년대 말 미국과 소련 간 냉전이 강화되자 많은 자유주의자들은 앞 다투어 국가주의로 묘사될 수 있는 어떠한 정치 프로그램과도 관계를 끊었다. 1948년 헨리 월리스 Henry Wallace의 대선 도전 실패는 미국 좌파의 무능에 대한 신호이자 아서 슐레진저 Arthur Schlesinger가 명명한 자유주의의 "생명의 중추"는 트루먼 행정부임을 확인해주는 듯 보였다. 전시와 종전 후 기업집단의 부활과 위스콘신주 상원 의원 조 매카시 Joe McCarthy의 출현, 그리고 그의 정부 내 공산주의자 색출운동은 직접적인 정부 개입 추진에 대한 정

치적 위험을 더 높여 놓았다.[118]

많은 기업들은 실제로 수많은 정부 정책에 대한 대중적 지지를 차단하기 위해 재빨리 국가 사회주의의 유령을 불러냈다. 어떤 기업들보다 오하이오주 클리블랜드의 워너 앤드 스웨이지사Warner and Swasey Company가 이러한 위험에 대해 일반 잡지 독자층에 경각심을 불러일으켰다. 1950년대 내내 이 정밀기계 부품 제조업체는 거의 매주 『유에스 뉴스 앤드 월드 리포트』에 전면광고를 내면서 독자들에게 복지국가와 지나친 과세가 만들어낼 위험들을 상기시켰다. 1959년의 한 광고를 예로 들면, 이 기업은 '연방부조'를 '산타클로스 혹은 부활절 토끼'와 비교했고, 다른 광고에서는 '원조 사회주의자 로빈후드'와 동일시했다. 또 다른 광고에서는 미국인들이 선호하는 경제 안정은 결국엔 "노예 상태라는 유일한 영구적 안정"으로 귀결될 것이라고 경고했다. 워너 앤드 스웨이지사는 광고 지면만을 자주 이용했다는 점이 독특했다. 다른 기업과 전 산업 조직 역시 거대한 음모를 경고하며 대중 언론지에 광고를 실었다. 일렉트릭 파워 앤드 라이트사Electric Power and Light Company는 모든 미국인들이 자신의 "권리와 자유"를 지키고 "사회주의 미국을 위해 계획을 세우고 일하는" 복지국가의 "요부들Sirens"에 맞설 것을 촉구했으며, 리퍼블릭 스틸은 "공짜 예언가들"의 "부의 공유" 계획으로 만들어진 공포가 다음 세대에게 "국가사회주의", "개인 자유의 점진적 상실", "생활수준의 하향"을 가져다줄 것이라고 강조했다. 팀켄 롤러 베어링사Timken Roller Bearing Company는 정부 지출이 쉽게 말해 "미국에 파멸을 초래하고자 하는" 소련의 음모라고 정리했다.[119]

몇몇 보수주의자들에게는 어떤 형태의 직접지출 혹은 연방 과세도 카를 마르크스의 기본 계획master plan의 일부로 보였다. 1944년 초 전국 의류소매협회National Retail Dry Goods Association의 대변인은 미국이 위기에 처해 있다며, 훌륭한 시민들은 "강력하게 사회주의화된 정부의 온정주의적 통제"와 "전통적인 미국적 방식의 고용 기회와 노동자들의 성공을 보존"하는 것 중 하나를 선택해야 할 것이라고 말했다.[120] 한 공화당 의원 모임도 "정당한 법률하에서 개인에 대한 미국의 자유는 모든 이에게 공정하게 부여"되고, "파시스트나 공산주의적 경향에 대항하는 미국식 삶의 방식을 보호"하는 것은 "민주당식 자유주의적 급진주의, 획일화, 무한 권력을 가진 관료주의, 계급 착취, 적자 지출과 보스정치machine politics"에 저항함으로써만 유지될 수 있다고 주장했다.[121] 이 시기 과세제한에 대한 수정안 옹호자들은 공산주의 강령에 "과중하고 누진적인 소득세"가 포함되어 있다고 거듭 지적했다.[122] 태프트 상원 의원은 1948년 앞으로의 대통령직에 대한 포부를 밝히는 연설에서 높은 세율은 "사회주의로 직행할 수밖에 없음"을 경고했다.[123] 1950년 펜실베이니아주 하원 의원인 레온 개빈Leon Gavin은 그의 의회 동료들에게 "사회주의와 높은 세금"은 "동의어"이며, 이들의 조합이 "항상 국민의 자유, 해방, 기회의 상실, 그리고 모든 이들의 삶에 대한 국가의 완전한 지배"를 의미한다는 것은 "역사적 사실의 문제"임을 상기시켰다.[124] 1954년 전국제조업협회는 연방소득세가 중산층을 소멸시키려는 마르크스의 발상일 뿐만 아니라, 국가적 어려움의 95%에 대한 책임을 지고 있다고 주장했다.[125]

반공주의자들의 수사는 또한 당시의 지출정치에 쏠려 있었다. 복지 지출 남용에 대해 엄격한 단속이 시행되었던 1940년대 후반, 수많은 뉴욕시의 타블로이드 언론사들은 시의 사회 서비스 당국에 공산주의자들이 침투해 있음이 발각되었다고 하루도 빠짐없이 주장했다. 특히 『뉴욕 저널-아메리칸New York Journal-American』은 뉴욕시 복지국의 공산주의자들 혹은 그 동조자들을 캐내는 데 몰두했다. 이 언론사에서 두 번째 사치 구제의 사례가 보도된 후 이틀 동안 허스트* 소유의 반공주의 언론들은 다음과 같은 공격적인 머리기사 제목을 실었다. "빨갱이들이 구제 정책과 연계되다!" 이튿날 『뉴욕 저널-아메리칸』은 1면 사설에서 구제기금 지급 대상자들을 결정하고 돈으로 정치적 충성심을 매수하기 유리한 위치에 있는 "시 복지국에 … 500명의" 스탈린과 레닌 "추종자들"이 있다고 비난했다.[126] 해외의 위험한 공산주의자들과 그 동조자들의 영향력 아래에서 "적색으로 물든 뉴욕시 복지국"이 납세자들의 돈을 복지 수급자들에게 갖다 바치고 있다는 것이었다.[127]

물론, 냉전 그 자체가 국가 권력과 그 영향력을 급격하게 확대시켰다.[128] 1952년에서 1959년 사이 연방정부는 군사비와 다른 냉전 관련 프로그램에 거의 380억 3천만 달러를 썼다. 방위비와 방위비 관련 지출은 연방세를 남부와 남서부에 쏟아붓고, 곧 러스트 벨트Rust Belt로 알려질 북동부 공업지대의 쇠퇴를 가속화하면서 미국의 지역 지형도를 바꾸어 놓았다. 냉전 정치의 산물인 연방도로법은 미국의 도시 근교

---

* 윌리엄 랜돌프 허스트(William Randolph Hearst, 1863~1951). 미국의 신문왕.

개발과 대도시의 탈집중화를 촉진했다. 연방 차원의 방위 계약은 군수와 소비재 생산 모두에 자금을 투자한 제너럴 일렉트릭, 웨스팅하우스Westinghouse, 크라이슬러Chrysler, 굿이어Goodyear 같은 회사들이 번창하도록 보장해주었다.[129] 방위비 지출 또한 전후 활황과 완전고용에 가까운 경제를 유지하는 데 기여했다.

군사비와 다른 방위 관련 지출은 다른 항목의 지출, 즉 비용이 덜 드는 형태의 공공지출을 겨냥해서 일상적으로 제기된 공산주의 색출 항목에서 벗어나 있었다. 간접적인 형태인 연방 보조금 역시 그러했다. 1950년대 트루먼 행정부가 제안한 주택법안에 대한 논쟁에서 공화당 의원들은 어떤 형태의 공공주택도 "사회주의 체제를 구성하는 또 다른 벽돌에 불과"하다고 공세를 취했다. 하지만 공공주택에 대한 직접보조금을 격렬하게 공격한 그들은, 아마 잘 모르기도 했겠지만, 더 많은 간접적 형태의 공적 지원은 수용했다. 예를 들어, 트루먼 행정부의 주택법이 '공공주택의 특성'을 가지고 있다고 완강한 반대를 선언했던 한 뉴욕시 공화당 의원은 연방정부가 지원하는 손쉬운 주택 담보대출mortgage의 활용을 통해서만 가능했던 저비용 주택 건축의 '민간사업'이 성공한 데 대해서는 극찬을 아끼지 않았다.[130] 목적세-흔히 부담금으로 불리는-의존적인 지출 프로그램 또한 사회주의 딱지를 붙여 공격했다. 예컨대 1950년 공화당 전국경제위원회National Economic Council가 배포한 팸플릿에서는 "사회주의 '페어 딜'의 진실"을 밝히겠다고 약속하면서 상원 의원들에게 "복지국가 사회주의자들을 막지 못한다면 사회보장급여가 위험에 빠지게 될 것"이라고 경고했다.[131]

그러나 자유주의 경제성장우선주의를 오로지 냉전이나 전후 우파의 재기로 조성된 정치적 도전의 대응물로 이해하는 것은 오판이다. 사실 자유주의 세력은 1930년대 후반 정치적·경제적 목표 모두를 위해 경제 성장에 골몰했다. 1937년 경기 침체가 시작되자 미국의 자유주의 세력은 풍족한 혼합경제, 생활수준의 향상, 경제 안정을 창출하기 위한 거시경제 정책 의제에 친화적인 미국 경제의 구조 개혁과 경제력 재분배 중심의 경제 의제를 포기했다.[132] 경제 공황은 일반 시민들이 정부 정책에 좀 더 순응하고 기업 일반, 특히 부와 경제력 집중에 적대적인 경제적 배경을 조성했었지만, 경기회복은 재분배적 조세와 이전tax-and-transfer 정책에 전반적으로 불리하게 작용했다.[133] 전시 미국 경제의 성과는 미국 경제가 항상적이고 직접적인 정부 개입과 국가 경제의 방향을 요구할 장기 정체의 정점에 달했다는 우려를 불식시켰다. 중단 없는 성장 약속에 근거한 정치의 매력은 "다양한 경제 집단"이 "더 비참하고 희망 없는 갈등에 개입하는 대신 다 같이 번영하고 전진하게" 함으로써 1930년대의 특징이자 종전 직후 파업으로 갈라지며 수년간 재등장했던 계급 적대 정치를 완화하는 능력에 있었다.[134] 케네디John F. Kennedy 대통령과 그 후임자들의 자문역을 맡았던 자유주의 경제학자 월터 헬러Walter Heller는 "전체 사회의 파이가 더 커질수록 누가 가장 큰 조각을 가져가느냐로 싸울 이유가 줄어든다"고 지적했다.[135] 성장에 대한 신념은 번영과 사회정의가 함께 갈 것이라는 데 있었다. 현명한 조세와 지출 정책에 의해 적절하게 인도되고 촉진되는 시장은 궁극적으로 부를 공정하게 분배하고 평범한 생산직 노동자와 기업 경영자 모두에게 아메리칸 드림을 가능하게 만든다는 것이었다.

경제성장우선주의는 연방소득세와 그에 의존하는 자유주의를 보호하면서도 제한했다. 연방 조세 정책, 특히 연방소득세는 국민 경제의 성장을 관리하고 모든 미국 시민들에게 더 폭넓은 기회를 제공하는 데 관심을 갖고 있던 정책 결정자들이 활용할 수 있는 핵심적인 정책 결정 수단이 되었다.[136] 1950년대 후반에 이르자 공화당과 민주당 모두 경제 안정과 완전고용까지는 아니더라도 높은 수준의 고용을 유지하는 데 정부 권한을 이용하려는 연방정부의 책임성을 수용하게 되었다. 공화당과 기업집단 주류가 기업의 경영 특권을 침해하지 않고도 상대적인 안정성을 제공하는 제한적 형태의 정부 간섭을 받아들이고 환영하기까지 하면서, 과세제한운동은 전국적인 수준에서 실질적인 영향력을 행사하지 못했다.[137] 헌법상 과세제한은 조세 체계의 유연성을 저해하고 고성장을 유지하고 관리하는 정부 능력을 제한하게 될 우려가 있었다. 민주당과 공화당 모두 국세법을 핵심 경제 정책으로 받아들였기 때문에, 아이젠하워가 공개적으로 1952년 대선 기간 어떠한 한정세율에도 반대하고 집권 후 반대를 이어 나갔던 것은 놀라운 일이 아니었다. 1954년 재무부 장관인 조지 험프리George Humphrey는 과세제한이 '재정 붕괴'로 쉽게 이어질 수 있는 전체 체제에 대한 '근본적인 재건'을 요구하게 될 것이라고 경고했다.[138]

20세기 중반 성장에 대한 강조가 제2차 세계대전의 조세국가를 제도화하고 현대 미국의 성장을 가능하게 한 상대적으로 안정된 재정

체계를 제공하는 데 일익을 담당했다면, 경제 성장의 정치는 궁극적으로 제한적이고 축소된 형태의 자유주의를 만들어냈다. 자유주의 정책 결정자들은 우선적으로 물가 인상을 막고, 실업을 제어하며, 전반적인 경제 성장을 촉진하는 결정적 수단이라는 거시경제적 시각에서 조세국가를 옹호함으로써, 조세와 지출 정책 모두에 관해 고려하고 방어하는 대안적 방식을 포기했다. 핵심적인 사회부조 형태로서 간접적인 지출과 기여 방식의 사회보험 프로그램에 대한 의존성이 점차 높아지는 자유주의 국가는 시민의 의무와 혜택 간의 간극을 넓혀 놓았을 뿐이었고, 신흥 백인 중간계급에게 전후 번영의 과실에 대한 분명한 인식과 개인적 권리를 주입하는 데 일조했다. 보수주의의 공격에 맞서 누진적 소득세를 지키고 미국 복지국가의 가장 성공적인 부분을 명백하게 은폐한 자유주의 세력의 성공으로 "우리가 알고 있는 복지국가의 종식"뿐만 아니라, 뉴딜 연합을 해체하는 정치 지형의 변동을 위한 제도적이고 정치적인 구조가 만들어졌다.

경제성장우선주의는 곤경에 처한 납세자의 이름으로 국가의 대척점에 서게 될 수도 있었다. 1940년대 말과 1950년대 초 '복지 위기'가 이러한 움직임을 지배했고, 우파 정치인들은 10년 내내 뉴딜 체제에 대응하는 새로운 다수 연합을 구축하기 위해 조세국가를 활용하는 방식을 실험했다. 개인과 기업에 대한 높은 소득세는, 이들의 주장대로라면, 직간접적으로 소비자에 대해 비용을 부과했고, 미국인의 생활 수준을 위협했다. 소득세는 납세자의 호주머니에서 돈을 빼내 올 뿐만 아니라, 경제 성장, 일자리, 그리고 많은 미국인들이 전후 사회 계약의 가장 중요한 부분으로 인식하고 있던 생활수준 또한 위협했다. 태프트 상원 의원은 1950년 유권자들에게 연방소득세는 "국민의 생활수준을 낮추고" 언젠가 "황금알을 낳는 거위를 죽이고 자유경제의 작동을 멈추게 할 것"이라고 경고했다.[139] 감세주의자들은 전후 15년 동안 이러한 수사로 제한적인 성공을 거두었을 뿐이었지만, 이러한 식의 주장은 결국 건전한 성장이 장기 침체, 실업, 물가 인상에 자리를 내준 1960년대 후반에 결실을 보았다.

조세와 복지 모두 1950년대 후반 대중의 감시망에서 벗어났다. 정책 엘리트와 전문 로비 단체들은 조세복지국가를 확대하고 보호하기 위해 배후에서 계속 공조했다. 노령자유족보험은 의회가 점진적으로 기존의 제외 직장을 없애 나가면서 점차 규모를 늘렸고, 정기적인 기여금의 증가분을 부과했으며, 급여도 올렸다. 부양아동부조 역시 확대되었는데, 부분적으로는 남부 농촌 지역에서 급여가 높고 수급 자격 제한이 덜 엄격한 북부와 중서부의 도시 지역 – 하지만 급속하게 탈산업화되고 있는 – 으로 이주한 가난한 아프리카계 미국인들 때문이었다. 아이젠하워 행정부에서 대학이나 다른 비정부기관으로 쫓겨난 복지 전문가들이 공공복지를 소득 기반 프로그램에서 보호가 필요한 빈곤층들이 자활할 수 있도록 설계된 프로그램으로 전환하고, 이들이 미국의 주류 생활에 진입하는 데 필요한 사회적·경제적 기술들을 제공하기 위해 남몰래 일하고 있었다.

이 평온한 시기는 1960년대 초, 즉 뉴욕의 소도시 뉴버그에서의 복지 위기가 대중적으로 보도된 것이 다시 복지를 전국적인 정치적 주목거리로 만들자 급속히 마감되었다. 케네디 행정부의 민주당 자유주의자들이 의회를 통해 경제 성장과 경제 안정, 국가적 풍요, 개인의 경제적 지위 상승이라는 전후 자유주의의 약속 이행을 의미하는 개인소득세와 법인세의 대규모 감세를 밀어붙이자 세금은 다시 정치적 이슈가 되었다. 전후 초기에 그러했던 것처럼 세입과 세출의 정치가 1960년대 자유주의를 규정하게 된다.

제2장

시장의
실패

케네디─존슨 정부 시기
감세와 복지 축소의 정치

**MARKET
FAILURE**

1960년, 지도 위에서 뉴욕주의 뉴버그시를 찾을 수 있는 미국 사람은 거의 없었다. 더군다나 그 지역의 정치인을 알아볼 수 있는 이들은 훨씬 적었다. 1년 후, 뉴버그시의 행정 담당자인 조셉 미첼Joseph Mitchell의 "복지 사기꾼, 게으름뱅이, 사회 기생충"을 도시에서 몰아내자는 잘 짜인 홍보 덕분에 뉴버그시는 친숙한 이름이 되었다.[1] 미첼이 논쟁을 불러일으킨 복지체계 개혁을 위한 '13대 계획13-point plan ─ 매일 공공부조 수급자들을 뉴버그 시청 앞에 군복을 입혀 소집하는 계획을 포함하고 있는 ─'은 이 작은 도시의 정치인들에게 유명세를 타게 했고, 복지를 『로스앤젤레스 타임스Los Angeles Times』의 기자 존 에이브릴John Averill 이 명명한 "언제라도 불꽃을 일으킬 수 있는 정치 쟁점"으로 바꿨다.[2] 미첼은 "평가 가치의 손실 … 그리고 전체 업무 지구의 파산"부터 폭력을 발생시키는 "공중위생의 위험"과 혼외 자녀 출산율의 급상승까지 복지에 관한 모든 것을 비난하면서, 복지 수급자들이 "주 혹은 연방의 명령에 의해 빈둥거릴 수 있고, 일하지 않고, 버릇없는 아이들처럼 계속 구제를 받을 권리"를 가졌다며 거듭해서 공개적으로 공격했다.[3] 그의 이 운동은 전국에 걸쳐 신문의 1면 광고에 실리면서 전국적으로 복지 문제에 대한 관심을 불러일으켰고, "공공부조의 전반적 개혁, 더 나아가 강력한 일제 점검을 요구"하며 날을 세웠다.[4] 한 평론가에 의하면, 공공복지가 "진정으로 공적인 문제가 되었던 것"은 바로 뉴버그에서였다.[5]

이른바 '뉴버그 전투'는 1960년대 초 자유주의 정책 결정자들이 직면했던 난관을 잘 드러냈다. 뉴버그시의 위기는 1960년대 남부 백인, 흑인, 백인 도시 노동자, 그리고 정치적 진보주의자들의 취약한 뉴딜 연합에 균열을 일으킬 인종 갈등 정치의 윤곽을 미리 보여주었다. 위기 내내 미첼은 그의 복지 규제의 핵심에 인종주의 정치가 있음을 드러내는 데 주저하지 않았으며, 시의 경제와 사회 문제의 원인이 '남부 이주민들'에게 있다고 거듭해서 비난했다.[6] 시위원회 연합의 행정 담당 위원장인 조지 맥케널리George McKenally는 "10년 전 남부에서 이주가 시작되었을 때가 사태 악화의 출발점이었다"는 데 동의했다.[7] 하지만 뉴버그 사태를 인종적 관점에서만 이해하는 것은 이 사태의 중요한 부분을 놓치는 것이다. 위기 내내 시의 행정 담당자는 자신을 "이주자들 … 주정부와 연방정부, 그리고 사회학자들과 철학자들"에 의해 권리와 이익을 위협받는 뉴버그시의 납세 의무를 다하는 시민들의 대변자라고 자임했다.[8] 다른 이들도 납세자들의 권리와 세금 수급자들의 권리 주장 간 중요한 투쟁으로 복지 논쟁을 끌어들이는 미첼의 말을 흉내 냈다. 미국 보수주의의 기수인 애리조나주 상원 의원 배리 골드워터Barry Goldwater는 뉴버그 프로그램에 대한 지지를 담은 공개서한에서 "혼외 자녀로 태어난 아이들에게 자신의 세금이 쓰이는 걸" 보는 데 "질려"버렸다고 썼다. 훗날 그는 기자에게 미첼이 "내 세금을 보호"하도록 결심하게 해주었기 때문에 존경한다고 말했다.[9] 1960년대 후반과 1970년대 초반 보수주의의 반동의 정치에 비견될 정도로, 미첼의 복지 개혁 프로그램에 의해 드러난 광범위한 반복지 감정은 상당 부분 자유주의적 사회 개입과 재분배 정치가 낮은 과세율을 포함해 중산계급과 노동계급이 중대한 권리로 기대했던 사회적·경제적 특권을 위축시킬 것이라는 공포로부터 발생했다.

뉴버그시의 위기는 종전 직후 자유주의 국가 건설자들이 주도했던 타협에서 벗어난 것으로, 점점 더 협소하게 규정되어 가는 복지에 관한 정의를 평범한 미국인들의 증대하는 조세 부담 문제에 연계한 정치 담론과 정책기구의 직접적 결과였다. 복지국가에 대항하는 미첼의 전쟁을 활성화한 과세와 지출의 정치는 또한 존 F. 케네디 대통령과 린든 존슨Lyndon B. Johnson 대통령의 핵심적인 국내 정책 계획에 영향을 주었다. 점점 취약해지는 민주당 선거 연합 재정비에 대한 열망과 세금 신설이나 더 높은 세율에 대한 대중과 의회의 적대감을 민감하게 인식하고 있었기 때문에 케네디와 존슨 모두 그들의 국내 및 국제 정책 공약을 뒷받침할 경제 성장의 성과에 의존했고, 낮은 세금, 사회보장, 그리고 전후 사회 협약이었던 계층 상승 공약을 지키겠다고 약속했다.

세금 감면은 1960년대 자유주의 개혁 의제로 정착되었다. 케네디-

존슨 감세로 더 잘 알려진 1964년 재정법은 전면적으로 세금을 큰 폭으로 줄이고 "절세를 민간 경제에 이전"함으로써 납세자와 비납세자를 막론하고 모든 미국인에게 혜택을 줄 것을 약속했다.[10] 이 예산법의 설계자들에 따르면, 감세는 "경제에 … 필요한 수많은 일자리를 제공"하고, "소비자들이 원하고 필요한 것들을 구매할 수 있도록 더욱 충분한 구매력"을 창출하며, "생산자들에게는 생산의 동기부여"를 높일 터였다.[11] 케네디와 존슨의 대변자들은 이러한 경제 성장이 궁극적으로 직접적인 복지지출의 필요성을 줄이거나 심지어 없앨 것이라고 공언했다. 또한 감세를 통해 사적 기업 체제의 '경제 역량'의 족쇄를 풀어서 주정부와 지방정부를 '공공 서비스' 제공 압력에서 벗어나게 하고, 복지와 다른 공공부조 프로그램에 대한 요구를 줄이겠다고 약속했다.[12] 케네디 대통령은 세입위원장 윌버 밀스에게 보내는 공개서한에서 이 재정법을 감세와 신설 지출 프로그램 간 균형으로 표현했는데, 이를 통해 대통령은 "정부 효율성의 개선 … 경제 촉진, 그리고 … 지출 삭감" 조치를 약속했다.[13]

케네디의 감세를 이끌었던 동일한 정치적 계산과 경제 이론은 그 계승자들의 핵심 정책 공약에 활력을 불어넣었다. 국제 정치의 최전선에서 존슨은 급속하게 확전되는 베트남전에 지출하기 위해 1964년 조세법으로 약속한 '성장 배당금growth dividend'에 기대를 걸었다. 국내에서 존슨은 연방 예산에 거의 영향을 미치지 않을 정책들을 추진했다. 예를 들어, 1964년 민권법과 투표권법은 재무부나 납세자들에게 거의 직접적인 비용을 들이지 않고 미국 사회 정책을 근본적으로 변화시키는 데 영향력을 행사했다.[14] 빈곤과의 전쟁 – 존슨 대통령이 1964년 "인간의 빈곤과 실업에 대한 전면 공격"으로 묘사했던 – 조차도 거의 비용이 들지 않을 것이며, 대부분의 미국인들에게 혜택이 가도록 낮은 세율을 유지하겠다고 약속했다. 1964년 조세법에 의해 촉진된 경제 성장은 이 빈곤해소 의제를 위한 정당성과 수단을 제공했다. 경제학 자 아서 오쿤Arthur Okun은 대통령이 "경제가 빠르게 성장하는 한 어떠한 사람도 그리 크게 의식하지 않은 상태에서 약자들에게 공공 서비스를 배분할 수 있다"는 믿음을 가지게 되었다고 훗날 회고했다.[15] 비용이 많이 드는 소득 이전 프로그램은 거부하고, 분배handout보다는 소득 향 상hand-up을 제안했던 1960년대 빈곤 전사들은 "빈곤층을 … 세금 먹 는 하마에서 납세자로" 바꿔 놓겠다고 약속했다.[16] 1964년 재정법과 마찬가지로 빈곤과의 전쟁은 현명한 재정 정책을 통해 관리는 되지만 지시받지는 않는 자유시장이 경제 성장을 보장하고 개인의 이동성을 보증하며, 사회 정의와 경제 정의를 달성해줄 것으로 기대했다.

감세와 빈곤과의 전쟁 모두에 찬성하는 자유주의적 주장들은 복지 에 대한 부정적 인식 및 그러한 인식과 증대하는 세금 부담과의 관계 를 강화했고, 또 그에 의존했다. 1960년대 자유주의자들에 의해 만들 어진 과세 및 지출에 관한 정책과 정치적 결정들은 뉴딜과 제2차 세 계대전의 유산인 납세 시민권과 복지에 관한 제한적 의미를 재생산 했다. 실제로 케네디와 존슨 행정부는 연방부조에 의존하는 세금 수 혜자들의 권리와 이익보다 납세자들의 그것에 특권을 부여하면서, 복 지 의존성을 탈피하기 위한 방식으로 1964년 감세와 빈곤과의 전쟁을 홍보했다. 이러한 감세와 빈곤 프로그램 모두를 지키는 과정에서 중간계급의 번영과 경제 안정을 보장하는 거대한 연방 보조금－사회 보험, 비가시적인 조세지출, 연방정부의 대출 보증의 형태인－은 간과되었다. 다수의 시민들에게 혜택이 돌아가는 광범위한 정책 조합의 기반인 복지를 지키는 데 실패함으로써 자유주의 정책 결정자들은 가난한 여성과 그의 자녀들을 시장의 불확실성에 내팽개쳤을 뿐만 아니라, 적극적 국가의 중대한 이념적 방어 기제를 잠식시켰고, 국내 및 국제 정치경제의 변화에 대응하는 자유주의자들의 역량을 제한했다.

이러한 변화들은 민권혁명에 의해 형성된 정치적·도덕적인 응전을 포함하고 있었다. 케네디와 존슨 행정부를 주도했던 자유주의 세력은 짐작건대 성장을 창출하고 공정한 경제적 기회를 보장하는 시장의 인종 중립적 메커니즘에 의존했지만, 초기 복지권 운동의 구성원들뿐만 아니라 몇몇 민권운동 지도자들도 주류 자유주의 개혁 의제를 이끌고 제한하는 복지와 납세 시민권의 협소한 정의에 도전장을 내밀었다. 전국도시연합의 국내 마셜 플랜Domestic Marshall Plan과 필립 랜돌프Philip Randolph의 자유예산운동과 같은 제안들은 인종과 경제 정의를 보증하고 보장하는 데 연방정부의 적극적이고 가시적인 역할을 계획하고 있었다. 아이러니하게도 백인 중간계급 다수를 노동자에서 주택 소유주와 납세자로 전환하는 데 성공한 자유주의 국가에 의해 이러한 원대한 의제를 실현하는 데 요구되는 연합정치의 잠재력이 약화되었다. 전후 자유주의의 제도적·이념적 유산에 대한 민권운동과 복지권운동의 도전은 실마리를 찾지 못한 채 정체되었다.

1960년대 말에 이르자 미국의 자유주의는 거의 스스로 자초한 위기에 직면했다. 모든 시민들에게 아메리칸 드림을 실현시키는 동시에 모든 납세 시민들이 '당연하게 받게 되는' 낮은 세율을 수호하고 자유기업 경제의 성장을 보장하기로 약속하면서, 1964년 재정법과 빈곤과의 전쟁은 모두 전후 자유주의의 모순을 명확하게 드러냈다. 감세는 암묵적으로 국가 경제의 성장과 개인 경제의 보호 모두에 대해 연방정부의 책임성을 인정하는 것이었고, 빈곤과의 전쟁은 모든 시민에게 최소한의 경제적 안정을 제공하겠다는 자유주의 국가 건설자들의 약속을 재확인하는 것이었다. 그러나 빈곤하지 않은 다수에게 이러한 권리를 제공하는 자유주의 국가의 역할은 연방의 법인세법과 개별세법에 깊숙이 사장되거나 사적 시장의 유급 노동에 묶인 채 시야에서 사라졌다. 국가의 확장에 대한 의회와 대중의 저항을 최소화하고 낮은 개별 세율을 포함한 자유주의 사회 협약을 보호하도록 고안된 이러한 제도들은 오히려 연방소득세와 다수의 미국인들에게 전달된 혜택을 효과적으로 단절시켜, 지속적인 복지 부담의 급증이나 납세자들이 낸 세금을 잘못 관리한 결과가 아니면 거의 설명할 수 없을 정도로 평범한 미국인들에 대한 조세 부담을 증가시켰다.[17]

자유주의적 방식으로서의 감세: 1964년 재정법

1964년의 감세는 집권 세력의 내부 소행이었다. 비록 대중은 세율 인하를 의심의 여지 없이 환영했고, 기업집단은 법인세 인하와 신규 투자 유인을 위한 로비에 열을 올렸지만, 정치 의제로 세금 인하를 내세운 것은 바로 백악관 자신이었다. 존 케네스 갤브레이스John Kenneth Galbraith, 시모어 해리스Seymour Harris, 폴 새뮤얼슨Paul Samuelson, 제임스 토빈James Tobin, 월터 헬러 같은 학계 중진들이 포함된 케네디 경제팀은 1930년대와 1940년대 케인스 혁명기의 행동대원들이었다. 그들은 어떤 경제 정책도 목표를 높게 잡고 전체적인 성과를 빠른 속도로 올려야 한다고 믿었다. 거시경제 성장에 대해 이렇게 강조하는 것이 유별난 것은 아니었다. 1960년대 초까지 노조와 기업집단은 매년 균형예산에서 벗어나더라도, 경제 성장을 촉진하고 관리하기 위해 조세 및 지출 정책을 활용하는 연방정부의 책임성에 대해 인정하고 있었다.[18] 마찬가지로 다수의 전문 경제학자들도 사적 시장의 불건전한 팽창 혹은 침체를 상쇄하고 완전고용과 경제 규모의 증대를 목표로 하는 공적 조세 및 지출 정책인 보정적 재정 정책의 활용을 수용했다. 케네디 정부의 경제자문위원회Council of Economic Advisers; CEA 위원장이자 1964년 재정법을 앞장서서 독려한 헬러는 후에 "1964년 감세 제안의 정당성은 우리나라 … 경제학 교과서로부터 도출된 것이었다"고 회상했다.[19]

케네디와 그의 자문위원들은 1950년대 미국 경제가 기대만큼 성과가 좋지 못했다고 생각했다. 더딘 성장과 케네디 집권 무렵 6.7%까지 치솟았던 '만성적 실업의 악화'는 "유휴 노동자들, 유휴 자본, 그리고 놀고 있는 기계들"을 만들어냈다.[20] 필요한 것은 "세계에 자유경제의 활기와 활력을 보여줄 수 있을 만큼" 미국의 생산력을 확대하기 위한 프로그램이라고 케네디는 주장했다.[21] 감세는 경제 성장을 이루거나, 케네디가 선거운동을 통해 "약에 취한 선잠의 시기"로 간주했던 아이젠하워 시대에서 벗어나 국가를 부흥시키는 유일한 방법이 아니었다.[22] 경제 성장은 새로운 지출이나 확대 지출을 통해 이룰 수도 있었다. 실제로 케네디 행정부는 경기 침체에서 벗어나기 위해 처음에는 물리적·인적 자원에 대한 공공투자에 무게를 두었다. 케네디가 1961년 3월에 행한 의회 연설에서 주장한 바에 따르면, 현명한 공공지출 정책은 "가난한 사람들이 직접 활용할 수 있는 혜택을 통해 … 고통을 덜어줄 국가의 책임"을 충족시킬 뿐만 아니라, 소비자의 지출을 유지하고 총수요를 증가시킴으로써 경제를 신속하게 회복시키는 것이었다.[23] '경제 회복과 성장을 위한 프로그램'을 맨 처음 소개하고 나서 몇 주 후 대통령은 교육, 과학 연구, 보건, 지역 재개발, 도시 재생, 퇴역 군인과 농업 프로그램을 위한 비국방 지출 증대에 23억 달러를 쓰겠다고 제안했다.[24] 몇 달 후, 베를린 위기*의 여파로 대통령은 국방 예산 지출을 위해 추가로 30억 달러를 요청했다.[25]

새로운 직접지출은 채택하기 힘든 것이었다. 대통령의 제안이 상대적으로 온건하긴 했지만, 의회는 국내 프로그램의 지출을 늘리는 데 거의 공감하지 않았다. 남부 민주당 의원, 대부분의 공화당 의원, 그리고 양당의 재정 적자에 강경한 매파deficit hawks들을 포함한 의회의 보수

---

* 1948년부터 서베를린을 지배하기 위해 베를린 봉쇄를 시도한 동독(소련)과 미국을 비롯한 서방 3국과의 갈등 과정을 일컫는 말로, 1961년 서베를린에 대한 소련의 위협에 대해 케네디가 군사적 대결도 불사하겠다는 입장을 밝히면서 갈등은 정점에 달했고, 결국 이는 동독의 동서 경계선에 장벽을 설치하는 것으로 이어졌다.

주의자들은 케네디의 1961년 경기 부양 법안들에 제동을 걸고, 앞으로의 지출 프로그램 역시 비슷한 운명에 처할 것이라고 경고했다. 백악관 경제자문위원회 위원이었던 제임스 토빈은 그와 그의 동료들은 "모든 이들이 '더 많은, 더 많은, 또 더 많은 지출'"에 의존하는 경제 회복 계획은 현재의 정치 환경에서 성공할 수 없을 것이라는 사실을 재빠르게 깨달았다고 나중에 회상했다.[26] 조셉 미첼의 뉴버그 복지 빈민과의 전쟁에서 촉발된 전국적인 복지 소동으로 사회 및 경제 프로그램에 개입하려는 대중적 저항은 훨씬 격렬해졌다. 세금 인상에 대한 대중과 의회의 적개심, 그리고 그러한 세금 인상이 가난한 사람들을 겨냥한 자유주의 복지정책에 의해 주도되었다고 많은 사람들이 믿고 있었다는 점을 감안할 때, 케네디의 백악관 경제 기획자들이 1964년 대선에서 재선의 기회에 타격을 줄 수도 있는 경기 침체를 피하기 위해 필요하다고 믿었던 재정 부양을 위한 지출 정책에서 벗어나 조세 정책으로 재빨리 돌아섰다는 것은 놀랄 일이 아니다.

케네디의 백악관은 1962년 초여름부터 경제 활성화를 위해 적극적인 감세 정책을 추진하기 시작했다. 6월 7일 기자회견에서 케네디는 경제적 번영을 보장하고 또 다른 경기 침체를 막기 위해서 현행 조세 구조를 조정할 필요가 있다고 주장하면서 감세를 위한 경제적인 이유를 밝혔다.[27] 6개월 후, 1963년 연두교서에서 케네디는 3년 동안 14~65%까지 '더 합리적인 범위'로 개인 소득세율을 낮출 것 – 당시 한계세율을 20~91%로 설정 – 을 요청하는 구체적인 감세안을 내놓았다. 새로운 지출 프로그램에 대한 의회의 적대감에 한 걸음 물러선 케네디는 성장에 대한 욕망은 "연방 재정 지출의 대규모 확대"를 통해 달성할 수도 있지만, 우선적인 기회를 "개인 소비자, 고용주와 투자자들"에게 주고자 한다는 점을 강조하면서, 자신은 경제를 촉진하기 위해 지출을 늘리는 것이 아니라 세금 감면을 선호한다고 주장했다.[28] 그는 한 달 전 뉴욕경제클럽의 경제 엘리트들에게 연방정부가 경제 관리를 위해 '과도한 공공지출 증가' 프로그램에 매진해서는 안 되며, 사적 투자와 지출을 위한 인센티브와 기회를 확대해야 한다고 말한 바 있다.[29]

연두교서를 발표하고 나서 불과 일주일 후, 백악관은 하원 세입위원회에 공식적인 감세 개혁 법안들을 보냈다. 제안된 법안에는 개인 세율 인하로 인한 110억 달러 삭감과 법인세 인하를 통한 약 26억 달러 삭감이 포함되어 있었는데, 세수 증대 구조 개혁을 통한 34억 달러가 부분적으로 상쇄되었을 뿐이었다. 의회의 반응은 뒤섞여 있었고, 개혁안에 대한 반발은 초당적이었다. 양대 정당의 보수파들은 대통령의 예산안에서 대규모 적자와 지출 증가에도 불구하고 감세를 추진하는 무책임성에 초점을 맞췄다. 하원 세출위원장인 클래런스 캐넌Clarence Cannon 미주리주 민주당 의원은 대통령의 예산안이 "낭비로 가득 차 있다"고 불만을 표하면서, 행정부가 "우리가 가지고 있지 않아 없어도 살아갈 수 있는 돈을 지출하려 한다"고 비난했다. 상원 재정위원회 소속인 뉴멕시코주의 클린턴 앤더슨Clinton Anderson 민주당 의원은 "119억 달러의 적자 예산안과 대규모 감세안에 조금 실망했다"고 시인했다. 밀스 위원장이 이 제안에 대해 공개적으로 논평하기를 거부한 반면, 공화당 측 세입위원회 평의원인 존 번스John Byrnes 위스콘신주 하원 의원은 의회에 지출 통제 권한을 더 많이 가져오지 않으면 조세 관련 법안들은 통과되지 않을 것이라고 기자에게 밝혔다.[30] 좌파 측 비평가들은 전면적인 감세가 기업 전체와 부유층에게 커다란 불로소득을 제공하는 반면, 저소득층에게는 별 도움이 되지 않을 것이라고 주장했다. 진보적 경제학자이자 전 트루먼 행정부 경제자문위원회 위원장이었던 레온 키설링Leon Keyserling은 이 계획을 "아주 작은 소인을 거인의 일giant's job을 하도록 보낸 격"*이라고 비난했다.[31] 마찬가지로 1963년 7월 미국노동총연맹-산업별노동조합회의AFL-CIO는 배포한 유인물을 통해 이 조세법안이 중위 소득 이하의 가계에 별 도움이 되지 못할 것이라고 우려를 표명했다.[32] 노총 위원장인 조지 미니George Meany 가 재차 주장했듯이, 저소득과 중위 소득의 노동자들을 대상으로 하는 감세를 통해서만 경제에 "돈이 풀려", "실업 문제에 대응"하는 데 필요한 "구매력 추세"가 개선될 가능성이 컸다.[33]

양당 모두 앞다투어 감세가 필요하다는 점을 내세웠음에도 불구하고, 공화당은 대통령의 구체적인 제안에 대해서 위험한 경제적 도박과 세금 감면을 통해 표를 '매수'하기 위한 시도라고 공격했다. 번스 하원 의원은 "우리가 국가를 위해 무엇을 할 수 있는지 뉴 프론티어에 물었을 때, 훌륭한 시민의 대가로 1천억 달러의 연방 지출과 감세에 확신을 가지고 받아들여야 한다는 말을 듣고 대다수 미국인들과

---

* 감세의 정책 효과가 매우 미진할 것이라는 의미.

의회는 다소 아연실색했다"는 점을 신랄하게 지적하면서, 백악관이 감세가 미국의 모든 병폐를 치유할 것이라는 무책임한 약속을 했다고 비난했다.[34] 세입위원회 소속 공화당 의원들은 고율과 고액의 누진세율이 우리 민간 기업 경제에 장애물을 만들 것이라는 점에 동의하면서, 연방 지출을 지속적으로 늘리면서 세금 감면을 시행할 묘안이 있는지 의문을 표했다. 번스에 따르면, 케네디의 감세 정책은 "끊임없는 적자 퍼레이드"와 "물가 폭등"만이 약속된 위험천만한 '러시안 룰렛' 게임에 지나지 않았다.[35] 번스는 이 법안을 지지하는 대가로 정부의 지출 '동결'을 제안했다.[36] 공화당 상·하원 합동 지도자 회의에서도 이와 마찬가지로 지출 증대와 세수 감소의 결합을 "미국 역사상 가장 큰 경제도박"이라고 불렀다.[37] 공화당의 대변인은 백악관이 "실업 문제에 대한 진정한 해법"을 가지고 있지 않아 "자포자기식 경제"에 몰두하고 있다고 주장했다.[38]

이에 대해 백악관은 "향후 몇 년 동안 가능한 선에서 최대한 지출억제"에 전념하겠다는 뜻을 밝혔다.[39] 더글러스 딜런Douglas Dillon 재무부 장관은 세입위원회에서 행정부는 '엄격한 지출 통제' 정책을 펼치고 있음을 거듭 증언했다.[40] 예산국장인 커밋 고든Kermit Gordon 역시 행정부는 경제를 활성화하는 최선의 방법으로서 지출 증대보다는 감세를 선호하고 있다고 거듭 말했다. 그는 백악관이 "해결되지 않은 국내 문제"에 전념하려면 "어느 정도의 연방 지출 증대"가 필요하다는 점을 인정하면서 감세를 통해 "지출 증대 규모를 큰 폭으로 억제"할 것이라고 약속했다.[41]

고든이 이러한 주장을 하는 유일한 사람은 아니었다. 행정부 대변인은 만약 감세가 실행되지 않으면 경기 침체가 도래할 때 의회와 백악관에 남겨진 선택지는 지출 증대밖에 없을 것이라고 거듭 경고했다. 딜런도 세입위원회 의원들에게 "만약 우리가 감세를 실행하지 않고, 수많은 실업자와 빈곤 지역만을 돌본다면 … 지출을 늘리라는 압력이 반대보다 훨씬 클 것이고, 높은 지출 수준을 유지해야 할 것"이라고 말했다.[42] 딜런은 국내 기업집단과 함께 이 점을 강조했는데, 감세 입법의 실패는 연방 지출을 영구적으로 늘리는 새로운 입법 압력을 만들어내어 "결국 정부의 규모와 경제적 영향력이 증가"할 것이라고 우량기업위원회에 경고했다.[43] 상무장관인 루터 하지스Luther Hodges도 감세가 국가의 생산 능력을 자유롭게 할 뿐만 아니라 "복지와 다른 공공부조에 대한 요구를 축소"시킬 것이라고 주장하며 유사한 논지를 폈다.[44] 그래서 행정부와 의회 내 지지자들은 감세를 국가가 더 성장하는 것을 억제하는 하나의 방식으로 옹호했던 것이다. 루이지애나주의 민주당 하원 의원인 헤일 보그스Hale Boggs에 따르면, 감세 제안은 "정부 차원에서 어떻게 이러한 재원을 사용할 것인가를 결정하기보다는 … 개인과 기업이 알아서 결정"하도록 허용하는 "훌륭한 자유기업 경제학"이었다.[45]

하원 세입위원회는 1963년 8월 14일 세법안에 대한 최종 검토를 마쳤다. 위원회 안案에서 행정부의 세입 증대 구조 개혁안은 대부분 삭제되었고, 개인과 기업에 대한 약 110억 달러의 감세가 제시되었다.[46] 위원회 안이 백악관이 제시한 원안과 매우 차이가 났지만, 케네디는 위원회 안에 지지 의사를 보냈고, 밀스와 최종 가결을 위해 협력할 것을 약속했다. 8월 19일, 케네디 대통령은 위원회 의장에게 서한─이후 백악관 기자단에게 배포─을 보내 "새로운 세법을 입안하기 위한 위원회의 오랜 노고"에 찬사를 보냈다. 케네디는 이 입법으로 "우리 경제에 필요한 많은 일자리가 제공되고, 경제성장률이 상승하며, 국제 무역의 균형과 개인과 법인에 대한 세금 혜택"이 주어질 것이라고 예측했다.[47] 또한 케네디는 연방 지출 삭감 혹은 적어도 억제에 대한 그의 해법을 의장과 국민 모두에게 설득하기 위해 이 상황을 유리하게 활용했다. 9월의 어느 날, 기업 최고경영자 초청 연설에서 그는 연방 지출에 대한 더 많은 제한 실행 약속을 재차 강조했고, 특정 프로그램들이 공공 영역에서 민간 영역으로 이동하고, 연방 공무원의 고용을 줄임으로써 국가 부채의 더딘 증가를 보여주는 행정부 자료를 거론했다.[48]

이 조세 프로그램의 혜택과 부담에 관한 토론은 주로 워싱턴 D. C. 내부에서 이루어졌는데, 소득세 감세에 대한 일반 대중들의 관심에는 미치지 못하는 듯 보였다. 1963년 초 세입위원회 소속의 한 민주당 의원은 "대중들에게서 우리는 아직 뜨거운 관심을 느끼지 못했습니다"라고 인정했다.[49] 이 법안에 찬성한 '전문 이익단체들'조차도 그 법률 조항들에 크게 열광하지는 않았다.[50] 『월스트리트 저널Wall Street Journal』의 기자 로버트 노박Robert Novak은 그해 초 '감세 열기'가 현실화되지는 못할 것이라고 예측했다.[51] 케네디의 감세 발표 3개월 후인 3월 중순이 되자 백악관은 이 조세안에 대한 전화 혹은 편지 문의가 2

천 건 이하에 그쳤다고 보고했다.[52] 『뉴욕 타임스The New York Times』의 9월 기사에 따르면, "자신의 주머니로 더 많은 돈이 들어오길 크게 기대"하는 일반 납세자는 거의 없는 듯 보였다.[53] 백악관은 실제로 유권자들에게 이 제안을 납득시켜야 했다. 재무부 스탠리 차관보의 조사와 백악관 직원인 로렌스 오브라이언Lawrence O'Brien에 의하면, 행정부는 "뭔가 개인적으로 도움이 되는 것이 국가에 유익하다"는 점을 국민들에게 확신시키기 위해 가능한 모든 것을 실행할 필요가 있었다.[54] 대중적 지지를 얻기 위해, 재무부는 행정부의 제안이 "이 나라 모든 납세자에게 실질적으로" 중대한 조세 감면을 약속하고 있음을 설명하는 팸플릿을 제작했다. 질의응답 형태로 구성된 이 팸플릿은 과세 계획에 대한 자유주의자들과 보수주의자들의 비판 모두에 대응하는 것이었다. 예를 들어, 보수주의자들의 관심사인 적자 가능성에 대한 답변에서, 재무부의 안내서는 감세가 경제 활동을 활성화하기 때문에 실제로 예산 적자가 지속될 가능성을 줄일 것이라고 주장했다. 특정 대상의 사회지출 프로그램을 행정부가 포기했다는 좌파의 비판에는 "지금의 감세가 앞으로 교육과 다른 욕구들과 관련해서 … 국민들을 더 만족시킬 수 있을 것"이라고 대응했다. 비록 "교육과 다른 프로그램에 더 많은 돈을 지출하는 것이 … 바람직할 수는 있겠지만", 그것으로 국가의 경제 문제를 해결할 수는 없다는 것이었다. 대신 재무부는 감세가 "더 빠른 경제 성장, 완전고용, 소득 증가"를 가져올 것이고, "장기적으로 … 중요한 프로그램들을 지원할 수 있는 더 많은 세수 증대를 창출할 것"으로 예측하면서, 시장에 대한 완전한 신뢰를 나

타냈다.[55]

조세 수단에 대한 대중과 의회의 기대를 창출하기 위해 행정부는 중소기업 대표, 조직노동, 농업, 사회 서비스 집단뿐만 아니라 기업 대표들의 도움을 요청했다. 특히 1963년의 '감세를 위한 기업위원회'와 '감세와 조세법 개정을 위한 시민위원회' 두 단체가 정부의 감세에 대한 대중적 지원을 확보하기 위한 노력에 중요한 역할을 했다. 기업위원회나 시민위원회 모두 정부기관과 직접적인 연관은 없었지만, 백악관이 이들 단체가 구성되는 데 결정적인 역할을 했고, 두 단체의 목적이 행정부의 우선 목표와 딱 맞아떨어졌다.[56] 두 위원회는 케네디 대통령의 '긴급한 후원'과 두 단체의 '정신적 지도자'인 재무부 차관 헨리 파울러Henry Fowler에 의해 1963년 늦봄에 결성되었다.[57]

기업위원회는 시민위원회보다 훨씬 영향력이 있었고, 재정도 잘 구비되어 있었다.[58] 이 단체는 전국의 거대 기업에서 선발된 2,767명이 참여하고 있다고 주장했는데, 감세를 선전하는 24개 이상의 공식 발표문을 냈고, 로비와 대중을 대상으로 하는 운동에 약 15만 달러의 예산을 지출했다. 파울러 차관의 추천으로 구성된 위원회 지도부에는 포드자동차, 제너럴 모터스, 체이스 맨해튼 은행, AT&T의 대표자들을 포함한 수많은 최고위직의 기업 경영진이 포진되어 있었고, "모든 개인 세율의 실질적인 감소"와 "법인세 세율 감면"의 형태로 "경제에 대한 강한 자극"을 요구하는 원칙을 담은 성명서를 발표했다. 기업위원회는 즉각적인 감세의 필요성을 주장하며, 행정부가 감세가 지연되지 않도록 고소득 납세자들의 조세 부담을 증가시키는 정치적으로 논

쟁적인 조세 개혁 제안을 철회할 것을 권고했다.[59]

감세와 조세법 개정을 위한 시민위원회는 기업위원회와 유사한 공익 단체로 보일 수 있었는데, '단일하고 포괄적인 세제 개혁 및 개정 법안'을 지지하는 여론 형성을 목표로 했다. 중소기업, 노동, 농업, 주거 문제, 노령층 및 복지와 교육에 관한 45명의 저명한 지도자들로 구성된 시민위원회는 "조세법안에 대한 신속하고 효과적인 조치의 국가적 필요성에 대해 국민들이 널리 이해하고 수용하도록" 독려하기 위해 "다양한 유권자 조직들 사이의 협력 지점"을 제시했다.[60] 이 새 위원회의 목적은 솔직히 정치적이었는데, 이들은 케네디 행정부를 좌파 쪽에서 엄호하는 임무를 맡았다. 기업위원회가 권고 사항을 발표한 직후 민주행동국민모임과 AFL-CIO의 산업노조 분과를 포함한 몇몇 진보적 옹호 단체들은 "조세 결정을 … 기업집단 … 전체 경제계의 [비]대표자 … 혹은 공익 단체에 넘겼다"며 행정부를 공개적으로 비판했다.[61] 이들 진보 단체들은 기업집단이 고소득 납세자들과 기업에 유리하도록 "대통령의 조세 프로그램에 대한 재설계"를 시도하고 있다고 비판하면서, 일시 조직인 완전고용위원회Committee for Full Employment로 조직화했고, 정확하게 '저소득층'에 더 초점을 맞춘 감세를 추진했다.[62] 백악관의 지시에 의해 결성된 이 시민위원회는 이러한 비판을 완화하는 것을 목적으로 삼았다. 한 백악관 관계자에 따르면, 이 위원회는 "대기업이나 중견기업이 아닌 경제 부문에서도 이 조세법안을 지지하고 있다는 하나의 상징으로서", 그리고 "대중적 관심과 지지"를 시사한다는 점에서 매우 유용했다.[63]

기업위원회와 마찬가지로 시민위원회는 행정부의 조세 제안에 대한 지지를 규합하기 위해 백악관과 밀접하게 연계되어 움직였다. 행정부 내부에서 월터 헬러는 시민위원회를 구성하고 이 단체와 백악관 및 재무부 사이의 의사소통을 원활히 하는 데 매우 중요한 역할을 했다. 1963년 봄과 여름에 걸쳐 경제자문위원회 의장은 인디애나 대학교와 위스콘신 대학교, 캘리포니아 버클리 대학교의 총장들과 접촉했고, 이 단체에 가입해 이들의 노력에 지지를 표해줄 것을 요청했다.[64] 헬러는 위원회와 회동할 때 그가 회원으로 있는 워싱턴의 엘리트 사교회인 코스모스 클럽에 머물면서 심지어 그린넬 대학의 하워드 보웬 Howard Bowen 학장에게 위원회 의장직을 제안하기도 했다.[65]

조직의 '강령안'에 따르면, 시민위원회는 가능한 한 빨리 1963년에 결과물을 만들기 위해, 개인소득세와 법인세의 100억 달러의 순감세뿐만 아니라 연방소득세법의 실질적인 개정을 위한 대중적이고 의회 차원의 지지 획득을 기대하고 있었다.[66] 그러나 감세를 위한 거대한 여론 형성 노력은 대부분 실패했다. 이 단체는 8월에 "중요한 세법에 관해 상당한 대중적 냉담함"이 있음을 보고했고, "신속하고 효과적인 의회 행동에 대한 국가 차원의 필요성을 널리 대중이 이해하게 하고 그것을 받아들이도록" 촉진하기 위해 더욱 노력할 것을 결의했다.[67] 위원회는 의회가 조세 프로그램과 관련한 편지를 거의 받아 보지 않았음을 지적하면서 감세가 개별 유권자들에게 얼마나 혜택을 주는지 "구체적인 제안에 대한 간단한 도표"를 만들어 유권자들을 설득하자고 독려했다.[68]

감세에 대한 강력한 대중적 요구가 부재한 상태에서도 세입위원회는 9월 둘째 주에 공식적으로 세제안을 상정했다. 찬성 여부는 대체로 정당에 따라 갈렸다. 10명의 공화당 위원 중 9명이 평균적인 납세자들에게 1주일에 담배 살 돈보다 적은 돈을 줄 감세를 위해 무책임하게 "인플레이션과 달러 가치를 떨어뜨리는" 위험에 빠뜨린다며 민주당과 케네디 행정부를 비난하는 소수 의견의 보고서에 서명했다.[69] 위원회의 민주당 다수파는 세제안을 승인하면서, 감세의 두 번째 단계를 구체적인 지출 삭감 대상과 공식적으로 연계하자는 공화당의 제안을 거부했다. 하지만 그들은 감세가 새로운 사회지출에 분명한 대안으로 여겨져야 한다는 점을 분명히 했다. 세입위원회는 세제안의 주요 목적이 "민간 부문에서 현재의 높은 세금 부담을 없애고" 시장경제에서 "필수불가결한 성장을 … 막는 제한 요인을 줄이는 것"이라고 주장했다. 민주당 다수파는 "최우선 과제가 감세와 지출에 동시에 부여될 수 없다"고 결론 내렸다.[70]

밀스 위원장은 하원 의회 발언에서 이 점을 더 분명히 했는데, 미국은 경제 성장과 더 풍요로운 미국으로 가는 두 가지 길―"감세의 길이냐 정부 지출 증가의 길이냐"―에 직면해 있다고 주장했다. 밀스는 정부 지출이 늘어나는 것이 "더 높은 수준의 경제 활성화"를 조성할 수 있다는 점을 인정하면서도 "점점 커지는 경제 활성화의 몫"이 정부에 의해 주도될 때만 그럴 것이라고 주장했다. 반면 "감세의 길"은 "사적 경제 부문에서 확장된 활성화의 주도성이 점점 더 그 몫을 늘려가며 … 더 높은 수준의 경제 활성화"를 낳을 것이라고 했다.[71] 그의 주장에 따르면, 세입위원회가 제출한 재정법안 초안은 "감세의 길이 우선이라는 강력하고 적극적인 주장"을 표명한 것이고, 미국의 역사에서 하나의 '전환점'을 찍은 것이었다.[72] 행정부가 요청했던 바대로 의회가 세율을 낮추지 못하면 다른 세력들은 더 많은 정부 지출로 국가 경제 문제를 해결하려고 할 것이다.[73] 위원장의 주장이 힘을 발휘하고 공화당의 반대를 극복하면서, 9월 25일 세제에 대한 일괄법안은 하원에서 찬성 271 대 반대 155로 통과되었다. 최종 법안에는 110억 달러 이상의 개인소득세와 법인세 감면이 규정되어 있었다.

하원에서 통과된 법안을 접수한 상원 재정위원회는 케네디 대통령 암살 사건이 발생하고 부통령 린든 존슨이 새로운 대통령으로 승계되는 과정에서 법안 통과를 완료하지 못했다.

존슨은 감세 전투에 긴밀히 관여하지는 않았지만, 케네디 경제팀을 유지시켰고, 경제 활성화를 위한 일괄법안들을 계속해서 추진했다. 불행하게도 재정위원회는 이 법안의 보고와 상원 본회의 투표를 꺼렸다. 감세 반대 세력 대부분은 하원과 마찬가지로 조세 감면과 지출 통제 사이의 중요한 연관성을 주장하는 재정 보수주의자들이었다.[74] 그러나 위원회의 일부 민주당 의원들도 법안의 기본 전제에 심각한 의문을 제기했다. 테네시주 재선운동의 핵심 분야를 감세 반대로 삼았던 민주당 상원 의원 앨버트 고어 Albert Gore 는 특히 끈질기게 반대 진영에 섰다.[75] 테네시주의 자유주의자들은 특정한 재량 지출 프로그램에 대한 감세의 장기적인 영향에 초점을 맞추면서, 행정부가 "연방 재정의 급속한 감소"를 초래하고, "적자 누적은 논외로 하더라도, 우리 경제의 공공 부문을 활성화하는 정부 능력을 감소시킬 재정 긴급 상황"
에 국가를 방치할 것이라고 비난했다.[76] 고어는 존슨이나 케네디 행정
부보다 자유주의 기획을 위한 장기적인 감세의 결과에 대해 더 명확
하게 인지하고 있었다. 그는 그러한 시각이 '순진'하거나 '오류'일 수
있지만, 대부분의 사람들은 '단순한 가계 예산의 관점에서' 연방 지출
의 문제를 판단하는 경향이 있다고 충고했다. 이어서 그는 "재정 삭
감"이 "지출 삭감을 호소하는 거대한 운동을 만들어내면서" 해외 원
조와 공공근로와 같은 경제 활성화에 필요할지도 모르는 프로그램에
대한 급격한 삭감으로 이어질 것이라고 주장했다.[77]

　고어의 주장은 선견지명이 있었으나, '쇠귀에 경 읽기'였다. 1964년
초가 되자 세제안에 대한 대부분의 항의는 흐지부지되었다. 존슨 행
정부는 이전 정부의 핵심 공약이었던 일괄법안들을 성공적으로 처리
했을 뿐만 아니라, 1월 말에 제출한 신정부 예산안에서도 연방 지출
을 100억 달러 이하까지 줄여 지출에 대해 '고삐를 조이겠다'는 이전
의 약속을 이행하는 것으로 보였다. 존슨은 이 세제 개혁안이 지속적
으로 국가를 개혁하는 데 필수적이라고 1964년 연두교서에서 주장했
다. 그는 "예산 감축으로 국가 개혁이 가능하게 되었으며, 경제는 그
것을 강력하게 요구하고 있다"고 단언했다. 그러나 아마도 더욱 중요
했던 것은 납세자들이 "예산 삭감을 의심의 여지 없이 당연시한"것
이었다.[78] 약 100억 달러의 전반적인 세율 인하를 포함한 최종안이
1964년 2월 의회를 순조롭게 통과했다. 존슨 대통령은 법안에 서명
하면서 감세를 "제2차 세계대전 이후 국가 경제를 강화하기 위해 취

해진 … 유일하게 중요한 진전"이라고 불렀다. 또한 최고의 자유 수호자로서 미국 경제에 대한 자신의 신념을 거듭 반복했다. 연방 조세에서 시민의 부담을 줄이고 "민간 경제에 수백만 달러를 풀어줌"으로써 "연방정부가 경제를 위해 경제 스스로 해야 할 일을 할 필요가 없을 것"이라는 점을 분명히 한 것이다.[79]

형평을 위한 호소: 빈곤과의 전쟁

단기적으로 감세는 효과를 발휘하여 재무부 장관 딜런이 후에 명명한 "미국 경제사에서 빛나는 새 장"을 여는 데 일조했다.[80] 월터 헬러는 "활발한 민주당식" 경제를 "활기가 없는 공화당식 경제"에 비교하며 감세가 고용 증대, 경제적 성과 증가 및 기업 생산성 향상을 가져왔다고 믿었다.[81] 감세는 또한 예산에 명백하게 유익한 결과를 가져왔다. 상당한 소득세율 인하에도 불구하고 1963년에서 1965년 사이에 연방 재정이 약 12억 달러 증가했고, 연방정부의 적자는 1963년 48억 달러에서 1965년 14억 달러로 감소했다. 개별 시민들은 일반 경제의 개선과 세율 인하의 혜택을 입었다. 경제자문회의 의장직을 승계한 가드너 액클리Gardner Ackley에 따르면, 1962년 투자 유인 창출을 위한 조치가 자리를 잡으면서, 조치는 1962년에서 1966년까지 모든 미국인들의 조세 부담을 약 210억 달러 줄여주었다.[82] 존슨 행정부는 경제 성장을 낳고 새로운 일자리를 창출하는 데 재정법이 성공했다는 점을 공개적으로 거론하면서 앞으로 10년 동안 평균적인 미국 가계에 700달러의 '성장 배당금'이 돌아갈 것이라고 예상했다.[83] 존슨 행정부는 이전 케네디 행정부와 마찬가지로, 만병통치약은 아니더라도, 감세를 실업에서 복지 의존성까지 많은 사회적 병폐를 해소할 하나의 방법으로 인식했고, 감세가 경제성장률에 미치는 긍정적 효과도 있다고 보았다. 액클리는 GNP 성장이 "빈곤으로부터의 탈출을 촉진하는 데 … 많은 역할을 할" 것이라고 존슨 대통령에게 공언했다. 그는 "소득 사다리의 모든 계층에서 미국인들이 경제 전반의 발전 속도에 따른 중요한 이해관계를 가지게 되었다"고 단언했다.[84]

감세의 혜택이 지속될 수 있을지, 아니면 GNP 성장만으로 모든 미국인을 위한 경제 정의를 확보할 수 있을지 확신을 갖지 못한 사람들도 있었다. 케네디와 존슨 행정부가 빈곤 퇴치를 위해 민간시장 메커니즘에 의존한다고 의심하는 사람들 ─ 새로운 복지권운동의 회원들뿐만 아니라 일부 노동운동과 민권운동 지도자들 ─ 은 존슨 행정부가 "풍요사회에서 배제"된 "2등 시민권"의 마지막 흔적을 제거하기 위해 직접 연방정부의 권력을 활용하도록 설득하려 했다.[85] 하지만 일부 좌파에서 모든 시민들의 경제적·사회적 권리를 보장하는 데 헌신적인 적극적 국가를 옹호했다면, 존슨 행정부는 "모든 미국 시민이 자신의 기본적인 희망을 실현"하도록 하는 데 스스로 훨씬 제한적인 역할을 선택했다.[86] 1964년 1월에 발표된 빈곤과의 전쟁은 빈곤하지 않은 다수에게는 거의 또는 전혀 비용이 소요되지 않는 소규모 전투에 불과했다. 게다가 '분배'를 '소득 향상'으로 대체함으로써 세금 먹는 하마를 납세자로 전환시킨다는 행정부의 약속은 암묵적으로 더 많은 직접적 형식의 정부 간섭주의에 대해 비난하고, 자유주의와 적극적 국가주의 모두에 대한 반발을 불러일으키는 기반이 되었다.

전국적인 빈곤해소운동 계획은 1963년에 시작되었다. 절망적인 빈곤을 기술한 마이클 해링턴의 『또 다른 미국』이 준 영감과 민권운동이 점점 강력하고 급진적인 행동으로 옮겨지자 케네디 대통령은 헬러와 경제자문위원회에 빈곤과 인적 자원 낭비 문제를 근본적으로 해결할 수 있는 조치들을 강구하라고 지시했다.[87] 케네디와 그의 자문위원들은 빈곤 프로그램이 재정법과 더 큰 성장 의제를 보완할 것이라고 믿었다. 예를 들어, 헬러는 더욱 탄탄한 경제 성장이 자동적으로 빈곤선에서 벗어날 수 있는 미국인의 수를 늘릴 것이라고 주장했다.[88] 경제자문위원회 소속 경제학자인 로버트 램프먼Robert Lampman도 수많은 빈곤 문제는 "성공적인 감세, 완전고용, 신속한 경제 성장에 굴복할 것"이라고 단언했다.[89] 케네디 행정부는 빈곤해소 프로그램을 비용을 들이지 않고 국가가 확대될 수 있게 해주는, 경제 성장 — 민간시장에 의해 제공되고 연방정부의 보이지 않는 손에 의해 촉진되는 — 에서 중요성이 커지는 정치 의제의 한 부분으로 인식했다. 감세, 1961년과 1962년의 공공복지법 및 1964년 공민법과 함께 빈곤 프로그램은 '진보의 물결' 이면에 남겨진 미국인들에게, 그리고 재무부 혹은 개인 납세자들에게 상대적으로 거의 비용 부담 없이 권리와 기회를 제공하게 될 것이었다. 빈곤해소는 '부가적인 국민생산'을 창출하고 '시장 장벽'을 낮추며, '범죄와 청소년 비행'을 예방함으로써 국가의 안정성을 향상시킬 것이었다.[90]

케네디 암살 이후, 린든 존슨은 열의를 가지고 이전 빈곤 프로그램을 계승했다.[91] 케네디와 마찬가지로, 존슨은 그 자신과 빈곤 프로그램이 소득 재분배에 대한 어떤 징후도 보이지 않도록 거리를 두는 데 주의를 기울였다. 아주 처음부터 램프먼은 대통령에게 "정치적으로 수용할 수 있는 프로그램"이라면, '불평등'이나 소득 혹은 부의 '재분배'라는 용어의 사용은 반드시 피해야 할 것이라고 권고했다.[92] 백악관 보좌관 애덤 야몰린스키Adam Yarmolinsky는 대통령에게 '기회의 대상'에 대한 지지 발언을 할 때도 가능하면 가난한 사람들과의 토론은 피해야 한다고까지 조언했다.[93] 대통령의 자문위원들 역시 빈곤 프로그램을 단지 '약간의 예산 증가'만이 추가되는 '장기적'이고 '의미 있는' 빈곤 퇴치로 규정해야 한다고 충고했다.[94] 신설된 경제기회국Office of Economic Opportunity; OEO의 사전트 슈라이버Sargent Shriver 국장은 의회가 빈곤 프로그램에 "연방 예산을 단 1달러도 올리지" 않을 것이라고 장담했다.[95] 그리고 사실 존슨은 의회에 빈곤과의 전쟁에 쓰일 새로운 세출 예산으로 단지 5억 달러를 요청한 후, 정부는 "합법적으로 지출이 필요한 곳에만 돈을 쓰고 있다"는 것을 확실하게 하기 위해 내각에 "현행 프로그램에 대한 강하고 완고한 개혁" 실행을 공개적으로 요구했다.[96] 존슨이 무심코 "가진 자로부터 가지지 못한 사람들"로의 '재분배'의 관점에서 새로운 빈곤 프로그램에 대해 말한 적이 있었는데, 백악관은 재빠르게 대통령이 의미했던 바는 빈곤 프로그램 재정이 개인이 아니라 이미 '존재하는' 정부 프로그램에서 나온다는 것이었다고 해명했다.[97] 실제로 존슨 행정부는 소득 이전을 빈곤 문제에 대한 해결책으로 하는 것에 대해 수차례에 걸쳐 분명하게 거부했으며, 대신 가난한 사람들을 주류 경제생활로 통합하기 위한 장기적인 해결책에 초점을 맞추기로 했다.

이 점에 대한 강조는 1950년대에 걸쳐 개발된 복지 전문가들과 사회사업가 사이의 기존 합의에 기초한 것이었다. 요람에서 무덤까지의 복지국가는 정치적으로 재고할 가치가 없다는 확신과, 한부모 여성과 소수 인종 가정의 증가를 포함한 전국에서 공공부조를 받는 인구의 특성 변화에 대한 염려 때문에 복지 전문가들은 사회 및 개인 재활을 위한 소득보장 정책을 폐기했다.[98] 재활 서비스를 동반하지 않는 복지지출은 실제적으로 복지 의존성을 높일 수 있다고 주장했던 이들 정책 기획자들─아이젠하워 집권기에 대학과 민간재단으로 쫓겨났던─은 10년에 걸쳐 복지체계 내 사회 서비스의 위상을 공식화하기 위해 끊임없이 노력했다.[99] 의회는 국가가 정부 지원에 "의존적이거나 의존 가능성이 있는 사람들에게 제공되는 … 재활과 예방 서비스를 강화하거나 확대"하기 위해 주정부가 활용할 수 있는 연방 재정을 증액하는 법안에 찬성하면서 1962년 이 재활 법안을 승인했다.[100] 『계간 의회Congressional Quarterly』가 1962년 공공복지 개정안이 통과된 후 1주일 만에 찬성 의사를 표했던, "자활을 통해 수급 명단에서 복지 수급자들이 탈피"할 수 있도록 지원한다고 약속한 재활법은 분명히 "보수와 진보 양측 의원들 모두에게 호소력"이 있었다.[101]

재활법에 관한 합의의 배후에 있던 복지 전문가와 사회사업가들은 이러한 방식이 복지 의존성을 완화할 뿐만 아니라 실제로 복지 의존성을 방지할 것이라고 공언했다.[102] 마찬가지로 케네디와 존슨 행정부 시기, 가장 위대한 빈곤 전사들은 현명한 정책이 한 세대 내에 빈곤을 없애고 "현재의 안락한 삶을 사는 사람들과 소외되었다고 느끼는 사람들을 묶어세울 수 있다"고 주장했다.[103]

'복지dole'의 특성을 비난함으로써 그들이 선호하는 프로그램을 보호하려고 했던 이전 세대의 사회보험 옹호자들과 마찬가지로 빈곤 전사들은 그들 프로그램을 이전 시기에 실패했던 공공부조 프로그램 및 재분배 정치와 차별화하기 위해 전력을 다했다. 이후 연방보고서에서 지적했듯이, 빈곤과의 전쟁은 "공공부조 프로그램과 분리시킬 빈곤정책을 수립"하기 위한 민주당 행정부 쪽의 시도를 보여주었다.[104] 존슨 행정부는 빈곤 문제에 대한 지속적인 해결책으로서 소득 이전 프로그램을 분명하게 거부했으며, 단순히 가난한 사람들을 유복하게 하는 정책을 피하는 대신 빈곤층이 경제 성장에 기여하게 하고 경제 성장 약속을 충분히 공유하게 하는 정책을 선호했다.[105] 대통령 스스로 강조했듯이, 빈곤과의 전쟁은 단순히 "다른 사람들에게 의존하도록 국민들을 지원하는 싸움"이 아니고, 오히려 "자신의 역량을 개발하고 활용해서 … 다른 사람들의 소득만큼 자신의 소득을 가질 수 있다는 국민의 기대 속에서 기회를 제공"하는 포괄적인 계획이었다.[106]

행정부는 빈곤해소 프로그램이 궁극적으로 빈곤과 비용이 많이 드는 복지 프로그램에 대한 요구를 제거함으로써 납세자의 돈을 줄일 수 있다고까지 단언했다. 존슨 행정부의 첫 번째 빈곤 메시지인 헬러의 초안은 이 빈곤해소 프로그램으로 "결국 40억 달러의 연간 공공부조 비용을 줄이게 된다"고 못 박고 있었다.[107] 존슨은 슈라이버의 경제기회국 국장 임명식에서 새로운 빈곤해소 프로그램의 철학을 "늘어나는 구제 대상을 받아들이지 않는 것"이라고 설명했다.[108] 존슨 시기 빈곤 해소 프로그램은 인력 훈련 프로그램과 교육에 초점을 맞춰 "연방정부의 분배 혹은 전국적인 복지"에 대한 시장 주도의 대안을 제시했다.[109] 이러한 정책들은 냉전에 의해 크게 변화된 정치경제 내부에서 구체화되었기 때문에 "교육을 통해 성장하고 만개하는 개인의 존엄성과 역량"에 힘을 쏟는 국가주의 정책이라는 의심을 반영하는 동시에 재생산했다.[110] 존슨은 1964년 연두교서를 통해 빈곤해소는 미국이 자유시장 체제를 지킬 수 있게 해주고, "우리의 목적과 역량에 의문을 제기하는" 국내외 "냉소주의자와 비판자 모두를 반박"할 수 있게 해줄 것이라 주장했다.[111] 나중에 많은 비난을 받았던 지역 공동체 행동 프로그램Community Action Programs조차도 "빈곤층이 자신의 공간에서 벗어나 더 나은 곳으로 가기 위해 … 스스로를 움직일 수 있는 충분한 힘과 기술을 개발"할 수 있게 함으로써 그들을 정치와 경제의 주류로 먼저 통합하는 것을 목표로 삼았다.[112]

뉴 프론티어, 위대한 사회, 그리고 빈곤과의 전쟁의 설계자들과 옹호자들은 소수의 빈곤층이 빈곤하지 않은 이들의 비용을 거의 혹은 전혀 들이지 않고 주류 미국인들의 삶으로 편입될 수 있다고 약속했다. 보수적인 민주당 의원들의 과소평가와 공화당의 반대에도 불구하고 존슨 행정부가 정치 전략으로서 빈곤에 대한 전례 없는 매우 대중적인 공세를 시도했다는 점은 분명히 의미가 있었다. 그러나 빈곤해소 프로그램에 제공된 제한된 예산은 다양한 어려움을 겪고 있는 집단과 개인을 제한된 자원을 놓고 서로 경쟁하게 함으로써 계급과 인종 간 긴장을 심화했다.[113] 마찬가지로 자유주의 정책 결정자들은 기존 조세복지국가에 의해 확립된 관점 – 낮은 세금의 약속, 민간 부문을 통한 광범위한 중간계급의 경제 안정 제공, 그리고 정부 지출은 극빈층을 대상으로 한 최소한의 복지 프로그램임을 확인한다는 – 으로 빈곤과의 전쟁을 수행함으로써 궁극적으로 적극적 국가와 자유주의 일반에 대한 지지를 약화했다. 빈곤과의 전쟁이라는 인종정치와 그에 따른 정부 지출에 대한 반발은 인종적 적의 – 비록 어느 정도 부분적인 역할은 했지만 – 에서가 아니라 인종적으로 계층화된 방식으로 1930년대와 1940년대에 형성되어 1950년대와 1960년대에 강화되었고, 복지 혜택(가시적인 혜택과 비가시적인 혜택)을 주며, 비용(가시적인 비용과 비가시적인 비용)을 분배하는 조세복지국가의 방식에서 기인한 것이었다. 그러한 빈곤과의 전쟁은 곧 하나의 재분배 프로그램으로 구체화되었는데, 소수 흑인에게 혜택을 퍼 주기 위해 다수 백인에게 과세한다는 것은 허구지만, 미국식 조세국가와 복지국가의 제도적이고 이념적인 유산으로 주어졌다는 점은 타당한 사실이었다.

빈곤과의 전쟁에 관한 개념적·실천적 한계는 특히 "미국인들의 삶에 대한 심층 구조적 불평등"을 포괄적으로 설명함으로써 국가의 정치경제를 재형성하자는 더 급진적 제안들과 비교할 때 분명하다.[114] 몇몇 노조, 많은 민권운동 지도자들, 새로운 복지권운동 회원들이 주창한 이런 제안들은 공식적인 빈곤 정책을 제약하는 납세시민권과 복지의 협소한 정의에 정면으로 도전했고, 경제 정의와 인종 평등을 보장하는 적극적 국가에 대한 실제적이고 지속적인 역할에 상상력을 부여했다.

케네디와 존슨 양대 행정부에 의해 추진된 시장 중심의 복지정책 접근 방식에 대한 도전은 대체로 흑인자유운동African American freedom movements에서 나왔는데, 이들 운동의 지도자들 역시 모두 공공 정책과 인종 및 계급 불평등 간 관계에 대해 잘 이해하고 있었다. 공민권 활동가들은 1964년 민권법과 1965년 흑인투표법에 의해 보장된 시민권과 정치적 권리가 흑인의 경제 안정을 보장하는 적극적인 정책 없이는 거의 의미가 없을 것이라는 점을 알고 있었다. 일명 퇴역 미군의 권리보장법GI Bill of Rights이라 불린 1945년의 제대군인원호법Servicemen's Readjustment Act의 범위와 규모에 비견할 만한 연방 차원의 투자만이 모든 이들에게 적절한 소득 수준을 제공함으로써 '흑인 게토의 벽'을 허물수 있었다.[115] 존슨 대통령이 민권법에 서명한 지 3개월 후인 1964년 9월, 남부 기독교 지도자 회의Southern Christian Leadership Conference; SCLC의 연차총회에서 의장인 마틴 루터 킹Martin Luther King Jr. 목사는 민권법이 흑인을 "우리 사회의 가장 중요한 참여자가 되는 … 문턱"에 이르게 했음에도 불구하고 흑인 공동체가 "경제적 궁핍에서 벗어날" 때까지는 "완전히 해방된 것으로 간주될 수 없다"고 말했다.[116] 그리고는 "걷는 법을 배운 적이 없는 사람에게 신발을 주는 것"은 "잔인한 농담"에 지나지 않는다고 상기시켰다.[117]

모든 이에게 충분한 경제적·사회적 시민권을 보장하는 어떤 프로그럼도 상당한 정부 투자에 달려 있었다. 1961년 전국도시연맹National Urban League; NUL 의장으로 새롭게 선출된 휘트니 영Whitney Young은 도시와 농촌을 재건하기 위해 자신이 명명한 국내 마셜 플랜을 제안했다. 좋은 평판을 받은 전후 서유럽의 성공적인 재건에서 이름을 따온 것으로 정책적 구체성은 떨어졌지만, 영은 국내에서 연방정부가 비슷한 종류의 재건 사업을 승인할 것을 요구했다. 그는 1965년에 "모든 정부조직, 민간기구, 재단, 사회복지관"에 대한 이러한 "대규모의 긴급한 노력"으로 "흑인 시민들 앞에 열려 있는 새로운 기회가 그들 스스로 자격을 갖추는 데" 도움이 될 것이라고 주장했다.[118] 영은 그의 제안에 대한 정당성을 주장하면서 많은 다른 민권운동 지도자들처럼 복지의 정의definition를 확대하고, "억압받는 자, 병자, 장애인, 빈곤층"을 돕는 공적인 노력을 국가의 "정치적이고 경제적인 신조"에 연계하고자 했다.[119] 이러한 방식은 납세자에게 명백한 자립성을 부여할 정도의 연방정부의 관대함을 지적하고 치켜세우기까지 함으로써, 케네디와 존슨 행정부가 승인한 세금을 내는 사람과 세금을 쓰는 사람 사이의 차별에 이의를 제기했다. 영이 1963년 『뉴욕 타임스』 일요판에서 지적한 바와 같이, 미군의 권리보장법은 "퇴역 군인들의 교육, 주택, 고용 및 기타 혜택에 대한 특별한 필요성에 대한 인식"을 바탕으로 만들어진 복지 프로그램이었다. 그는 국내 마셜 플랜이 흑인을 위한 '특별한 배려' 또는 '특혜'라는 주장을 일축하면서, 대신 '동등한 기회'라는 말에 의미를 부여하기 위해 "필요하고도 정의로운 정당한 조치"로서의 권고임을 내세웠다.[120]

베이어드 러스틴Bayard Rustin의 지시로 작성되었으며 필립 랜돌프 연구소A. Phillip Randolph Institute에 의해 1966년에 발표된 '자유를 위한 예산 Freedom Budget'은 국내 마셜 플랜보다 더욱 발전된 정책 프로그램이었다. 자유를 위한 예산은 "사회정의와 평등에 관한 비전을 … 신속하고 간명하게 달성한다"는 목표를 담고 있는데, 연방정부가 완전고용 정책과 소득보장 프로그램을 결합하여 10년 이내에 빈곤을 완전히 퇴치할 것을 요구했다.[121] 모든 미국인의 생활수준을 높이기 위한 연방정부의 고유한 역할을 염두에 둔 이 제안은 "고용 과정을 통해 적정한 소득을 얻을 수 없는 사람들"을 위해 "연방정부가 연간 소득보장을 주도하고 지원"할 뿐만 아니라, 1973년까지 총 1,660만 개의 새로운 일자리 창출을 촉구했다.[122]

민권운동가이자 오랫동안 노조활동가로 활약한 랜돌프는 1965년 백악관 민권회의의 9월 기획회의 개막 연설에서 '자유를 위한 예산'의 조건을 처음으로 내놓았다.[123] 그다음 달부터, 랜돌프와 러스틴은 종교 단체, 노조와 민권운동 지도자들과 함께 국내에 우선적으로 쓰일 수천억 달러의 제안서를 진전시키기 위해 공동 작업을 했다. 200개 이상의 비정부단체에 의해 서명된 10년간 1,850억 달러의 자유를 위한 예산에는 최저임금 인상, 10년간 수백만 개의 새로운 일자리 창출, 흑인 빈민 게토를 일소하기 위한 50만 개의 새로운 저소득층 주거단지 건설 목적의 연방 예산―정부가 민간 건설사에 보조금을 지급하는 형태로―의 이용, 그리고 "적정한 급여로 완전고용 정책을 유지하도록 … 연방정부가 주도하고 연간소득 보조의 보장을 지원"하는 제안이 포함되었다.[124] 자유를 위한 예산은 "빈곤, 무지, 체념"이 모든 미국 국내 문제의 근간에 있다고 단언하고, 빈곤과의 전쟁에 내재한 "계획성 없고 단편적인 노력"을 넘어설 것을 기대하면서, "국가 자원의 통합적 동원"을 통해 전후 번영의 그늘에 방치되었던 이들에게 "교육 … 일자리 … 주거 … 의료" 제공을 약속했다.[125] 빈곤과의 전쟁 프로그램이 제도라기보다는 "사람들을 매수"하려 한다는 비난이 커지는 상황에서 랜돌프와 러스틴은 자유를 위한 예산이 "빈곤층의 개인적 특성" 문제를 넘어 국가 경제에 뿌리박힌 물질·사회·문화 자원의 불공정한 분배에 초점을 맞출 것이라고 주장했다.[126]

자유를 위한 예산은 퇴역 미군의 권리보장법처럼 가난한 미국인 혹은 국내 마셜 플랜을 위한 마틴 루터 킹 목사의 백인 노동계급과 흑인 노동계급의 물질적 이익의 공유를 호소하는 민권운동의 시정 의제remedial agenda에 도움을 받아 두 인종의 동맹을 형성하려는 노력을 반영하고 있었다. 킹 목사는 남부 기독교 지도자 회의에서 흑인의 "경제적 빈곤 상황"은 "흑인의 혁명이 다수 백인들과의 동맹을 통해 구축되고 유지되지 않는다면 바뀔 수 없다"고 말했다.[127] 그러한 동맹은 단순히 실용적 연대정치의 문제가 아니었다. 오히려 자유를 위한 예산과 그 유사한 프로그램들은 인종의 구분을 초월할 것을 약속한 경제적·사회적 시민권 확장에 요구되는 계급의식을 분명하게 나타내고 있었다. 랜돌프는 학생비폭력조정위원회Student Nonviolent Coordinating Committee; SNCC의 존 루이스John Lewis에게 보낸 편지에서 자유를 위한 예산은 "흑인과 다른 소수자 집단이 처한 어려움에만 국한"되지 않는다고 역설했다.[128]

흑인의 "정당한 열망"은 "고립 속에서는 이룰 수 없는" 것이었다. 오직 '빈곤 퇴치(빈곤의 희생자 중 4분의 3은 백인)'를 통해서 국가는 '인간의 자유와 민주주의'에 대한 그 역사적 과업을 재확인할 수 있었다.[129] 상원 재정위원회에서 증언했던 백인 복지 수급자 도로시 디마시오Dorothy DiMascio 역시 "복지가 더 이상 인종 문제여서는 안 된다. … 이것은 매우 빨리 경제 문제가 되어왔고, 흑인, 백인, 빈곤층들은 결국 그들의 문제가 대부분 같은 것이고, 전국에서 서로 연대하고 있음을 깨닫고 있다"고 강조했다.[130]

'인간의 자유'와 '민주주의'의 운명에 사회지출 증가를 연계해 경제 안정과 시민권 및 정치적 권리 사이의 동등성을 주장하면서 자유를 위한 예산과 유사한 제안의 입안자들은 이러한 정책적 처방이 백인 다수에 대한 경제 안정과 시민권을 보장하는 데 성공적이었고 대중적 지지를 받았던 전후 프로그램과 긴밀하게 연결되기를 희망했다. 그렇게 함으로써 그들의 정치적 호소는 1940년대와 1950년대에 등장했던 복지와 정부 지출의 협소한 정의에 직접적으로 이의를 제기했다. 세입위원회에 출석해서 증언했던 영은 자유를 위한 예산을 퇴역 미군의 권리보장법과 비교했다. 이 도시연맹 의장은 이 제안을 장기 '투자'로 부르며, 국가가 역사적 전환점에 서 있다고 말했다. 그는 "우리는 이 세대에서 다음 둘 중 하나를 선택해야 한다"고 주장했다. "우리 사회의 희생자들을 원상회복시켜 자족하게 할 것인지", 아니면 지금 "수많은 지역에서 보게 되는 사회 해체"를 영속시킬 건인지.[131] 중간계급 복지국가의 드러나지 않은 본질을 인식한 영은 "정부가 급여를 지급하는 사람들, 정부가 보조금을 주는 사람들이 단지 의회 의원과 복지 수급자들만이 아니라는 것을 사회가 이해할 수 있도록 … 도와야 한다"고 위원회에 촉구했다. 무엇보다 그는 "오늘날 최고경영자가 자신의 급여 중 일부를 연방정부에 환원하지 못할 기업은 거의 없다"고 말을 맺었다.[132]

포괄적 '공적 재교육' 프로젝트에 대한 존슨 대통령의 소득보장대책본부Income maintenance Task Force; IMTF의 권고와 함께, 영의 호소는 다수의 백인 중간계급의 권리와 특권을 보존하고 옹호했던 연방정부의 분명한 역할을 보여줌으로써 납세자와 세금 소비자 간 허구적인 차이를 없애고자 한 것이었다.[133] 복지 수급자들은 또한 납세자와 세금을 쓰는 사람들을 구분하는 것이 인위적이고 근거 없다고 의문을 제기했다. 복지 수급을 받는 어머니인 앨리스 닉슨Alice Nixon은 한 상원위원회 의원에게 다음과 같이 말했다. "당신은 우리가 납세자가 아니라고 말합니다. 하지만 우리는 매일 콩 통조림을 사서 콩 재배업자의 사업과 알루미늄 회사가 문 닫지 않도록 합니다. 만약 우리가 내일 캔을 사지 않는다면 얼마나 많은 철강 노동자들이 직장에서 쫓겨날까요?"[134]

자유를 위한 예산의 설계자들처럼 복지권 주창자들은 전후 국가 체계에 각인된 불이익과 이익의 유형에 대한 역사적 분석 속에서 복지권의 보호 방향을 찾았고, 정부 정책의 공적 영역과 경제를 결정하는 사적 영역 사이의 전통적인 분리를 거부했다. 복지권운동의 대변인인 에드워드 스패러Edward Sparer는 '백인 사회'와 '백인을 위한 제도'가 흑인 게토를 만들었고 유지했다는 시민 불복종에 관한 국가자문위원회 – 커너Kerner위원회로 더 잘 알려진 – 의『1968년 보고서』의 결론을 인용하면서, 전후 사회 및 경제 정책은 "다른 시민들의 … 생존 수단"을 빼앗아 "특정한 시민 집단을 부유하게" 했다고 주장했다. 연방 농업 정책은 소작 농민에게 매우 불리했다. 인플레이션 압력을 억제하기 위해 어느 정도의 실업은 불가피하다는 가정에 근거한 연방 물가 정책으로 노동자들은 일자리를 잃었다. 실제로 스패러는 수사적 언술을 통해 다음과 같이 요구했다. "중산층 및 부유층의 이익에 부합하는 적극적인 정부 정책과 열악한 상황에 처한 빈곤층 사이에 직접적이고 인과적인 연계가 있다는 실질적인 사례를 들 수는 없겠습니까?"[135]

많은 복지권 운동가들은 국가의 성장이 국가와 시장 사이의 경계를 무의미하게 만들었다고 주장했다. 법학과 교수인 찰스 라이시Charles Reich는 1964년『예일 법학Yale Law Journal』에 실린 영향력 있는 논문을 통해, 전후 정부의 팽창이 "하나의 새로운 자산a new property"을 만들었다고 주장했다. 라이시는 "미국인들의 부가 점점 더 정부와의 관계에 의존하고 있다"고 강조했다. "광범위하고 제국적인 규모"로 전후 연방 정부가 확대됨으로써 사실상 "공사 구분이 붕괴"되었고, "공적 영역과 사적 영역"이 '모호'해지거나 '일체화'되었다는 것이다.[136] 그는 국가와 시장의 상호 연계성을 고려했다면 모든 미국인들은 "공화국에서 단지 특권이 아니라 최소 지분을 보유할 권리"를 가졌어야 했다고 결론 내렸다.[137]

민권운동 지도자들과 복지권 운동가들은 정치적 권한 부여와 경제적 보장 모두를 요구하면서, 민주당과 공화당 정치에 의해 이끌려 온

납세자와 세금 소비자 간 잘못된 이분법에 대한 역사적으로 잘 알려진 도전을 시작했다. 하지만 이 전략은 그다지 성공적이지는 못했다. 복지권운동과 민권운동 지도자들이 연방정부의 정책이 많은 백인들을 위한 새로운 사회적·경제적 권리를 적극적으로 창출하고 보장한다는 점을 제대로 지적했지만, 1930년대, 1940년대, 그리고 1950년대에 택했던 미국 복지국가의 형태-간접세 지출, 경제 성장, 그리고 특정한 사회보험 프로그램에 의존하는-는 백인 중간계급 중심의 연방 보조금이 쉽게 부정되고 대체로 무시될 수 있도록 해주었다. 연방정부에 비판적이지만 보이지 않는 조력자인 다수의 미국인들이 스스로 어느 정도의 경제적 보장과 이동성을 확보하자 빈곤층과 흑인에 대한 동일한 권리의 확장을 지지하는 광범위한 동맹에 대한 전망은 상당히 어두워졌다.[138] 계급과세(부유층과 중간층 중심의 과세)에서 대중과 세로의 연방소득세 개혁은 다수를 위한 정치, 납세자의 권리와 빈곤층의 욕구가 서로 적대시되는 계급정치의 견고한 제도적 요소들을 동시에 만들어냈다.[139] 전체적인 경제 성장으로 점점 더 많은 미국인들이 연방소득세제로 편입됨에 따라 조세국가의 정책은 가난한 소수 인종 정책과 분명하고 즉각적인 방식으로 연결되었다. 안드레아 루이스 캠벨Andrea Louise Campbell이 사회보장법에 경의를 표하며, "정당, 이익 집단과 정책 기획자들에 의한 동원의 기초"라고 주장했듯이, 내국세법은 납세자가 내세우는 새로운 정치적 정체성을 조성하는 데 기여했다.[140]

수십억 달러가 드는 자유를 위한 예산 혹은 빈곤한 소수 인종에까지 사회적·경제적 시민권이 확장되도록 설계된 국내 마셜 플랜의 성공은 이해관계자들의 광범위한 동맹에 달려 있었다. 1960년대 말까지 다수의 납세자와 소수의 세제 혜택자를 가르는 전후 복지국가와 조세국가의 제도적이고 이념적인 유산 때문에 그러한 동맹은 존재하지 않았다. 현실은 그 반대였다. 1969년 『뉴스위크Newsweek』의 여론조사에 따르면, 심지어 많은 백인들은 그들이 얻은 '보수가 좋은 직업', '자녀를 위한 좋은 교육', '좋은 집', '정부로부터의 재정적 지원'에서 흑인들이 더 많은 기회를 가지고 있다고 믿고 있었다.[141] 많은 중간계급의 백인들은 흑인들이 실제로 그들보다 더 부유하다고 확신했기 때문에 복지국가 확대에 관심이 없었고, 자신들이 납세자임을 강조하면서 미국 복지국가의 규모와 비용을 억제하는 데 기득권을 주장했다. 이러한 유권자들은 그들의 특권이 보호받아야 한다는 각오로 더 많은 복지 확대나 빈곤과의 전쟁뿐만 아니라 적극적 국가를 지원하고 지속시키는 전체적인 자유주의 프로젝트에 반대한다고 경고했다.

제3장

정치적
합의의
붕괴

뉴딜 체제의 와해와
위대한 사회의 분열

**THINGS
FALL
APART**

1967년 초, 여론조사 전문가인 벤 와텐버그Ben Wattenberg가 린든 존슨 대통령에게 한 짤막한 경고가 화제가 되었다. 빈곤과의 전쟁과 베트남전에 집중하고 있는 행정부가 민주당이 '미국 중간계급 노동자들'의 관심과 득표를 얻는 데 위협이 된다는 것이었다. 불과 몇 년 전만 해도 "노동조합원들은 오늘날 빈곤층이 원하는 것과 동일한 것을 연방 정부에 요구"했지만, 중간계급 및 노동계급의 지형이 바뀌었다는 것이다. 이전엔 빈민촌에 거주했던 미국 노동자들이 이제는 교외 지역에서 쉽게 눈에 띄었다. 빈곤 프로그램이나 심지어 최저임금에 거의 관심이 없던 노동조합 소속 노동자들이 아버지가 없는 가난한 아이들에 대해 더 많은 지원을 하도록 설계된 복지 프로그램보다 … "그들의 자녀를 대학에 보내는 데 매우 적극적이고, 자연스럽게 더 많은 관심을 갖게 되었다." 와텐버그의 결론은 노동자들과 노조원들이 연방정부가 "근래 나에게 무엇을 해주었는가?"에 대해 알고 싶어 하는 것은 너무도 흔한 일이 되었다는 것이었다.[1]

와텐버그의 비공식 문서에는 존슨 행정부가 직면한 딜레마와 1960년대 말의 자유주의 동맹에 관해 요약되어 있었다. 지난 10년 동안 미국 중간계급의 다수는 국가로부터 소외된 소수자들－선동적인 흑인 투사와 복지 수혜를 받는 어머니들, 쾌락주의적인 히피족과 대학생 혁명주의 세력－에 대한 강박관념에 사로잡힌 정책 결정자들로 인한 좌절, 분노, 환멸이 커졌다.[2] 사실 많은 미국인들, 특히 닉슨이 "침묵하는 다수"라고 불렀던 백인 중간계급과 노동계급 유권자들은 정부로부터 소외되었을 뿐만 아니라, 빈곤과의 전쟁과 민권혁명에 희생되었다고 느꼈다. 1967년 한 백인 자택 소유자 단체는 "법을 준수하는 사회인 미국의 대다수를 대신해서 의회가 어떤 행동을 취할 때가 아닌가?"라고 물었다.[3] 이들은 민권법과 빈곤 프로그램을 겨냥해 "이런 빌어먹을 게으름뱅이들과 폭도들에게 지속적인 무상복지를 제공"하는 데 대해 분노를 표시했고, 그들의 선출직 관료들에게 "이 나라가 지탱되도록 대부분의 세금을 내는 평균적인 미국인들을 돕는 무언가를 하라"고 요구했다.[4]

역사가들은 1960년대 후반 민주당의 자유주의에 반대하는 인종적 차원의 반발에 제대로 주목했지만, 자유주의 국가에 좌절한 침묵하는 다수의 납세 시민권의 중요성은 거의 무시했다. 1960년대 말, 두 가지 입법－1967년 사회보장법 수정안과 1968년 재정 및 지출 규제법－을 둘러싼 대중적 토론이 특히 이러한 측면에서 부각된다.[5] 이 두 가지 법에 대해 논쟁하는 동안 입법가들은 복지와 빈곤과의 전쟁 축소 모두를 정당화하기 위해 납세자들의 이익을 끌어들였다. 1940년대,

1950년대, 그리고 1960년대 초, 주와 지방의 정치인들에 의해 논쟁이 재생산되면서 의회 보수주의자들은 AFDC와 줄곧 양심적인, 중간계급의 늘어가는 납세 부담에 책임을 지우고 있는 빈곤 프로그램을 겨냥했다.[6] "대중들의 복지를 간과하고 잘 조직된 소수자들의 요구에 동의하는 초자유주의자들ultra—liberals"에 의해 침묵하는 다수가 희생된다는 의식을 길러냈던 이 담론은 중간계급 및 노동계급의 경제 안정을 보장하는 연방 보조금을 은폐하는 데 따른 것이었다.[7] 사실 AFDC와 빈곤 프로그램 두 가지 모두에 대한 공격을 다수의 미국인들이 기대했던 사회보호 체계를 보호하고 방어하는 데 필요한 프레임으로 결정한 원내 보수주의자들은 전후 자유주의 국가의 제도와 이념적 약속에서 나온 것이었고, 막대한 자유주의 지출 프로그램의 대부분을 건드리지 않고 남겨두었다.[8] 긴축재정의 시기에서조차 뉴딜 사회 협약은 깨지기 힘들다는 것이 증명되었다.

한편으로는 사회보장제도, 다른 한편으로는 AFDC와 다른 빈곤 프로그램이 갈라지는 운명에 처했는데, 이러한 상황은 대부분의 시민들이 복지 급여를 복지 수급자와 나누지 않겠다고 국가에 대해 정당하게 요구하는 납세자로 자신을 규정하도록 하는 한편, 이를 독려하는 자유주의 개혁 의제와 정치 담론의 역설적인 결과를 보여주었다. 조세국가와 복지국가 모두의 확대는 연방 과세와 직접지출 프로그램에 대한 지속적인 대중적 반감에도 불구하고 다수의 미국인들이 향유할 경제 보장을 가능하게 할 뿐만 아니라, 시민들이 정부 보호에 대해 새롭고 강력한 요구를 할 수 있도록 힘을 실어주는 중요한 업적이었다.

하지만 이러한 확대와 권한의 부여는 가파른 비용 상승을 가져왔다. 사회보험에 대한 자격과 체감되지 않는 조세지출로 구성된 '보이지 않는 복지국가the hidden welfare state' 건설에 성공한 자유주의자들은 존슨 행정부가 어떻게 연방 지출을 "더 잘사는 노동계급의 새로운 요구"에 부응하게 할 것인가를 입증하기 어렵게 만들었다.[9] 주로 시장경제에 기인한 자유주의의 혜택과 함께 그 비용만이 눈에 띄었다. 한 디트로이트 주민의 불평처럼, 1968년에 이르자 '가난한 노동자'가 정부로부터 얻은 유일한 것은 더 많은 세금뿐인 것처럼 보였다.[10] 건전한 경제 성장이 아메리칸 드림에 위협을 주는 것으로 보이는 인플레이션으로 이어지자 의회 보수주의자들은 자유주의자들의 전통적 약속을 경제 성장, 개인의 권리, 그리고 AFDC 및 빈곤 프로그램뿐만 아니라 자유주의 자체에 반하는 낮은 세금으로 전환시키는 데 성공했다.

부양아동가족부조에 대한 공격

1966년 말 존슨 대통령이 역사적인 민권법안을 보장하고, 국가 최초의 전국 의료보험 체계를 제정하고, 연방정부의 교육 공약과 교육 투자를 늘리고, 위대한 사회를 위해 빈곤과의 전쟁을 추진하도록 한 정치적 합의는 모두 깨지고 말았다. 인플레이션과 베트남전에 대한 비판적 여론이 늘면서 행정부의 정치적 자원은 고갈되었다. 1966년 중간선거에서의 승리에 고무된 공화당 하원 의원들은 보수적인 남부 민주당 의원들의 도움을 받아 빈곤 프로그램의 낭비와 남용에 대한 일방적인 청문회를 시작했고, 대통령에게 입법 의제를 포기하라고 위협했다.[11] 1965년 로스앤젤레스 인근 와츠에서 시작해 뒤이은 여름에 전국의 도시 지역까지 번진 일련의 폭력 사태는 흑인과 도시 빈민층의 소외와 빈곤을 시정할 수 있는 기존 정치 조직의 역량에 대해 심각한 의문을 제기했다. 경제 역시 행정부에 불리하게 작용했다. 1964년 재정법에 기초한 건전한 성장이 인플레이션의 위험으로 악화될 조짐이 보였다. 1967년 전망은 암울했다. 그 전해인 1966년 역시 존슨 행정부에게 좋지 않은 한 해였지만, 1967년을 "바다에서의 격렬한 폭풍"에 비교하면, 1966년은 "악천후"에 불과했다.[12]

경제는 행정부가 빈곤과의 전쟁에서 패배하는 데 결정적인 역할을 했다. 지속적이고 유례가 없는 경제 성장과 예산은 부족했어도 목적이 분명했던 빈곤해소 법안으로도 빈곤은 사라지지 않았다. 예산국장이자 대통령 자문위원인 찰스 슐츠Charles Schultze는 1966년 대통령에게 보낸 비공식 문서에서 빈곤과의 전쟁과 위대한 사회에 걸었던 '커다란 기대'가 좌절과 실망으로 전락했다고 지적했다.[13]

엎친 데 덮친 격으로 인플레이션은 최근에야 중간계급에 편입한 많은 미국인의 생활비 인상에 위협 요인이 되었다. 당내에서 존슨 대통령은 베트남 전쟁에 불만을 품은 좌파-평화 활동가들과 시민권과 평등권을 위한 투쟁이 더디게 진행되는 데 실망한 민권운동 지도자들의 저항에 직면했다. 민주당의 보수파 역시 행정부에 환멸을 느꼈고, 의회 공화당과 협력해서 대통령의 입법 우선 사안 중 많은 부분, 특히 시민권 영역과 빈곤해소 정책을 막는 데 충분한 세력을 확보하고 있었다.

적대적인 의회와 불확실한 경제 상황에 직면한 존슨 대통령은 1967년 화해를 골자로 하는 연두교서를 발표했다. 존슨은 국가를 위한 '시련의 시기time of testing'임을 인정하면서, 반대 진영에 "선택과 합리적 대안을 제공하는 생산적인 토론"에 참여해달라고 촉구했다.[14] 여느 때와 마찬가지로 예산이 행정부의 정책 선택을 제약했다. 슐츠는 1966년 대통령에게 "기존 프로그램들을 따라잡을 때까지 우리는 부족한 재원에 집중하고, 새로운 프로그램에 대해 숙고하며, 이를 요청하는 데 매우 선택적으로 접근해야 한다"고 조언했다.[15] 존슨 대통령의 국내 의제는 이러한 정치적·경제적인 현실을 반영하고 있었다. 그는 그의 첫 번째 연두교서에서처럼 너무 많은 미사여구와 선명한 구호, 열정적인 약속은 자제하면서 상대적으로 온건하게 1967년을 위한 세 가지 국내 우선 정책에 초점을 맞췄다. 인플레이션 억제와 베트남전 소요 예산을 위한 증세, 그리고 빈곤과의 전쟁과 위대한 사회의 확대까지는 아니더라도 현재의 사회보장제도와 복지 프로그램에 대한 유지와 제한 완화가 그것이었다.[16]

행정부는 이와 같은 복지와 사회보장제도 제안이 논란이 되지 않기를 기대했다. 사회보장 일괄법에는 모든 수급자에 대한 15%의 전면적인 급여 인상을 포함했으며, 이는 의회로부터의 초당적 승인과 국민들의 열렬한 지지를 이끌어냈다. 행정부의 온건한 복지 개혁에 대한 전망도 밝았다. 전국적인 공공부조 프로그램에 대한 과장된 비난에도 불구하고 의회는 이전부터 개별 주에 연방 예산을 집중하는 우회적인 방식을 채택한다면 AFDC에 대한 연방 지출을 늘리겠다는 의지를 가지고 있었다.[17] 7월 중순경, 보건교육복지부 장관대행인 윌버 코헨Wilbur Cohen이 짐작하기로는, 사회보장제도와 복지법안은 존슨 대통령이 1968년 대통령 경선에서 "업적으로 인정받고 싶어 하는" 것이었다.[18]

하지만 코헨의 예측은 빗나갔다. 1967년 사회보장법 개정안은 새로운 합의를 이끌어내기보다는 오히려 기존의 취약한 민주당 연합을 더욱 파편화했다. 윌버 밀스가 이끄는 하원 세입위원회는 6개월 가까이 법안 심사를 지연시켰다. 1967년 여름, 뉴어크와 디트로이트 도시 폭동의 직접적인 여파 속에서 존슨 대통령이 일률적인 10%의 임시 세율 인상을 공식적으로 요청한 지 몇 주 후, 세입위원회는 행정부의 사회보장법 개정안을 재수정했다.[19] 하원의 법안이 백악관이나 복지 전문가의 참여가 배제된 채 입안됨으로써 복지국가 확대를 찬성하는 측과 납세자의 권리를 옹호하는 측 사이의 직접적인 대립 국면에 접어들었다.

세입위원회가 손쉽게 AFDC를 겨냥한 것은 AFDC의 고립과 수급자의 취약성을 반영한 것이었다. AFDC를 보호하고, 여기에 드는 사회적·경제적 비용에 대해 광범위하게 공유된 전제에 대응하거나 수혜자의 인격을 보호하기 위한 진전은 거의 없었다.

1968년 1월, 존슨 대통령은 "복지제도는 누구도 만족할 수 없다. 전국 모든 지역에서 진보주의자들과 보수주의자들, 가난한 사람과 부자들, 사회복지사들과 정치인들, 백인과 흑인에게 비난받는다"고 인정했다.[20] 공공복지에 관한 대통령 자문위원회도 마찬가지로 AFDC가

"사람들을 탈출구 없는 빈곤"에 빠뜨린다고 불만을 표했다.[21] 보수주의자들은 기존 복지제도에 대한 자유주의자들의 불만에 동조했지만, 아주 다른 정책적 결과를 이끌어냈다. 복지제도 개혁은 복지가 필요한 빈곤층에게 더 효과적인 지원을 제공해주는 것이 아니라, 오히려 납세자의 이익과 급여를 보호하기 위해 필요하다는 것이었다. 하원 세입위원회는 행정부의 일괄적인 복지 개혁을 향한 변화를 옹호하면서 "AFDC 수급 가정 수의 증가"가 "납세자의 급격한 비용 증가"로 귀결되었다며 우려를 표명했다.[22] 공화당 정책조정위원회*도 이와 유사하게 국가가 "신뢰 위기 – 납세자 사이의 공포와 불안, 잿더미가 된 도시 게토의 분노, 악감정, 그리고 무질서의 증대, 선의를 가진 사람들 사이에서 확대되는 환멸의 위기 – 에 처한 … 사회복지체계"에서 "추악한 실패의 기로"에 직면했다고 경고했다.[23] 캘리포니아에서 새롭게 당선된 주지사 로널드 레이건에 따르면, 복지체계는 "소득을 올린 사람들에게서 소득을 올리지 못한 사람들"에게 자원을 옮겨 주었던 비참한 실패작이었다.[24]

사실 AFDC가 수급자를 빈곤에서 벗어나게 하거나 미국 경제 혹은 미국 사회의 주류에 참여할 수 있을 만큼 충분히 회복시키지 못했

---

* 1965년 1월 11일, 당시 각각 상·하원의 원내대표였던 에버렛 덕슨과 제럴드 포드가 당내 지도자들 간 소통을 촉진하고 공공 정책 현안에 대한 연구와 국가 정책 개발을 위한 폭넓은 자문을 위해 제안한 후 조직된 전국 조직이다. 전국위원회 의장의 주재하에 모든 공화당 출신 전직 대통령, 대통령 후보자, 원내대표급의 상원과 하원 의원 각각 7명과 9명, 공화당 주지사협의회에서 8명, 공화당 의원협의회대표 1명, 전국위원회 위원 5명, 그리고 실무진들로 구성되었다. 위원회 내 전담 부서에서 제출한 정책대응 보고서를 심의하기 위해 석 달에 1번 개최된다. Rlaph M. Goldman, *The Future Catches Up*(Vol. II), 2002, Lincoln: Writers Club Press, 348 참조.

다는 데 이견은 거의 없었다. 그리고 제2차 세계대전 종전 이후 이 제도가 크게 성장했다는 것도 부정할 수 없었다. 더욱 난감했던 것은 AFDC의 성장이 이전 10년에 비해 급격하게 가속화되었다는 징후들이었다. 1961년에서 1967년 사이 공공복지 프로그램에 대한 연간 지출이 21억 달러에서 41억 달러로 거의 두 배가량 늘었다. 총 공공복지 수급자 수는 580만 명에서 810만 명으로 증가했다. 늘어난 AFDC 신청 수가 이 증가의 대부분(210만)을 차지했다.[25] 한 정부위원회가 20년 후에 지적했듯이, "1960년대 초부터 의회조차도 복지의 기본 원리에 의문 – 복지가 간단하게 축소되지 않는다 – 을 갖기 시작했다."[26]

복지체계에 대한 불만이 증대하고 그 결점에 대한 인식이 누적되고 있는데도 행정부는 AFDC의 기본 구조를 거의 바꾸지 않았고, 오히려 "공공부조 급여를 충분하게 늘리고" 복지 수급자들을 유급 노동력으로 이동시키기 위한 새로운 동기부여 방안을 만들어내고자 했다.[27] 기존 사회보장제도의 증대를 훨씬 염려했던 백악관은 의회가 AFDC를 상대적으로 온건하게 개혁하는 데 찬성해줄 것을 기대했다. 7월 14일 코헨은 대통령에게 "복지 프로그램을 강화하여 재활 사업과 근로 유인에 추진력을 불어넣을 좋은 법안을 기대"하자고 조언했다.[28] 그러나 8월 5일 경제기회국OEO 관계자인 제임스 라이데이James Lyday는 밀스가 정부 법안의 골자를 삭제했다고 긴급 보고했다.[29] 행정부가 제안한 어느 정도 관대한 요소를 전혀 포함하지 않은 위원회 법안은 모든 AFDC 수급자를 위한 필수 의무고용 프로그램을 신설하고, 한부모 여성 자녀에 대한 보조금을 중단하겠다고 위협했다. 행정부가 최저급여 기준을 제안한 부분에 대해서 하원은 비혼 부모 자녀에 대한 연방 보조금 동결로 대체했다. 백악관이 부모가 실직 상태에 있는 자녀에 더 많은 보조금을 요청한 반면, 세입위원회는 매우 어린 자녀를 둔 여성에게도 근로 요구 조건을 신설했다. 라이데이는 위원회의 개혁안은 전국의 복지 수급 대상인 빈곤층에게 재앙이나 다름없을 것이라고 결론 내렸다.[30]

7월 12일 뉴어크에서 시작해 2주 뒤 디트로이트까지 번진 도시 폭동의 물결이 세입위원회가 AFDC 정책에 '새로운 방향'을 설정하는 데 영향을 주었다는 것은 의심의 여지가 없다. 이 '긴장과 공포의 시기' 동안 형태를 갖춘 밀스 법안은 폭동을 일으킨 것으로 추정되는 사회 병리 현상을 해결하고, 실패한 빈곤과의 전쟁 프로그램으로부터 사회 정책을 재조정하며, 주로 흑인 빈곤층에 혜택이 돌아가는 것으로 여겨지는 관대한 사회공학 프로그램을 이용해, 다수 백인들 사이에서 증대하는 불만과 좌절을 한 번에 활용하고자 했다. 존슨 대통령이 커너위원회 구성을 발표한 7월 17일, 『월스트리트 저널』은 세입위원회가 "복지 개혁을 위한 주요 제안을 무효화"하려 한다고 보도했다.[31] 복지는 빈곤과의 전쟁 프로그램이 확산되는 것과 관련이 없었고, 빈곤 투사들은 빈곤해소 정책을 불신 받는 복지정책에서 분리시키려 노력해왔지만, 보수주의자들은 빈번히 이 두 가지를 하나로 합쳤고, 1960년대 AFDC 수급 대상이 늘어나는 것을 빈곤과의 전쟁이 비참하게 실패한 증거로 활용하기까지 했다.[32]

조세정치는 세입위원회가 행정부의 복지 관련 법안들에서 주요 사안을 제거하는 결정 과정에서 정당한 평가를 받지 못했지만, 매우 중요한 역할을 했다. 위원회는 행정부가 물가 인상을 조정하고, 예산 적자를 줄이며, 베트남 전비 상쇄를 위해 공식적으로 10%의 법인세와 개인소득세 인상을 요청한 지 일주일 만에 수정 법안을 제출했다.[33] 밀스와 위원회 위원들은 상당한 세금 증대 요구를 검토하면서, 자유주의 사회·경제 프로그램의 급격한 비용 상승에 진저리를 치는 납세자들의 이익을 보호할 필요성이 있다며 복지정책의 변화를 정당화했다. 밀스는 다른 분야의 예산은 거의 규제하지 않고, 그가 속한 위원회가 관할하는 빈곤 프로그램인 AFDC 하나만을 겨냥했다. 세금으로 인한 '혁명'의 가능성을 경고하면서, 위원장은 그의 동료들에게 납세자들이 "무상 프로그램과 축소할 수 있는 프로그램은 축소하는 것이 당연하다"고 생각한다는 점을 상기시켰다.[34] 위원회는 AFDC 수급 가족 수의 증가로 프로그램 실행 방식의 근본적인 변화가 요구된다고 다음과 같이 보고했다. 30년 이상 미국의 복지는 납세자의 부담을 급속하게 증가시키는 동시에 AFDC 수급 가족의 자립과 자활을 이루는 데 실패했다.[35] 과감한 행동만이 AFDC 수급 가족의 수를 줄임으로써 "높아져만 가는 연방정부의 재정 지출 추세를 돌려놓고", "더 많은 수급 가족이 다시 고용되고 자립"하게 할 수 있었다.[36]

밀스 법안은 복지 수급 가족을 "경제생활의 주류"로 옮겨 놓고 "합리적인 범위 내의 프로그램에 … 연방 재정 지원"을 유지할 것을 약속했다.[37] 밀스는 그의 하원 동료들에게 "납세자들은 우리가 AFDC 수급자들을 엄격하게 다루길 원한다"고 말했다.[38] 밀스의 공화당 측

상대인 존 번스 위스콘신주 하원 의원은 이에 동조하면서 "현재의 정책을 지속하는 것은 복지에 의존하는 가족들을 계속 처참한 상황에 처하도록" 하고, "납세자의 부담 증가"를 수반할 뿐이라고 덧붙였다.[39] 상원에서는 루이지애나주 출신의 재무위원장 러셀 롱Russell Long 의원이 "미래를 위해 국민들이 자격을 갖추는 데" 도움이 되도록 "투자" 해야 "그들이 세금 소비자가 아니라 납세자가 될 것"이라며 하원 세입위원회 법안을 옹호했다.[40] 이전의 주와 지역 복지 위기를 둘러싼 담론과 상당히 유사하게, 정책 결정자들은 납세자들의 편에 서서 위원회 법안의 정책적 본질을 옹호하면서, 조세 부담 증가의 원인이 늘어난 복지 수급자와 소수 빈곤층에 대한 사회지출 증대에 있다고 강력하게 주장했다.[41]

세입위원회는 AFDC 프로그램이 "커질 것으로 예상되는 … 근본 원인" 두 가지를 밝혔는데, AFDC 수급자들을 일하게 하는 데 실패했다는 것과 복지 수급자들 중 "가족 해체와 혼외 자녀" 비율이었다. 복지 문제에 대한 보수주의자들의 진단은 복지 프로그램의 자유주의 옹호자들이 1950년대와 1960년대 초 내린 결론을 반복하고 있었지만, 밀스와 그의 동료 의원들은 대부분의 복지 전문가들과 전문 사회사업가들이 인정한 재활적 접근을 거부했다. 무노동 문제를 해결하기 위해 세입위원회는 AFDC 수급자들의 복지급여에 약간의 소득을 부가할 수 있도록 하는 새로운 규칙을 포함해, 강제적 노동 요구 체계를 통한 노동 유인책을 추가했다. 밀스는 복지가 '삶의 방식'이 된다면 공적 이익을 꾀할 수 없다는 점을 동료 의원들에게 상기시키고,

AFDC 수급자들이 "공공기금을 받으려면 … 그들의 직업 습득 능력을 검증하는 데 … 순응"해야 한다고 주장했다.[42] 위원회는 "눈에 보이는 모든 실업 상태의 아버지들"뿐만 아니라, "수많은 어머니들"도 "취업을 위해 훈련받고 직업을 가질" 수 있다고 강조했다.[43] 재정위원회는 근로유인wi 혹은 근로장려win 프로그램을 신설하면서 훨씬 무거운 근로 요구를 강조했다. 이 제도는 복지 수급자들이 정부로부터 복지급여를 더 이상 받을 수 없으며, "고용주가 복지 서비스 비용을 지불"하도록 설계되었다.[44]

1967년 근로제공법은 복지 수급자는 일을 선택할 수 없다는, 사실상 잘못된 일반적인 관념을 반영하고 있었다.[45] 이러한 담론은 복지 수급자들의 가내 노동을 인정하지 않을 뿐만 아니라, 이미 임금노동과 복지가 연계된 수많은 여성들을 무시하는 것이었다.[46] 기능 장애를 가진 게으른 '종빈마'의 비자립성에 대한 의원들의 강조는 분명히 뿌리 깊은 인종적 적대감을 드러낸 것이었고, 흑인 여성의 성 정체성에 대해 오랜 기간 형성된 악랄한 신화를 반영하는 것이었다.[47] 복지와 복지 수급자들에 대한 이러한 공격은 빈곤 가정의 정부 보호 요청을 약화하고, 정부의 합법적인 납세 시민의 이익 보호를 재확인했다.

세입위원회는 근로 요구를 강화했을 뿐만 아니라, 복지법안을 통해 가족 해체와 혼외 자녀 문제의 해결을 약속했다. 1960년대 말에 이르러 정책 결정자들과 대중들은 한부모 여성, 특히 흑인 지역 내 한부모 여성들을 복지 의존의 근본적인 발생 원인으로 간주했다. 자유주의자들은 부모가 있는 가족에 대한 부조를 거부해, 배우자 간 유기와 한부모 여성에 맞춰진 "높은 자격 기준을 갖는premium" AFDC로 주의를 끌게 함으로써 이 법안과의 협력 관계를 형성하는 데 일조했다. 예컨대 1966년 남부 기독교 지도자 회의는 "아버지가 있는 가족일 경우, 수급을 어렵게 함으로써 가족의 삶을 파탄 나게 한다"는 이유로 AFDC를 비난했다.[48] 자유주의 복지 전문가들은 복지 수급 명단에 있는 혼외 자녀의 존재를 부모가 다 있는 가족에 대한 기존 소득보장 프로그램을 확대해야 하는 이유로 보았지만, 복지지출에 반대하는 더 많은 보수주의자들은 이 담론을 복지 수급자를 도덕적으로 비난하고 복지 지출 축소를 정당화하는 데 쉽게 활용했다. 혼외 자녀를 개인이나 가족은 물론 전체 사회를 위협하며 "다음 세대로 옮겨지는 … 사회적 질병"으로 바라본 보수주의 입법가들은 자신들이 복지 수급자들에 의해 복지법과 공적 규범이 "거의 매일 … 파렴치하고 부당하게 남용"당하는 데 맞서 납세자들을 보호하려는 의무를 수행해왔다고 믿었다.[49]

하원의 법안은, 혼외 자녀의 출산이 복지 의존성을 만든다고 전제하고, "이 복지 프로그램AFDC의 꾸준한 확대가 … 흑인 가정을 지속적으로 해체하는 하나의 수단"으로서 인식되었던 공적 담론의 논리적 정점을 장식했다. 그리고 두 가지 방법으로 해체된 가정 문제를 해결할 것을 제시했다.[50] 첫째, 세입위원회는 1967년 수준에서 혼외 자녀에 대한 AFDC 기금을 동결할 것을 제안했다.[51] 복지급여 동결안은 높은 급여를 제공하는 주를 규제하고 연방 복지지출을 축소하도록 명확하게 설계함으로써, 몇몇 주와 지방 당국이 "복지 수급 명단을 정리하거나" 주와 지방 당국의 재정을 사용하여 "지불"하도록 요구했다. 로버트 케네디 Robert Kennedy 뉴욕주 상원 의원의 보좌관 중 한 명은 "만약 후자를 택한다면, 지방세에 어마어마한 부담이 가중될 것이고, 부동산 보유세가 전국적으로 엄청나게 상승할 것"이라고 경고했다.[52] 뉴욕 시장인 존 린지 John Lindsay 는 이 법안을 '최악'이라고 성토하고 1년 6개월 안에 뉴욕주 납세자들이 5천만 달러에서 7천만 달러까지 부담하게 될 것이라고 추정했다. 많은 주와 지방 정치인들과 마찬가지로 린지는 이 법안이 이미 존재하는 빈곤층과 그 외의 사람들 간 긴장 관계를 악화할 수 있다는 점을 우려했다. 진보적인 공화당 의원은 "선택은 이미 조세 부담이 큰 지방 납세자들에게 더 많은 재정 부담을 지울 것인가, 아니면 가장 가난한 시민들에 대한 약속을 저버릴 것인가에 있다"고 경고했다.[53]

세금 수혜자의 의무를 강화함으로써 납세자들의 이익을 보호한다는 생각과 유사한 성격의, AFDC 수급 아동을 위한 지원금을 마련하려는 의회의 노력이 활성화되었다. 하원의 법안에 대한 상원 재정위원회의 최종 심의 기간에 롱 위원장은 주정부가 "친부가 혼외 자녀 부조를 받을 수 있도록" 하는 프로그램과 "부모로부터 버림받은 자녀들뿐만 아니라 이들 혼외 자녀들의 지원 보장"에 관한 절차를 규정하는 프로그램을 수립해야 한다는 요건을 삽입했다.[54] 이후 몇 년 동안 의회의 복지 개혁가들은 아동 지원의 강화와 AFDC의 자격에 대해 "의회의 의도를 명확히" 하려는 시도를 수차례 진행했다.[55] 그렇게 함으로써 그들은 전통적인 가족 책임의 개념뿐만 아니라 납세자 권리의 이념에 근거한 공격적인 아동 지원 체제를 강력하게 옹호하고 있음을 분명히 했다. 예컨대 1971년 롱 위원장은 "자녀를 양육하면서 자신의 책임을 충실하게 이행하며 살고 있는 미국의 납세자들에게 복지에 탐닉하는 게으름뱅이의 자식까지 지원"하도록 요구하는 것은 "잔인하게 불공정한" 것이라고 불만을 표시했다.[56] 뉴멕시코주 공화당 상원 의원인 피트 도메니치Pete Domenici는 이에 동의하면서, 그의 동료들에게 만약 "의무를 포기한 부모에게서 지원금을 더 많이 박탈하면 보호가 필요한 아동 지원 프로그램에 드는 납세자의 돈은 더 줄어들 것"이라고 약속했다.[57]

지배적인 복지 개혁 담론에 따르면, 정부 보조금에 대한 AFDC 수급자들의 병리학적 의존성은 개별 납세자들의 소득과 전체 국가의 사회적·경제적 복지 모두를 위태롭게 했다. AFDC 수급자들을 유급 노동력으로 전환하고 가족 해체와 혼외 자녀 출생을 줄이면 복지 비용 통제와 '공공이익'에 기여할 것이었다.[58] 더욱이 복지에 대한 보수주의자들의 공격은 1950년대와 1960년대 초 복지 프로그램을 옹호했던 자유주의자들이 일반화한 비판과 유사한 것이었기 때문에 존슨 행정부와 복지 전문가 집단도 이러한 예상치 못한 거센 공격에 제대로 대처하지 못했다.[59] 대통령의 주요한 우선적 입법－소득세 부가－이 밀스의 지지 여부에 달려 있었던 것도 중요한 문제였다. 백악관은 하원을 통과한 복지 개혁 법안을 저지하기는커녕 "단지 반대 3표로 법안을 통과시키는 데 성공"한 위원장에게 공개적으로 찬사를 보냈다.[60] 마찬가지로 재정위원회의 증언에서 행정부 관료들은 법안에 대한 직

접적 공격을 자제했고, 의장의 '종합적인 접근법'에 대한 지지를 일관되게 표명했다.[61]

밀스 법안으로 형성된 위기에 대한 행정부의 미적지근한 대응은 복지를 현상 유지하려는 데 맞서는 더욱 급진적인 저항의 공간을 열어놓았다. 1967년 9월 19일, 2년 전 AFDC 수급자들이 창립한 민중 조직인 전국복지권기구National Welfare Rights Organization; NWRO의 대표자들은 재정위원회 청문회실에서 세 시간 동안 농성을 벌였다.[62] 증언이 적절하게 주목받고 존중받지 못했다고 생각한 전국복지권기구 증인들이 청문회장에서의 퇴장을 거부하자 의회 경호원들이 강제력을 사용하여 그들을 내쫓고, 상원 건물의 출입을 제한했다.[63] 롱 위원장은 대수롭지 않게 여겼으며, 이튿날 "그들이 거리와 의회 위원회에서 피켓 시위를 할 시간이 있으면 일을 더 하는 게 나을 것"이라고 불만을 표시했다.[64] 대부분의 논평자들은 시위가 복지 수급을 받는 어머니들의 대의명분을 훼손할 것이라는 데 동의했다. 뉴욕시 복지 담당관인 조지 와이먼George Wyman은 시위대들이 "같은 처지에 있는 사람들에게 해"가 되는 행동을 했다고 비판했고, 그와 같은 저항은 "위원회의 태도에 악영향"을 줄 수 있다고 우려했다. 복지급여에 대한 밀스 법안에 반대했던 캘리포니아주 민주당 하원 의원 필립 버튼Philip Burton도 롱 위원장이 "가난한 사람들이 몇 가지 경제적 보장책을 받도록" 도와주었던 이력을 거론하며 그를 옹호하고 나섰다.[65]

자유를 위한 예산과 국내 마셜 플랜의 설립자들과 마찬가지로 복지권 주창자들은 자유주의적 사회 협약의 많은 기본 원칙에 도전했다. NWRO 회원들은 납세자와 세금 소비자로 인위적이고 제멋대로 분리하는 이러한 원칙을 거부했고, 그들 자신이 바로 생산적 노동을 하는 어머니라고 말했다. 재정위원회 청문회에서 NWRO 증인들은 진보의 시기the Progressive-era* '모성주의' 전통에서 많은 부분을 차용했는데, 이는 '어머니 시민mother-citizens'과 '시민의 어머니'라는 그들의 역할에서 나오는 공공부조의 요구를 토대로 하고 있었다. 예를 들어, NWRO 의장인 조지 와일리George Wiley는 "자녀를 불충분한 복지급여에 저당잡힌 채 복지 수급 어머니들은 이미 온종일 일을 하고 있다"고 지적했다.[66] 충분한 공공부조를 통해 복지 수급자 자녀들은 "이 나라를 위해 복무하도록 안성맞춤"으로 양육될 것이라고 NWRO 회원인 에타 혼Etta Horn은 주장했다. 이 기구의 또 다른 여성 대변인인 매리언 키드Marion Kidd 역시 빈곤 아동들이 징병 대상이 된다는 점을 위원회에 상기시켰다. 그녀는 "빈곤 아동들은 복지 수급 여부와 무관하게 군대에 끌려간다"고 주장했다.[67]

재정위원회에서 농성을 벌였던 여성들은 복지 수급을 받는 어머니들이 원하는 것은 단지 그들의 "자녀가 이 나라의 다른 평등한 시민들과 같은 권리를 가지는 것"이라고 말했다.[68] 몇몇 복지권 활동가들은 어머니가 일종의 "전일제로 일하는 직업"이고, 모든 다른 어머니들과 마찬가지로 복지 수급을 받는 어머니들도 "자녀들이 최고의 능

력을 가지도록 양육할 권리가 있다"고 주장했다.[69] 몇 년 후, 캔자스 복지권기구의 부의장인 릴리언 베인스Lilian Baines는 농업과 마찬가지로 어머니에게도 보조금이 주어져야 한다고 사설에서 밝혔다. 아이들은 국가가 만들어낸 "가장 중요한 생산물"이고, 어머니에게는 농부와 마찬가지로 "훌륭한 아이들을 기르기 위해 재정적 지원이 있어야 한다"는 것이었다.[70] 이렇게 만들어진 복지권에 대한 옹호가 새로운 접근법은 아니었다. NWRO 어머니들은 20세기 전반기에 사회복지체계의 발전을 이끌었던 '가족임금'이라는 개념을 활용하고 있었다.[71] 하지만 1960년대 말에 이르자 여성 노동력 참여 증대와 여성주의 운동의 출현으로 가족임금 체제 자체가 크게 약화되었다. 이러한 정치적·경제적 맥락 속에서 NWRO의 성인지적gender-conscious 모성주의는 정치적 논쟁과 정책 형성 모두와 무관한 것처럼 보였다. 모성주의에 냉담한 정책 결정자들은 복지 수급을 받는 어머니들의 주장에 대해 표면적으로는 성 중립적 납세자 권리의 방어로 가볍게 대응했다.[72] 한 예로, 롱 위원장은 1967년 법안에 의해 신설된 어린 자녀를 둔 어머니들의 강제 근로 연계 프로그램 참여 의무를 지지하면서, 일하는 어머니들에게 "공공부조 비용을 위해 지불되는 … 세금을 납부하라"고 요구하는 것은 불공정하다고 생각했다. 그는 "일하는 미국의 1천만 명의 어머니들이 지불한 세금을 일하기를 거부하는 소수의 어머니를 지원하는 데 사용할 이유가 없다"고 결론 내렸다.[73] 이러한 주장은 특히 생계를 위해 더 많은 여성들에게 임금노동을 요구하는 불안정한 미국 경제의 구조 변동으로 어려움에 처한 노동계급과 저소득 남성 및 여성 중간계급에 호소력이 있었다. 펠리시아 콘블루Felicia Kornbluh가 지적했듯이, 보수가 많은 생산직의 수와 안정성이 "점진적이지만 급격하게 줄어든다는 것"은 많은 기혼 여성들이 "그들이 원한다 하더라도 자녀를 양육하기 위해 임금노동에서 벗어날 수 있는" 특권을 더 이상 누릴 수 없다는 것을 의미했다.[74] 더 많은 백인 기혼 여성들이 직장을 가지게 되면서 '유급 양육paid motherhood'에 대한 NWRO의 요구는 그 정치적 동력을 크게 상실했다.[75]

1967년 복지 개혁 법안은 존슨 행정부를 해결 불가능한 정치적 입장에 처하게 했고, 존슨 행정부의 국내외 위상에 위협 요소가 되었다. 1967년 가을 내내 존슨 행정부의 관료들은 하원 통과 법안의 가장 공격적인 요소들을 삭제하기 위해 롱 위원장 및 상원 재정위원회 의원들과 긴밀하게 협력했다. "필요하다면 법안 폐지를 위해 심의 지연"filibuster을 결정하고, 급여 동결 및 어린 자녀들을 두고 일하는 어머니들이나 AFDC 혜택을 상실할 위험에 처한 어머니들의 부정적 효과를 진지하게 고려해야 한다는 민주당 좌파 상원 의원의 압박에 직면한 행정부는 재정위원회가 덜 징벌적인 법안을 제출해주리라고 기대했다. 롱과 밀스의 지휘하에 양원 협의회가 보조금 동결과 근로 요구를 포함하는 형식의 법안을 보고했을 때, 행정부 안에서는 대통령에게 자유주의자들의 지지를 견고히 하기 위해 법안에 거부권을 행사할 것을 주장했다.[76] 보건교육복지부 장관인 존 가드너John Gardner는 대통령의 국내 정치적 입지가 양원 협의회 보고서에 반대하는 데 달려 있다고 결론지었다.[77] 백악관은 그러한 권고가 정치적으로 현명한 것인지, 그리고 실질적 가치를 지니는지 의문을 가졌다. 존슨의 국내 정치 선임고문인 조셉 칼리파노Joseph Califano는 양원 협의회 보고서에 대한 대중의 반대가 '자유주의자들과 노동자들'을 만족시키지 못하고 단지 '밀스의 제안에 찬성하는 사람들'만 격분하게 할 것임을 주지시켰다.[78] 메인주 상원 의원인 에드 머스키Ed Muskie와 몬태나주 출신 상원 원내대표인 마이크 맨스필드Mike Mansfield는 위협적인 심의 지연으로 민주당이 피해를 입고, 대통령과 내년 선거에 출마하는 민주당 의원들에게 타격이 가해질 것이라고 경고했다.[79] 행정부는 막다른 골목으로 몰렸고, "얻을 수 있는 걸 택하는 편이 더 낫겠다"는 확신으로 존슨은 1967년 12월 3일 복지 개혁 법안에 서명했다.[80]

총이냐, 버터냐

1967년 복지개혁법의 복지 제공에 관한 논쟁은 세입 지출 쟁점에 대한 의회 내 보수주의자들과 존슨 행정부 간 최후 일전을 위한 일종의 연습 무대를 제공했다. 1968년 재정 및 지출 규제법은 물가 인상 압력을 줄이고 베트남전 자금 지급을 위한 임시 증세를 실행하기 위해 존슨 대통령이 의회를 설득하고자 싸웠던 18개월에 종지부를 찍었다. 1968년, 법으로 국가의 조세와 지출의 우선성에 대한 조정을 놓고 벌인 전투에서 밀스 위원장이 주도한 의회 내 보수파와 존슨 행정부 간 대항전이 벌어지게 되었다. 마침내 존슨이 1968년 6월 그의 증세 입장을 관철시켰지만, 존슨이 총과 버터(국방비와 사회복지비) 중 하나를 선택해야 한다고 주장하는 의회 내 예산 삭감론자들 때문에 빈곤과의 전쟁을 희생시키는 대가를 치렀다. 세입법안을 둘러싼 싸움은 민주당의 진보파를 존슨의 백악관과 더욱 소원하게 했고, 이미 베트남전과 민권운동에 대해 당내에 존재했던 분열을 악화했으며, 1968년 대선에서 리처드 닉슨Richard Nixon의 승리를 위한 무대를 마련해주는 데 일조했다.

존슨 행정부는 로버트 맥나마라Robert McNamara 국무부 장관이 심각한 경기 과열에 위협 요인이 되는 베트남전에 두 배 규모의 군대 증파를 요청했던 1965년 초부터 증세를 고려하기 시작했다. 존슨 행정부가 물가 인상 위협을 공개적으로는 일축하고 의회와 국민들에게 전쟁 비용을 감추고자 했지만, 그해 말 백악관의 많은 이들은 증세를 하려면 적자를 조정하고 최악의 물가 상승을 막을 필요가 있다고 생각했다.[81] 1964년 재정법으로 지나치게 경기가 부양되었다. 월터 헬러가 지적했듯이, '감세 논리'는 일종의 '양방향 도로'와 같았다. 즉 1964년 감세를 정당화했던 동일한 경제 이론으로 1966년이나 1967년의 증세 요인을 설명할 수 있었다.[82] 베트남전 비용 증가는 존슨이 국내 문제(복지)와 군사 문제의 우선성 모두를 보장하는 데 기반이 되었던 건전한 경제 성장에 위협이 되었다. 1964년에서 1967년 사이, 국방비와 그 밖의 해외 프로그램 지출이 55억 8천만 달러에서 74억 6천만 달러로 증가했다.[83] 1965년 말 백악관 경제자문위원회가 대통령에게 권고했던 예측 비용을 넘어선 국방비로, "감당할 수 없을 정도의 물가 인상 압력을 억제하기 위해서 … 아마도 대통령에게 상당한 증세" 제안과 법안 통과가 요구되었을 것이다.[84] 증세로 인한 잠재적인 최악의 정치적 결과를 자각했고, 의회가 자신에게 빈곤과의 전쟁과 베트남전 중 하나를 선택하라고 요구할 것으로 확신했던 존슨은 자문위원들에게 조심스럽게 행동하고 "신중에 신중을 더한 원칙"을 토대로 증세 제안을 준비할 것을 지시했다.[85] 존슨 대통령이 1966년 일반교서에서 증세 요청을 모호하게 포함하기는 했지만, 미국은 베트남전과 위대한 사회 모두에 충분한 여력이 있을 만큼 '강력'하고 '건실'하다는 주장을 이어 나가며 전면적인 증세를 강조하지는 않았다.[86]

대통령이 전면적인 증세 제안을 꺼린 것은 경제 이론보다 정치와 더 관련이 있었다. 증세는 어느 누구에게도 호소력이 없었다. 민주당의 반전론자들은 어떤 증세도 "또 다른 무분별한 확전" 비용을 마련하는 방안으로 이해했다.[87] 조직노동 역시 물가 상승보다는 실업에 대한 우려를 더 많이 했기 때문에 증세의 경제적·정치적 타당성에 상당한 의문을 표시했다.[88] 존슨 대통령은 우파로부터 훨씬 심각한 위협에 직면했다. 존슨은 의회 내 보수주의자들이 증세를 대가로 국내 지출 삭감을 요구하리라는 걸 알고 있었다. 빈곤과의 전쟁 반대자들은 행정부의 과거 1966년 소비세 법안에 대한 논란을 이용하여, "국내에서 '세계를 지키려는 프로그램'을 여전히 수행하려고 노력하는 동안 … 베트남전 재정 문제 대처에 실패"했다는 전문message을 백악관에 보냈다.[89] 공화당은 대통령의 취약점을 인식하고, 그의 국내 정책 프로그램에 대한 반대 열기를 고조시켰다. 공화당은 빈곤과의 전쟁을 가난한 사람들을 "달러 지폐의 녹색 줄"에 묶어서 "경제적·사회적 사다리"로 끌어올리려는 헛되고 사치스러운 노력이라고 오랫동안 비판해왔다.[90] 존슨 행정부는 1964년과 1965년 상당 기간 경제가 개선되고 GNP가 꾸준히 상승하면서 이러한 공격을 모면했지만, 1965년과 1966년에 물가가 서서히 상승하자 다시 공격이 가해졌고, 공화당은 재빠르게 민주당의 물가 상승에 대한 지출 정책을 비난했다. 미시간주 출신 하원 공화당 원내대표인 제럴드 포드Gerald Ford와 일리노이주 출신 상원 공화당 원내대표인 에버렛 덕슨은 "위대한 사회"가 "높은 세금, 높은 물가, 최대 지출, 최고 적자"의 "높은 사회High society"가 되었다고 목소리를 높였다.[91] 공화당 전국위원회Republican National Committee; RNC는 "위대한 사회의 위조화폐funny money"가 평범한 비빈곤층 미국인들의 구매력을 낮춰, "그 어느 때보다 자신과 그 가족들을 위한 구매가 줄어들었다"고 비난했다.[92]

1966년 3~4분기 동안 일시적 경제 환경 개선으로 존슨 대통령은 잠정적인 '증세 보류'를 단행했다.[93] 하지만 백안관은 의회에 대한 증세 요구를 늦출 수 있었을 뿐, 피할 수는 없었다. 물가 인상이 이미 정치적 부담으로 작용했다. 백악관에 우호적이었던 45명의 하원 의원들이 낙선한 1966년 의회 중간선거를 앞두고 대중의 관심은 인플레이션과 베트남전에 쏠려 있었다.[94] 1967년 초, 내각은 대통령에게 베트남전 군사 작전을 위한 특별 비용으로 임시 소득세 6% 증세 제안을 권고했다.[95] 연방준비기금의 윌리엄 맥체스니 마틴William McChesney Martine 의장은 대통령에게 "미국의 재정적 책임을 보여줄 필요성에 대해 의회와 국민들이 이해하고 있고, 베트남전의 부담을 공유하기 위한 시민들의 의지"가 있기 때문에 증세에 관한 법률이 신속하게 제정될 것이라고 낙관적으로 말했다.[96] 몇 주 후, 존슨 대통령은 연방교서를 통해 인플레이션을 통제하고 베트남에서 미국의 군사 작전과 관련한 예외적 비용을 충당하기 위해 법인세와 개인소득세를 임시로 6% 인상해줄 것을 의회에 요청했다.[97] 그로부터 9개월 후, 행정부는 더 높은 인상률(10%)을 공식적으로 제시하며, "감당하기 힘든 적자 … 이자율 상승과 인플레이션 압력"으로 경제적 재앙을 막는 데 이러한 세금 인상의 필요성이 요구된다고 주장했다.[98] 존슨은 이 법안이 실행되지 않으면 "미국 국민들에게 잔인하고 예측할 수 없을 정도로 과세가 이루어지는 더 높은 인플레이션, 통화긴축, 그리고 적자"를 초래할 것이라고 경고했다.[99]

행정부는 이를 전쟁세로 옹호하기보다는 소비자의 수요가 공급을 초과하여 생긴 인플레이션 압력을 막기 위해 필요한 증세 요청으로 정당화했다. 존슨의 경제 자문위원들은 "소비자, 기업인, 정부가 다함께 우리 경제의 생산 능력을 넘어서는 소비 활동"을 하려 했기 때문에 경제가 너무 빠르게 성장하고 있다고 오랫동안 우려해왔다. 증세가 민간의 구매력을 줄임으로써 수요 과잉 인플레이션을 동반하기 쉬운 "물가, 임금, 비용"의 "고통스럽고 장기적인 상승"을 막아줄 것이었다.[100] 위스콘신 대학교에 재직하면서 일종의 비공식 대통령 경제자문을 맡았던 헬러는 6~10%의 증세가 새로운 단계의 인플레이션 진입을 모면하는 데 도움을 줄 것이라고 주장하면서, "전년도의 고통스러울 만큼 높은 이자율"의 경감, 적자 감소, 그리고 "전체 가계에 전쟁의 부담을 더 공평하게 분산하는 것"에 동의했다.[101] 재무부 장관 헨리 파울러는 과세 제한은 "취약 계층에 … 극도로 불공정한 희생"을 강요하는 심각한 인플레이션 – 과세의 가장 잔혹한 형태인 – 을 예방함으로써 궁극적으로 노동계급과 중간계급을 민주당 지지 동맹의 중추로 만드는 데 도움을 줄 것이라고 충고했다.[102] 1967년 내내, 행정부는 이러지도 저러지도 못하는 사이 점점 더 심각한 상황에 직면하리라고 예측했다. 이전 존슨 행정부의 경제 자문위원들 간 이견은 백악관이 '즉각적인 관심'을 요구하는 '당장의 조치'인 증세로 의견을 모으자 거의 사라졌다.[103] 1968년 초 백악관 경제자문위원회는 증세를 하지 않으면 경제가 "손댈 수 없는 물가 상승의 가속화와 재정 위기의 가능성, 그리고 아마도 궁극적으로는 경기 침체로 귀결될 수 있는 강력한 경기 팽창에 빠져들 것"이라고 경고했다.[104]

밀스 위원장이 이끄는 의회는 인플레이션의 '냉엄한 현실'에도 불구하고 증세 제안을 거부했다. 밀스는 이전에 행정부의 경기 예측에 대해 회의적인 의견을 표명한 바 있었는데, 1966년 여름 헬러에게 행정부가 예산과 관련해 자신과 솔직하게 대화하지 않으려 했다고 불평했고, 백악관이 "과세를 실행하는 전제조건으로서 지출 삭감 – 행정부가 증세를 해야만 한다면 재원 마련을 위해서 – "을 해야 한다고 경고하기도 했다.[105] 10개월이 지난 후에도 밀스는 자신의 생각을 바꾸지 않았다. 즉 미국인에게 더 많은 세금을 요구하는 어떤 제안도 정부 지출의 상당한 삭감과 병행해야 한다는 것이었다.[106] 밀스의 연방정부 지출에 대한 적대감은 잘 알려져 있었다. 1964년 재정법 논쟁 시기,

그는 경제 성장을 위해 정부 지출보다는 감세를 절대적으로 선호한다는 점을 분명히 했다. 밀스는 존슨 행정부가 그릇된 방식을 선택했고, 1964년 감세에 대한 대응으로 연방정부의 지출을 억제하겠다는 약속을 저버렸다고 믿었다. '책임 있는' 의원들의 분명한 행동이 없으면 행정부는 지출을 계속하리라는 것이었다. "우리가 그(대통령)에게 지출할 수 있는 100억 달러를 더 준다면 그는 우리가 그의 손을 묶지 않는 한 그것을 쓰고 말 것이다."[107]

밀스는 또한 대통령이 1966년 선거에서 '반反 린든 존슨' 흐름 때문에 점점 보수화된 의회의 지원에 기댈 수밖에 없다는 점도 알고 있었다. 중간선거 이후, 온건한 민주당 의원들조차도 곤경에 처한 대통령과 너무 긴밀히 협력하는 것을 꺼리게 되었다.[108] 우호적인 의회의 지지와 자유주의적 사회 정책에 대한 대중적 불만이 고조되자 밀스는 고집을 꺾지 않았다. 10월, 세입위원회는 공식적으로 "대통령과 의회가 더 효과적인 지출 축소와 통제 수단에 합의할 때까지 … 증세에 대한 심의 진행"을 보류한다고 밝혔다.[109] 1967년 가을 밀스는 "우리 중 많은 이들이 걱정하는 것은 현재의 증세로 향후 지출 프로그램에 더 많은 예산이 필요하다는 것이다. … 우리는 실제 지출 통제와 병행되지 않는 증세가 자유기업의 길에서 우리를 이탈시킬 수 있다는 것이 두렵다"라고 말했다.[110] 온건한 경제학계와 여론도 주의를 요구하고 나섰는데, 밀스는 "이러한 요구들은 무책임하고 보수적이거나 악의적인 것도, 특정 정파의 이익을 위한 것도 아니다"라고 주장했다. 오히려 그것은 "최근 연방 지출의 급격한 증가와 연방정부 활동의 확산으로 …

다수의 의원들이 느끼는 우려의 표현"이라고 말했다.[111]

1967년을 거쳐 1968년에 접어들면서 밀스는 인플레이션의 원인이 공급에 대한 수요 과잉이라는 정부의 설명에 반대 의견을 피력하며, 단체 협상과 정부 지출 때문에 임금과 물가가 올랐다고 비난했다. 이것이 상품에 대한 수요에 관계없이 최종 가격finished price을 상승시켰다는 것이다.[112] 이에 찬사를 보낸 『포춘Fortune』 기사에 따르면, 밀스는 "수요 과잉 때문에 새로운 세금이 필요하다"는 행정부의 주장을 일축하기 위해 "경제가 어떻게 작동하는지에 대한 미세하고 구체적인 지식"을 활용했다.[113] 밀스의 반대 의견은 세입위원회와 합동경제위원회 양측 위원들이 내린 결론, 즉 수요가 "현재 과잉이 아니고" 경제가 "실제로 활황boom이 아니기" 때문에 증세는 인플레이션 억제와 무관하고, 단지 "상품의 비용과 가격"에 부가될 뿐이라는 결론과 맥을 같이했다.[114] 매달 경제가 급격한 변동을 보일 것이라는 존슨 행정부의 예측을 경계하면서, 밀스는 지출 통제가 국가의 재정 건전성과 미래 경제에 가장 중요하다고 말했다.[115] 밀스는 1967년 5월 뉴욕에 있는 로체스터 증권신탁Security and Trust Company of Rochester에서 지출을 통제하지 못하면 "조세 정책에서 필요한 조정을 방해할 정도로 조세 정책에 구속력"이 가해짐으로써 "건전한 조세 정책을 발전"시킬 의회의 능력이 제한될 것이라고 말했는데, "주기적이고 장기적인 감세 프로그램"만이 안정적인 경제 성장을 만들어낼 수 있다는 것이었다. 밀스는 "공공부채의 지속적 증가, 국제수지의 균형과 해외 소유자에 의한 달러 신용의 손실 가능성 없이 우리 경제가 미래에 재정 지원을 할 수 있는 연방정부 프로그램의 규모와 수에는 한계가 있다"고 생각했다.[116] 그는 납세자들이 "정부 지출 증가 도로"를 가려면 요금을 두 번 내야 한다고 주장했다. 첫째는 증세로 부과되는 '직접세'이고, 둘째는 인플레이션과 경제 불안정으로 인한 '간접세'다. 밀스와 그의 지지자들은 복지와 빈곤과의 전쟁을 위한 공공지출이 경제 안정과 상향 이동성을 보장하는 전후 사회 협약을 위태롭게 했다고 주장했다.

1968년 초, 베트남전과 세계 시장의 침체, 급격한 물가 상승으로 의회는 조세 문제에 대처해야 했다.[117] 1월 말, 존슨 대통령은 "물가 상승을 점진적으로 낮추고, 국제수지 적자를 줄이고, 원활한 신용 흐름을 유지하며, 감수할 필요가 없는 위험으로부터 우리를 보호하기 위해" 세금 인상을 실행해야 한다고 의회에 간곡하게 요청했다.[118] 국제 금시장의 심각한 위기는 하원 의원들이 "정부가 예상 적자 200억 달러를 감당하려면 … 달러가 위험에 처할 것"이라고 인식했던 바대로, 신속한 재정 억제의 필요성을 높였다.[119] 3월, 세계 경제의 붕괴가 임박했음을 경고하면서, 상원에서 최종 의결이 이루어졌다. 델라웨어주 공화당 상원 의원인 존 윌리엄스John Williams와 플로리다주 민주당 상원 의원인 조지 스매더스George Smathers는 세입위원회와 재정위원회를 모두 건너뛰고 의회 절차를 무시하면서, 이미 하원을 통과한 소비세 법안에 10%의 추가 세율 인상과 60억 달러의 지출 삭감에 협력했다.[120]

4월과 5월, 행정부 대표자들은 윌리엄스와 스매더스가 제안하고 밀스가 요구한 60억 달러보다 지출 삭감 규모를 낮추기 위해 하원 세입위원회 및 상원 세출위원회와 격렬한 협상을 벌였다. 양측 위원회가 결국 백악관이 제시한 40억 달러 지출 삭감에 동의했지만, 밀스 위원장은 이 합의 승인을 거절했고, 국내 지출 삭감액 60억 달러를 고수했다. 다시 한 번 위원장은 행정부를 궁지에 몰아넣었다. 5월 10일, 밀스가 주도한 양원 협의회는 100억 달러 증세와 총 60억 달러의 지출 삭감을 제시한 법안을 제출했다.[121] 행정부는 양원 협의회의 보고서를 강력하게 반대한다는 막연한 생각을 가지고 있었지만, 결국 위원회에 40억 달러를 넘기지 않는 지출 삭감 법안을 제출해달라고 요구하기로 했다. 이러한 시도가 5월에 실패하자 행정부는 어쩔 수 없이 더 높은 삭감액을 받아들였다. 증세는 우선적인 과제였다. 즉 백악관 경제자문위원회 아서 오쿤에 따르면, 증세를 못 하면 "모든 행정부의 목표가 흔들리고, 완벽한 국제 정치 상황에 혼란"을 가져올 터였다.[122] 존슨 대통령은 의회의 방해를 비난하며 마지못해 5월 30일 재정 및 지출 규제법에 서명했다. 몇 주 후 하원은 찬성 268표, 반대 150표로 이 조치를 통과시켰고, 상원은 이튿날 다수의 찬성(64 대 16)으로 법안을 승인했다.

빈자를 위한 정책, 부자를 위한 정책

납세자의 이익을 보호하기 위해 1967년과 1968년에 걸쳐 AFDC와 빈곤 프로그램에 대한 지출을 제한한 의회 보수파의 결정은 사회보장제도의 규모와 범위를 확장한다는 그들의 의지에 명백히 반하는 것이었다. 존슨 대통령은 지출 삭감, 특히 복지와 다른 빈곤 프로그램에 대한 부당한 요구에 직면했지만, 역사적인 사회보장법 확대를 제안하는 데 성공했다. 1967년 1월, 존슨은 의회에 "빈곤선 아래에 있는 530만 명의 저소득 노령층"을 상기시키며 사회보장법의 퇴직수당을 "생애 대부분을 미국 사회의 진보를 창출"하는 데 바친 모든 노령 인구에게 적용하도록 확대하자고 촉구했다.[123] 행정부의 제안은 사회보장수당에서 총 20%의 증액이 필요한 것이었는데, 대부분의 수급자들은 현재 수당에서 15%가 증액되는 반면, 극빈층 퇴직자들은 거의 60%로 증액된 수당을 받게 되어 있었다. 존슨은 백악관의 일괄법안 41억 달러의 추가 지급과 140만 명의 차상위 퇴직자 소득 상승으로 "모든 노인층이 적정한 수입을 가지고 의미 있게 은퇴한다는 우리의 목표를 향한 주요 단계"로 제정될 것이라고 약속했다.[124] 사회보장수당 개혁에 따른 재정 지원과 보험 수리적 건전성을 보호하기 위해서, 행정부의 제안은 사회보장신탁기금의 잉여금, 급여세율의 인상, 사회보장세가 적용되는 임금소득액의 변화에 기대를 걸고 있었다.[125]

  사회보장제도는 분명히 가장 인기 있고 효과적인 미국 복지국가의 일부였다. 1968년까지, 미국인 8명 중 거의 1명이 매년 우편으로 1,560만 건의 사회보장 수표 중 자신의 몫을 수령했다.[126] 1966년 대통령 산하 대책본부Task Force의 보고에 따르면, 연방정부의 퇴직자 프로그램은 65세 이상 미국인의 97%, 노령 인구 중 '빈곤 갭poor gap'*의 약 '3분의 2'를 포괄하고 있었다.[127] 경제학자 폴 새뮤얼슨Paul Samuelson

---

* 상대적 빈곤선(중위 소득 50% 혹은 40%)과 전체 빈곤층의 평균 소득 간 차이에 대한 상대적 격차로 불평등의 수준과 정도를 나타낸다.

에 따르면, 미국의 사회보장제도는 "장기적으로 보면, 현대 복지국가의 가장 성공적인 프로그램"이었다.[128] 1965년에는 존슨 행정부의 정치적 인기를 등에 업고, 기존 퇴직연금제도의 확장판으로 새로운 건강보험제도인 메디케어 수립까지 나아갔다.[129] 하지만 1960년대 중반까지 이 프로그램의 성장과 성공은 몇몇 정책 결정자들에게 우려를 자아내기도 했다. 1967년 12월 『포춘』이 보도했듯이, 사회보장제도에 대해 "한때 만연했던 공경에 가까운 어조"가 사라지기 시작했다.[130] 실제로 세입위원회는 대통령의 수당 증액 제안을 매우 회의적으로 보았다. 의원들은 현재 급여 증액―존슨의 연두교서에서 어떤 것보다 가장 길고 큰 박수를 받았던―의 인기를 인정하면서도 급여 지급 방식에 대해 우려하고 있었다. 그들은 급여 신설 및 더 높은 급여를 통한 공적을 쌓을 의지가 있었음에도 수많은 노동자와 중간계급의 실효세율을 높이는 데는 소극적이었다. 수년 동안 사회보장급여가 너무 낮다는 여론이 있은 이후, 『뉴욕 타임스』는 1967년 3월, 의원들이 "사회보장세가 부담이 된다는 불평에 가득 차 있다"고 보도했다.[131] 한 민주당 세입위원회 위원에 의하면, 사회보장세나 임금을 기준으로 인상된 급여세율과 소득액 인상 제안을 결합하면 "노령층과 정치놀이를 하는 정치인들에게 신물이 난" 노동자들 사이에 폭동을 일으킬 수도 있었다.[132]

급여세는 전후 내내 급격하게 올랐다. 1967년까지 급여세는 개인 소득의 약 4.7%―1948년에는 개인 소득의 1.1%―에 해당했다.[133] 『포춘』이 예측하기로, 급여세율의 급상승이 계속된다면 더 많은 미국인이 "사회보장세 – 와 사회보장제도 그 자체 – 가 수년 동안 공평하지 않게 성장해왔다"고 단정할 수도 있었다.[134] 이 제도의 가장 충실한 지지자들조차도 그 공정성에 의문을 제기하기 시작했다. 노조 지도자인 조지 미니와 월터 루서는 급여세가 '미국 노동자'에게 과도한 짐을 지우고 있다고 증언했다.[135] 루서는 사회보장제도에 일반예산 편성을 도입하자는 초기 운동을 재개하면서, 지속적으로 급여세에만 의존하면 가족을 부양하는 데 어려움을 겪고 있는 우리 젊은 노동자들에게 점점 더 많은 부담을 안겨줄 것이라고 주장했다.[136]

결과적으로 급여세 부담의 증대가 사회보장 체제의 축소로 이어지지는 않았다. 세입위원회와 재정위원회가 행정부가 제안한 급여 인상과 재정 구조 개혁안을 축소했지만, 최종 법안은 여전히 퇴직자들에게 프로그램 역사상 가장 높은 인상액을 제공했다. 1967년 사회보장 개정법은 앞서 언급한 복지 개혁을 포함하고 있을 뿐만 아니라 13% 인상된 사회보장급여를 제공했고, 한 달 최저 급여를 44달러에서 55달러로 인상함으로써 제도의 누진성을 향상시켰다. 의회조사국에 따르면, 약 2,300만 명이 이 개혁의 결과로 더 많은 급여를 받게 되었는데, 첫해에만 30억 달러가 투입되었다.[137] 신설 급여 지급을 위해 의회는 1968년 실효 과세임금 표준을 6,600달러에서 7,800달러까지 올렸고, 1969년에 세율 인상을 계획했다. 또한 사회보장제도는 1968년의 일반예산 삭감 열풍에서 벗어났다. 1968년 재정 및 지출 규제법은 명시적으로 베트남 관련 군수 비용, 퇴역군인수당, 공공부채에 대한 이자 등 어떠한 예산 삭감으로부터도 복지 프로그램은 예외로 했다. 이

들해 의회는 전체적으로 평균 15%의 사회보장급여 인상을 다시 의결했다. 3년 후인 1972년에 의회는 20%의 급여 인상을 승인했는데, 더욱 중요한 것은 물가 상승에 자동 조정되는 급여 체계를 결정한 것이었다.[138]

이러한 사회보장제도의 확대는 다른 사회적 우선 과제들을 희생한 대가로 이루어졌다. 1966년 11월, 백악관 내부의 실무 집단으로 노동부, 재무부, 경제자문위원회, 보건교육복지부에서 온 파견자들이 포함된 존슨 대통령 산하 소득보장대책본부(이하 대책본부)는 사회보장제도와 다른 국내 지출 프로그램 간 갈등의 도래를 경고하는 '기밀행정administratively confidential' 보고서를 발표했다. 대책본부는 "위험을 초래하는 특정 빈곤으로부터의 보호—예컨대 노령과 장애—"가 여타 부분에 대한 것으로부터의 보호보다 훨씬 완벽하게 이루어지고 있다고 보고 노인 프로그램에 대한 재정 지원에서 탈피할 것을 권고했다. 보건교육복지부 장관으로서 정부 내에서 '미스터 사회보장'으로 유명한 윌버 코헨을 제외하고, 대책본부는 "노령자유족장애보험OASDI(사회보장) 급여의 확대 비율을 현저히 삭감"하도록 강력하게 주문했다.[139] 대책본부는 유럽 복지국가와 비교할 때 취약한 미국 복지국가가 노인과 비빈곤층에 너무 경도되어 있다고 주장하면서 "기존 소득 이전 체계 내 기본적인 불균형"을 바로잡는 상당한 정책 개혁을 권고했다.[140] 자유를 위한 예산이나 국내 마셜 플랜의 주창자들처럼 대책본부는 다수의 백인 중간계급의 권리와 특권을 보장하고 보호하는 복지국가의 은폐된 역할을 가시적으로 만들어 납세자와 세금 소비자 간 허구적 구분을 없애고자 했다.[141] 이 임무에는 "자격 있는" 빈자와 "자격 없는" 빈자에 대한 매우 뿌리 깊은 대중의 태도를 바꾸기 위한 "대중의 재교육"이 요구될 것이라고 대책본부 위원들은 털어놓았다. 하지만 그렇게 하지 못했다는 것은 위대한 사회가 단지 하나의 '비전'으로 남을 것이라는 사실을 의미하는 것이었다.[142]

대책본부는 특히 미국 복지국가를 구성하는 사회보장세 이외의 다른 부분에 대한 급여세 인상 효과를 염려했다. 사회보장세가 "세금보다는 보험료로 오랫동안 간주되어 왔지만 … 세율이 높은 지금은 … 세금으로, 그것도 명백하게 인식되고 있다"는 것이었다.[143] 대책본부의 우려는 급여와 기여금 모두 더 오를수록 다른 우선적 사회복지 과제를 밀어낼 것이라는 점이었다. 대책본부는 "몇 해 전에는 사회복지 지출이 다른 정부 지출과 견줄 바가 못 되었다. … 지출은 적고 사회보장제도는 급여세에 부과되는 완만한 세율에 의해 별도로 충당되었다. … 그러나 1965년 사회보장법에 의해 사회보장 지출은 비방위 현금 지출의 약 4분의 1을 차지하고 있고 … 그 몫이 증가하고 있다"고 보고했다.[144] 사회보장의 확대는 "소득세와 다른 세금을 낼 의지가 있는 대중"의 희생을 통해서만 가능하기 때문에 "다른 프로그램, 특히 예산이 유동적인 사회복지 프로그램에 대한 지출"을 삭감하라는 정치적 압력이 조성될 것이었다. 대책본부는 행정부가 사회보장 프로그램이 서서히 성장하도록 무엇인가를 하지 않으면 "사회보장제도와 … 다른 지출 프로그램 간 갈등이 악화할 수밖에 없다"고 경고했다.[145] 존슨 행정부의 또 다른 성원인 경제자문위원회의 가드너 액클리는 1966년 11월 대통령에게 보낸 소득보장의 기본 쟁점에 관한 비공식 문서에서 이 잠재적 상쇄 관계를 훨씬 간결하게 기술했다. 그는 "30억 달러로 사회보장 예산의 15% 인상분 – 대부분은 가난한 사람들에게 가지 않는 – 을 충당하거나, 공공부조 프로그램을 혁신적으로 개선 – 모두 가난한 사람들에게 가는 – 할 수 있습니다. … 이제 급여세가 너무 높아 사람들은 급여세가 총 조세 부담의 중요한 부분임을 알고 있기 때문에 그것들(사회보장 예산과 공공부조 프로그램)은 점점 선택의 문제가 되어가고 있습니다"라고 썼다.[146]

'수월한 재정 조달 시기'의 끄트머리에서 의회의 예산 삭감주의자들의 손에 맡겨진 사회보장제도와 AFDC의 상반된 운명은 1960년대 말 민주당 자유주의자들의 해결할 수 없는 딜레마를 보여주었다. 국내 복지 프로그램을 만들고 확대하기 위해 오랫동안 의지했던 재원으로는 더 이상 연방정부 사업과 그 대가를 치를 의지가 없는 미국인들의 요구를 동시에 충족할 수 없었다. 모든 미국인들의 경제적 권리에 대한 진정한 국가적 헌신을 주창했던 이들은 전후 개별적인 납세자 권리에 대한 자유주의적 공약으로 스스로 무력화되었음을 깨달았다. 모순적이게도 백인 중산층을 형성하는 데 성공한 뉴딜과 전후 사회정책이 1944년 경제적 권리장전에서 프랭클린 루스벨트 대통령이 약속한 '권리혁명'의 완수 가능성에는 제약을 가했다. 전후 자유주의 국가의 팽창을 가능하게 했던 동일한 특징들, 즉 국가의 경제 성장에 대한 의존성, 열정적으로 추진한 법인세율과 개인세율 인하, 목적세인 급여세, 혹은 개인 복지와 기업 복지를 통해 특정한 사회적 권리와 그 비용을 제공하는 데 의존한 것은 풍요 속의 빈곤이라는 표면적으로 다루기 힘든 문제를 해결할 자유주의자들의 능력을 제한했다. 점증하는 다수 비빈곤층의 정부 보호 요구와 새로운 조세 부담에 대한 그들의 저항 사이의 모순은 뉴딜 질서를 깨뜨렸을 뿐만 아니라, 그것을 대체하고자 했던 보수적인 대안을 굳건하게 형성시켰다.

제4장

세금 논쟁

닉슨 행정부 시기
복지 개혁과 조세저항

FED UP
WITH
TAXES

1973년 2월, 18세기 의상을 입은 30명의 세인트루이스 납세자들이 음식과 의약품 상자를 미시시피강으로 던지며 보스턴 티파티Tea Party 200주년 기념행사를 열었다. 이들 시위자들은 '공평 과세냐 새 대표냐'가 적힌 표지판을 들고 '음식과 의약품에 대한 불공정한 과세 부담'을 비판하는 유인물을 나눠 주며 시내를 행진했다. 시내에 있는 미주리주 세무부 사무실에 도착한 그들은 건물 문에 조세정의 요구안을 부착하기 위해 잠시 멈췄다. 성명서를 전달한 후 이들은 제방 쪽으로 행진을 계속했고, 거기서 대기하고 있던 보트를 타고 이동했다.[1] 2년 후, 캘리포니아에서 또 다른 소규모 납세자 무리가 지역 재산세법에 항의하며 치노시의 노동자 거리를 따라 행진했다. 이들이 가져온 들것에 마네킹을 실은 8×16피트의 평대 트레일러를 끄는 임시방편용 구급차는 주정부의 '병든' 조세제도를 비꼬는 것이었다.[2] 매사추세츠주의 뉴베드퍼드시에서는 4천여 명의 납세자들이 새로운 재산세 평가에 항의하기 위해 시장 사무실을 습격했다. 뒤이어 일어난 폭동으

로 시장의 차는 파손되었고, 시 청사는 임시 폐쇄되었다.[3]

보통 사람들grassroots의 이 같은 조세저항은 1970년대 내내 점점 그 빈도가 증가하며 분출했고, 조세정치가 전국적인 쟁점으로 지속하는 데 일조했다. 하지만 조세에 저항하는 이들의 비조직적인 분노와 절망을 일관되고 잠재적인 변혁적 정치 세력으로 전환시키는 것은 전국적인 정치 기획가들과 정치인들 – 민주당과 공화당 모두 – 의 몫이었다. 1968년 이후 활동가, 전략가, 그리고 공직에 진출하고자 하는 사람들이 전국의 6천만 납세자들에게 호소하고 표를 얻고자 하면서 조세 정책의 중요성은 점점 커졌다.[4] 1960년대 말과 1970년대 초 조세저항운동의 정치적 힘을 이용하려는 좌·우파의 노력은 미국 정치의 극도로 불안정한 특성을 반영하고 있었다. 보수주의자들과 진보주의자들 모두 1968년 대통령 선거 결과를 '위대한 사회가 추구한 자유주의Great Society liberalism'에 대한 하나의 거부로 해석했는데, 언론은 민주당의 패배를 백인 다수의 광범위한 반발 탓으로 돌렸다.[5] 하지만 위대한 사회가 실패했고, 프랭클린 루스벨트에 연합한 흑인, 남부 백인, 블루칼라 노동자들과 이념적 자유주의자들 간 동맹이 붕괴했다는 데 이론의 여지가 없다 하더라도, 좌파나 우파 모두 아직까지 뉴딜 체제에 대한 정치적으로 가능한, 그리고 이념적으로 주도할 대안을 발전시키지는 못했다. 허버트 험프리Hubert Humphrey가 1968년 대선에서 패배한 이후, 민주당 지도부는 정당 혁신과 위대한 사회 이후의 응집력 있는 자유주의 의제를 제시하기 위해 분투했다. 공화당 역시 리처드 닉슨이 "침묵하는 다수"로 부른 백인 노동계급과 중간계급 유권자들 간 연대의 성과를 공고히 하고 강화하기 위해 다양한 정치 프로그램과 상징 투쟁을 시도했다.

침묵하고 있는 잊힌 미국인에 대한 구애가 루스벨트 연합에 변화를 가져올 것이라는 광범위한 믿음이 1968년 이후 자유주의와 보수주의 정치 모두를 이끌었다. 닉슨의 승리와 남부 이외의 지역에서도 나타난 앨라배마 주지사인 조지 월리스George Wallace*의 여론조사 강세 결과에 충격을 받은 민주당 지도부는 위대한 사회에 대해 사과하고, 1960년대 빈곤 및 다른 연방정부의 프로그램에서 제외된 것으로 알려진 시민들－대부분 백인들－에 대한 그들의 공약을 재확인하며, "차상위층, 하층 중간계급, 소수민족과 블루칼라 노동자들"에 대해 헌신을 약속하는 데 정성을 쏟았다.[6] 공화당의 전략가들도 같은 일을 하는 데 진력했다. 닉슨 캠프의 전략가인 케빈 필립스Kevin Phillips는 1968년 대선과 관련해 광범위한 영향력을 보인 그의 분석에서 "과거의 민주당과 미래의 공화당 사이에서 움직이는" 국가의 모습을 묘사했다.[7] 노동자들의 지지가 높아지고 있음을 확신한 닉슨 행정부는 이 거대한 침묵하는 다수의 표를 얻기 위해 노골적으로 '블루칼라' 전략을 채택했다. 1969년 한 정치 분석가가 정확하게 예측했듯이, 1972년과 1976년 민주·공화 양당 모두 승리의 공식으로 모색한 것은 "중산층의 꿈－과 악몽－"이었다.[8]

---

* 민주당의 인종차별 철폐 정책에 줄곧 반대해왔던 조지 월리스는 1968년 대선에서 미국독립당(American Independent Party)이라는 제3당 후보로 출마해 남부 5개 주에서 승리했다. 블루칼라 조직노동의 지지로 북부 오하이오, 뉴저지, 미시간에서도 민주당 허버트 험프리 후보에게 상당한 타격을 입혔다.

잊힌 침묵하는 다수의 미국인들 - 그들이 종종 참여했던 조세저항 집단과 마찬가지로 - 은 민주당원도, 공화당원도 아니었다.[9] 1976년 사회주의자인 마이클 해링턴이 지적했듯이, 미국에서 "한꺼번에 좌, 우, 중도가 맹렬하게" 움직이고 있었다.[10] 급진적인 반란과 보수주의의 반발 사이의 이러한 긴장 속에서 정책 결정자들, 전략가들, 활동가들이 '혼란에 빠진 미국인들'의 마음과 정신을 사로잡기 위해 만든 다양한 호소 전략을 시도하면서, 혼돈스럽고 때로는 모순적인 범주를 지닌 정책들이 만들어졌다. 인구 집단만큼이나 많은 이념적·정치적 해석이 존재했지만, 사실상 침묵하는 다수의 유권자들이 미국의 정치를 좌지우지했다. 여론 분석가이자 존슨 행정부의 전직 관료인 리처드 스캠몬Richard Scammon은 1969년 미국의 중도층이 '백악관을 누가 차지할지' 결정할 것이라고 단언했다.[11]

침묵하는 다수에 대한 구애는 초당적인 문제였다. 1960년대 후반과 1970년대 초반에 걸쳐 공화당과 민주당은 백인 노동계급과 중간계급 유권자에게 호소하는 여러 방식을 시도했다. 1960년대에 흑인과 빈곤층의 요구에 지나치게 집중했던 것이 잘못이었음을 확신한 진보적인 전략가들은 그들의 관심을 스캠몬과 그의 동료인 벤 와텐버그가 다수로 정의한 '비빈곤층, 비청년층 및 비흑인'으로 돌렸다.[12] 다수의 민주당 지도부는 백인 노동계급과 중간계급을 배제해왔던 민주당의 '오만한 태도'를 일소하겠다고 약속하면서, 민주당의 정치적 미래를 위협하는 문화적·인종적 균열을 초월할 수 있는 경제적 포퓰리즘으로 당의 지향을 재설정하고자 했다. 많은 민주당원들은 중산층 백인 유권자를 달래면서도 인종적·경제적 평등에 관한 정당의 공약은 유지하는 정책 의제를 고수하면서, "불법적인 부와 권력을 소유하고 있는 사람들, 계급, 기관들"에 대한 민중적 저항을 유도함으로써 흑인과 백인 노동계급 및 중산층의 '기본적인 경제적 이익'이 다 같이 융합되기를 희망했다.[13] 조세 정책은 이 새로운 계급 친화적 다수 전략과 결부되어 있었다. 조지 와일리의 '조세정의 프로젝트Tax Justice Project'와 전 오클라호마주 상원 의원 프레드 해리스Fred Harris의 '새로운 대중행동New Populist Action'과 같은 진보적 단체는 이 시기의 조세저항을 부유한 개인과 거대 기업의 불공정한 이득에 대한 대중 봉기로 해석하여, 대중에게 확고하게 자리 잡은 복지에 대한 적대감이 가난한 여성과 그 자녀들로부터 "진정한 복지 수급자 – 연방 재무부에서 수십억 달러를 빼내 간 부자와 연줄 많은 기업 – "를 향하게 하고자 했다.[14] 와일리, 해리스, 그리고 일군의 진보적 조세 개혁가들은 '백인의 70%가 넘는 조세법의 희생자들'에게 호소함으로써 그들이 민주당 재건의 비결을 찾아내길 기대했다.

보수주의자들 역시 잊힌 미국인들의 소외, 불안, 심지어 분노에서 기회를 발견했다. 리처드 닉슨은 다수당으로서 공화당의 미래가 남부를 넘어 북부 도시 주변의 백인 노동계급에 있다고 확신했기 때문에 집권 초기 선명한 계급 친화적 정치 전략을 전개했다. 1970년 4월 노동부 차관보인 제롬 로소우Jerome Rosow가 초안을 잡은 비공식 문서로 구체화된 이 전략은 부분적으로 평범한 노조원들과 문화적 결속을 다지고, 노조 지도부와 친선 관계를 회복하는 데 초점을 맞췄다. 찰스 콜슨Charles W. Colson 백악관 자문위원은 밥 홀드먼Bob Haldeman 대통령 수석보좌관에게 "노조 지도부에 대한 구애는 임무의 한 부분일 뿐이다. … 우리 임무는 학생운동에 적대적이고 애국심이 강하며 인종 문제를 민감하게 인지하는 지역 노조 지도자를 양성하는 것"임을 상기시켰다.[15]

그러나 노동계급과 중간계급 유권자를 닉슨이 말한 "새로운 미국의 다수"로 묶으려는 노력은 노동자들의 애국심에 호소하거나 민권 혁명으로 만들어진 미묘한 인종 문제의 불안을 활용하는 것을 넘어섰다. 1969년에서 1972년 사이, 닉슨의 백악관은 백인 노동계급과 중산층에 물질적 혜택을 제공하기 위해 구체적으로 설계된 여러 가지 실질적 정책들을 제안했다. 1969년 자녀가 있는 모든 가정에 연간 소득을 보장하도록 제안된 가족지원계획FAP은 이런 전략의 핵심이었다. 신설 혹은 확대된 정부의 혜택을 통해 침묵하는 다수의 지지를 얻으려는 노력을 포기하는 대신, 닉슨의 백악관이 이들 유권자들을 자유주의 복지 프로그램에 드는 비용 때문에 과중한 부담을 진 납세자로 부각하는 데 집중한 것은 상원 재정위원회와 일반 대중 모두에게 FAP가 거부당한 이후였다. 닉슨 행정부의 FAP, 그리고 결정적으로 FAP가 갖는 복지 확장 의제에 대한 최종적인 철회는, 한 학자가 적절하게 명명했듯이, '감세 정당'으로의 변화를 가속화했다.[16]

초기 조세저항 세력의 정치적 에너지를 획득하고 백인 노동계급과 중간계급을 새로운 정치 동맹으로 끌어들이고자 했던 정치인들과 정치 기획가들은 뉴딜, 제2차 세계대전, 그리고 전후 시기 구축된 조세와 복지국가의 틀 안에서 활동해야만 했다. 이러한 조세와 복지국가의 제도들은 조세 개혁을 중심으로 새로운 유권자 다수를 형성하려는 진보적인 시도를 무력화한 동시에, 우파들이 자유주의 국가에 실질적인 공격을 가할 때 감세를 활용할 가능성도 제한했다. 공화당과 그 보수주의 동맹 세력이 복지 및 복지와 연계된 다양한 자유주의에 대한 상당한 분노와 좌절을 이끌어냈지만, 그들의 방식은 침묵하는 다수를 포함한 대부분의 미국인들이 하나의 권리 문제로 기대했던 연방정부의 보조금을 받는 특권과 특혜 보호에 주력하는 데 그쳤을 뿐이었다.

잊힌 미국인들에 대한 구애: 가족지원계획

1969년 8월, 닉슨 대통령은 "이 나라의 가난한 이들을 돌보는 새롭고 이전과는 완전히 다른 정책"을 발표했다.[17] 가족부조계획으로 알려진 그의 제안은 부모가 모두 있는 가족을 포함하여 자녀를 둔 모든 미국의 가족에 연방정부가 연간보장소득GAI을 제공하는 것이었다. 닉슨의 발표는 정치 분석가들을 깜짝 놀라게 했다. GAI는 시카고 대학교의 유명한 경제학자인 밀턴 프리드먼Milton Friedman과 같은 몇몇 보수주의자들의 지지도 받았지만, 분명히 진보주의의 계보에 속한 것이었다. 1960년대 말, 존슨 행정부의 빈곤해소 프로그램의 한계에 절망한 진보주의자들은 빈곤과의 전쟁에서 결정적인 무기로서, 그리고 전후 미국에서 기회 구조가 막힌 이들의 사회적·경제적 권리를 확대하기 위한 방법으로 완전고용 의제와 더불어 GAI에 주목했다. 닉슨의 목표는 훨씬 소박했다. FAP의 목표는 빈곤 타파가 아니라 백인 노동계급과 중간계급 유권자들의 표심을 공고히 하고, 이들 유권자들에게 가시적인 복지국가의 혜택을 확대함으로써 '새로운 미국의 다수'를 만드는 것이었다.

케빈 필립스의 "떠오르는 공화당 다수"의 발견, 언론인 피트 해밀Pete Hamill의 백인 중하층 계급의 분노에 관한 기사, 그리고 백인 다수의 좌절, 환멸, 분노에 관한 많은 인류학 연구에 영향을 받은 닉슨은 백인 노동계급과 중간계급 유권자들을 지속적인 정치 동맹으로 묶기 위한 한 가지 정책 의제를 제안했다.[18] 대통령직을 수행하는 첫해에 그는 "퀸스 구역의 중하층 계급 종업원들, 영스타운의 철강 노동자들, 샌디에이고의 은퇴한 경찰 경위들"에 대해 실효성 있는 물질적 이득의 제공을 통한 지원 보장을 제안했다.[19] 닉슨 대통령은 복지국가의 축소가 아닌 재설정과 확대를 목표로 삼았다. 1969년에서 1971년 사이, 닉슨의 백악관은 존슨의 위대한 사회에서 소외되었다고 인식된 백인 노동계급과 중간계급 유권자들에게 연방 보조금 확대를 약속하는 인상적인 일련의 복지정책들을 제안했다. 행정부는 이러한 국내 정책 우선순위에 재정을 충당하기 위해 새로운 재원으로 부가가치세까지 고려했다. 북부와 남부의 백인 노동자들에게 새로운 수당의 대부분을 제공했던 FAP는 이 초기 확대 단계의 핵심 요소로서 가장 잘 이해될 수 있는 것이었다.

FAP 계획은 닉슨 집권 직후 바로 시작되었다. 뉴욕시 공공복지국에서 나온 복지 부정과 비효율성에 관한 보고서를 읽은 후, 닉슨은 참모들에게 즉시 복지 개혁을 실행하라고 지시했다.[20] 처음에는 복지 쟁점을 맡은 대책본부가 국가 최소 기준을 부과하고 모든 주가 실업자 가족을 위한 선택형 복지 프로그램에 참여하도록 요구함으로써 AFDC의 개선과 확대를 제안하는 비교적 정통적인 접근 방식을 취했다.[21] 그러나 곧 행정부 내에서의 논쟁은 이러한 제한된 개혁을 훨씬 넘어서게 되었다. 1969년 2월 17일, 존슨 행정부에서도 근무했던 워스 베이트먼Worth Bateman은 비근로 빈곤층뿐만 아니라 근로 빈곤층도 가장이 남성이냐 여성이냐에 따른 기존의 불평등을 최소화하는 방식으로 새로운 연방 복지 프로그램에 포함해야 한다는 비공식 문서를 작성했다.[22] 곧 차관급 수준의 대책본부와 기술 전문가 실무 집단은 연방 구호 프로그램으로서의 AFDC를 폐지하고, 빈곤 가정에 혜택을 주는 부否의 소득세*를 만들며, 성인 빈곤층을 위한 국가 복지 기준을 확립한다는 초안을 제출했다. 보건교육복지부 장관인 로버트 핀치 Robert Finch는 곧 FAP의 기본 내용을 승인했다.

복지 개혁을 놓고 닉슨 행정부의 자문단들은 둘로 나뉘었다. 1969년 봄과 초여름에 걸쳐 두 집단 ― 대통령 경제자문위원인 아서 번스가 이끄는 반FAP파와 노동부 장관인 조지 슐츠, 보건교육복지부 장관인 핀치, 도시행정 자문위원인 대니얼 패트릭 모이니한Daniel Patrick Moynihan이 주도하는 친FAP파 ― 이 각각 대통령에게 제안서를 제출했

---

* 모든 소득을 과세 대상으로 하되, 과세 기준선 이하의 사람들은 세금을 내는 것이 아니라 급여를 받는다는 의미에서 음의 소득세라고 한다. 즉 일률적인 현금 공제를 대체하는 제도로, 과세 기준선 이하의 소득 수준에 따라 그 차액에 비례해 세액을 공제해주는 것인데, 미국의 대표적인 세금환급제도인 근로장려세제(EITC)는 부의 소득세 원리에 기반하고 있다.

다. 이 논쟁의 내용과 제안에 담긴 경제적 함의는 거의 관계가 없었다. 오히려 번스파 ─ 상무장관인 모리스 스탠스Maurice Stans와 부통령 스피로 애그뉴Spiro Agnew가 포함된 ─ 와 슐츠-핀치-모이니한파는 백인 노동계급과 중간계급 유권자들의 대통령 지지에 관해 제안서에 담긴 함의에 초점을 맞췄다. 예컨대 번스와 스탠스는 "근로 빈곤층이 소득 지원을 강력하게 요구한 적이 없었다"는 점을 지적했다.[23] 5월, 번스는 닉슨에게 "지출 프로그램 신설, 세금 인상, 그리고 낭만적인 도시 재건축 약속은 수백만의 백인 노동계급에게 환영"받지 못할 것이라고 경고했다. "일하지 않으면서 자신이 처한 조건을 개선하려는 사람들에게 소득을 보장"하는 그 어떤 계획도 "백인 하층 노동계급의 공분만 불러일으킬 것"이며, "이는 재앙을 초래할 수 있다"는 것이었다.[24] 애그뉴 또한 FAP는 "저소득층 집단이 공화당의 철학에 매력"을 느끼지 못하게 할 뿐만 아니라, "현재 자립적인 사람들도 복지철학에 중독"되게 할 것이라고 주장했다.[25]

행정부 내 FAP 지지자들 역시 제안에 담긴 정치적 함의의 관점에서 그들 주장의 프레임을 잡았다. 예를 들어, 슐츠는 백인 노동계급과 중간계급이 "공공연하고 지속적인 폭동의 가능성에 직면"하고 있다는 번스의 설명을 인정했다.[26] 그러나 번스가 백인 노동자들의 분노를 6천 달러 이상의 소득을 올리는 도시의 백인 노동자들 사이에 이미 존재하고 있는 혜택에 대한 기존의 불만을 대통령이 가중시키지 않도록 FAP를 철회해야 한다는 경고로 본 반면, 슐츠는 이를 소외된 유권자들에 대해 더 민감하게 대처하고 연방정부의 보조금 혜택을 더 공평하게 배분하는 기회로 여겼다. 슐츠는 침묵하는 다수의 구성원들은 "흑인들이 이웃으로 오기 쉽고, 흑인 자녀들이 다니는 학교가 있는 지역에 살고 있는 이주자 혹은 이주자들의 자식"임을 대통령에게 상기시켰다. 그는 이들 노동자들이 "주류 미국 사회에 자리 잡는 데 불안감"을 느낀다고 판단했다.[27] 빈곤과의 전쟁에 각인된 인종적 논리를 뒤집고 백인 노동계급과 중하층 계급에 새로운 수당을 분배함으로써, FAP는 이들의 적대감과 불안감을 완화하고, 잊힌 미국인들의 복지 문제에 대한 대통령의 복지 공약을 드러내고자 했다.

이러한 주장들은 대통령에게 확신을 심어주었다. 8월, 닉슨은 황금 시간대 라디오와 텔레비전 연설에서 FAP를 공개했다. 대통령은 국가의 "도시 위기 … 사회 위기 … 그리고 정부의 임무 수행 능력에 대한 신뢰 위기"에 대해 유감을 표시하면서 "복지 수급자와 납세자 모두에게 불공평"한 현재의 복지체계를 비판했다.[28] 연설 직후 백악관은 FAP에서 '근로 빈곤층과 납세자들'이 혜택을 기대할 수 있다는 공익광고를 실시했다.[29] 행정부 보도자료는 이 제도가 어떻게 남부 지역 – 닉슨의 '새로운 미국의 다수'에서 핵심적인 인구 집단 – 에 새로운 혜택의 50% 이상이 돌아가는지와 비백인 가정(38%)보다 백인 가정(62%)이 더 포함되는지를 강조했다.[30] 백악관은 FAP가 위대한 사회의 값비싼 실패에서 벗어나 근로 빈곤층에 대한 '불공정'하고 '부적절'한 처우를 수정할 것이라고 약속하면서, 복지 개혁의 조합을 통해 다른 국내의 우선적인 과제들과 병행해서 잊힌 미국인들을 굳건하게 닉슨과 공화당에 묶으려는 희망을 가졌다.

하지만 만사가 계획대로 진행되지는 않았다. 초기 여론은 FAP에 대한 대중적인 지지를 나타냈고, 1970년 초 세입위원회 위원장과 위원들의 전폭적인 지원으로 위원회를 통과했지만, 상원 재정위원회에서 보류되었다. 상원 통과 지연은 치명적이었다. 좌·우파에 걸친 반 FAP 세력이 힘을 모을 수 있었고, 대통령도 재고의 시간을 가질 수밖에 없었다. 1970년 중간선거에서의 공화당의 패배는 중하층 및 노동계급 유권자들을 정치 동맹으로 이끌기 위해 새로운 지출 프로그램을 활용하려는 닉슨의 기획에 대한 신뢰를 떨어뜨렸다.[31] 1971년 초, 윌버 밀스 위원장이 하원을 통해 노동이 가능한 빈곤층에 대한 더 강력한 근로 요구를 포함하는 새롭게 개정된 FAP를 주도하자 닉슨은 자신이 "불리한 입장에 있다"는 사실에 불안감을 느끼기 시작했다. 4월, 닉슨은 참모들에게 이 제안의 가장 급진적인 요소를 담고 있는 부모가 모두 있는 가정에 대한 지원을 폐기하라고 지시했는데, 대중들은 "일하는 가정에 대한 지원 제공"에는 관심이 없었기 때문이다.[32] 봄이 지날 무렵, 닉슨은 이 계획이 "일하기 싫어서 꾀병을 부리는 사람들을 복지 명부에 추가"하는 "정치적 실패작"임을 인정하고, FAP를 완전히 포기했다.

특히 기업집단을 위시한, 이 프로그램에 반대하는 보수주의자들이 대중의 양면성과 로널드 레이건 캘리포니아 주지사와 같은 반복지 보수주의자들의 점증하는 압력과 결탁한 것은 닉슨이 그의 행정부의 가장 중요한 국내 개혁이 될 수 있었던 것을 최종적으로 철회한 것을 설명하는 데 도움을 준다. 1969년 8월에 대통령이 FAP를 발표하기 전에도, 3,500개 이상의 전문가 및 무역 단체들이 회원으로 참여하고 있는 전국 조직인 전국상공회의소는 기업 및 지역 사회 지도자들에게 연간소득보장 프로그램이 가져올 재앙적인 경제적·사회적 결과를 경고하기 위해 강력한 운동을 시작한 바 있다.[33] 상공회의소 회원인 저임금 노동에 기반을 둔 수많은 기업 대표들은 FAP가 노동 공급을 줄이고 임금 인상에 영향력을 행사할까 봐 두려워했다. 18개 주 상공회의소의 한 부문 대표들은 FAP가 가난한 남성과 여성들이 저임금 노동에서 손을 떼게 함으로써 "국가 전체적으로 심각한 영향을 미칠 급격한 경제적 단절"을 초래할 것이라고 의회에서 증언했다. 이러한 우려는 특히 남부 지역에서 두드러졌는데, 이곳은 FAP의 급여 수준이 기존 AFDC 지급액을 훨씬 뛰어넘어 노동시장이 불안정해질 지역이었다. 예를 들어, 남부 소도시 가사 노동자에 대한 한 비공식 여론조사에 따르면, FAP로 대다수의 '전일제 가사도우미full-time maid'가 노동시장에서 이탈할 것으로 예상되었다.[34] 저임금 노동에 대한 남부 경제의 의존성은 상원 재정위원회 위원장인 러셀 롱이 FAP에 격렬하게 반대하는 이유를 설명하는 데도 도움을 준다. 가족을 위해 집 주변의 맥주 캔을 줍거나 심지어 쥐를 잡을 정도의 일도 하지 않으려는 복지 수급자들을 멸시하면서, 이 루이지애나주 민주당 의원은 개인 차원으로 위원회에서 FAP 통과를 막으셨고, 어떤 복지체계의 '실질적 개혁'도 진정성 있고 강제력을 가진 근로 요구를 담고 있어야 한다고 주장했다.[35]

잘 알려진 레이건 주지사의 캘리포니아주 복지체계에 대한 통제 노력도 닉슨이 FAP를 포기하도록 결정하는 데 영향을 주었고, 그에 더해 복지 개혁에 대한 대안적 보수주의 모델을 제공했다. 닉슨과 마찬가지로 레이건도 복지 개혁을 미국 노동자들 중 침묵하는 다수의 지지를 공고히 하는 데 활용하고 싶어 했다. 그는 1971년 공개적으로 반복지를 표방하는 『유에스 뉴스 앤드 월드 리포트』와의 인터뷰에서, '평범한 조직노동자들'은 AFDC에 진저리를 내고 있다고 지적했다.[36] 그는 국가 복지 위기를 해결하기 위한 제안에 대해 설명하면서 연간 소득보장식 접근과 빈곤과의 전쟁의 핵심이었던 재활정신 모두를 거부했다. 대신 그는 복지체계를 축소해 '극빈층'만이 공공부조의 자격을 갖추게 할 것이라고 약속했다. 최근의 캘리포니아 복지체계 개혁 – 자격 있는 빈자와 자격 없는 빈자에 대한 장기적 규정에 방점을 둔 개혁 – 을 옹호하면서, 레이건 주지사는 주로 기존 체계의 비용과 비용을 부담해야 하는 개별 납세자를 겨냥한 FAP의 대안에 초점을 맞췄다.[37] 캘리포니아 복지 개혁 모델은 닉슨이 FAP를 통해 희망했던 것과 같이 중하층 계급에게 호소하기 위한 것이었다. 그러나 이들은 자유주의 국가의 혜택에서 불공정하게 배제된 집단으로서가 아니라, 오히려 레이건이 "빈둥거리는 계급"이라고 부른 집단을 지원하는 데 불공평한 부담을 지는 납세자로서의 중하층 계급이었다.[38] 닉슨은 즉시 레이건의 납세자에 대한 호소와 복지에 대한 비유적 공격을 차용했는데, 심지어 복지 수급자 모임에서 한 여성이 일어나 "그런 하찮은 일은 어떤 것이라도 우리에게 요구하지 마!"라고 소리쳤다는 분명한 근거가 의심스러운 이야기 – 레이건의 반복지 비유법의 반복적인 특

징 – 도 따라 했다.[39]

FAP 제안에 대한 근로 빈곤층의 지속적인 양면성도 프로그램의 애초 정치적 근거를 훼손했다. 조직노동은 FAP를 지지했지만, 그에 대한 지원은 매우 미온적이었다. 모이니한은 노동계가 대통령의 계획에 대한 지지를 모으기 위해 "일부 연합에 동참할 것"이라고 했지만, "이것저것 따지면서 자신에게 무엇이 유리한가를 알아내는 데 골몰하다가 결국 거리를 두었다"고 나중에 불만을 표시하기도 했다.[40] 노동조합 지도자들은 특히 근로 요구와 근로 연계 프로그램에 반대했는데, 그러한 정책으로 저임금이 만연하게 될 것이라는 두려움 때문이었다. 그러한 프로그램이 복지 수급자 고용을 장려하기 위해 저임금 사업장 고용주에게 연방정부 지원금을 제공하는 한 노동자의 세금은 실제로 자신의 생활수준을 위태롭게 할 수 있는 프로그램에 대한 재정 지원을 돕는 꼴이 될 터였다. 보수주의 반FAP 단체는 이러한 두려움을 인식하고 강화했으며, 레이건과 마찬가지로 노동자들을 향해 연간소득보장 정책이 개별 납세자로서 자신들에게 어떤 영향을 미칠 것인지 생각해보라고 다그쳤다.[41]

FAP는 닉슨의 자유주의 반대파들을 분열시키는 예측하지 못했던 효과도 있었다. 일부 자유주의자들은 FAP가 불충분하기는 하지만 모든 미국인들에게 최소 수준의 경제적 안정을 보장하기 위해 싸울 수 있는 개입의 여지를 남긴 것을 긍정적으로 보며 닉슨의 제안을 환영했다. 4인 가족 기준으로 1년에 1,600달러의 소득보장은 수급자들의 경제적 안녕을 보장하기 위한 충분한 소득이 되지 못했고, 심지어 연방정부의 형편없는 빈곤선인 4천 달러에 훨씬 못 미쳤지만, 많은 자유주의 단체들은 이 프로그램이 미래에 개선되고 확대될 수 있다는 희망을 놓지 않았다. 예를 들어, 자유주의를 표방하는 『뉴 리퍼블릭The New Republic』의 편집자는 연방법에 '최저소득보장의 원칙'이 명시된다는 이유로 이 제안을 지지했다.[42] FAP의 현실적 결함을 잘 알고 있었지만, AFL-CIO뿐만 아니라 전국사회복지사협의회the National Association of Social Workers, 미국공공복지협회the American Public Welfare Association, 도시연맹the League of Cities, 커먼 코즈Common Cause,* 미국유대인위원회the American Jewish Committee, 여성유권자연맹the League of Women Voters과 같은 단체들도 FAP를 지지하는 동시에 급여 수준의 인상 및 가장 징벌적인 요소들을 완화하는 수정 법안을 위해 로비를 벌였다.

하지만 다른 자유주의 빈곤해소 연합의 구성원들에게 이러한 합의는 불가능하고 심지어 비도덕적인 것으로까지 보였다. 특히 복지권 단체들은 FAP를 복지 수급자들의 권리와 안녕에 중대한 위협으로 보았기 때문에 이 프로그램을 인종적인 "정치적 압력 행동"을 유발하고, "아동에 대한 무자비한 공격"을 가하며, 국가를 "암흑시대로 퇴보"시키려는 "인간 존엄성에 대한 모욕"이라고 비난했다.[43] NWRO는 현재 AFDC 수급자들, 즉 FAP가 실행되면 더 낮은 급여를 받을 수많은 다수를 대신해서 이 제안을 '노예노동'의 한 형태라고 비판하면

---

* 1970년에 미국에서 결성된 시민단체로, 정치 부패에 맞서 선거 자금의 투명성과 선출직 정치인들의 책임성 강화를 목적으로 하고 있다.

서 'FAP 철폐운동 Zap the FAP'을 시작했다. 하지만 NWRO의 날카로운 어조와 '전투적 태도'는 반대로 NWRO의 목표와 회원 구성에 공감해온 다른 많은 자유주의 단체들을 배제했다.[44]

백악관의 지원 부재, 자유주의 빈곤해소 연합의 분열과 이들에 맞서 굳건하게 진열을 정비한 보수주의의 부활로 FAP는 실현될 가능성이 전혀 없었다. 상원 재정위원회가 1972년 9월까지 법안 심사를 연기했고, 닉슨의 동의하에 상원 전체회의에 논란의 요소를 뺀 최종안이 제출되었다. 이 과정에서 밀스 위원장의 지적처럼, 진정한 복지 개혁은 "완전히 물 건너갔다."[45] 10월 3일, 상원 소수당(공화당) 원내대표인 휴 스코트 Hugh Scott는 대통령에게 이미 알고 있는 바와 같이 자신들은 법안을 수용할 수 없을 것이라고 말했다. 닉슨은 체념하고, 오로지 그의 행정부가 이 파편 더미 속에서 어떻게 보일지에 대해서만 우려하면서 스코트와 자문위원들의 의견을 받아들였다. "복지 개혁에 대한 태도가 천차만별입니다. … 내가 지금 그것(복지 개혁)을 다시 시작할 수 있을지 모르겠습니다."[46]

이틀 후, 전체 하원 회의에서 288 대 132라는 압도적인 차이로 FAP를 승인한 지 거의 1년 반이 지나 상원은 이 프로그램과 2개의 대립적인 대체 개혁안에 대한 제한적인 실행을 승인하는 데만 합의했다. 상원이 FAP를 사실상 철회시켰지만, 최종 법안이 복지국가를 후퇴시킨 것은 아니었다. 사실상 사회보장 급여는 20%까지 증가했으며, 향후 급여는 인플레이션에 맞춰 자동으로 조정되어 사회보장 혜택은 기하급수적으로 확대되었다. 의회는 또한 맹인 및 노인 보조 프로그램에 대한 주정부와 연방정부의 보조금을 대체하기 위해 보충적 보장소득Supplementary Security Income; SSI으로 알려진 연방 사회보험 프로그램을 신설했다. 이러한 변화는 사회보장 프로그램의 성장을 가속화했으며, 맹인 및 노인 빈민에게 다른 사회보험 수혜자에게 제공되는 것과 동일한 수준의 보호와 경제 보장을 제공했다.[47] 하지만 의회는 AFDC 프로그램에 대한 어떠한 실질적인 변화도 거부했다. 처음부터 대통령은 FAP를 지난 33년 동안의 사회적 실험에 의해 형성된 '다루기 힘들고', '복지부동unresponsive'의 복지관료주의를 길들이는 하나의 방식으로 규정했다. 1972년, 복지체계에 대한 구조 개혁은 무산되었고, 복지 개혁의 잔해와 '복지 괴물(정부)'에 의해 만들어지고 보조금을 받는 건전하지 못한 '복지 의존성'에 맞선 '공동 전선concerted battle'만이 살아남았다.[48] 마찬가지로 FAP의 실패와 FAP를 통해 드러나고 만들어진 복지지출에 대한 부정적 태도는 조세정치가 미국 정치 논쟁의 중심에 복귀하는 무대를 마련했다.

아래로부터의 납세자 동원

FAP가 실패한 이후, 우파와 좌파 모두 잊힌 미국 중산층에게 호소하기 위해 지출 정책보다는 조세정치로 돌아섰다. 닉슨의 복지 제안에 대한 논쟁이 장기화되면서 진보적인 빈곤해소 단체 내에서 균열이 나타났고, 복지에 대한 대중적 반감이 심화되었다. 좌파는 경제 정의 문제를 중심으로 새로운 다수를 재건하기 위해 광범위한 정치적 호소가 담길 쟁점을 찾아 나섰다. 조세 개혁은 이러한 새로운 다수 전략에 기반해서 중하위 소득 노동자들에 대한 감세와 연계한 기업의 조세 포탈을 겨냥했다. 이에 대응하여 닉슨 행정부는 1968~1972년 추진한 재정 확대 정책을 포기하고, 대신 사회지출—특히 도시 지역의 소수 빈곤층과 관련된 위대한 사회 프로그램—의 대폭적인 삭감과 침묵하는 다수를 위한 감세 약속을 연계하는 국내 의제로 전환했다. 1972년 이후 풀뿌리 수준에서 조직된 지역 조세 개혁 연합체의 납세자들과 점점 세를 불려 나간 활동가들은 조세 정책을 핵심 국정 의제로 계속 이어 나가는 데 기여했다.

물가 상승과 성장의 지체로 인한 경제적 불안정성은 1970년대 조세정치의 정치적 중요성을 설명하는 데 도움을 주는데, 특히 미국의 중하층 소득자들에게 그러하다. 1960년대 말에 이르러 전후 대다수 미국인들에게 경제 안정과 계층 상승을 제공했던 경제 성장이 둔화되어 결국 완전히 사라지자 화이트칼라 및 블루칼라들의 임금도 정체되었다.[49] 누진세 구조와 맞물려 치솟는 인플레이션—1969년부터 상승하여 1973년 석유 위기로 악화된—은 중하층 소득 납세자들에게 큰 세금 증가를 불러왔다. 1975년 양원 합동경제위원회 연구에 따르면, 개인 소득 및 급여세는 음식, 주택, 운송 가격에 비해 두 배 빠른 속도로 올랐다. 게다가 인플레이션은 부유한 납세자들보다는 중하층 소득자들의 조세 부담에 더 심각한 영향을 주었다. 가장 낮은 소득세 과세 구간에서 사회보장세는 13.8% 올랐고, 개인소득세와 합산하면 31%까지 상승했다. 중위 소득 구간에서 개인소득세가 31%까지 오른 반면 사회보장세는 21.6% 올랐는데, 이는 인위적으로 부양된 소득과 사회보장세에 맞춰 소득을 인상하는 법률 때문이었다.[50] 동시에 연방정부는 일반기업nation's corporations으로부터는 세금을 훨씬 덜 거둬들였다. 1955년, 연방 예산에서 법인세는 20%를 차지했고, 1970년대에 이르자 전체 연방 예산의 단 12%에 그쳤다.[51]

처음엔 자유주의자들이 초기 중간계급의 조세저항을 포착하고 이를 이념적으로는 일관되고 정치적으로는 강력한 다수 연합으로 전환하는 데 가장 유리한 위치를 점한 듯 보였다. 1969년 1월, 닉슨이 대통령 선서를 하기 며칠 전, 존슨 행정부의 재무부가 "연방세를 줄이거나 심지어 내지 않기 위해 조세법의 허점을 이용했던" 약 200명의 '부자들'의 명단을 공개함으로써 납세자들의 거센 분노를 유발했다.[52] 동시에 재무부는 이른바 "세금 회피 백만장자tax millionaires"를 겨냥해, 18개의 개인소득세 개정안과 4개의 법인세법을 포함한 포괄적인 조세 개혁안을 제출했다. 일부 부유한 납세자들이 연방 과세를 회피할 수 있게 해주는 "복잡, 모호, 그리고 난해한" 조세법에 대해 지적하고, 소득 최하층 구간에 있는 사람들에게 몇 가지 면세를 제공하는 것을 목표로 한 이 제안은 상층 구간 납세자와 기업으로부터 과세 수입을 올려 재정 증대의 효과를 얻음으로써 하위 구간의 감세분 34억 달러를 상쇄하고자 했다.[53]

재무부 보고서는 이미 지난해에 비해 10% 오른 소득세 납부로 "세금에 민감해 있던" 납세자들을 동원하는 데 도움을 주었다.[54] 불공정한 과세, 즉 소수의 부자들은 상상할 수 없을 정도의 세금을 납부하지 않는 반면 보통 사람들에게는 세금을 점점 더 걷어가는 조세제도에 분노한 납세자들은 의회의 조세 관련 의원들과 함께 전국적인 정치 의제로 조세 개혁을 밀어붙였다.[55] 닉슨 행정부의 재무부는 1969년 2월에만 조세 개혁에 대한 1,930통의 편지를 받았다고 보고했는데, 이전 연도의 관련 편지는 34통에 불과했다.[56] 납세자들은 베트남 전쟁에 맞선 학생들의 항의에 필적하는 강도로, 의회와 행정부에 부자들의 세금 특혜를 없애고 납세자들의 부담을 줄여줄 것을 요구하는 어마어마한 양의 편지를 보냈다.[57] 『뉴욕 타임스』에 따르면, 납세자들의 반란은 정치인들이 무시하려면 위험을 감수해야 하는 정치 인생의 새로운 사건이었다.[58] 의원들도 이에 동의했다. 밀스는 "의미 있는 조세 개혁만이 납세자의 사기가 완전히 무너지는 것을 막을 수 있다"고 하원 동료 의원들에게 말했다.[59]

그해 말, 의회는 닉슨 행정부의 거부권 위협에도 불구하고 근본적인 조세 개혁을 승인했다. 이 쟁점은 민주당에게 예기치 못한 정책과 정치적 승리를 가져다주었고, 중산층의 지지를 되찾는 길을 알려주는 것처럼 보였다.[60] 의회의 개혁 주장자들은 유권자들에게 세법 개정을 통해 세금을 더 낮추겠다고 약속했다. 인디애나주 민주당 상원 의원인 반스 하트케Vance Hartke에 따르면, 이 법안은 너무나 오랫동안 "끈기 있게 견뎌온 잊힌 미국인들에게 큰 승리"였다. 앨버트 고어 상원 의원은 집세를 지불하고 자녀를 양육하려 애쓰는 중하층 소득자를 돕는 하나의 방법으로 조세 개혁과 표적 감세를 높이 평가했다.[61] 마찬가지로 침묵하는 다수의 납세자들을 의식하여 닉슨 행정부는 12월 조세 개정안에 대한 거부권 포기 결정을 할 수밖에 없었다. 한 대통령의 참모가 말했듯이, "거부권은 '거대한 침묵하는 다수'의 공정한 몫에 반할 뿐만 아니라, 노령층과 같은 영향력 있는 집단을 소외시키는 위험을 무릅써야 했다."[62] 데이비드 케네디David M. Kennedy 재무부 장관, 로버트 메이오Robert Mayo 예산 담당 국장, 폴 매크래컨Paul McCracken 경제자문위원회 위원장도 거부권 행사가 "상위 소득 납세자들의 탈세를 보호하는 반면, 납세자들, 특히 저소득층 납세자들에게 … 의회가 제공한 혜택을 거부하는 것으로 해석될 것"이라고 지적하면서 의견 일치를 보았다.[63]

1969년 조세개혁운동은 새롭게 구성된 납세자 조직의 관심이 연방세법에서 공정성 혹은 형평성에 집중하도록 했고, 소득 과세에 대한 점증하는 대중적 분노를 활용했다. 조세저항은 성공적인 1969년 운동을 전후로 전국의 대도시와 소도시에서 계속되었다. 일부 보도에 의하면, 1971년까지 200만 명 이상의 납세자들이 약 2,300개의 조세저항 단체에 가입했다.[64] 하지만 그들이 대표하는 잊힌 미국인들처럼, 이들 조세저항자들은 자신들의 조세저항운동을 정치적으로 쉽게 범주화하는 것을 거부했고, 반동과 봉기의 복잡한 결합체임을 분명히 했다. 일부는 침묵하는 다수－조세저항운동가 로버트 바텔Robert Bartel의 말을 인용하면, "관심을 끌기 위해 당신들이 해야 할 일은 아주 크게 소리를 지르는 것"이라는 '급진주의자들'에게 학습된 백인 노동계급과 중간계급 자가 소유자들－의 대중적 이미지를 구체화하는 듯 보였다.[65] 일부 집단은 복지를 포함한 자유주의적 사회 정책 때문에 오른 세금 고지서를 받게 되었다고 비난했다. 조지아주 패닌 카운티의 지역 조세저항 조직 회원들은 카운티 감리위원회county board of supervisors에 푸드 스탬프 수급자 명단을 공개하라고 촉구했고, 도서관, 감옥, 정부 공무원의 급여를 포함하여 다른 공공복지 비용에도 이의를 제기했다.[66] 하지만 정형화된 반발 방식을 거부한 집단도 있었다. 예를 들어, 1970년 매사추세츠주의 부자 동네인 뉴턴시 가정주부들은 베트남전에 대한 반대 의사를 표시하고자 '집단적인 전화세 미납'을 선언했다.[67] 캘리포니아주 아칸소와 매사추세츠주의 노련한 복지권운동가들은 그들의 관심과 조직적 경험을 저소득층 납세자들을 동원하고 법인세를 탈세하는 기업에 대중의 관심을 향하게 하는 것으로 전환했다.[68]

자유주의 정치인들과 활동가들은 이 후자의 방식을 활용하고자 했다. 조세 개혁은 1972년 민주당의 대권 도전자들이 부자와 거대 기업의 불공평한 조세 특혜에 대해 다시 대중적 관심을 유도하자 전국적인 쟁점으로 재등장했다. 사우스다코타주 조지 맥거번George McGovern 상원 의원은 3월 6일 NBC의 시사 프로그램인 〈미트 더 프레스Meet the Press〉에 출연하여 "임금소득자인 중간 소득 국민에게 과도한 세금을 부과하는 것 … 그리고 이 나라의 소수의 사람들에게 … 시대정신과 법률이 정한 박애정신으로 해결할 수 있는 사실상의 모든 특권과 면세를 허용하는 것은 공정하다고 생각하지 않는다"고 말했다.[69] 민주당은 "역진적 소득세 체계의 경기 침체 효과"에 맞설 것이라며, 1972년 선거 강령을 통해 "평범한 미국인들에게 경제적 평등의 기회를 보장할 수 있는 더 진전된 세법 개정"을 약속했다.[70] 민주당 의원들은 침묵하는 다수를 무비판적이고 의식적으로 옹호하면서, "전통적으로 선거 때가 되면 정치인들의 구애 대상이 되고, 납세 시기에는 관심의 대상에서 벗어나며, 두 기간 사이에는 거의 잊히는 근면한 저소득 및 중산층 미국인 수백만 명에게 화답할 것"이라고 천명했다.[71]

맥거번의 처참한 선거 결과의 여파로 조세 개혁은 훨씬 더 관심의 대상이 되는 듯이 보였다. 자유주의적 성격의 '인간의 필요와 예산의 우선성을 위한 동맹Coalition for Human Needs and Budget Priorities' 소속 한 회원에 따르면, 진보주의자들은 '복지'와 '세금'에 적대적인 대통령 측의 다수파에 맞서서 사회 정책을 옹호하는 "불리한 위치"에 처한 소수파 동맹의 구성원이 되었다.[72] 이러한 딜레마를 벗어나는 방법은 "분명했지만, 쉬운 것은 아니었다." 자유주의자들은 "대규모 사회 정책 축소"를 넘어서 "다른 대상 인구에 대한 예산에 악영향"을 미친다고 주장하는 닉슨의 국내 정책에 비판적 입장을 취함으로써 "다수파 동맹"을 건설할 필요가 있었다.[73] 1970년대 초 내내 여성과 민권 단체, 노조, 시민과 종교 집단, 그리고 빈곤 철폐 조직의 대표들을 포함한 자유주의 활동가들은 폭넓은 대오를 정비하여 이러한 동맹을 구축하고, 자유주의 사회 협약에 새로운 활력을 불어넣기 위해 투쟁했다.

세금은 이 운동에 결정적인 역할을 했다. 1973년 2월, 전직 상원 의원인 프레드 해리스는 미국 조세법 개혁과 부자에게 복지를 박탈하는 것을 목표로 납세자 혁명을 이끌겠다고 천명했다.[74] 신대중행동New Populist Action; NPA으로 유명세를 탄 해리스 그룹은 10만 달러의 예산을 시작으로, 맥거번 상원 의원과 월리스 주지사 양쪽 지지자들로부터 더 많은 재정 지원을 이끌어내겠다는 계획을 가지고 대중적인 조세 체계 개혁운동을 조직하고자 했다. NPA의 조세개혁운동은 "조세 개혁을 위한 지지를 결집시키기 위해 지역 압력 단체를 만들고", 조세법의 불평등에 관한 일련의 공청회를 개최하고, 하원 세입위원회와 상원 재정위원회 위원들에게 압력을 가할 계획을 세웠다. 이들은 또한 '전국 조세행동의 날' 행사를 연방세 신고 마감일인 1973년 4월 16일에 개최하기로 계획했다.[75] 신대중행동은 여러 전통적인 자유주의 단체들의 지지를 이끌어냈다.[76] 하지만 이 단체는 기층 조직이 납세자를 조직하고 동원하는 데 크게 의존했는데, 조세행동의 날 행사는 중앙 조직보다는 지역 조직이 기획하고 개최했다. 아칸소주에서는 지역 활동가들이 "평범한 납세자들과 기자들을 버스에 태우고" 조지아 퍼시픽 철도회사George-Pacific Railroad와 알코아Alcoa 지역 사무소에 도착하는 '조세 회피 5대 기업 투어'를 조직했다. 샌프란시스코에서는 지역 단체가 '일반 납세자들이 지불한 복지급여'를 상징하는 '2,400만 달러짜리 수표 확대본'을 알코아사 건물에 전달했다. 애틀랜타의 조세행동연맹은 조지아 전력회사George Power Company 앞에 250명이 모여 이 공공기업에 '조세회피상'을 수여했다. 밀워키에서는 현행 조세제도의 불공정성에 항의하는 다양한 피켓을 들고 500여 명의 사람들이 지역 단체인 '세금과 납세자Taxes and Taxpayers; TNT'의 후원을 받는 집회를 조직하기 위해 시청 원형 홀 안까지 행진했다.[77]

해리스가 조세정치를 추구하는 자유주의 전략가들과 활동가 중 유일한 사람은 아니었다. 1973년 전국기독교교회협회the National Council of the Churches of Christ; NCC가 후원하는 조세와 부의 재분배 총회 연설에서 저명한 복지권 활동가인 조지 와일리는 그의 진보적인 동료들에게 연방 조세제도를 하나의 '대중 조직화의 도구'로 활용하자고 촉구했다. 와일리는 연방 세법이 기업, 백만장자, 석유회사에 보조금을 지급하는 방식에 대해 지적하면서, 법인세의 허점으로 "의회 입법 과정에 영향을 미치는 로비스트"가 없는 평범한 사람들에게 조세 부담이 가중되고 있다고 비난했다.[78] 그는 "평균적인 중위 소득 미국 납세자"를 대신해서, 그리고 이들에게 호소하면서, "이 나라의 노골적으로 불공정한 조세 구조"에 반대하는 전국적인 납세자 봉기를 촉구했다. 그는 대중과 정책 결정 엘리트들 모두에게 복지가 매우 부정적인 평판을 받고 있다는 점을 염두에 두고, "당신의 호주머니를 터는 사람들은 복지 수급을 받는 가난한 사람들이 아니라 복지 혜택을 받는 부자들"이라는 점을 청중들에게 상기시켰다.[79]

몇 달 전, 와일리는 경제정의운동Movement for Economic Justice; MEJ을 신설하고자 NWRO에서 물러났다.[80] 이 고참 시민권 조직가는 NWRO가 추구한 단일 쟁점식 접근법을 넘어 "괜찮은 보수를 주는 직장, 적정한 의료 보장과 더 공평한 과세 체계에 직접적인 경제적 이해관계를 갖는 다수의 다양한 사람들의 집단들 속에서 전국적인 기층 대중운동"을 이끌고, 기본적인 경제 보장 쟁점 주변에 있는 빈자와 소수자를 침묵하는 다수에 합류시키고 싶어 했다.[81] 와일리는 주거, 임금, 의료 보장, 소비자 쟁점, 복지, 사회보장법, 그리고 실업을 경제정의운동의 정치적·정책적 의제의 핵심 요소로 열거했지만, 이 새로운 조직이 가장 우선해야 할 것으로 조세 개혁을 꼽았다. 그는 연방 세법에서의 불평등은 '모든 국민의 이익과 배경'에 영향을 미친다고 주장했다. 즉 그는 이러한 불평등에 대한 응전과 제거를 목표로 "고령의 흑인 베트남전 참전 용사 … 병원 노동자, 가사 도우미, 여성, 세입자, 농업 노동자, 멕시코계 미국인, 흑인, 푸에르토리코인, 그리고 백인"을 함께 묶고자 했다.[82]

1973년 2월, 경제정의운동은 "조세정의를 쟁점으로 빈곤층과 저소득 및 중위 소득의 국민을 참여시키기 위해" 조세정의 프로젝트Tax Justice Project; TJP에 착수했다. 초기 TJP 조직책들은 개별 납세자에 초점을 맞춰, 이들의 세금 문제를 돕고 이러한 세금 문제가 어떻게 전체적으로 불공정한 조세 체계의 문제로 나타나는지 설명하기 위해 적게 잡아 125개의 무료 세금상담소를 설립했다.[83] 주로 공인회계사에게 교육받은 자원봉사자로 운영한 TJP 세금상담소는 가능한 지지자들을 연결하고 좀 더 선명하게 정치 투쟁에 나서게 하는 방식을 제공했다. TJP가 만든 자원봉사자를 위한 안내서는 자원봉사 세무사들에게 중·저소득자들이 적절한 세금 신고서를 제출하도록 돕고 "조세제도와 어떻게 조세제도가 중·저소득자에게 불리하게 작동하는지에 대한 기본적인 교육을 제공"해야 한다는 점을 주지시켰다. TJP는 또한 주 및 지방 조직과 밀접하게 연계해 운영했는데, 조세 회피 기업을 겨냥한 지방세 사업 계획을 세우고, 이들에게 "현행 조세 체계의 불공정성 … 무료 세금상담소 설치 방법 … 그리고 조세 개혁에 대한 입법 투쟁에 어떻게 참여할지"에 대한 정보를 제공하기 위해서였다.[84] 경제정의 운동과 랠프 네이더Ralph Nader의 조세개혁연구단Tax Reform Research Group과 같은 또 다른 전국적인 조직들은 "중요 상원과 하원 의원에 대해 … 신속하고 효과적인 최대의 압력을 동원할 수 있는 훈련된 지역 조직"을 건설하는 데 헌신을 다했다. 전국적인 조직들은 지역 단체들에 선출직 관료에 대한 정보를 제공하고 지역 활동가들이 법률 개정에 영향을 미치는 데 필요한 기술을 습득하도록 도울 수 있었다. 이를 통해 선도 조직들은 전국적으로 확장된 더 큰 납세자 조직의 '핵'이 될 수 있을 터였다.[85]

TJP 조직책들은 조직노동과 접촉했는데, 노동조합들은 조세정의를 위한 투쟁에서 필연적인 협력체로, 선거에서 새로운 다수를 구축하려는 진보주의자들의 계획에서 핵심 유권자로 보였기 때문이다. 노조원을 위해 준비된 '조세 개혁 준비 세트tax organizing kit'에는 샘플 보도자료, 의회 청원서, 전단지, 부자와 기업의 불공정한 세제 특혜가 일반 노동자의 경제 안정과 이동성을 어떻게 위험에 빠뜨리는지를 보여주는 근거 자료 등이 포함되어 있었다. TJP 자료는 종종 세제상 허점이 개별 노동자들에게 어떠한 영향을 미치는지 강조했다. 한 전단지에는 자본이득세에 대한 세제 혜택은 모든 임금소득자가 받는 세금 고지서마다 90달러가 부가되는 "월스트리트를 위한 복지"라고 적혀 있었다.[86] 또 다른 전단지는 "거대 기업과 부자를 위한 세제상 허점"으로 잃어버린 세금을 메우기 위해 모든 미국 가정의 세금 고지서에 900달러가 추가되었다며 기업과 '정치 소매치기배들'을 비판했다.[87] 다른 전단지를 통해서는 의회가 거대 석유회사에 자금을 대기 위해 노동자들의 급여를 팔아치우고 있다고 비난했다.

TJP는 또한 미국 경제에서 더 큰 문제를 야기하는 조세법상의 불평등을 비난했다. 예컨대 기업의 해외 지사에서 생긴 이윤에 관해 과세하지 않도록 한 세법들 덕택에 기업들은 해외에서 공장을 신설하고 이윤처에 투자를 집중했다.[88] TJP는 동일한 내용의 복사본 편지를 통해 의원들에게 "불공정한 세액 공제, 보조금, 감모공제depletion allowance, 그리고 여타 거대 기업의 탈세를 저지"하는 한편, "국민의 소득을 늘리고 우리 경제를 돕기 위해 중·저소득자의 세금을 낮추는 조세 개혁안"에 서명할 것을 독려했다.[89] 마찬가지로 조세 개혁의 필요성에 관한 근거 자료는 "수백만 달러에 달하는 기업의 탈세"와 미국 경제가 다시 활성화되는 데 "가장 큰 인플레이션 부담을 느끼는 사람들을 위한 감세", 그리고 "경기 침체와 인플레이션에 대항한 투쟁"을 밀접하게 연계했다.[90] 1975년 한 조세 개혁 단체는 부자와 거대 다국적 기업에 대한 세금 우대 정책이 일자리 창출과 경제 확대를 이끄는 데 실패했다고 주장했다. 대신 그들은 지역, 주, 연방 수준에서 정부 비용을 "일하고 생산하는 수백만의 미국인들"에게 간단하게 전가했을 뿐이다.[91]

진보적 조세 개혁 의제에는 중요한 부분인 더 큰 다수 전략뿐만 아니라, 자유주의 의제 설정자들에게 '복지'와 같은 "자유주의적 표어와 문구"의 포기 요구가 담겨 있었다.[92] 분명히 이 단체들은 지속적으로 사회지출 프로그램을 지지했고, "복지 서비스와 피고용자가 아니라 세금 허비를 축소"하는 세법 개정을 주장했다.[93] 진보적 조세 개혁

단체들은 많은 정부 프로그램을 지지하면서 스스로를 더 보수적인 세금 반대 단체들과 구별 지었다. 1970년대 후반 좌파적 색채가 강한 캘리포니아 행동연맹California Action League: CAL의 대표가 설명했듯이, "서비스나 일자리 축소" 혹은 "기초자치단체와 카운티의 정부 서비스가 … 노령층과 빈곤층의 삶에 결정적인 것이고 … 중간층에게도 중요하다는 것"은 해결책이 아니었다.[94] 다른 단체들은 종종 복지 수혜자 명부에서 납세자와 조세 수혜자 간 자의적 구분에 대해 이의를 제기했다. 예를 들어, 1972년 세인트루이스 조세개혁단은 한 여성이 매년 납부하는 판매세와 그 밖의 세금이 80달러임을 지적하면서, "우리 세금을 그녀의 가족을 먹이고 입히는 데" 사용한다는 '게으른 복지 사기꾼'의 이미지가 만연하는 데 대해 신랄하게 비판했다.[95]

하지만 대부분의 진보적 지도자들은 빈곤층−특히 소수자 빈곤층−에 대한 복지 혹은 지출을 직접 언급하는 것이 정치적 부담이었음을 인정했다. 거대 양당이 고비용과 저효율로 복지를 공격했던 10년의 세월이 지나고, 닉슨과 뉴욕 주지사인 넬슨 록펠러, 그리고 레이건 진영은 선거 구호를 통해 개인의 조세 부담 상승뿐만 아니라 다른 많은 미국의 병폐를 AFDC 수급 가족 탓으로 돌렸다.[96] 가족부조계획의 최초 기획자 중 한 사람인 워스 베이트먼에 따르면, 복지는 "블루칼라 노동자들 사이에서 실시되는 어떤 … 비인기도 조사에서도 아마도 거뜬히 수위를 차지할 터였다."[97] 진보적 조세 개혁가들은 심지어 최상위 부자에 대한 복지 혜택을 조롱하기 위해 대중들의 부정적인 복지 인식을 활용했다. 예컨대 와일리는 세입위원회와 재정위원회가

"공적 지원을 받은 기업의 모든 임원들을 대상으로 엄격한 자산 조사서와 구직 서류"를 작성하자는 반농담조의 제안을 했다.[98] 전국조세정의위원회the National Committee for Tax Justice; NCTJ 의장이자 오하이오 조세평등행동당Ohio Tax Equity Action; TEA 설립자인 밥 로이츠Bob Loitz도 마찬가지 의미에서 재정위원회에 "공공부조 없이는 살아남을 수 없는 거대 기업이 있다면 공개적이고 철저히 공명정대하게 즉각적인 직접지원 방식의 … 실업수당을 주자"고 제안했다. AFDC와 다른 빈곤 프로그램보다는 이러한 "부자를 위한 복지"가 "중·저소득의 미국 납세자들의 부담"을 가장 잘 설명해준다고 진보적인 조세 개혁가들은 주장했다.[99]

조세정치를 활용하여 백인 노동계급과 중간계급 유권자들을 설득하는 데 관심을 두었던 진보적 정치 기획자들은 종종 조세 체계상 특례 조항이 어떻게 특정 산업, 사업 혹은 계급에 '거액의 돈'을 집중시키는지에 대한 경제 분석에 집중했다.[100] 1960년대 중반, 일군의 조세 관계자 집단 — 이들 대부분은 의회, 행정 부처, 혹은 정책 싱크탱크에 고용된 전문 경제학자들이었다 — 이 낭비적 혹은 경제적으로 비효율적인 세금 우대를 줄임으로써 과세 기반 확대의 명분을 찾고자 모였다. 이 전문 조세 개혁가들의 모임은 윌버 밀스 위원장의 강력한 지원을 등에 업고 내국세입법의 철저한 심사를 수행했고, 이를 통해 조세법이 직접지출에 하나의 대안으로 활용되었다는 것이 어느 정도 드러났다. 이 조세 개혁가들은 모든 조세지출의 일소를 원하지 않았다. 오히려 그들은 시대에 맞지 않는 조세법을 손질해서 경제적 효율성을 촉진하고, 동일 소득에 근사치의 동일 과세를 납세자들에게 보장

해주고자 했다. 이들 개혁가들은 1969년 조세법안에 상당한 공제를 주장했고, 전부는 아니더라도 그들이 제안한 개혁안의 일부가 포함되었다.[101] 밀스가 언급했듯이, 조세법은 '중요한 경제적·제도적 조건의 변화'에 대응하기 위한 지속적인 개정이 요구되었기 때문에 이들 조세 전문가들은 내국세입법에 대한 정량 연구를 계속 만들어냈고, 진전된 개혁을 위한 하나의 사례를 구축했다.[102]

진보주의자들은 이러한 연구들을 부자와 거대 기업 친화적으로 불공정하게 구성된 연방 소득세법에 대항하는 하나의 사례로 활용하고자 했다.[103] 1972년 선거에서 민주당 후보들은 조세 개혁 단체에서 만든 한 연구─내국세입법에 연간 조세 지출에서 거의 770억 달러가 은폐되어 있음을 폭로한 조셉 페치먼Joseph Pechman과 벤저민 오크너Benjamin Okner의 브루킹스 연구소Brookings Institution 보고서─를 수용했다. 이 연구는 민주당 정치인들에게 미지의 대규모 세입 원천과 정치적 보고gold mine를 제공해주었다. 1972년 민주당 정책위원회는 만약 이러한 세법상 허점을 막고 세입 손실을 회복한다면 국가는 "필수 지출에서 예측 가능한 어떤 증가분에 대해서도 지급"하고도 남음이 있을 것이라고 공언했다.[104] 맥거번 상원 의원은 선거 유세장을 돌면서 부자와 기업이 그들에게 부과된 '공정한 몫'의 지불 회피가 가능하게 한 '세제상 허점'을 규제하는 조세 개혁으로, 국방비 축소와 병행하여 국가가 "새로운 프로그램을 가지고 앞으로 전진"하는 데 충분하고도 남는 540억 달러를 확보하겠다고 약속했다.[105]

하지만 브루킹스 연구소의 연방 조세법 연구는 훨씬 복잡한 현실에 대해 설명하고 있었다. 보고서에서 폭로한 조세 보조금에는 석유 감모공제와 같이 현저하게 역진적인 기업 탈루의 허점뿐만 아니라, 기혼자들을 위한 특정 세금 우대와 함께 1976년 연방정부의 49억 달러 세입 손실을 가져온 모기지 이자에 대한 공제를 포함한 훨씬 일반적인 세금 우대가 포함되어 있었다. 좌파 중 일부가 '세금 회피 백만장자'에 대한 정치적 공격을 확고하게 하려고 페치먼과 오크너의 연구를 활용했음에도 불구하고 실제 보고서는 현행 세율 – 770억 달러를 얻기 위해 사용된 이자율 – 에서 증가된 세금 징수액의 10%가 총소득 1만 달러 미만인 사람들로부터 올 것이며, 또 다른 43%는 총소득이 1만 달러에서 2만 5천 달러 사이의 사람들에게서 나올 것이라고 결론 내렸다.[106] 사실 이 연구에서 권고한 조세 기반을 확장하는 개혁은 "소득세의 형평성을 큰 폭으로 개선"하는 것이었지만, 이는 침묵하는 다수를 위한 증세를 의미할 수도 있는 것이어서 "다수 유권자에게 인기를 얻지는 못했다."[107]

또한 조세 개혁만으로는 진보적인 조세 개혁가들이 원하고 약속했던 대규모의 새로운 사회 프로그램 재원을 충당할 수 없었다. 일반적으로 학술 단체와 조세 개혁 전문가 단체의 회원들은 조세 개혁과 새로운 지출 프로그램을 연동하는 데 반대했다. 이들 조세 개혁가들 대부분은 세제 기반 확대를 새로운 지출 프로그램이 아니라 전체 세율을 낮추는 방식으로 이해하고 있었으며, 어떠한 조세 개혁안도 세수는 중립적이어야 한다고 주장했다. 경제학자 스탠리 서리Stanley Surrey 는 하버드대 공공정책 대학원the Kennedy School of Government이 후원한 1973년 3

월의 경제 라운드테이블에서 이 점을 지적했다. 그는 전 재무부 관료인 와일리를 직접적으로 비난하며, "조세 개혁을 통해 복지 개혁의 진전과 복지 개혁의 비용을 동시에 해결하려는" 노력은 결코 효과가 없을 것이라고 주장하면서 "조세 개혁으로 복지 개혁에 비용을 부담할 수 없다"고 말했다.[108] 또한 서리와 그의 동료 경제학자인 리처드 머스그레이브Richard Musgrave는 진보적 조세 개혁가들의 가장 기본적인 가정, 즉 조세 개혁이 중간계급과 노동계급의 경제적 이익을 빈곤층의 이익과 결합시킬 수 있을 것이라는 데 상당한 의문을 표시했다. 머스그레이브는 와일리에게 "1만 5천 달러의 임금소득자와 복지 수급자"의 연대는 조세 개혁이 동시에 두 집단 모두를 위한 변화를 가져올 것이라고 이야기하기 어렵기 때문에 "위험하고 비현실적"이라고 말했다.[109]

몇 가지 사건들이 경제학자들의 경고를 뒷받침했다. 와일리는 재산세 폐지에 대한 교외 지역 중간계급의 새로운 운동이 형성되어 좌파에게 다가가기를 기대했지만, 많은 지역 조세운동 단체들이 경제 정의에 관한 더 광범위한 쟁점에 거의 무관심하다는 것을 곧 알게 되었다. 또한 이들 중 많은 단체들은 "흑인, 치카노스(멕시코계), 인디언"까지 확대하는 회원제를 갖추고 있지 않았다.[110] 지역의 조직가들 역시 조세 개혁 정치에서의 잠재적 위험성에 대해 인식하고 있었다. 그들 조직이 이러한 재산세 개혁 쟁점을 둘러싼 '다수의 지지층'을 구축하기 위해 열심히 노력했지만, CAL의 조직책 마이크 반스Mike Barnes가 인정했듯이, "노령층, 백인 주택 소유자, 그리고 그들의 납세자·주택소유자 협회"를 대표하는 다른 더 보수적인 세력들이 이 쟁점을 장악하

는 것이 당연했다.[111]

국가 경제의 지속적인 악화ー전후 자유주의 사회 협약의 기반을 위협하는 실업의 증가, 성장의 정체, 요동치는 물가 상승의 결합ー가 새로운 진보적 다수를 허용하는 조세 개혁의 잠재력을 더욱 약화했다. 물가 상승은 많은 중·저소득 납세자들을 더 높은 한계세율 구간으로 몰아넣었다. 이 높은 조세 부담은 터무니없는 세율로 보일 수밖에 없는 수준의 연방 세금 고지서가 막대하게 늘어난다는 것을 의미했다. 사회보장세의 증가는 침묵하는 다수의 조세 부담을 더욱 가중했다. 1967년 존슨 대통령의 소득보장대책본부 및 경제자문위원이 예측했듯이, 급여세는 1970년대 내내 급격하게 올랐다. 이 10년 동안 13%에서 시작해서 모든 연방세를 합치면 22%에 달했다. 높은 역진성뿐만 아니라, 재산보다는 소득에 기반한 사회보장세는 노동계급 및 중간계급의 소득에서 가장 많은 부분을 차지했다. 조세합동위원회the Joint Committee on Taxation; JCT에 따르면, 1978년까지 평균 노동자 소득의 5.8%가 사회보장세로 들어갔다. 30년 전 사회보장세는 단지 1%였다.[112] 경기 하락과 조세 부담 증가가 동시에 일어나면서 정치학자인 마이클 브라운Michael Brown이 적절하게 이름 붙인 중·저소득 노동자들에 대한 "협공 효과pincers effect"가 만들어졌다. 이들 노동자들은 그들 스스로 "뚜렷한 혜택도 없어 보이는 급격한 조세 부담"을 강요당한다고 느꼈다.[113]

자유주의 조세 개혁 담론과 정책들은 인플레이션과 높은 세금으로 "쥐어짜인" 이들 중위 소득의 노동계급 주택 소유자들과 납세자들에게 거의 도움을 주지 못했다.[114] 진보적인 조세 개혁가들은 침묵하는 다수의 평범한 납세자들에게 호소력을 확대하고 싶어 했지만, 자유주의 정책 입안자들의 관심 밖에 있다고 생각한 이들 노동계급 및 중간계급에 대해 연방 조세법으로 보조금을 지급하는 방식에 대해서는 대체로 침묵을 지켰다.[115] 사실 진보적 조세 개혁가들은 1940~1960년대에 만들어진 복지국가와 납세시민권의 제한적 정의에 대한 문제 제기를 번번이 거부했다. 그들은 침묵하는 다수가 연방 정책에서 외면받아 왔고, 거의 혜택을 받지 못하면서 높은 사회지출의 비용을 댔다는 주장을 표면적으로는 수용했다. 물론 "나를 위한 복지국가는 없다"라고 확신한 잊힌 미국인들은 뉴딜, 제2차 세계대전, 그리고 전후 시기 시행되어 백인 노동계급 및 중간계급이 연방 프로그램으로부터 받았던 막대한 혜택에 대해 생각하지 않았다.[116] 침묵하는 다수의 상당한 좌절과 분노의 표적이 되었던 '위대한 사회'조차 메디케어와 교육에 대한 연방 지원의 형식으로 중간계급 및 노동계급에게 상당한 재원을 제공해왔다.

진보적 개혁가들은 국내 마셜 플랜과 자유를 위한 예산의 창시자들처럼, 백인 노동계급 및 중간계급이 복지국가로부터 상당한 혜택을 받았다고 지적할 수 있었고, AFDC만 포함한 협소한 복지국가의 정의에 대해 의문을 제기할 수도 있었다. 하지만 그들은 그렇게 하지 않았다. 사실상 몇몇 개혁가들은 중간계급 복지국가의 특별한 위상을 보호하고자 했다. 예를 들어, 해리스 조세개혁운동은 사회보장법에 의한 프로그램의 복지 기본 원칙들을 지적하거나, 급여세와 다른 형식의 연방 과세를 구분하는 허구적 담론에 대응하는 어떤 노력도 하지 않았다. 이 단체는 중요한 로비 집단, 하원의 주요 의원과 전직 사회복지 관료들을 고립시키는 것을 우려하면서 '보험'의 논리를 유지하려고 했고, 하나의 조세 혹은 역진적 사회보장세로 사회보장 '기여금'을 규정하려는 어떠한 노력도 반대했다.[117] 진보 단체들 역시 현행 조세 복지의 형식으로 침묵하는 다수가 혜택을 받고 있다는 주장에 반대했다. 한 단체는 비록 이론상 "평범한 사람들이 세제상의 허점으로 어떤 수혜를 입을 수도 있지만, 실제로는 그런 방식으로 작동하지 않는다"고 말했다.[118]

전후 복지국가와 조세국가의 제도와 이념적 약속은 납세자들의 점증하는 분노에 해결책을 제시하는 진보주의자들의 능력을 제한한 동시에, 보수 세력이 조직적이지는 않지만 강력한 납세자 저항을 혁명적인 정치 세력으로 전환시킬 수 있게 해주었다. 공화당 전략가들은 1972년 민주당 예비선거 기간에 조세정치의 재도입에 대응하여 높아가는 조세 부담의 원인이 대부분 '무책임'하고 '소모적인' 민주당 정책에 있다고 비난하는 강력한 정치적 수사를 발전시켰다. '위대한 사회' 프로그램을 향한 적대감은 FAP 논쟁의 장기화로 불붙은 복지에 대한 적대감 재발과 결합하여 이들 주장을 응집력 있게 만들고 주목받게 했다. 1972년 선거에서 보수주의자들은 복지가 '가족 해체와 불안정'을 이끌 것이라는 빈곤 전사들의 주장을 흡수하는 데 성공했을 뿐만 아니라, '조작된' 조세법이라는 자유주의자들의 공격을 활용하여 그들을 연방 지출 일반에 반대하도록 돌려세웠다.[119]

조세저항의 활용: 조세정치와 신공화당

1971년 10월, 닉슨 대통령의 언론 팀원이자 행정부 내 보수 집단인 '영턱스Young Turks'의 일원인 패트릭 부캐넌Patrick Buchanan은 대통령의 최측근인 해리 홀드먼Harry. R. Haldeman에게 백인 노동계급 및 중간계급의 애국심을 사로잡을 새로운 정치 전략이 담긴 비공식 문서를 전달했다. '민주당 갈라놓기'라는 제목의 이 문서는 "대통령에게 유리하도록 활용할 수 있는" 민주당 내 몇 가지 균열에 대해 요약해 놓았다. 이 문서의 분석 대부분은 '문화정치'에 대한 부캐넌의 설명에 초점이 맞춰져 있었지만, 경제 전략 역시 그에 못지않게 중요했다. 닉슨 행정부 첫 임기의 재정 확장적 태도가 "보수적인 밑바닥 계층foot soldiers"을 소외시키는 데만 성공했을 뿐 참담하게 실패했다고 확신한 부캐넌은 대통령에게 세금을 계급의식의 성장에 이용하여 산산조각 난 루스벨트 연합의 소외된 보수적인 노동계급에게 호소할 것을 권고했다. 그는 1960년대 뉴딜 연합의 '경제적 이익'이 '상호 보완적'이고 '조화'를 이루었던 핵심 민주당 지역의 지지층에서도 마찬가지로, 점차 희소한 경제 자원에 대한 경쟁이 시작되었다고 판단했다. 닉슨 대통령은 복지에 대한 강경 노선을 취함으로써 백인 노동계급과 중간계급의 지지를 공고히 하고, 민주당이 "복지 프로그램의 과잉으로 격분한 노동계급과 복지 수급 계층 중 하나를 선택"하도록 압박할 수 있었다. 만약 닉슨이 FAP를 중단하고 감세 주장을 재개한다면 "외면받은 미국인들, 즉 이 나라 노동자들의 분명하고 솔직한 대변자"로서 그의 평판을 보증받고 "민주당 내부"의 "돌이킬 수 없고 치명적인" 분열을 강제할 수 있다고 부캐넌은 공언했다. 닉슨 행정부의 FAP와 각 주와의 세입 교부제도를 포함한 확장적 재정 전략은 실패했다. 닉슨의 보수적 지지층은 "불만, 악의와 분노"가 커져갔다. 부캐넌은 "평범하고 연약한 우리 노부인들은 HR1*_{FAP}과 가격 통제, 그리고 1천억 달러의 적자에 결코 현혹되지 않는다"고 충고했다.[120] 닉슨이 민주당의 자유주의 지지층과 백인 노동계급 및 중간계급 중 하나를 선택하도록 민주당을 압박하지 않는다면 "민주당이 노동자들의 조세 부담 경감에 대해 이야기하는 동안, 대통령이 복지 개혁, 세입 교부, 환경 문제"를 떠안아야 할 터였다.[121]

부캐넌에게는 몇 가지 걱정거리가 있었다. 전국 여론조사는 전반적으로 닉슨이 1972년 재선에서 낙승을 거둘 것을 예상했지만, 대중들은 닉슨이 경제 전반을 다루는 데, 특히 조세 개혁에 대해 낮은 점수를 주었다.[122] 선거를 한 달 앞두고 실시된 한 조사에서는 "조세 개혁 이슈가 선거 마지막 달에 민주당 후보인 맥거번의 가장 강력한 이점으로 작용할 수 있다"는 결과가 나왔다.[123] 닉슨은 자신이 존슨 행정부가 제출했고 민주당 원내회의에서 승인된 조세 개혁안에 공개적으로 반대했기 때문에 1969년 조세 이슈에서 불리한 위치에 있다는 걸 알고 있었다. 닉슨은 납세자들의 분노를 부추기는 대신, "정부가 보호, 서비스, 그리고 경기 부양을 진전시켜야 한다는 국민적 목표에 활기"

---

* 1971년 초 하원에 FAP의 개정안으로 상정된 제도로, 푸드 스탬프는 제공하지 않고 미취학 자녀를 둔 여성의 구직 활동을 전제로 FAP보다는 낮은 연간 2,400달러를 지급하도록 되어 있었다. 하지만 1972년 10월 상원에서 부결되었다. Premilla Nadasen, *Welfare Warriors: The Welfare Rights Movement in the United States*, New York: Routledge, 2005, 81.

를 불어넣음으로써 조세 의제를 방어하기로 했다.[124] 백인 노동계급과 중간계급에게 복지국가를 확대한다는 닉슨의 초기 공약은 "세입 교부, 감가상각 개혁, 일하는 기혼 여성을 위한 교육 및 아동 보육 비용에 대한 감세, 개인세와 법인세의 통합, 그리고 지방재산세 감면" 비용을 상쇄하기 위해 부가가치세 신설까지 고려했다.[125] 닉슨 행정부는 FAP의 실패와 "빈곤층과 실업자들의 적"이라는 대통령의 평판에 대응하기 위해 나머지 확장적 국내 의제를 통해 조세 의제에 변화를 주었다.[126] 부캐넌은 전 민주당원이었던 존 코널리John Connally 재무부 장관과 함께 대통령이 '중·저 소득층'을 위한 감세를 '연방 지출 이슈'에 대한 강경책과 연계해야 한다고 촉구했다.[127]

민주당의 조세 개혁이 민주당 대통령 지명자가 포괄적 조세 개혁안을 거의 보편적인 연간소득보장으로 이해하여 논란의 여지가 있었던 가족당 1천 달러의 '데모그란트demogrant'와 연계하자, 민주당은 '노동계급'을 희생시키면서 '복지 수급 계층'을 도울 것이라는 공화당의 주장에 무의식적으로 동조하게 되었다. 여론 조사자인 루 해리스Lou Harris에 따르면, 중위 소득 유권자들은 만약 맥거번이 당선된다면 "더 높은 복지 비용 지출을 위해 세금을 인상할 것"이라고 우려했다.[128] 백악관의 경제보좌관 허버트 스타인Herbert Stein의 견해에 따르면, 맥거번은 조세 개혁을 소득 재분배와 연계함으로써 효과적으로 경제를 위한 정치를 "실업-인플레이션 이슈에서 소득 분배-감세 이슈로 옮겨 놓았는데, 이는 행정부의 위상을 더 강화할 것"이었고, 닉슨의 백악관이 "분명하게 증세에 반대하는 대중적 입장"에 호응하도록 했다.[129]

백악관과 닉슨의 선거팀은 맥거번을 "1950년대와 1960년대에 어마어마한 지출 프로그램 — 빈곤층에게 도움을 거의 주지 못한 반면, 노동자들을 파산시키고, 중간계급에 살인적인 과세를 실시한 프로그램 — 을 모두 통과시켰던 민주당의 자유주의 지도부"와 연계하는 광폭의 선거운동에 착수했다.[130] 닉슨의 선거운동 진영은 민주당의 조세개혁안을 소수의 빈곤층을 위한 새로운 복지 프로그램에 세금을 쓰려고 증세를 어설프게 위장한 것으로 재구성하여, 유권자들에게 부유층만이 아니라 중간계급과 노동계급도 맥거번의 계획에 비용부담을 해야 할 것이라는 점을 끊임없이 상기시켰다.[131] AFL-CIO 의장인 조지 미니 — 그는 1972년 대선에서 어느 후보에 대한 지지도 거부했다 — 는 이에 동의했다. 그는 노동부 장관 슐츠에게 "우리 조합원들은 우리 세금이 다른 사람의 복지 혜택에 쓰이고 있다고 생각한다"고 말했다.[132]

비록 충분히 준비된 것은 아니었지만, 닉슨 행정부의 조세정치 전환으로 공화당과 미국 정치는 더 큰 전환의 결정적인 국면을 맞았다. 닉슨 행정부는 한때 잊힌 미국인들에게 호소하는 방법으로 복지국가의 확대를 수용했지만, 1972년 감세정치를 받아들였다. 닉슨과 공화당은 '연방 지출 쟁점'에 대해 "실제로 거센" 타격을 가함으로써 눈에 보이는 복지국가의 확장에 분노하고, 동시에 전후 사회 협약의 한 부분으로 이해되었던 경제적·사회적 특권을 경계하는 유권자들에게 호소한다는 점을 분명하게 했다. '취약 계층'에 대한 감세에 초점을 맞춘 것 역시 공화당의 이미지 변신을 꾀하고 다수당의 지위를 준비하는 데 도움이 되었다. 부캐넌과 케네스 카키기언_{Kenneth Khachigian}이 6월에 작성한 '대응' 문서에서 요약된 바와 같이, 닉슨의 선거 당해 연도 조세 전략은, 공화당은 "번들거리고 뚱뚱한 현직"이라는 오래된 인식을 제거하고 대통령을 공화당과 연계된 "대기업과 유착되었다는 이미지"에서 분리하는 것이었다.[133]

닉슨의 첫 번째 임기 동안 좌파에서 우파까지의 조세정치의 여정은 미국 정치의 더 큰 변화를 반영했고, 만들어내기도 했다. 진보적 조세 개혁에 대한 설계 – 무엇보다 1960년대 후반과 1970년대 초의 급진주의 역풍을 비껴갈 하나의 방법으로 약속되었던 – 는 전후 자유주의 국가 자체의 제도와 이념적 약속 위에 세워졌다. FAP의 붕괴는 조세 개혁의 방식을 과세 쟁점을 둘러싼 보수주의적 재편성으로 향하게 했다. 감세를 약속하고 조세 부담의 상승을 복지 때문이라고 비난하면서 우파는 대중적인 인기를 얻고, 불안정하지만 선거에서 다수를 구축할 수 있었으며, 더 중요하게는 나머지 20세기 동안 논쟁의 관점을 이동시킬 수 있었다. 더욱이 FAP 붕괴 이후, 그리고 경제 공황과 정부의 경제 개입 권한에 대한 불신이 확대되는 상황에서 공화당은 중간계급의 복지국가가 제공하고 보장한 특권을 위축시키지 않고, 점차 가중되는 침묵하는 다수의 세금 부담을 감면해주겠다는 정치 의제를 성공적으로 흡수했다. 이것은 연방정부가 '복지'를 단지 협소하게 정의된 도덕적으로 가치 없는 집단에 제공한다는, 광범위하게 받아들여지지만 잘못된 인식에 따른 이른바 '반국가주의'였다. 보수주의 반조세정치의 거듭된 인기는 전후 자유주의 유산에 상당 부분 기반을 두었고, 궁극적으로 일단 자유주의 국가를 지속시키면서 자유주의 국가를 형성하고 옹호했던 정치 연합과 합의를 붕괴시키는 여러 가지 동일하고도 모순된 동기와 약속을 재생산했다.

제5장

게임 오버

레이건 혁명과
조세 논쟁의 결말

GAME
OVER

1980년 초여름, '인종차별주의 신념'을 가진 로버트 존슨Robert Johnson과 론 프람슈퍼Ron Pramschuffer라는 야심만만한 두 메릴랜드 기업인은 '백인 저소득 중간계급'의 분노를 보드게임화하는 방법을 생각해냈다.[1] 그들의 발명품 – 공공부조: 이 위대한 복지 게임을 할 수 있는데 먹고살려고 일할 이유가 있나요? – 은 그해 말 연말 쇼핑 시즌에 맞춰 출시되었다.[2] 모노폴리를 모방한 이 게임은 약 16달러에 판매되었는데, 게임 보드 한 개, 네 개의 말, 각 참가자의 동거인 혹은 배우자를 대표하는 동일한 말 네 개, 혼외 자녀를 나타내는 판지 세트, 그리고 게임 머니를 포함하고 있었다. 규칙은 간단했다. 참가자는 주사위 한 쌍을 굴리고, 두 트랙 – 신체 건강한 복지 수급자의 산책길 혹은 노동자의 평범한 길 – 중 하나를 따라 움직인다. 누구든 가장 많은 돈을 따면 게임이 끝나는데, 보통 12바퀴를 돌게 된다.

이 게임은 연방정부가 "그들 자신과 같이 열심히 일하는 빈곤한 납세자들"을 착취한다는 존슨과 프람슈퍼의 신념을 반영했다.[3] '노동자의 평범한 길' 위의 인생이 돈이 많이 들고 위험한 것은 당연했다. 참가자들은 연료비, 재산세(주사위를 한 번 굴릴 때마다 10배), 교육세(50달러), 새 타이어 교체(50달러의 견인 요금), 월세(역시 주사위를 굴릴 때마다 10배), 월 주차비(30달러) 지불 요구를 받을 수도 있다. 이들의 자녀들은 '유색인종 불량배들'의 직접적인 폭력과 도심 빈민 지역 학교로 버스 통학을 해야 할 위험에 노출되어 있다. 그들 친척들은 '출소한 살인자'에게 살해되거나 '가석방된 강간범'에게 강간당할 수 있는 위험에 처해 있다. 그들 딸의 '유색인종 남자친구'는 그들에게 150달러의 병원비를 요구할 수도 있다. 정부의 '과잉 규제'나 '유색인종 이민자들'과 '취약 계층 소수자, 동성애자, 여성 불교신자'를 위한 소수자 우대 정책은 그들의 직업을 빼앗을 수 있다. 거의 예외 없이 '노동자의 평범한 길'에 놓인 운 나쁜 참가자들은 "가혹한 세금 부담, 질식할 것 같은 정부 규제, 그리고 역차별에 희생당하는" 자기 자신을 발견하게 된다.[4]

한편 '신체 건강한 복지 수급자의 산책길' 위에 있는 참가자들은 저널리스트 니콜라스 레만Nicholas Lemann이 "약탈, 도박, 음주, 혼외 자녀 출산, 그리고 정부 혜택 수령의 유쾌한 원정"으로 묘사한 것을 경험했다.[5] 이 게임은 재정이 바닥난 정부를 속이는 수많은 기회를 제공했다. '산책길' 위의 참가자들은 "불안한 주부들에게 … 신경안정제를 팔아 500달러를 벌어들이고", "애틀랜틱시로 가는 길에 5개의 다른 복지 사무소"에서 '긴급 보조금'으로 700달러를 수령하고, 사회보장 기금에서 300달러의 장례 급여를 부정 수급하거나, 복지 수급자들의 투표에 관심이 많은 유색인종 정치인에게 200달러를 받을 것을 기대할 수도 있다. 물론 '신체 건강한 복지 수급자의 산책길'에서 추가 자금을 받기 위한 가장 쉬운 방법은 더 많은 자녀를 갖는 것이다. 참가자들은 첫째 아이 때 200달러를, 자녀 수에 제한 없이 혼외 자녀가 생길 때마다 100달러를 받을 수 있을 것이다. '산책길'의 인생은 '노동자의 평범한 길' 위의 인생보다 수지맞을 뿐만 아니라 더 재미가 있었다. '신체 건강한 복지 수급자들'은 그들의 복지 수당을 경마 게임을 하거나 주정부의 복권을 사는 데 사용할 수도 있을 것이다. 고단한 노동자들은 그럴 시간도 돈도 없다.

요컨대 복지 게임은 복지 수급자들과 연방정부의 요구로 인해 납세 시민들의 권리와 복리가 위협받는 세상을 명료하게 보여준다. 이 게임은 낡은 인종적·성차별적 고정관념에 기대어, 1980년대까지 특히 복지, 그리고 자유주의 일반에 관한 주류 담론의 중심에 자리 잡아왔던 세금 수혜자와 납세자 간 제로섬 경쟁에 대해 시각적인 효과를 담아 주장했다. 존슨은 이후 "우리는 이 게임을 발명하지 않았다. 정부의 자유주의자들이 만든 것이며, 우리는 단지 그것을 포장지에 넣었을 뿐"이라고 말했다.[6] 이 게임은 신체 건강한 복지 수급자와 노동자의 길을 갈라놓았을 뿐만 아니라, 노동자의 부담은 복지 수급자와 그들을 돕는 연방정부 모두의 행위에 그 원인이 있다는 점을 분명히 했다. 예를 들어, 복지 산책길의 참가자가 '혼외 자녀 갖기' 코너에 도착하면, 노동자의 평범한 길에 있는 각 참가자들은 호주머니에서 50달러를 꺼내 복지 산책길 참가자에게 지불해야 했다. 노동자의 평범한 길과 관계된 대부분의 불행은 연방정부나 사회복지 시설 때문에 발생했다. 그리고 노동자의 평범한 길에 있는 참가자가 어떻게든 역경을 그럭저럭 극복하고 대부분의 돈을 따서 게임을 끝내더라도 그 참가자는 "납세자들이 어렵게 번 돈을 보관하는 관리인*"에게 세금을 납부(10~50%까지)해야 했다.

1980년까지 복지 ─ 빈곤층 여성과 그의 자녀들에 대한 자산 조사형 부조로 협소하게 정의된 ─ 와 세금 간 관련성은 잘 수립되어 있었다. 그래서 납세자의 합법적인 권리와 이익이 복지 대상에 오른 의심스러운 사람들의 권리 및 불법적인 세금 수혜자 간 경쟁으로 위태롭게 되었다는 생각도 가지게 되었다. 보수주의자들뿐만 아니라 자유주의자들도 이러한 담론과 정책 틀을 만들어내는 데 주된 역할을 했지만, 1970년대 중반에 이르자 공화당이 조세 이슈를 자신의 것으로 주장하기 시작했다. 공화당은 1970년대 말 경기 침체와 정부제도에 대한 급격한 신뢰 악화로 공화당의 새로운 반조세 정체성에 대해 대중들이 동조하고 지지를 보내자 이러한 입장을 공고히 했다. 1970년대가 끝날 무렵, 공화당 우파는 조세와 위법적이고 심지어 유해하기까지 한 복지지출이라는 쌍둥이 이슈에 집중했던 전후 자유주의에 대한 응집력 있고 정치적으로 가능한 대안을 성공적으로 가시화했다. 공화당은 개인의 권리와 경제력 향상에 대한 자유주의의 전통적인 옹호 논리를

---

* 이 관리인(the custodian)은 세무당국을 의미하는 것으로, 게임 참가자 중 한 명이 그 역할을 하게 된다. 참가자들의 게임 머니를 규칙에 따라 지급하고 수취하는 중개인으로서, 노동자의 평범한 길의 참가자 게임이 종료되면, 그 최종적인 획득 금액에 따라 세금을 수금하는 역할을 한다. 세율은 5천 달러 미만 10%에서 3만 5천 달러 이상 50%까지 5단계로 나뉘어 있다. 물론 복지 수급자의 산책길 참가자에게는 세금이 부과되지 않는다. 이 보드게임에 대해서는 https://archive.org/details/Public_Assistance_Game 참조

차용하면서 단지 "예산과 국가에 커다란 부담"을 부과하고 "국민들을 정부에 종속"시키는 데만 성공한 공공 프로그램을 구축함으로써 국민의 소망을 무시하는 결정을 했던 자유주의 세력에 대항하는 보루로서 성공적으로 자리매김했다.[7] 조세와 지출에 관한 쟁점은 프레임화되어 이 정치 의제에 생명력을 부여했다.

우파의 조세 및 지출 의제는 정부가 백인 중간계급을 보호하고 육성하는 동시에 복지―이른바 소모적이고 잔여적 프로그램이라고 언급되는―를 정부의 공적 역할로 인정하는 데 명확한 구분을 하지 않았던 자유주의 조세복지국가의 노선 덕에 성공을 거두었다. 캘리포니아 제안 13호proposition*로 전국적인 조세 저항이 폭발하기도 전인 1978년 이전에도 공화당은 연방소득세를 불신받는 자유주의 국가와 개별 납세자의 재산권에 대한 심각한 침해의 원천으로 낙인찍으면서 조세 정치를 장악하는 데 성공했다. 복지 의제는 공화당에 자유주의 국가를 공격하는 공론정치의 선명성과 동시에, 다수 미국인들의 경제적·사회적 특권 보호를 약속하는 연금술적 생기를 부여했다.

레이건 정권기 국내 정책은 부유층 납세자를 위한 감세 지향적 성장과 빈곤층을 겨냥한 연방 지출의 축소를 결합시켰다. 1981년 레이건 행정부는 새롭게 형성된 의회―보수파의 우세와 위축된 야당인

---

* '재산세 제한을 위한 주민발안'을 공식 명칭으로 하는 제안 13호는 1978년 주민투표를 거쳐 캘리포니아 헌법의 수정 13조 A항으로 채택되었다. 개인 부동산에 대한 과세는 현금 가치의 1%를 초과하지 못하며, 부동산 평가 금액의 연간 상승률 2% 내에서 제한하는 것을 골자로 하는 이 법안은 조세저항운동과 1980년 대선에서 레이건의 감세정책운동이 지지를 얻는 데 크게 기여했다.

민주당으로부터 거의 견제를 받지 않고 – 의 지원으로 대규모 감세와 상당한 예산 축소를 이끌어냈다. 그러나 이 조세와 지출 정책의 '혁명'은 단지 1년 동안만 지속되었을 뿐이었다. 1983년과 1984년 레이건 대통령은 천정부지로 치솟는 적자를 의식하면서 대규모 증세의 필요성을 받아들였다. 즉 1986년 레이건 행정부는 의회를 통해 과세 기반을 확대하는 방식의 소득세 개혁안 추진을 주도했다. 비록 정부가 자산 조사형 프로그램에 대한 지출 공약을 줄이는 데는 성공했지만, 위대한 사회나 뉴딜 복지국가 – 특히 광범위한 중간계급에 혜택을 주는 프로그램들 – 를 해체하려는 시도는 그리 성공적이지 못했다. 레이건 시대에 대한 한 연구에 따르면, "전반적인 입법에서 승리를 거둔" 초기 1년이 지난 후 백악관은 "자신의 의제를 진전시키는 데 추가적인 성공을 거의 거두지 못했다."[8]

레이건 혁명은 초기 그들의 프로그램 – 과 그 프로그램에 대한 수사적 방어 – 이 미국 자유주의 언어에 강고하게 기반해 있었기 때문에 성공했다.[9] 레이건의 조세 및 지출 정책의 자유주의적 틀과 뉴딜, 제2차 세계대전, 그리고 전후 조세 및 복지국가의 오랜 영향력 모두를 통해 미국 정치에서 우경화의 정도는 제약을 받았다. 1970년대 초 복지 위기가 절정에 달했을 때 처음으로 가시화되었던 공화당의 새로운 반조세 의제는 매우 제한적인 복지에 대한 정의, 그리고 증가하는 조세 부담과 복지 수급자 간에 연관성이 있다는 인식에 의존했다. 레이건 정부가 반조세 의제의 초점을 자유주의 복지국가의 더 크고 가치 있는, 그리고 더 대중적 지지를 받는 부분 – 사회보장제도와 메디케어를 포함하는 – 으로 전환하자 '혁명'은 교착 상태에 빠졌다. 여기서 레이건은 존슨 시기 위대한 사회를 추진하면서 맞닥뜨렸던 동일한 문제, 즉 미국인들의 연방정부 수당에 대한 선호와 수당 지급을 위한 납세 거부감을 어떻게 조화시킬 것인가 하는 문제에 직면했다.[10]

우리가 알고 있는 조세 개혁의 종말

1972년, 닉슨의 선거운동은 평범한 납세자들의 분노를 이용하여 노동계급과 중간계급의 희생에 대한 강력한 정치적 서사와, 뉴딜 연합을 더 약화하고 진보의 새로운 다수 전략을 흔들기 위한 강력한 정치적 방안을 전개했다.[11] 4년 후, 제럴드 포드 대통령은 지미 카터Jimmy Carter 조지아 주지사와의 막상막하의 선거전 와중에 과거 닉슨의 선거운동 대본을 버리고, 그의 경쟁자를 하위 50%를 돕기 위해 상위 50%의 세금을 올리려는 "헤프게 돈 쓰는 사람"으로 낙인찍었다.[12] 하지만 민주당이 "세금을 흥청망청 쓰는 사람들"이라는 데 대항해 '평범한 납세자'의 보호자로 자임하며 이러한 정치적 호소를 가장 명확하게 한 사람은 바로 로널드 레이건이었다.[13] 로널드 레이건은 그의 첫 번째 취임 연설에서 "국민의 동의를 넘어 비대해진" 정부와 "성공적인 성취에 불이익을 주는" 조세 체계를 겨냥해, 국가의 중첩된 사회적·문화적·정치적·경제적 문제들에 대한 책임이 연방제도들에 있다고 비난했다.[14]

공화당의 변신과 반조세 의제에 대한 정치적인 성공은 1970년대

의 경제적 맥락 속에서만 이해될 수 있는 것이었다. 특히 생활비 증가
는 침묵하는 다수의 불만과 불안정을 야기했다.[15] 1973년에서 1981
년 사이, 물가상승률이 약 6%에서 13% 이상 오르자 미국인들은 '높
은 생활비'를 다른 어떤 문제보다 자주 언급하면서 "국가가 직면한
가장 중요한 문제"로 꼽았다.[16] 1979년 여름, 정치 저널리스트인 시어
도어 화이트Theodore White는 "미국인들의 감정, 마음, 그리고 미래의 가
족 계획에 중압감을 주는 것으로 인플레이션에 대적할 만한 다른 문
제는 있을 수 없다"고 기고했다.[17] 기업인과 전문직부터 육체노동자
까지 거의 모든 사람이 인플레이션을 "나라의 가장 중요한 문제"라고
말했다.[18] 분노한 소비자들은 1973년과 같이 종종 직접행동에 나섰는
데, 육류 가격이 75%까지 상승하자 피켓시위를 벌이고 일주일 내내
전국적인 육류 불매운동을 벌였다. 그러나 가장 중요한 것은 현재의
편안한 삶well-being뿐만 아니라 '미래의 계획'에 위협을 주는 경제 위기
가 평범한 미국인들의 통제 범위 밖에 있는 것처럼 보인다는 데 있었
다.[19]

설상가상으로 연방정부는 경제적 재난 상황에 대해 무능해 보였다.
경제학자들은 어떻게 물가 상승과 경기 침체가 동시에 일어날 수 있
는지－'스태그플레이션'－에 대해 그 정책 대안을 마련하는 것은 고
사하고 설명하는 것조차 당황스러워했다. 그래서 경제 위기는 미국
인들의 삶의 기본 제도에 대한 신뢰를 저하시키는 일종의 지성적이
고 문화적인 위기를 낳았다.[20] 1970년대 말, 여론조사 전문가인 대니
얼 얀켈로비치Daniel Yankelovich는 국가 제도의 불신이 역사적으로 미증유

의 수준에 이르렀다는 기고문을 냈다.[21] 이것은 특히 정부와 관련해서 딱 들어맞았다. 1976년 미국의 네 개 도시 2천 가구를 대상으로 한 조사에서 일반적으로 시민들은 국가적인 경제적 난국에 '정부와 정치인들'이 책임이 있다고 생각하는 것으로 나타났다.[22]

같은 시기, '정부 내 인사들'이 많은 세금을 낭비한다고 믿는 미국인들의 비중은 47%에서 78%로 늘었다.[23] 많은 학자들이 정부가 세금으로 무엇을 하는가에 대한 대중의 혐오 증대에 관심의 초점을 두었지만, 다른 측면 - '정부 관료들'에게 매년 국민들이 지급하는 돈이 얼마인가에 대한 국민들의 인식 - 도 그에 못지않게 중요했다. 조세법의 누진성은 1970년대 인플레이션 위기를 배경으로 납세자들을 점점 더 높은 과표 구간으로 몰아갔고, 생활수준의 실질적인 향상과 관계없어 보이는 급속한 조세 부담의 증가를 만들어냈다. 10년간의 만성적 경제 및 에너지 위기, 그리고 지속적이며 표면적으로는 설명할 수 없는 스태그플레이션과 맞물린 이 현상 - 과표 공포 현상으로 알려진 - 은 이전의 조세 개혁에 대한 요구를 거센 감세 요구로 돌려놓았다.[24] 세금 부담의 증대는 전반적인 경제의 붕괴와 고조되는 경제적 불안정과 맞물려 조세 일반에 대한 대중적 적대감을 조성하는 데 일조했는데, 공화당 재건 반대파, 새로운 공화당 정치 기획가 세대, 그리고 새로운 보수주의의 반기득권 집단이 활용하는 데는 더할 나위 없이 좋았다.

1970년대 마지막 조세법안이었던 1978년 재정법은 레이건 시대의 조세정치를 위한 최종 예행연습 무대를 제공했다.[25] 1월, 카터 대통령은 개인 및 기업에 대한 340억 달러의 비교적 적은 감세를 약 90

억 달러의 예산 증액 개혁으로 상쇄하는 안을 제안했다. 카터는 서민의 십자군을 자임하면서, "일반예산 덕분에 호화롭게 살 수 있는 몇 안 되는 사람들"을 단속하고, "생계를 위해 고군분투하는 저·중위 소득 노동자들"의 이익을 보호하겠다고 약속했다.[26] 이 일괄법안은 연소득 10만 달러 이하의 거의 모든 사람들 혹은 인구의 약 96%에게 세제 혜택을 보장했지만, 곧 좌·우파 모두의 반대에 직면했다.[27] 실제로 일괄법안이 공식적으로 공개되기 이틀 전, 전국도시연맹이 예정된 조세안으로는 전국 흑인 지역사회의 요구를 충족시킬 수 없다고 비난했다.[28] 하루 뒤, 민주당의 세입위원장인 오리건주 알 울먼Al Ullman 의원은 "기업의 비용 계정을 옭죄는" 대통령 안을 위원회는 받아들이지 않겠다고 발표했다.[29]

카터 행정부는 조세 논란을 통제하지 못했다. 최상위 소득층의 세제 혜택에 대한 대중적 분노를 이끌어내고, 1969년 그들이 했던 것같이 조세저항을 이용하려는 민주당의 노력은 좌절되었고, 종지부를 찍었다.[30] 하원 세입위원장과 상원 재정위원장은 어떠한 재정 증가나 탈세 방지를 위한 개혁도 그들 위원회에서 힘든 싸움에 직면하게 될 것이라고 누차 경고했다.[31] 4월이 되자 몇몇 자유주의적 민주당 의원을 포함한 세입위원회 의원들은 '조세 개혁 없는 감세'의 가능성을 고려하기 시작했다.[32] 그리고 여름이 끝날 무렵, 상당수 민주당 의원을 포함해서 의회는 대통령의 일괄법안을 모두 거부했고, 대신 상층 과세 구간 사람들에게 가장 큰 혜택을 주는 상대적으로 역진적인 과세안을 통과시켰다. 자유주의적 성격의 '조세개혁연구단'의 로버트 브랜든

Robert Brandon 소장에 따르면, 1978년 재정법은 "지난 10년간의 조세 개혁 노력"에 역행하는 것이었다. '공공시민Public Citizen'은 이 법안이 "조세 체계를 건전하게 하고 조세 부담을 더 공정하게 하려는 우리의 노력에 상당한 후퇴를 가져온 것"이라고 말하며 이에 동의했다.[33] 『계간 의회』는 그해 말 발간호에서 "카터와 자유주의 민주당 의원들"이 "조세법안은 '소득을 재분배'해야 한다는 전통적인 믿음"을 부정하는 "공화당 의원과 보수적인 민주당 의원 간 동맹"에 의해 허를 찔렸다고 결론지었다.[34]

1978년 조세법안의 두 가지 수정안에 대한 논쟁—1차는 1969년 이전 수준으로 자본이득세율을 돌리는 것이었고, 2차는 특정 조세지출에 대한 정기적인 의회의 재승인을 요구하는 민주당 수정안—은 조세 개혁에 대한 카터의 설득력이 취약했다는 사실을 보여주었고, 레이건 시대 조세 정책과 조세정치의 예고편을 제공해주었다. 이러한 수정안들은 모두 1970년대와 1980년대 우경화의 역사적 특이성을 보여주는데, 하나는 미국 경제의 침체와 이를 지속시켰던 케인스주의 합의를 결부시키고, 다른 하나는 양자를 분리시키고자 했던 자유주의 국가의 제도와 이념을 이어놓고 있다.

카터 대통령이 제안한 매우 논쟁적인 재정 증대 개혁안 다수가 사실상 의회에 도착하자마자 사문화되면서 조세 논쟁은 자본이득세율을 낮추자는 위스콘신주의 윌리엄 스타이거William A. Steiger 하원 의원이 제출한 수정안으로 재빠르게 모아졌는데, 그는 "공화당의 가장 촉망받는 정치인 중 한 명으로 널리 인정받는" 젊은 의원이었다.[35] 상원에서는 25명의 민주당 의원을 포함해 60명이 공동 발의한 유사한 법안이 제출되었다. 카터 행정부는 자본이득세에 대한 어떠한 축소에 대해서도 반대 ─ 감세 법안을 '살찐 고양이 수정안'과 '백만장자 구제법'으로 재차 비난하면서 ─ 한다는 굳은 태도를 유지했지만, 세금을 줄이자는 생각은 의회에서 멈출 수 없는 분명한 관성을 가지고 있었다.[36]

자본이득세 축소 논쟁은 공급 측면 경제의 정치적 생존 능력을 검증하고 보여주었다. 1960년대 말과 1970년대 초, 인플레이션이 심화되고 경제 성장이 더디자 몇몇 대학 교수들과 정치인들은 수십 년 동안 미국 경제 정책을 이끌었고 자유주의 국가의 확대를 정당화하고 보증했던 케인스주의 이론에 이의를 제기하기 시작했다(제2장 참조). 케인스주의 합의가 약화되면서 대학의 경제학 교수들은 관례적으로 받아들여졌던 지배적인 신념에 대한 몇 가지 본질적인 비판 ─ 필립스 곡선Philips curve에 대한 1967년 밀턴 프리드먼Milton Freedman의 수정가설evisceration*로부터 마틴 펠드스타인Martin Feldstein의 '신공공재정론**'과 로버트 루카스Robert Lucas의 '합리적 기대이론***'까지 ─ 을 제시했다.[37]

---

* 필립스 곡선은 1950년대 말 영국의 경제학자 A. W. 필립스가 영국의 장기시계열 조사를 통해 임금상승율과 실업률 사이에 부의 상관관계가 있다는 점을 밝혔고, 케인스주의자들은 이 연구를 모태로 재정 및 통화 정책을 통해 적정 수준의 인플레이션에서 수용 가능한 실업률을 유지할 수 있다고 보았다. 하지만 1968년 밀턴 프리드먼은 실업률이란 경제, 특히 노동시장의 구조적·제도적 특성에 좌우되는 것으로, 이를 자연실업률이라고 불렀는데, 케인스주의자들이 주장하는 수요 정책을 통한 인플레이션과 실업률 간 상쇄관계는 일시적일 수는 있어도 장기적으로는 성립할 수 없다고 반박했다.

** 합리적 경제 행태를 제약하는 방식의 조세 체계는 케인스주의자들이 인정했던 것보다 훨씬 더 심각하게 저축과 투자 결정을 왜곡한다는 것으로, 이 이론은 1980년대 미국의 세금이 투자 결정에 심각한 방해 요소였다고 수많은 경제학자들이 확신을 갖게 했다.

*** 미국의 경제학자인 루카스의 합리적 기대이론은 복잡한 수식을 가지고 있지만, 결론은 간단하다. 즉 예측을 앞세운 정부의 경제 개입은 실패할 수밖에 없는데, 경제 행위자들은 이미 이를 간파하고 행동하기 때문이라는 것이다.

1970년대 중반까지 경제 위기는 케인스주의 경제학이 스태그플레이션 문제에 대해 어떤 실용적인 방식으로 처리하기는커녕 이를 설명할 수도 없는 것으로 보였기 때문에 경제학 분야에서 일종의 지적 위기를 낳았다.[38] 이러한 케인스주의 경제학의 실패는 전체 경제 전문가들 내에서 케인스주의 합의의 약화와 결합하여 새로운 경제학 이론과 정책의 형성 및 확산을 위한 정치적 공간을 넓혀 놓았다.

이러한 관념들 — 공급경제학 — 에서 가장 정치적으로 도드라진 부분은 공급 문제에 대한 관심을 다시 활성화하기 위해 소비자 수요 촉진을 강조하는 케인스주의를 거부한다는 데 있었다. 공급경제학자들은 19세기의 프랑스 경제학자 장 바티스트 세Jean Baptiste Say의 연구로 돌아가, 케인스주의자들이 노동과 투자에 대한 인간의 동기를 무시했다고 비난하면서 정부 정책들이 대규모의 노동과 자본을 시장에서 철수하게 함으로써 어떻게 '절름발이 경제hobbled economy'를 만들었는지로 관심을 돌렸다.[39] 공급경제학자 노먼 투어Norman Ture는 잘못된 케인스주의 재정 정책 때문에 매년 5억 달러가 성장에 쓰이지 못하고 소모되었다고 추정했다.[40]

공급경제학은 주류 경제학 내 지적 통찰에 기대고 있었지만, 반혁명적인 신新우파에 의해 만들어진 "전체적으로 정치화된 공공 정책과 선동적인 저널리즘의 세계" 속에서 형성되었다.[41] 공급경제학의 이상idea은 1970년대 초반 대체로 널리 소개되는 수준이었지만, 신보수주의 기관에 의해 수립되고 중재된 관계망 속에서 입법과 정치 형태를 갖추었다.[42] 공급경제학의 감세에 대한 관념은 술에 취한 시카고 대학교의 경제학 교수 아서 래퍼Arthur Laffer가 『월스트리트 저널』의 주드 와니스키와 포드 행정부의 관료였던 딕 체니Dick Cheney에게 칵테일 냅킨 뒷면에 그 원리를 설명한 데서 시작되었다.[43] 1974년과 1975년에 걸쳐 와니스키, 래퍼, 그리고 컬럼비아 대학교의 경제학 교수인 로버트 먼델Robert Mundell은 '경제 정책 승계 방식의 묘안을 짜기 위해' 정기적으로 만났다.[44] 이 집단에는 곧 다른 보수적인 반국가주의자들insurgents이 참여하게 되는데, 장래 예산관리국Office of Management and Budget; OMB 국장이 될 데이비드 스토크먼David Stockman과 감세에 대한 '복음주의적' 열정으로 "하원 초선 의원에서 전국적으로 열린 공화당 집회에서 스타로 등극한" 뉴욕주 북부 출신의 제2기 하원 의원인 잭 켐프Jack Kemp가 합류했다.[45] 켐프의 설득과 와니스키의 '선교 활동'은 또한 『월스트리트 저널』의 편집자인 로버트 바틀리Robert Bartley를 공급경제학 진영으로 끌어들였고, 해당 저널의 사설 면을 공급경제학 학설의 '준공식적 발언대'로 바꿔 놓았다.[46]

공급경제학의 주장은 자본이득세율 인하 논쟁 와중인 1978년에 일찍 시험대에 올랐다. 공급경제학 지지자들은 자본이득세의 삭감을 공급 정책으로 분류하지는 않았지만, 와니스키와 켐프 같은 독실한 신봉자들의 관심사임을 반영하여 감세를 지지하는 것으로 정리했다. 공급경제학자와 마찬가지로 자본이득세 삭감 지지자들은 경제 성장의 엔진으로서 소비자의 수요보다는 투자에 초점을 맞췄고, 자유주의 정책이 1970년대의 경제적 고통을 야기했다고 비난했다. 예를 들어, 수정안의 주요 후원자인 스타이거 하원 의원은 '재분배를 위한 과세'가

국가의 자본 총량을 줄였고, 일자리 투자와 창출을 위한 국가 능력을 제한했다고 비난했다. 스타이거는 자본이득세를 줄임으로써 의회가 자동적으로 자본 형성을 촉진하고, 새로운 투자를 만들고 수십만 개의 일자리를 창출할 수 있다고 주장했다.[47]

이러한 주장은 조세법안에 대한 상원 재정위원회 청문회에서 여러 증인들에 의해 거듭되었다. 당연하게도 전국제조업협회와 전국상공회의소를 포함한 기업집단은 감세에 찬성했다. 전국제조업협회 대변인은 자본이득세의 감세가 "생산적 투자를 위한 일반적인 조세 환경"을 향상시키는 데 크게 이바지하고, 중위 소득 납세자들의 부담을 덜게 해줄 것이라고 주장했다.[48] 상공회의소의 수석 연구위원인 잭 칼슨Jack Carlson은 더 나아가, 자본이득세율을 낮추는 것이 "저소득층, 노령층, 소수자들, 여성과 청소년들"에게 가장 많은 도움을 줄 것이라고 주장했다.[49] 이러한 주장에 해리슨 윌리엄스Harrison Williams 뉴저지주 상원 의원과 패트릭 레이히Patrick Leahy 버몬트주 상원 의원과 같이 평소 충실한 민주당 자유주의자들조차도 상원에서 유사한 법안을 지지하도록 설득당했다.[50] 전 상원 의원인 유진 매카시Eugene McCarthy ─1968년 대통령 후보 지명에 실패했지만, 수많은 이상주의 대학생들에게 영향을 주어 "유진을 위해 외모를 단정하게"*라는 구호로 선거 참여를 이끌었던─는 『워싱턴 이브닝 스타Washington Evening Star』 사설 면에 지지

---

* 1968년 미국 대선에서 베트남전 반대를 내세운 유진 매카시의 선거운동에 참여하기 위해 학생운동 진영은 반문화운동의 상징이었던 긴 머리와 수염을 깎는 "[go] get clean for Gene"을 비공식적인 선거 구호로 채택했다.

이유를 밝혔다. 여기서 그는 자본이득세의 감세가 저축과 투자를 장려하고 일자리를 늘리며, 국내총생산GNP을 증가시키고, 심지어 "모든 조건이 대체로 동일하다면" 연방 예산 적자도 줄일 것이라고 주장했다.[51] 실제로 『워싱턴 포스트』의 편집자가 지적한 바와 같이, 1978년에 이르자 한때 '공화당원 중 강경파'의 배타적 '특성'이었던, 연방소득세가 "부유층으로부터 너무 많이" 걷힌다는 생각은 당파를 초월한 지지를 얻었다.[52]

스타이거의 수정안－그리고 오클라호마 민주당 의원인 짐 존스Jim Jones가 발의한 약간 더 낮은 자본이득세 감세안－에 대한 논쟁은 또한 공급경제학을 노동계급과 중간계급을 희생시켜 부자와 기업에 혜택을 주는 인기 없는 '낙수' 경제학의 노골적인 버전이라고 명명한 진보주의적 공세의 강도를 시험하는 것이었다. 1978년 4월 『뉴욕 타임스』의 편집자가 지적했던 것처럼, 스타이거의 수정안은 20만 달러 이상의 소득자에게 가장 많은 혜택을 주는 것이었다.[53] AFL-CIO의 법안 국장인 앤드루 비밀러Andrew Biemiller는 이 조세법안이 고소득 납세자, 대규모 은닉 소득을 가진 개인, 기업에 우선적으로 혜택을 주는 '지나치게 불공평한' 조치라고 혹평했다.[54] 민주행동국민모임 역시 이 법안이 '공정과 형평'에 맞지 않고 '정말 필요한 곳'의 구제책이 될 수 없다는 이유를 들어 비판했다.[55] 재무부 장관 마이클 블루먼솔Machael Blumenthal은 세율을 낮춤으로써 재무부가 새로운 투자 효과는 없이 20억 달러 이상을 지출하게 될 것이라고 주장했다.[56] 카터 스스로도 제안된 감세안이 "백만장자들에게 막대한 세금 혜택을 주고 서민들에게는 별 볼 일 없는 혜택이 돌아간다"고 비난했다.[57] 10년 남짓 전에 도 이러한 종류의 포퓰리즘적 조세정치가 '세금 회피 백만장자'를 겨 냥한 조세저항을 만들어냈음에도 불구하고, 1978년에는 관심의 대상 이 되지 못했다. 실제로 그해 3월에 실시된 해리스 여론조사에 따르 면, 과반수를 조금 넘는 응답자들이 자본이득세가 너무 높다고 믿고 있었지만, 46%는 이 문제에 대한 의견을 가지고 있지 않았다.[58]

오하이오주 민주당 의원 존 글렌John Glenn이 상원에 제출한 수정안은 1970년대 후반 조세정치의 또 다른 측면을 잘 보여주고 있으며, 점점 더 협소해지는 '공공지출'의 정의definition를 반영했다. '일몰조세법'으 로 알려진 글렌의 수정안은 조세특례, 면세, 소득공제, 세액공제, 과세 유예 혹은 세율우대를 포함한 특정 '조세지출'에 대해 5년마다 의회 의 재승인을 요청하도록 되어 있었다.[59] 이 법안은 상대적으로 온건했 고, 조세지출은 직접지출과 기능적 등가성을 가져야 한다는 조세 전 문가들 간 합의를 반영했다.[60] 의회는 재무부와 세수합동위원회에 연 간 조세지출 예산서 발간을 요청했던 1974년에 이러한 원칙을 승인 한 바 있다.[61] 매사추세츠주 민주당 상원 의원인 에드워드 케네디Edward Kennedy는 우파의 반조세와 반낭비의 수사를 차용하면서, 조세지출이 종종 하위 순위, 부당하고 낭비적인 프로그램에 보조금을 지급하는 내국세법을 통해 더 이상 지속적으로 전용되어서는 안 될 것이라고 말했다.[62] 글렌은 직접지출이 "상당한 정도로 과세 유인의 문제에 적 용"되지 않는다는 이유로 "기본 일몰법안에 대한 대체 입법 주장은 하나도 없었다"고 강조했다.[63]

하지만 이 법안이 온건했음에도 반대자들은 글렌의 수정안에 격렬하게 저항했다. 상원의 법안 변경 심의를 1주일 앞두고 상원 재정위원회의 의장과 의원들은 모두 이 법안을 은폐된 증세안이라고 공격했다. 다른 이들은 민주당 찬성 의원들이 "모든 소득을 정부의 것으로 만든다"고 힐난했다.[64] 실제로 이 법안의 기초를 이루는 원칙에 대해 다양한 분야의 전문가들이 지지했지만, 양당의 의회 보수파들은 '조세지출'을 개인의 재산권에 대한 미국의 전통에 반하는 자유주의 발명품이며, "완전히 알아들을 수 없는 신개념의 전문용어jargon"라고 일축했다.[65] 상원 소수파(공화당) 원내대표인 알래스카주 테드 스티븐스Ted Stevens 의원에 따르면, 이 조세지출 개념은 개인을 기초로 결정권을 부여하는 영역을 없애고, "평범한 시민John Q. Citizen"이 자신의 의사결정 권한을 행사하는 것을 방해함으로써 개인의 권리를 근본적으로 위협했다.[66] 와이오밍주의 클리포드 핸슨Clifford Hansen 상원 의원 역시 "조세지출에 관한 어떤 논거도 은연중에 정부가 모든 납세자의 소득에 우선적인 권리를 가지고 있음을 가정하고 있다"고 주장했다.[67] 보수주의 경제학자 밀턴 프리드먼은 『뉴스위크』 칼럼을 통해, 자유주의 경제 정책이 기본권을 위험에 빠뜨렸다고 유사한 주장을 했다. 그는 "자유의 보존은 사적 재산에 우선적인 정당성을 두는 데 있다"고 썼다. 프리드먼은 1960년대 급진 좌파 학생운동 진영에서 처음으로 사용한 구호를 차용해서 다음과 같이 물었다. "우리 각자의 등에 '미 정부의 재산임. 접고 찢거나 훼손하지 마시오'라는 도장이 찍혀 있다는 생각에 저항할 때가 아닌가?"[68]

글렌의 수정안 논쟁은 이틀을 꼬박 거쳐 동의 보류는 피했지만, 결국 위법으로 판단되어 상원의 찬반 투표조차 받아들여지지 않았다.

자본이득세 축소와 조세지출 일몰 조항이 입법화되지 않은 것 모두 의회에서의 조세 정책 결정의 변화된 환경 – 정부에 대한 점증하는 불만과 불신의 반영이자 강화 – 을 의미하는 것이었다. 일련의 연구들은 미국인들이 "전에도 그랬던 것처럼 지도자의 지위를 가진 이들을 신뢰"하지 않고 "정치 과정에서 소외되고 배제되고 있다고 느낀다"는 것을 보여주었다.[69] 정치 신뢰의 저하는 카터 행정부의 '살찐 고양이'에 대한 포퓰리즘적 공세를 약화했다. 1970년대 후반 몇몇 분석가들에 따르면, "악한 거부들"에 대한 공격은 갑자기 "낡은 정치"가 되어버렸다. 1978년 후버연구소Hoover Institution의 시모어 마틴 립셋Seymour Martin Lipset은 "당신이 살찐 고양이를 공격하는 인기 없는 기관의 인기 없는 지도자를 뽑는다면, 그것은 뭐 묻은 개가 뭐 묻은 개를 나무라는 것과 같다"고 지적했다.[70]

정치 신뢰의 쇠퇴는 자본이득세 감세에 반대하는 카터 행정부가 추진한 것과 같은 재분배 정의를 주장하는 것에 기반한 호소의 정치적 효능감을 감퇴시켰는데, 심지어 대다수 미국 납세자를 위해서 호소할 때도 마찬가지였다.[71] 복지와 연방정부에 대한 판에 박힌 일체화는 재분배를 적대시하는 정책과 수사rhetoric를 더욱 강화했다. 늘어나는 복지 담당 업무와 증가하는 세금이 연계되어 있고, 정부의 비효율성과 심각한 부패에 대한 인식이 폭넓게 공유되면서 조세 정책은 실제로 우경화되어 갔다. 경제 성장의 엔진으로 국가보다는 사적 부문을 중요시하는 공급경제학은 정부에 대한 불만에 편승했다. 하지만 시장에 대한 보수주의 옹호자들이 자유주의 국가의 제도와 이념에 의존했던 것이 놀랄 만한 일은 아니었는데, 오랫동안 자유주의 국가는 사적 영역에 국가의 번영을 위한 최우선적 신뢰를 부여해왔다. 이러한 경향을 통해 상대적으로 보수적인 1978년 재정법뿐 아니라, 캘리포니아 전역을 휩쓸며 '재산세 반란'을 초래했던 '제안 13호'가 만들어졌다.

부동산 산업과 관련이 있는 두 명의 보수적인 정치 기획가가 제기하고 1978년 6월 캘리포니아 투표자의 3분의 2 이상의 찬성으로 통과된 제안 13호는 재산세에 대한 캘리포니아주의 권한에 분명한 제한을 가했고, 이는 전국적인 조세저항의 신호탄으로 보였다.[72] 주민투표는 국가의 조세지출 정책에 즉각적인 효력을 발휘했다. 매사추세츠주 출신 하원 의장인 팁 오닐Tip O'Neil은 '더 좋은 일자리와 소득을 위한 프로그램'으로 불렸던 카터 대통령의 포괄적 복지 개혁안을 하원 입법 일정에서 즉시 철회시켰다. 양당 의원들은 마치 "납세자들이 살인 벌떼같이 그들 주위로 몰려들기라도 할 것처럼" 행동하기 시작했다.[73] 공화당 의원들은 유권자들에게 민주당의 조세 및 지출 정책이 평범한 시민들에게서 아메리칸 드림을 앗아갔다는 믿음을 심어주기 위해 '전국적인 대공세'를 계획했다.[74]

대부분의 국민들은 캘리포니아의 조세저항을 자유주의 정부에 대한 대규모 거부반응으로 보았지만, 여론조사 자료들은 훨씬 복잡한 내력을 보여준다.[75] 조세제도에 대한 불만은 실제로 1970년대 내내 고조되었지만, 여론조사에서 제안 13호에 대한 지지를 이끄는 급격한 변화는 보이지 않았다.[76] 더욱이 유권자들은 정부에 대해 일반적인 불만을 표현한 반면, 대부분의 정부 활동에 적극적인 관심을 표명하기도 했다. 미국인들은 환경, 보건의료, 범죄 예방, 약물 치료, 그리고 교육을 위한 정부 지출 증가를 계속해서 지지했다.[77]

이 행정지원국가service state에 대한 폭넓은 지지에 의미심장한 예외가 바로 복지였다. CBS와 『뉴욕 타임스』의 여론조사에 따르면, 제안 13호가 채택된 직후, 캘리포니아 주민의 43%가 복지와 사회 서비스에서 대폭적인 감세를 지지하는 것으로 나타났다.[78] 이는 놀랄 만한 일이 아니었다. 복지는 정부가 지원하는 서비스 목록(경찰, 도서관 개방, 쓰레기 수거, 공공운송과 같은 서비스를 포함한)에서 가장 명확한 재분배 프로그램이었을 뿐만 아니라, 오랫동안 비효율성과 부패로 정치적 비난-좌우를 막론하고-을 받아왔다. 1950년대 '복지 부랑자들welfare loafers'에 대한 공격으로부터 "현금과 현물 지원보다는 능력 향상" 지원을 약속한 위대한 사회, 그리고 "80개의 이름과 30개의 주소를 사용"해온 한 시카고 '복지 여왕'과, 납세자들을 속여 "과세 없는 현금 수입"으로 15만 달러를 빼낼 수 있는 "12개의 사회보장 번호"가 있다는 로널드 레이건의 실제로는 부정확하지만 강력한 비난에 이르기까지, 미국의 정치 담론은 오랫동안 복지를 비효율적인, 그리고 어쩌면 부도덕하게 납세자의 돈을 사용한다는 것과 동일시해왔다.[79] 제안 13호의 지지자들은 이러한 관련성을 노골적으로 드러냈다. 공동 법안 발안자인 70대의 하워드 자비스Howard Jarvis는 "헌법 제정자들은 미국 국민들의 생명, 자유, 재산이 보호받아야 한다고 말했지, 생명, 자유와 복지 혹은 생활, 자유와 푸드 스탬프를 말하지 않았다"고 비아냥거렸다.[80] 자비스를 비롯한 정치 기획가들은 복지나 푸드 스탬프에 대한 정부 지출을 줄임으로써 행정 지원을 위험에 빠뜨리거나 중간계급 시민의 사회 보장을 위태롭게 하지 않고 세금을 줄일 수 있다고 제안했다. 예상대로 여론조사는 다수의 미국인들이 제안 13호 혹은 그와 유사한 법안들로 필수적인 행정 서비스에서 대규모 축소는 발생하지 않을 것이라고 믿는 것으로 나타났다.[81] 조사는 6월 6일 실시될 주민투표가 화제의 중심이 되어가던 그 전주에 실시되었는데, 제안 13호를 지지하는 응답자의 73%가 "지방정부가 지금보다 훨씬 적은 재정으로 유지될 수 있다"고 믿는 것으로 나타났다. 훨씬 많은 수의 응답자(84%)는 연방정부가 '어느 정도' 혹은 '매우' 비효율적이라고 믿고 있었다.[82] 수천 명의 캘리포니아 주민들의 정원 앞에 자랑스럽게 놓인 푯말은 "정부를 효율적으로 만들도록 도와주세요: 제안 13호에 찬성하기Help Make Government Efficient: Yes Prop. 13"라며 유권자들을 독려하고 있었다.[83]

　제안 13호 운동은 미국 조세 정책의 우경화와 복지에 대한 대중적 적대감 증대 사이의 중요한 연계점을 나타냈다. 복지에 대한 대중적 인식은 캘리포니아뿐만 아니라 전국적으로 보수적인 조세 정책을 추진하는 데 도움을 주었다. 보수주의 정치 기획가들은 정부에 대한 대중들의 높아진 불만 및 복지, 낭비와 비효율성, 그리고 증대하는 조세 부담의 현실과 경제적 불안정 간 오래된 연계성을 활용하여, 백인 중간계급 다수가 향유한 수많은 특권들은 모두 생각하지 않는, 세금 및 지출과 관련된 정책 프로그램을 개발했다. 1979년 공화당 전국위원회는 "풍족하고 안락한 삶이라는 아메리칸 드림이 위기에 처했다"고 경고했는데, '몇몇 강대국'에 의한 것이 아니라 '잘못된 대통령의 정책'이 위기로 몰아넣었다는 것이다. 공화당은 민주당의 사회지출 정책이 높은 세율과 물가 인상의 원인이라고 비난하면서, "정부 지출에 대한 국민들의 우려"에 맞춰 연방정부의 우선순위를 재조정하겠다고 약속했다.[84] 민권운동의 언어를 차용했지만 그 함의를 정반대로 말한 보수주의 세력의 전략은 제안 13호와 관련된 또 다른 정원 푯말에서 일종의 강력한 희생양의 서사를 끌어들였다. "우리 집을 지키고 싶다면 제안 13호에 찬성하세요Save our Homes, Yes on 13."[85]

이 서사, 그리고 이것이 보호하고 지속시키고자 했던 정치적 의제는 전후 자유주의의 이념적·제도적 유산을 배경으로 삼았다. 전후 내내 정책 결정자들은 경제 성장과 자본 투자를 독려하고, 국가의 성장에 대한 유권자들의 공포를 완화하도록 설계된 낮은 조세 의제를 추구해왔다. 권리에 관한 수사적 표현을 담은 초당적 호소와 결합하여, 낮은 세금은 시민적 신념과 전후 사회 협약의 중심 요소가 되었다.[86] 1970년대 말 조세권 운동은 중간계급 유권자들을 연방정부의 관대함으로 인한 상대적인 특권의 수혜자보다는 과중한 부담을 지고 있는 납세자로서의 정체성에 기초한 정치적 동맹으로 끌어들였다. 전후 자유주의 세력은 연방 세법의 작은 틈새 속에서 중간계급 복지국가 제도를 은폐함으로써, 궁극적으로 과세와 지출에서 자유주의를 공격하는 레이건 혁명이 형성되는 이해관계가 만들어지는 데 적극적인 역할을 했다.[87]

뉴딜 질서의 붕괴는 전후 자유주의의 위기를 의미했으나, 보수주의 세력은 루스벨트 동맹의 해체 과정을 정치를 우경화하고 자신의 정치권력을 강화하는 기회로 인식했다. 공화당의 전략가들은 '대기업'의 앞잡이라는 공화당의 전통적인 이미지에서 벗어나고자 하는 열망으로, 계급의식에 기반한 정치 의제와 사회경제적·인종적 불평등을 줄이고자 정부 권력을 활용하려는 민주당의 노력을 불법적이고 결국 쓸데없는 권력 남용으로 짜 맞추는 언술language을 개발했다. 이러한 의제는 신설된 보수주의 재단의 재정적 지원을 받는 수많은 대중적 지식인의 지지와, 자유주의 국가의 남용을 장황하게 묘사하는 야심 찬 정치인들의 관심을 이끌어냈다. 배리 골드워터와 1950~1960년대 보수주의자들이 연방 복지정책은 위헌이라고 반대했던 데 반해, 1970~1980년대 보수주의자들은 이를 비효율적이고 부도덕하다고 일축했다. 예를 들어, 찰스 머리Charles Murray는 수많은 병리적 행태─한부모 여성의 모성과 일하려는 노력의 부족을 포함한─가 자유주의 복지 프로그램에 기원을 두고 있음을 추적하면서, 위대한 사회와 빈곤과의 전쟁이 현재 흑인 빈곤층의 상황을 악화하는 데 직접적인 책임이 있음을 보여준다고 주장했다.[88] 조지 길더George Gilder는 자유주의가 "빈곤 가족에게 새로운 형태의 굴종과 새로운 도덕적 부패의 경향"을 강요하고 있다고 비난했다. 인종주의 문제를 과거로 돌리고, "미국이 여전히 억압적이고 차별적이라는 생각"은 "진정 지속되기 힘들다"고 주장하면서, 길더 역시 머리와 마찬가지로 빈곤과의 전쟁과 그 결과인 "복지의 폭발"이 소수의 빈곤층과 그들이 직면한 모든 문

제를 야기했다고 힐난했다.[89]

로널드 레이건 – 전후 선벨트 지역의 교외 집단 거주지_enclave_에서 태어난 반복지·반조세 보수주의의 대변인 – 은 대중의 복지에 대한 커져가는 적대감과 높아지는 감세에 대한 선호를 활용하여 1970년대 조세저항과 정부에 대한 불신의 확산에 편승해 집권했다.[90] 하지만 레이건 집권 8년 이후에도 많은 미국인이 권리의 문제로 기대했던 사회 보호 체계 – 공식 부문과 비공식 부문 모두 – 는 레이건 혁명에 제약을 가했고, 정치적 교착 상태의 장기화를 준비하며 제자리걸음을 하고 있었다. 보수주의의 지배는 자유주의 국가를 봉쇄할 수는 있었지만 붕괴시키지는 못했다.[91]

자유주의와 레이건 혁명

1981년 8월, 레이건 대통령은 국내 정치에서 레이건 혁명의 시작이자 끝을 나타내는 두 가지 상징적인 법안에 서명했다. 첫 번째는 총괄예산조정법_OBRA_으로, 3년 동안 연방 예산 지출을 1,300억 달러 삭감함으로써 '정부 규모와 비용'을 억제하겠다고 약속했다.[92] 두 번째는 국내 법인세의 주요 개혁을 이끌었던 경제회복조세법_ERTA_으로, 개인 한계소득세율을 전면적으로 3년마다 25% 삭감하는 것이었는데, 아마도 가장 중요한 것은 개인소득세 구간을 물가 상승에 따라 매년 조정하거나 연동시키도록 했다는 것이다.[93] 2월에 포괄적인 경제 회복 일괄법안으로 발의되었고 상당수 민주당 의원들의 지지로 통과된 조세와 지출 관련 법안들은 백악관의 주요 성과로 기록되었다. 레이건의 수석보좌관인 리처드 다면Richard Darman에 따르면, OBRA와 ERTA는 모두 "미국 역사상 가장 광범위한 단일 지출 규제법안과 조세법안"에 해당하는 것이었다.[94] 대통령에게 조세와 지출법안들은 바로 "이 나라가 거의 반세기 동안 겪었던 과정의 전환으로 … 정부 관료주의와 정부 지출 및 정부 과세에서 과잉성장의 종지부를 찍는" 국내 혁명을 의미했다.[95]

요동치는 물가 상승으로 인한 고통스러운 경기 침체와 정치적·경제적 리더십의 위기가 광범위하게 인식된 상황에서 세금과 예산 삭감은 정치적으로 중요한 쟁점으로 등장했다. 캘리포니아주 제안 13호에 대한 압도적인 대중적 지지는 정책 결정자들에게 감세의 정치적 유용성을 일깨워주었다. 뉴딜 동맹이 거의 붕괴되었다고 믿었던 야심 찬 정치인들은 새로운 정치적 다수로 모두를 묶어내기 위해 감세로 돌아섰다. 특히 연방소득세는 1970년대를 거치면서 점점 대중적 지지를 상실했다. 1980년 5월 정부간관계자문위원회Advisory Commission on Intergovernmental Relations; ACIR의 연구에 따르면, 연방소득세가 '최악'이라거나 '공정성이 많이 떨어진다'고 믿는 미국인의 수가 1972년 19%에서 1980년 36%로 높아져, 거의 90%가 늘었다.[96] 하지만 이 대중적인 불만족이 반드시 정치적 행동으로 옮겨지지는 않았다. 대부분의 여론조사에서 미국인들은 세금이 '너무 높다'는 데 동의했지만, 높은 세금이 국가가 직면한 '가장 중요한' 문제라고 생각하지는 않았다. 다른 말로 하면, 감세가 한번 제안되면 충분한 대중적 열정을 불러일으켰지만,

대중들이 감세 요구에서 주도적 역할을 하지는 않았다. 사실상 레이건 행정부의 거듭된 주장과는 반대로 그들의 조세와 지출 삭감은 단순하게 국민들의 솔직한 요구에 응답했던 것이 아니었다.[97] 오히려 조세와 지출 삭감은 공화당 내 정치 기획가들과 1970년대에 세를 불린 보수주의 반기득권 집단에 의해 고안되어 일반 대중에게 제시된 것이었다. 리처드 닉슨이 FAP 논쟁의 여파로 감세정치의 잠재성을 가장 먼저 깨달았으나, 심각한 경제 위기의 와중에 감세 문제가 공화당 의제의 전면에 등장했던 것은 1970년대 후반 이후였다.

1960년대 후반 광범위하게 주목받은 자유주의 합의의 해체 – 과장되었다 하더라도 – 는 주요한 정치적 재편에 주는 영향력과 관련해서 보수주의자들의 희망을 불러일으켰다. 닉슨과 그의 지지자들은 "뉴딜 시기가 지나간 것"과 "위대한 역사적 전환과 역전의 순간이 조우한 것"에 대해 열변을 토했다.[98] 미국의 새로운 보수적인 다수를 구축하려는 이 첫 번째 시도가 몇 가지 잘못된 출발을 만들어내긴 했지만, 닉슨과 그의 측근들은 새로운 보수적 다수를 만들고 중간계급과 심지어 노동계급 유권자들까지 잠식할 수 있는 조세정치의 잠재성을 깨달았다. 실업과 스태그플레이션이 경제 문제에 대한 민주당의 역사적 우위를 약화하고 납세자들 사이의 계급 동맹을 위한 물질적 기반을 제공하면서 조세정치의 힘은 10년 동안 커져왔다.[99] 당연히 연방소득세는 저소득 중간계급에게 특히 인기가 없었다. ACIR의 여론조사에서 전체 미국인의 36%가 연방소득세를 '최악'의 세금으로 꼽은 반면, 1만 달러 이상 1만 5천 달러 미만 소득 구간의 미국인들 중에서는

47%가 이같이 느꼈다.[100] 닉슨만큼이나 새로운 보수적 다수를 형성하는 데 열정을 지녔던 야심 찬 보수주의 정치인들은 납세자들의 불만에 내재된 정치적 잠재력을 깨닫고, 이들 유권자를 공화당에, 그리고 공화당을 보수주의 운동과 엮어내는 정책 프로그램과 정치적으로 매력적인 언술을 개발했다.

세금과 예산 삭감은 이 정치적·정책적 의제의 핵심이었다. 공화당이 감세 정당으로 변신을 시작한 것은 1970년대 초였고, 이러한 움직임은 카터 집권기에 가속화되었으며, 캘리포니아 유권자의 압도적 다수가 제안 13호에 찬성했던 1978년 6월에 완성되었다. 대선 후보로서 로널드 레이건은 제안 13호에 대한 지지와 델라웨어주의 윌리엄 로스William Roth 상원 의원과 뉴욕주의 잭 켐프 하원 의원이 발의한 3년간 30%의 공급 측 감세안(켐프-로스 법안으로 더 잘 알려진)에 대한 지지를 선언하면서, 일찍부터 공화당의 감세 의제를 지원했다.[101] 조세 정책은 공화당 예비선거와 총선운동 모두에서 가장 중요한 역할을 했다. 예를 들어, 1980년 전당대회에서 모습을 드러낸 공화당 강령에는 조세정치에 관해서 115개의 완전한 문장이 포함되어 있었다. 20년 전 강령에는 조세정치가 단 2개 문장에만 포함되어 있었다. 실제로 한 연구에 따르면, 조세정치는 1968년─자유주의에 균열이 발생했다고 추정되는─이후 민주당과 공화당 모두 조세 정책을 다수의 요구로 예상하고, 발견하며, 심지어 창출하는 데 활용하고자 함으로써 양당의 강령에서 중요성이 점점 더해갔다.[102]

레이건 행정부는 집권하자마자 선거운동 시기 대강의 내용을 밝혔던 조세와 지출 의제로 재빨리 옮겨 갔다. 취임 선서를 한 지 30일 만에 레이건 대통령은 그의 지지자들이 선거 공약에 기초하고 "그의 선출에 대한 압도적인 위임"을 반영해서 경제 회복을 위한 네 부문의 프로그램으로 작성한 것에 전력을 쏟았다.[103] 대규모 적자가 자본시장과 이자율에 줄 수 있는 영향을 염려한 많은 보좌진들이 행정부는 먼저 저축과 투자를 독려하기 위해 최고세율을 대상으로 소규모 감세를 제시하자고 제안했으나, 레이건은 모든 사람의 감세를 주장하면서 자신의 주장을 관철시켰다.[104] 조세사학자 엘리엇 브라운리Elliot Brownlee와 레이건 행정부 내 재무부의 경험 많은 관료인 유진 스튜얼Eugene Steuerle이 결론지었듯이, 그의 목표는 "감세에 대한 광범위한 대중적 지지를 활용하고 … 더 근본적으로 유권자를 재편성하는 것"이었다.[105]

그래서 감세의 경우는 경제학 − 공급 이론은 제안된 세율 인하에 대한 어떤 학문적 정당성도 제공하지 않았음에도 불구하고 − 뿐만 아니라 납세자로서 유권자에 대한 포퓰리즘적 호소에도 의존했다. 이런 호소는 정부 일반에 대한 대중적 적대감, 조세 부담 증가와 "부풀어 오르는" 복지 비용 간 연계 인식에 기대고 있었다. 레이건 행정부는 지출과 조세 삭감을 '상생 제안win−win proposition'으로 약속했다. 즉 납세자는 "실질소득 증가를 대가로 작은 정부와 경제적 번영을 … 서로 맞교환할 수 있다"는 것이었다.[106] 실제로 ERTA와 OBRA를 위한 홍보 기간에 레이건 행정부는 "너무 오랫동안 변화가 없는 정치, 즉 의회가 오랜 세월 지출과 과세율을 점점 증가시켰기 때문에" 국가 경제력을 약화하고 세계 속의 위상을 위태롭게 해왔던 인플레이션, 실업,

경기 침체가 계속해서 반복되고 악화되었다는 비난의 메시지를 일관되게 유지했다.[107] 반생산적 정책을 종식하고 신산업initiative과 이윤 축적saving에 대한 징벌적 세금을 면제함으로써 미국 경제의 활력을 되찾고 '미국 경제의 부활'을 가져올 것으로 기대할 수 있다는 것이었다.[108] 새롭게 당선된 대통령이 "대공황 이후 최악의 경제적 혼란"이라고 묘사한 현재의 경제적 진통이 "경제에 기초가 되는 인적 자원, 기술 자원, 천연자원의 고갈"을 가리키지는 않았다. 오히려 이 진통은 이전 수십 년간 견제받지 않은 정부 정책과 국가 성장의 불행한 결과였다.[109] 백악관은 시장을 불필요한 조세와 규제 형태의 제약에서 풀어 주고, 정부의 불필요한 지출 프로그램을 폐지함으로써 다시 한 번 국가의 번영을 이룰 수 있다고 주장했다.

하지만 경제 회복 관련 일괄법안들은 불확실한 미래에 직면했다. 대중들은 전반적으로 레이건의 제안을 지지했지만, 3월 중순의 그에 대한 지지율 60%는 지미 카터, 리처드 닉슨, 존 케네디, 드와이트 아이젠하워 등의 이전 비슷한 수행 기간의 지지율보다 상대적으로 매우 낮았다.[110] 더욱이 일부의 사람들이 1980년 선거에서 레이건의 승리를 유권자들의 점진적 보수화의 지표로 해석했던 반면, 여론조사 자료에서 주관적인 자유주의 혹은 보수주의의 비율은 큰 변화를 보이지 않았다. 대통령 역시 그가 제안한 조세와 지출 정책이 자신에게 위임되었다고 주장할 수 없었다. 4월, 갤럽 회장인 앤드루 코허트Andrew Kohut는 대통령에 대한 '위임'이 아무리 좋게 봐도 '취약'하다고 판단했다.[111] 특히 감세는 상당한 회의를 불러왔다. 『뉴스위크』는 대통령의

480억 달러의 예산 삭감은 "의회를 통해 순조롭게 진행"되고 있지만, 3년간 10% 감세 제안은 "갈피를 잡지 못하고 있는 것"으로 보인다고 보도했다.[112] CBS와 『뉴욕 타임스』의 1981년 초 여론조사에서는 훨씬 많은 미국인들이 큰 규모의 감세(23%)보다는 균형예산(70%)을 선호하는 것으로 나타났다.[113] 몬태나주의 맥스 보커스Max Baucus 민주당 하원 의원은 "민주당은 세금 문제에 대해 더 많은 여지가 있었다. 반면 공화당은 켐프-로스안에 대해 불안해하기까지 한다"고 말했다.[114] 보수주의 민주당 포럼의 위원장이자 레이건 행정부의 민주당 측 핵심 협력자 중 한 사람인 사우스캐롤라이나주 하원 의원 켄 홀랜드Ken Holland 는 3월, "어느 세제 법안에 대해서도 일치된 거대한 공감대가 존재하지 않는다"고 인정했다.[115]

레이건의 급격한 감세 제안은 그의 예산 일괄법안에 대한 폭넓은 대중적 지지 덕분에 대체로 성공을 거두었다. 조세정의센터Center for Tax Justice - 좌파 성향의 연구소이자 지지 단체-의 1982년 보고서에 따르면, 5월 말 예산에 관한 행정부의 "결정적인 승리"는 민주당의 저항을 "꺾은" 동시에 세제 법안에 대한 백악관의 입장을 "고무"했다.[116] 하원 의장 오닐은 이후 민주당이 중간선거에서 후환이 있을 것이 두려워 대통령의 조세 및 지출 의제와 거의 싸움을 벌이지 않았다고 시인했다.[117] 예산안에 관한 대통령의 승리는 민주당의 저항을 분열시키고 위축시켰을 뿐만 아니라, 복지와 자유주의 정부 간 연관 관계를 공고히 하고, 감세는 불공정하며, 중요하고 필수적인 사회 프로그램을 위태롭게 할 것이라는 민주당의 반대를 약화함으로써 감세에 대한 정치적 정당성을 명확하게 했다. 재량지출과 복지지출 모두에서 대규모의 장기적인 감축이 필요했기 때문에 레이건은 3월 초 행정부가 정부 규모와 비용을 억제하기 위해 신속하게 움직이고, '국민'이 국가 보조금의 대부분을 어떻게 처리할지 결정하도록 하겠다는 약속을 담은 일괄예산안을 도입했다.[118] 백악관은 더 나아가 감세 제안과 발 맞춰 일괄예산안이 건전한 경제 성장을 이루도록 돕고, 정부 수당이 중단되었을 때보다 모든 가족, 주, 그리고 지역에서 더 높은 세후 소득, 구매력 향상, 더 많은 일자리와 성장을 보장하겠다고 약속했다.[119]

레이건 대통령은 첫 번째 기자회견에서 "지출 삭감에서 예외적인 영역은 없을 것"이라고 강조하면서, 예산 심의에는 모든 지출 프로그램이 포함될 것이라고 약속했다.[120] 미시간에서 하원 의원을 두 번 역임한 바 있는 예산국장 데이비드 스토크먼은 역시 "취약한 소비자weak clients"보다는 "취약한 복지 수급자weak claims를 줄임"으로써 "변하지 않는 정부"의 시대를 끝내겠다고 약속했다.[121] 그러나 백악관은 시작부터 "노령층에 대한 사회보장 혜택, 기본 실업수당, 노령층 및 장애인, 부양가족에 대한 현금급여(보충적 보장소득), 퇴역 군인에 대한 사회적 의무, 청소년을 위한 여름 아르바이트"를 보장하면서 연방 예산의 중요 부분에 대한 예산 제한을 보류했다.[122]

대통령의 국내 정책 수석보좌관인 마틴 앤더슨Martin Anderson이 이후, 백악관은 "이러한 프로그램을 토론하기조차 불가능하게 만든 격렬한 정치적 압력 때문에 1차 예산 변경 순서에서 면밀하게 조사하지 않았던 일련의 사회복지 프로그램을 설명"하기 위해 전략적으로 '안전망'

이라는 용어를 사용하면서, 순전히 정치적인 이유로 이러한 프로그램들을 보호하기로 했다고 인정했다.[123] 이들 복지 프로그램은 모두 국내 지출의 약 60%를 차지했고, 이 "특정 집단에 한정된off-limits" 프로그램의 최소 50%는 자동적으로 이들 비용을 상승시키는 연간 생계비 조정의 대상이었다.[124] 이러한 한계와 국방비 지출 증대에 대한 정부의 공약을 감안한다면 예산 제안 축소의 약 70%가 빈곤층을 위한 자유재량 및 수급 프로그램에서 나온 것은 놀랍지 않다. 1984년 도시연구소Urban Institute 연구에 따르면, 레이건 행정부는 "1950년대 이후 연방 예산의 주요 상승 재원"이었던 "사회보장, 메디케어, 공무원 연금, 기타 대부분의 중간계급 프로그램의 급속한 지출 증가를 거의 삭감"하지 않았다.[125]

1985년 회계연도의 행정부 예산 제안서에는 약 17%, 거의 750억 달러의 연간 사회 프로그램 지출 삭감이 포함되어 있었다. 이들 삭감 분의 약 60%는 연방 사회지출—주정부 및 지방정부가 교육, 의료, 고용 및 기타 사회 서비스를 제공할 수 있게 해주는 고정된 현금급여 프로그램이 대부분인—의 가장 작은 구성 요소에 해당하는 것이었다. 기타 삭감분의 28%는 빈곤층을 위한 연방 프로그램에서 나왔다. 여기에는 아동의 영양과 주거 보조 프로그램 개혁뿐만 아니라, AFDC, 메디케이드, 푸드 스탬프의 삭감도 포함되어 있었다.[126] 행정부는 국민들이 보조금 수급 자격을 얻기 힘들게 만들고 복지급여를 더 많은 소득 및 다른 소득 원천과 상쇄함으로써 이들 프로그램에 대한 지출을 삭감하겠다고 제안했다. 예를 들어, AFDC의 이른바 '30과 1/3' 소득

공제 폐지로 40만 명에서 50만 명 사이의 근로 빈곤층이 AFDC와 메디케이드 급여 모두를 상실하게 되었다.[127] 100만 명 이상의 미국 빈곤층은 OBRA의 강화된 자격 기준 때문에 푸드 스탬프 지원이 끊겼다.[128]

레이건 행정부는 가장 큰 사회복지 프로그램은 손대지 않고 놔둔 채 정부 규모의 축소를 약속함으로써 이 프로그램들의 특별한 위상을 인정하고 강화했으며, 정부 지출은 곧 '복지'의 협소한 정의를 말한다는 전후 논리를 자주 반복했다. 1981년 예산 홍보는 복지에 대한 대중의 부정적 인식을 이용했고, 사실상 AFDC를 도덕적으로 의심스러운 사람들을 위한 일종의 편법, 그리고 비효율적인 정부 지출로 악용했다.[129] 국가에 대한 공격은 복지에 대한 전후 담론, 특히 복지가 가족 형성과 개인의 자유에 대한 의존성을 약화하는 결과를 초래한다는 것에서 상당 부분을 차용했다. 레이건은 2월 의회에서 정부 프로그램의 증대는 의존성을 증진시켰을 뿐만 아니라, "국가 권력 자체에 대한 … 새로운 종류의 예속성"을 만들어냄으로써 "많은 소수 집단을 위한 실질적인 경제적 기회"를 줄였다고 말했다. 복지 문제는 이것뿐만이 아닌데, 복지를 제한하지 않는다면 "미국인들을 정부에게 기금을 구걸하는 국민으로 전락"시키고 "정부가 동떨어진 존재로, 기금을 조금씩 나눠 주고 … 슬금슬금 통제함으로써 군림하게 해서" 국가의 경제 활성화와 개별 국민들의 경제적 자유를 점진적으로 저해할 것이라는 것이었다.[130]

복지제도 내부의 "속임수, 비효율성, 남용"에 대해 널리 퍼진 믿음은 제출된 예산 감축안이 '극빈층' 혹은 꼭 필요한(혹은 최소한 여론의 지지를 받는) 사회 안전망 프로그램에 거의 영향을 주지 않을 것이라는 행정부의 주장을 지지하게 해주었고, 행정부의 수사rhetoric는 이러한 믿음을 강화했다. 예를 들어, 3월 말 마틴 앤더슨의 정책국 직원들은 예산 삭감이 불공정하게 빈곤층을 겨냥하고 있다는 주장에 대응하기 위해 AFDC에서의 속임수와 남용에 대한 '전형적인 사례' 목록을 모두 모았다. 이 '사실 자료 − 백악관 대변인을 위한 일련의 토론 논거로 기획된 −'는 복지 게임에서 상세하게 기술된 많은 각본과 놀라울 정도로 유사했다. 백악관의 전략은 개인적인 서사 − 사망한 이후에도 AFDC, 메디케이드, 푸드 스탬프 혜택을 계속 받은 한 필라델피아 주민, 노동조합 본부에 푸드 스탬프를 제공하도록 카운티에 압력을 행사한 파업 중인 오하이오 철강 노동자들, 혹은 복지 혜택과 실업급여를 모두 받으면서 가난하다고 주장했지만 실제로는 4인 가구 아파트에 살고 캐딜락을 모는 세인트루이스의 한 여성 − 에 초점을 맞춰, 예산 삭감에 대한 저항을 최소화하고, 대통령의 조세 프로그램에 대한 지지를 구축하는 데 목적이 있었다.[131]

FAP가 실패한 이후 그러했던 것처럼, 복지에 대한 이러한 공세에 별다른 저항은 없었다. 침묵하는 다수의 잘못된 믿음에 의한 폭동은 많은 좌파들이 복지 − 빈곤층, 흑인, 한부모 여성를 대상으로 하는 − 를 포기하도록 밀어붙였다. 의회 안팎에서 대부분의 진보 세력은 대신 중간계급 다수를 위해 제안한 대통령의 예산 삭감에 담긴 함의를 강조하면서 복지 수급자들과 거리를 두었다.[132] 공공복지에 대한 좌파의 외면은 빈곤층 여성과 그들의 가족을 방치하는 결과를 낳았다. 이러한 프로그램 축소와 1982년 및 1983년 심각한 경기 침체가 결합되면서 1979년 11.7%였던 공식 빈곤율은 1982년 15%로 상승했는데, 이는 위대한 사회와 빈곤과의 전쟁을 시작한 이후 가장 높은 수준이었다.[133] 복지에 대한 불신은 특정 프로그램에 대한 지지를 약화했을 뿐만 아니라, 공공복지와 같이 모든 정부 프로그램들은 비효율적이고 비용이 많이 들며 도덕적으로 해이하다는 보수주의자들의 주장에 논쟁의 여지를 남겨 놓지 않았다. 대중은 레이건주의와 예산 삭감에 대한 반대로 돌아섰을 때조차도 복지나 복지 프로그램을 만들고 유지하고자 했던 자유주의를 즉각적으로 받아들이지는 않았다.

1981년 5월 말 예산 전쟁이 절정에 다다랐을 때, 상원과 하원의 다수가 예산 삭감에 찬성했다. 최종 예산에서 1982년 회계연도의 전체 연방 지출을 약 11억 달러까지 줄였고, 이듬해는 더 삭감할 것을 주문했다. AFDC 예산 삭감에서는 근로와 소득 지원에 제한을 두어 빈곤층－주로 자녀를 둔 여성 빈곤층－이 저임금 노동, 그리고 공공부조와 연계하는 것을 더 힘들게 했다. 이러한 정책 변화는, 의도적이든 그렇지 않든, 비빈곤 여성의 취업률을 높여 복지 프로그램이 일하지 않는 여성의 전유물이라는 인상을 강화함으로써 복지를 위한 정치적 지지를 더 축소시켰다.[134]

레이건의 예산 전쟁에서의 승리는 민주당의 반대를 저지하는 데 기여했을 뿐만 아니라, 세제안에 대한 승인을 불가피하게 만들었던 일련의 정치적 셈법calculation을 작동하게 했다. 감세에 대한 최종적 강행은 의심의 여지 없이 신설된 보수주의 반기득권 단체의 동원 덕분이었는데, 이 단체는 조세 프로그램ー공급 이론의 형태로ー을 경제적으로 대변한 동시에, 한 백악관 관계자에 따르면, "파나마 운하 협약 반대투쟁을 위해 공화당이 했던 일에 비하면 보잘것없는" 우편홍보물DM 보내기 운동에도 불구하고 아래로부터의 대중적 지지를 이끌어냈다.[135] 백악관 보좌관, 특히 예산국장 스토크먼은 또한 의회를 통해 대통령의 제안을 통과시키기 위해서 복잡한 예산 절차 규칙을 잘 활용했다.[136] 하지만 결국 레이건의 조세 의제가 성사된 것은 복지와 증세 문제를 연계하는 데 백악관이 성공했기 때문이었다.[137] 여기서 다시, 레이건의 백악관은 감세 정책에 대한 생명력을 유지하기 위해 전후 자유주의 구조와 담론 수준의 공약을 끌어들였다. 전후 자유주의 국가 건설자들과, 개인의 자유와 번영을 양도하고 보호하며 유지하는 국가의 역할을 자유시장에 종속시키는 정치적 언술과 정책기구를 수용한 자유주의자들에 의해 구축된 조세복지국가는 레이건 혁명의 제도적·이념적 씨앗을 품고 있었다.

저소득 및 중위 소득 노동자들ー루스벨트 동맹의 핵심인ー중 진정한 풀뿌리 납세자들의 저항임을 확신한 민주당 의회 지도부는 개인과 기업을 위한 광범위한 대규모의 감세 필요성을 인정했고, 경제 정의 도구로서의 연방정부 수호를 사실상 포기했다. 비록 민주당 지도부가 공급경제학을 "감세와 지출 삭감의 신비로운 조합"으로 인플레이션, 낮은 생산성 등을 마치 아침 햇빛이 간밤의 악령의 기운을 물리치듯이 해결할 것이라는 "검증되지 않은 믿음"에 기반을 둔 위험천만

한 "주사위 놀이"라며 공격했지만, 민주당은 결국 대통령의 제안 — 감세 규모가 좀 더 작다고 하더라도 — 과 유사한 일괄조세법안을 제출했다.[138] 세입위원회가 6월 말에 보고한 민주당 타협안에는 격년으로 한계세율을 낮춘다는 안이 포함되어 있었다. 1980년 선거에서 등을 돌린 침묵하는 다수의 유권자가 돌아오길 기대하면서, 민주당의 대안은 "인플레이션의 역효과와 소득세 증가"로 과부담을 진 중간계급에 특별한 혜택 — 이른바 결혼 벌칙금marriage penalty*의 부분적 감면과 더 많은 표준공제를 포함하는 — 을 제시했다.[139]

민주당의 감세 수용과 중간계급에 대한 더 공정한 혜택에 초점을 맞추려는 노력은 일종의 정치적 셈법의 문제였다. 『뉴욕 타임스』가 지적했듯이, 민주당은 역사적으로 '힘없는 사람little man의 정당'임을 자처했지만, 레이건 시대의 민주당은 "중간계급, 2만 달러에서 5만 달러의 소득을 올리는 가족, 지난해(1980년) 선거에서 민주당에 등을 돌린 유권자들"에 더 많은 관심을 보였다.[140] 그러나 이러한 전략적 셈법은 궁극적으로 더 큰 자유주의 기획을 훼손했고, 민주당의 '지적 신뢰도'를 약화했다.[141] 감세 필요성을 받아들임으로써 민주당은 국가 자체에 대한 보수주의자들의 공격에 신빙성을 부여했다. 비록 몇몇 민주당원들이 "오늘날 평균적인 미국인들의 삶이 그 이전보다 훨씬 빈곤해졌다"는 사실은 "정부가 무엇인가 올바른 일을 해야 한다"는 것을 나타

---

* 미국의 조세법상 동일한 소득을 올리는 배우자의 경우 각각의 소득세 합보다 세율이 높게 책정됨으로써 더 많이 과세되는 것을 말한다. 반대로 배우자 간 소득 격차가 클 경우 합산 시 낮은 세율이 부과되는 것을 '결혼 보너스'라고 부르기도 한다.

낸다고 주장했지만, 민주당 전체는 "완만한 연방 지출 증가율, 복잡한 정부 규제를 포함한 정부 규모의 축소, 그리고 인플레이션으로 더 높은 과세 구간에 포함되어 더 많은 세금을 내야 하는 사람들에 대한 감세 제공"에 찬성하는 국민적 합의가 존재함을 수용했다.[142] 세금 이슈를 장악하려던 민주당의 시도는 혼란만 초래했다.[143] 레이건 프로그램에 대한 어떠한 이념적으로 응집력 있는 대안도 없는 상황에서 대통령 개인의 인기 ─ 그리 성공적이지 못했던 그의 인생 역정 이후의 확신에 찬 모습에서 증폭된 ─ 로 인해 유권자들은 결국 행정부가 제안한 "조치들의 … 필요성 ─ 그리고 효용성 ─ "을 받아들였다.[144]

하원과 상원에서 감세안에 대한 투표 일정을 잡기 하루 전, 레이건은 다시 대국민 성명을 발표했다.[145] 조세와 지출 프로그램에 대해 처음으로 발표하고 시청자들에게 "어렵고 힘든" 경제 상태를 알린 2월 이후, 그는 세금과의 전쟁은 "새로운 시작을 원한다"는 평범한 국민들이 보낸 메시지 ─ 전신, 편지, 전화에서 '개별 방문'까지 ─ 와 함께 엄청난 대중 봉기로 발전해왔다고 주장했다. 이를 통해 대통령은 이들 유권자들이 "일체의 로비 활동, 조직화된 시위, 그리고 계속된 정부의 낭비적 방식에 의존해 생활하는 사람들이 벌이는 항의의 외침에 반대하여 저항하고 있다"고 주장하면서, 작년 11월 선거에서 위임된 권한을 재차 확인했다. 의회가 그 위임 권한을 무시하고 감세를 거부한다면 이는 "우리 경제의 근본적인 문제, 즉 정부가 당신의 소득으로 무엇을 해야 하는지를 당신보다 더 잘 알고 있다고 판단하고, 사실상 당신이 어떻게 살아야 하는지 국가가 결정하는 결과"를 초래하게 될

것이라고 말했다.[146]

이 호소는 적중했다. 다음 날, 조세 및 지출 일괄법안을 부결시키는 데 상당한 독자적·정치적 권한을 가지고 있던 오닐 의장은 자신이 시달림을 당해왔다고 털어놓았다. 정부안이 부결되는 "엄청나게 실망스러운 결과"에 대해서, 대통령의 조세법안 지지자들에 의해 의회는 "이 나라에서 이전에 볼 수 없었던" 방식의 '맹공격'을 받았다.[147] 민주당으로부터 상당한 지지를 받은 최종 법안은 1981년 1.25%, 1982년 10%, 1983년 19%, 1984년 28%, 그리고 계속해서 개인소득세 감세율을 점증적으로 높이도록 했다. 이 법안은 또한 최고한계세율을 70%에서 50%로 낮췄고, 고소득 부부, 고소득 퇴직자, 그리고 저축 및 대부사업과 같은 특정 집단에 대한 특례 조항을 포함했다.[148] 민주당과 공화당의 운명은 말할 필요도 없이, 미국의 조세지출정치의 미래를 위해 가장 중요한 ERTA에도 역시 1985년부터 과세 구간을 인플레이션과 연계하는 방안이 포함되었다(표 1 참조).

레이건의 백악관은 1981년 초 내내 위법적인 복지 수급자의 권리 주장에 맞서 납세자들의 권리와 특권을 옹호함으로써 조세와 지출 삭감에 대한 정당성을 밝혔다. 하지만 그렇게 함으로써 레이건은 결국 그의 행정부가 실질적으로 국가의 규모를 줄이고 진정으로 혁신적 대통령직을 수행할 여지를 줄였다. 실제로 레이건은 그의 반국가주의를 복지─전체 연방 지출의 맥락에서 매우 제한적인 액수를 대상으로 하는─와의 '전쟁'으로 규정함으로써, 우파 조세 개혁가인 그로버 노퀴스트Grover Norquist의 인상적인 문구처럼 "욕조에 빠뜨려 익사시

규정	1981	1982	1983	1984	1985	1986
감세율	------	-25793	-65703	-104512	-122652	-143832
1981년도 해당 자본이득에 대한 20% 비율	-39	-355	------	------	------	------
부부 2인 소득자에 대한 감세	------	-419	-4418	-9090	-10973	12624
연동화	------	------	------	------	-12941	-35848
아동 및 요보호 공제	------	-19	-191	-237	-296	-356
비영리 단체를 위한 자선 기부금 공제	------	-26	-189	-219	-681	-2696
주택 매각을 위한 과세 기간 보류	거의 변화 없음	10 미만	10 미만	10 미만	10 미만	10 미만
주택 양도세 면세	거의 변화 없음	-18	-53	-63	-76	-91
해외 소득 과세율 변동	------	-299	-544	-563	-618	-696
합계	-39	-26929	-71098	-114684	-148237	-196143

표 1 개인소득세법 규정에 따른 재정 추정 효과(단위: 백만 달러)

U. S. Congress, Joint Committee on Taxation, Summary of HR 4242: The Economic Recovery Tax Act of 1981, 5 August 1981, 97th Cong., 1st sess.(Washington D. C.: GPO, 1981), 58, 표 2.

킬 수 있는" 정도로 국가를 축소하는 더 큰 보수주의 기획을 약화했다.[149] '야수 굶기기starving the beast'*는 연방정부의 성장을 통제하는 데 유일하게 실패한 전략이었다. 공급 주창자들이 약속한 경제 성장 창출에 실패했던 감세 효과와 방위비 지출 가속화, 그리고 중간계급의 복

---

* 야수란 국가를 의미하는 것으로, 감세를 통해 국가의 역할을 축소하려는 미국 공화당의 정치 전략을 말한다.

지국가를 위한 복지지출의 자연적 증가에 의해 레이건 집권 기간 중 연방 적자는 급증했다. 1981년에서 1988년 사이, 국가 채무는 9,300억 달러에서 2조 6천억 달러로 늘었다.[150] 더군다나 정부 규모를 제한하기 위해 국민들의 위임을 받았다는 주장에도 불구하고 레이건 행정부는 약간의 예외를 제외하고는 뉴딜, 전후, 혹은 위대한 사회복지국가를 해체하는 데 실패했다. 1985년까지, 행정부가 국내 지출의 성장을 늦추는 데는 성공했지만, GNP의 한 부분인 연방 지출은 실질적으로 50%p까지 올랐다.[151] 복지지출조차도 1981년까지 예산 변동에 별 영향을 주지 않은 듯 보였다. 레이건이 퇴임할 즈음 연방 복지지출은 그가 취임했을 때보다 더 늘어나 있었다. 연이은 법제화 과정─가장 중요했던 것은 1988년의 가족지원법Family Support Act이었는데, 이 법은 당시 뉴딜 이후 가장 중요한 복지 개혁 조치로 환영받았다─에서 의회는 근로 요구와 다양한 '근로 지원'을 위한 연방 지출을 늘리는 OBRA식 접근법을 거부했다.[152] 이른바 조세 정책의 혁명 역시 단명하고 말았다. ERTA 법안에 서명한 지 몇 달 되지 않아 레이건은 조용히 상당한 증세에 해당하는 액수를 제안하면서 "세법상 특정한 세금 남용을 막고 세수를 늘리는" 개정안을 요구했다. 1982년과 1984년, 그는 두 개의 조세법─1982년의 재정균형조치세법TEFRA과 1984년의 적자감축법DEFRA─에 서명했는데, 이 둘 모두 미국 역사상 전쟁 기간을 제외하고는 가장 많은 세수를 올리는 법안이었다.[153]

하지만 레이건 혁명이 그 지지자들이 기대하고 비판자들이 두려워했던 것보다는 그리 혁명적이지 못했다고 하더라도, 이 혁명의 시기는 미국의 재정 정책과 정치의 성격을 영구적으로 바꾸어 놓았다. 다시 이 변화는 국가의 정치적 의제를 '문제 해결에서 예산 삭감'으로 이동시키고, 전후에 강조되었던 시민권의 혜택을 시민권에 대한 비용으로 대체함으로써 정치 논쟁의 일반적 의미와 내용이 확대되는 데 영향을 미쳤다.[154] 소득세 구간을 인플레이션과 연동시키도록 규정한 ERTA의 조항은 연방 예산을 더 이상 인플레이션과 함께 자동적으로 늘릴 수 없도록 했기 때문에 특히 중요했다. 1990년까지 이 연동화만으로 연방 예산을 1,800억 달러까지 줄였다.[155] 임금과 소득 상승에 의해 자동적으로 발생하는 예산을 없앰으로써 ERTA는 의원들이 재정을 추가적으로 올리기 힘들게 했고, 세금을 끊임없는 정치 의제로 만들었다.[156] 복지와 군비 지출을 거의 동결시켜 새로운 프로그램 – 혹은 기존 프로그램의 확대 – 에 쓸 재원은 사실상 사라져버렸다.[157] 전후 기간 – 특히 경제가 강조되었던 시기 – 에 등장했던 납세자 권리에 대한 옹호는 ERTA와 과세 구간 연동화 여파로 미국의 국내외 정치의 근본 원리이자 최우선적인 고려 사항이 되었다.

동시에 납세자 보호를 아주 협소한 불법적인 복지지출 부분에 대한 제한된 싸움에 속박함으로써 우파는 공화당의 선거 승리를 가져온 이념적 재편의 범위를 제약했다. 오늘날 대부분의 연구는 레이건 집권 이후 정책과 정책을 만드는 선출직 지도자들이 분명하게 우경화되었지만 보수주의는 성장하지 못했다고 말한다.[158] 비용이 들지 않는 적극적 국가의 확장을 약속했던 자유주의 합의와 비용이 들지 않는 적극적 국가의 축소를 공언했던 보수주의 반혁명의 결과는 정치적이고 이념적인 교착 상태를 가져왔는데, 이러한 조건은 납세자에 대한 비용의 강조와 '정부 간섭'에 대한 공포 때문에 새로운 자유주의 정책의 가능성을 배제했고, 동시에 자유주의 국가의 가장 크고 비용이 많이 드는 정책들이 대중적 인기를 받고 있었기 때문에 다양한 반국가 전략에 기반한 진정한 보수주의 혁명을 방해했다.

에필로그

교착 상태의 미국 복지국가

이 연구에서 기술된 조세정치와 복지정치는 지속적으로 미국의 사회·경제 정책을 만들어내고 미국 정치를 규정하고 있다. 비록 우리가 알고 있었던 복지는 1996년의 '개인 책임과 근로기회법The Personal Responsibility and Work Opportunity Act; PRWOA'덕분에 더 이상 존재하지 않지만, 복지 유령은 국내 정책 결정 주변을 배회하고 있다. 2008년 대통령 선거 여론조사에서 버락 오바마에 밀리고 있던 존 매케인John McCain 상원의원은 부동층을 끌어들이기 위한 노력의 일환으로 막판에 조세와 복지정치로 방향을 바꿨다.[1] 그는 "정치인들이 여러분의 돈으로 여기저기 나눠 주겠다고 할 때는 여러분 지갑을 잘 지키는 것이 좋을 겁니다"라고 열광적인 마이애미 군중들에게 말했다. "오바마 계획은 세금을 내지 않는 사람들에게 여러분의 세금을 갖다 바치는 것입니다. 그것은 세금을 깎아주는 것이 아닙니다. 그것이 바로 복지입니다."[2]

매케인의 경쟁자인 오바마는 이에 친절하게 응답했는데, 이튿날 이렇게 맞받아쳤다. "이번 선거에서 유일한 '복지'는 감세한 2천억 달러를 미국에서 가장 부유한 기업에게 주는 존 매케인 계획입니다."[3]

최근 들어, '복지 여왕들'을 겨냥한 낭비, 속임수, 그리고 남용에 대한 비난들이 '공적 자금에 의한 은행 구제'와 2009년 경기부양책으로 향했다. 반면 어떠한 세금 인상에 대한 저항도 특히 재정 적자가 급속하게 증대하고 사회보장, 메디케어, 그리고 다른 수급권에 지급할 재정이 점점 더 부족해진다는 측면에서 거의 병리적이 되어갔다. 공화당은 일련의 민주당 개혁 정책―온실가스 방출을 줄이기 위한 탄소배출권 거래세 계획부터 2009년 환자 돌봄과 적정 비용에 관한 법Patient Care and Affordability Act(오바마케어)으로 실행된 의료보장 개혁까지―을 저지하기 위해 세금 폭탄 위협을 제기하며 세금반대운동을 이끌었다. 민주당은 진보, 중도, 보수를 막론하고 단결해서 세금을 옹호하거나, 거의 시민권의 대가에만 초점을 맞추는 정치 담론에 대응하지 못했다.

이 책은 역사적 맥락에서 20세기 미국의 조세국가와 복지국가 간 복잡하고 긴밀한 관계를 추적함으로써 현대 미국 정치를 개괄적으로 이해하고자 했다. 1942년 재정법에 기초한 현대 조세국가는 복지국가―국가 건설자들에게 다수 미국인들의 경제 안정을 확장하는 제도 구축에 필수적인 예산을 제공하는―에 동의했을 뿐만 아니라, 중요한 사회 보호 체제의 요소를 구축했던 연속적인 입법 과정을 통해 정교화되고 안정화되었다. 이 연구가 제시했던 바와 같이, 전후 시기에 걸쳐 자유주의자들은 경제 및 사회보장의 약속과 개별 시민에게 상대적으로 낮은 조세 부담만을 부과한다는 약속에 동일한 중요성을 부여하며 연결 지었다. 이 연구는 조세정치와 뉴딜, 제2차 세계대전, 그리고 전후 자유주의적 사회 협약의 결정적 요소로서 낮은 과세(율)에 대한 이해에 주목함으로써 '자유주의 황금기'에 대한 좌·우파의 비전과 그 비전을 계승한 보수주의적 복지 축소 모두에 대해 이의를 제기했다. 실제로 조세정치 및 복지정치 경쟁에 대해 구체적으로 연구해보면, '우경화'나 '자유주의적 합의' 모두 제2차 세계대전 이후의 복잡한 미국 정치의 특성을 기술하기에는, 더군다나 이를 설명하기에는 더욱 불충분하다는 것이 드러난다.

1942년 재정법 덕분에, 세금 납부가 전후 시기 중요한 미국 시민들의 의무로서, 그리고 시민과 연방정부 간 가장 두드러진 연계 고리로 등장했다. 이 조세 체계는 대단히 오랫동안 지속되었다. 제안 13호와 고삐가 풀린 듯했던 전국적 '조세저항'의 영향에도 불구하고 보수주의자들은 현행 조세 구조를 크게 바꿀 수 없다는 것을 깨달았다.[4] 마찬가지로 넓게 보면, 복지국가는 1980년대 우경화 속에서 살아남았다. 오늘날 미국 정부는 경제적 안정과 복지 모두를 제공하기 위해 설계된 프로그램에 그 어느 때보다 많은 돈을 지출하고 있다.[5] 게다가 현행 메디케어 프로그램에 2003년 1,900억 달러의 무료 처방전 혜택을 추가한 것을 포함하여, 대부분의 지출 확대는 '세금을 흥청망청 쓰는' 자유주의자들 때문이 아니라, 보수주의 공화당 때문이라고 할 수 있다.[6] 그러므로 연방 예산의 3분의 1 이상을 차지하는 사회급여와 대다수(92.8%)의 미국인들에게 제공되는 부조 확대를 근거로 들며 미국 복지국가가 종말에 이르렀다고 보도하는 것은 매우 과장된 것으로 보인다.[7]

그러나 국가 조세의 지속성과 대부분의 연방 복지 프로그램에 대한 정치적 지지에도 불구하고 반정부 정서는 여전히 높다. 정부에 대한 신뢰도 추락은 최근 이른바 티파티 운동에서 가장 대중적으로 표출되었지만, 정부 신뢰가 지난 40년 동안 정치적 생명을 유지해왔던 것은 사실이다.[8] 한 연구에 따르면, '정부 신뢰 지수'가 1966년 정점인 61에서 2008년 26으로 추락했다.[9] "정부가 무엇을 하는지 국민들은 관심이 없다"고 믿는 사람들의 비율이 증가한다는 것은 정치 체계로부터의 점증하는 소외, 정치와 사회 문제에 대한 낮은 관심도와 투표 참여율의 급락을 분명하게 반영한다.[10] 미국의 우파는 정부는 해결책이 아니라 문제라는 반복된 주장으로 이득을 보기도 했고, 대중적 신뢰의 손상을 조장하기도 했다.[11]

하지만 보수주의자들의 수사로만 국가를 향한 정치적 태도 변화를 설명할 수는 없다. 또한 우경화와 연속적인 자유주의 사회 정책의 축소가 민권운동과 위대한 사회의 자유주의에 대항한 인종주의적 반동에 의한 것이라고만 할 수도 없다. 오히려 이 연구에서 보여주었듯이, 현대 미국 정치의 역설 – 시민들이 최소한의 사회적·경제적 안정을 향유할 수 있도록 점점 더 많은 자원을 제공해온 국가에 대한 미국인들의 고조되는 환멸 – 을 이해하려면 전후 자유주의 국가의 제도와 자유주의 사회 협약의 이념적 측면에 대한 재분석이 요구된다.

최근 들어 정치학자, 역사학자, 그 밖의 학자들이 미국을 '(복지국가라고 하기에) 꺼려지는' 혹은 '지체된' 복지국가로 기술하는 데 대해 문제를 제기했다. 복지국가의 규모보다는 구조에 초점을 맞춤으로써, 제니퍼 클라인Jennifer Klein, 크리스토퍼 하워드Christopher Howard, 제이콥 해커

Jacob Hacker, 모니카 프라사드Monica Prasad는 미국의 사회 안전망을 구성하는 독특한 정책 혼합에 주목했다. 부양아동가족부조나 이 법의 1996년 대체법인 빈곤가족일시지원제도TANF와 같은 직접지원 체계는 빈약하고 징벌적이며, 메디케어와 사회보장제도(노령연금)는 매우 제한적이고 정치적으로 인기 있는 집단에 국한되어 있을 수 있지만, 다른 형태의 경제 및 사회보장 – 주로 조세법에 의해 직간접적으로 제공되는 – 은 상대적으로 관대하다.[12] 최저임금이나 피고용자 은퇴소득보장법ERISA과 같은 공공 규제제도도 포함한다면 미국 복지국가는 훨씬 탄탄해 보인다.[13] 규제국가와 조세지출 체계 모두 공공 부문과 사적 부문 간 긴밀한 협력에 기초해 있었다. 전후 연방정부의 정책에 의해서, 그리고 조직노동의 압력을 통해 많은 기업들을 독려함으로써 연금과 사용자가 제공하는 의료보험을 포함한 일종의 부가적 사회 안전망이 구축되었다. 이러한 복지제도가 사적 집단에 의해 전달되고 운영되었음에도 연방정부는 연방 소득세법을 통해 이들을 활성화하고 보조금을 지급했다. 해커는 다음과 같은 당연한 결론을 내렸다. "미국 사회 복지의 경험은 예외적인데 … 사회지출이 낮아서가 아니라, 사적 부문에서 나오는 사회지출이 상당히 많기 때문이다."[14]

이러한 눈에 보이지 않는 형태의 공적 지원으로 전후 국가 건설자들은 연방 과세와 직접적인 정부 개입에 대한 미국인들의 적대감을 극복할 수 있었다. 브라이언 발로Brian Balogh가 최근 19세기 결사체주의에 대한 그의 연구에서 지적했듯이, "특히 미국에서는 사적이고 지역적인 문제에 대한 개입 공포가 항상 민감한 신경을 건드려왔다."[15] 하지만 전후 시기 채택된 사회급여 형태가 단순히 미국의 독특한 반정부적 기질을 반영한 것만은 아니다. 오히려 이는 자유주의 국가 건설자들에 의해 만들어진 역사적으로 특정한 선택의 산물로 이해할 수 있다. 제1장에서 필자가 주장했듯이, 전후 자유주의 세력은 세금에 시달린 납세자들에 의해 지역 복지 프로그램 추진이 방해받았다며 포괄적 복지국가를 위한 노력을 포기했다. 이러한 국가와 지역 복지의 위기가 점점 증대하는 의회의 보수성과 발맞추어, 더욱 관대한 복지급여 제공에 극복할 수 없는 걸림돌이 되고 있다고 확신한 자유주의 복지 전문가들이 재활로 관심을 돌린 반면, 미국 노동운동의 진보 동맹은 민간 사용자로부터의 고용 기반의 복지급여 보장에 집중했다.[16]

한동안 이 전략은 매우 성공적이었다. 전후의 지속적인 경제 성장과 급여세, 자동적인 세수 증대, 그리고 보이지 않는 조세지출을 기반으로 하여 자유주의 국가 건설자들은 상대적으로 매우 복잡하기는 하지만 관대한 경제 및 사회보장 체계를 세웠다. 1965년이 되자 1억 2,200만 명 이상의 노동자들이 어떤 형태로든 민간 의료보험에 가입했고, 4,700만 명이 생명보험의 혜택을 받았으며, 2,800만 명이 일시적 장애보험에, 그리고 2,500만 명이 사용자가 제공하는 연금제도에 가입했다.[17] 같은 해, 노령층의 거의 98%가 사회보장 체계를 통해 소정의 부조를 받았는데, 이것으로 노령층의 빈곤율이 60% 이상 줄었다.[18] 1998년에 이르러 사회보장제도는 "정부 정책이 부재했다면 빈곤할 수밖에 없었을" 노령층의 거의 75%를 빈곤에서 탈출시키며 더욱더 빈곤 방지에 효과를 발휘했다.[19]

그러나 장기적으로 볼 때, 사회 안전망을 세우기 위한 자동적 세수 증대, 목적세, 그리고 보이지 않는 조세지출에 대한 자유주의 세력의 의존성은 복지국가의 미래뿐만 아니라 21세기 정치 궤적에도 중요한 함의를 가진다. 미국 복지체계-직간접 모두-의 가장 관대하고 효과적이며 인기 있는 부분들이 상당수 미국인들에게 경제적 안정은 물론 경제적 기회도 주었다. 하지만 이러한 사회급여 형태는 사적 매개자들을 통해 제공되거나, 사적 노동시장 참여를 조건으로 했기 때문에 현재의 사회적·경제적-인종적이고 젠더적인 것은 말할 것도 없고-위계화에 도전하기보다는 이를 재생산했다. 경제적 안정을 노동력 참여에 직간접적으로 구속시킴으로써 미국의 복지국가는 '자격 있는' 빈자와 '자격 없는' 빈자의 구별 짓기를 장기간 강화했다. 사회보장제도와 메디케어는 은퇴 이후 적절한 소득급여로 유지될 수 있었다. 즉 조세지출은 무시되거나, 아니면 더욱 빈번히, 어쨌든 정당하게 납세자들에게 돌아가는 하나의 방식으로 이해될 수 있었다. 하지만 빈곤층에 대한 직접적인 현금 부조 제공은 게으르고 무능한 사람들에게 주는 부당한 경품으로, 그리고 납세자로부터 세금 먹는 하마들에게 부당하게 이전되는 것으로 쉽게 공격받을 수 있었다.

아마도 더 중요한 것은 미국 복지국가의 형태와 구조가 복지국가 건설을 도왔던 정치 행위자-적극적인 민주당원과 자유주의적 공화당원 모두 마찬가지로-에 대한 대중적 지지를 약화했다는 것이다. 조세지출-미국 사회 안전망에서 그 비중이 점점 커지고 있는-과 같은 간접적인 사회급여 형태는 결코 사회수당과 같다고 느끼지 않기 때문에 직접적인 사회적 권리의 형태보다 정부에 대한 긍정적 태도를 형성할 가능성이 훨씬 적다.[20] 주택 모기지 이자 공제와 주(州)세와 지방세에 대한 공제와 같이 조세지출이 개인에게 부여되는 것이 맞는다면, 의료보험과 보험 설계를 포함하여 사용자에게 세제 혜택을 주어 피고용자들에 대한 특정 경제 안정 프로그램을 제공하는 것이 더 현실에 부합하는 일이 된다. 이러한 혜택이 조세법에 숨겨져 있고, 민간 고용주가 직접적으로 제공하는 한, 대부분의 국민들이 수많은 국민들에게 제공되는 의료 및 퇴직 안정 프로그램에 "정부가 … 이미 깊숙이 관여하고 있다"고 생각하지 않는 것은 놀라운 일이 아니다.[21] 드러나지 않는 조세지출의 특성은 자유주의 입법자들이 자신들이 만들고 제공하는 보장 및 보호 법안에 대한 성과를 주장하기 어렵게 만들었다. 대체로 중간계급의 경제적 보장과 상층 이동성에 관한 연방 보조금의 체감되지 않는 특성은 역사적으로는 부적절하지만, 자유주의적 개입이 복지와 동일하고, 아메리칸 드림을 위험에 빠뜨리며, 중간계급의 경제적 안정을 위태롭게 한다는 비난에 대한 정치적으로 설득력 있는 서사를 가능하게 했다. 달리 말하면, 자유주의자들은 고의적으로 국가를 은폐함으로써 중간계급 다수가 그들 스스로를 조세와 복지 국가의 수혜자가 아니라 희생자로 인식하게 했고, 심지어는 이를 조장하기까지 했다.

최근 몇십 년 동안 경제 불안정의 증대는 이러한 문제들을 더욱 복잡하게 만들었다. 마크 스미스Mark Smith가 주장했던 대로, 대부분의 통념과는 반대로, 유권자들이 경제적 쟁점에 집중하면 민주당이 아닌 공화당이 더 많은 혜택을 받아왔다.[22] 리처드 닉슨 대통령이 감세정치를 수용한 1972년부터 공화당 집권기에 상대적으로 미국 경제의 성과가 좋지 않았지만, 공화당은 다수 유권자들에게 '번영의 정당'으로 인식되어왔다. 공화당은 '원칙들의 제한 ─ 즉 감세는 전체적으로 개인과 경제에 모두 유익하다는 ─'을 고수함으로써 경제 문제에 대해 우세한 평판을 얻어왔다.[23] 이러한 쟁점들은 경제 불안정이 심화되면서 선거정치에서 그 중요성이 점점 증대되었고, 평균적인 미국인들은 점점 더 경제적 충격에 취약해졌다. 소득 변동성은 종종 연소득의 큰 폭의 증가를 의미하지만, 일반적으로 사회 이동성은 1970년대 이후 실질적으로 증가하지 않았다.[24] 모순적이게도, 공화당의 지지를 분명하게 강화하는 경제 불안정은 사회 안전망 해체의 결과다. 비록 전후 시기 구축된 사회 안전망을 보강하고 정비하려는 노력이 있었지만, 루스벨트 대통령이 한때 "인생의 위험과 부침"이라고 명명한 것에 관해서 확실하게 평범한 미국인들을 거의 보호해주지 못했다.[25]

이 연구는 이러한 현대의 조류 ─ 경제적 불안정성의 증대, 정치적으로 강력한 보수주의 운동의 출현, 복지국가의 지속적 확대, 그리고 적극적 국가에 대한 적대감 확산과 그 자체에 대한 불신 ─ 를 역사적 시각에 위치시키는 데 목적을 두었다. 우리의 최근 정치사에 대한 많은 고정관념에 의문을 제기하고, 최소한 부분적으로나마 현대 정치의 몇 가지 주요 딜레마를 설명하는 데 도움을 주고자 한다. 첫째, 이 연구는 자유주의적 합의와 그 합의를 계승한 기간에 분명하게 드러났던 보수주의 세력의 복지 축소 사이의 몇 가지 중요하지만 종종 무시되었던 연속성을 지적했다. 자유주의는 세금을 흥청망청 쓴다는 대중의 이미지는 대체로 허구다. 전후 내내 자유주의자들은 뉴딜, 제2차 세계대전, 그리고 전후 시기 사회 협약 협상의 필수적 요소로 평범한 미국 국민들에 대한 낮은 과세율을 일관되게 옹호했다. 1930년대 뉴딜과 1960년대 위대한 사회의 시기에도, 상하 양원에서 과반을 넘겼던 민주당 출신 대통령들은 결코 사회급여 신설을 다수 납세자의 세금 증대와 연계하려고 하지 않았다. 하지만 이 연구에서 또한 제시한 바대로, 조세정치는 그 자체로 진보정치의 취약한 토대임이 드러났다. 비록 몇몇 집단은 시민권의 확장을 요구하기 위해 납세자로서의 그들의 정체성을 성공적으로 활용했지만, 진보주의 세력 스스로는 조세정치를 점유하고 수행할 수 없다는 점을 확실하게 인식했다.

1970년대 진보적 조세정치의 실패와 '감세 정당'으로서의 공화당의 등장은 결국 중요한 것은 사회급여 체계의 구조 - 즉 수당이 어떻게 전달되고, 그 비용은 어떻게 감당하고 배분하는지 - 임을 상기시켰다. 1970년대 경기 침체는 제2차 세계대전 이후 임시방편으로, 루브 골드버그Rube Goldberg* 식의 사회 및 경제 보장 체계에 대한 새로운 압력으로 작용했고, 납세자들의 초기 저항을 이용하고 1964년 골드워터의 대선 패배 이후 정치적 기반을 회복하려는 우파의 재기를 허용했다. 전후 미국 경제의 성장 속도가 느려지고 결국 인플레이션과 스태

---

* 루브 골드버그(1883~1970)는 단순한 문제를 해결하기 위해 복잡하게 설계된 기계장치 그림들을 선보여 최소 효과-최대 노력의 인간 사회를 풍자했던 미국의 만화가다.

그네이션이 발생했기 때문에 우파는 적극적 국가의 혜택보다는 비용에 초점을 맞출 수 있게 해주는 감세 의제를 지지했다. 복지 및 조세국가의 구조는 국내외 정치경제의 변화에 대응하는 민주당의 능력을 제한하기도 했고, 공화당―보수파가 점진적으로 장악해갔던―이 납세자들의 이익에 대한 대중적 대변자로서 스스로를 혁신하도록 해주기도 했다. 자유주의 복지국가의 상당 부분이 보통 사람들의 입장에서는 체감되지 않았기 때문에, 민주당의 자유주의 세력은 여론 전문가인 벤 와텐버그가 '노동자, 노조원'을 대신해서 1967년 린든 존슨에게 제기한 골치 아픈 질문―"최근에 나를 위해 당신은 무엇을 했죠?"―에 확신을 가지고 대답할 수 없었다.[26]

하지만 공화당이 조세저항을 자신의 것으로 주장하는 데 성공했고, 1981년 경제회복조세법에서 세율 구간의 물가연동제를 통해 국내 정치를 '재정 문제화'하는 데 성공했어도, 우파는 복지국가를 해체하는 데는 그리 성공적이지 못했다.[27] 우파가 대다수의 미국 유권자들에게 정부가 문제라는 데 그럭저럭 확신을 주었다고 하더라도, 현재 향유하고 있는 공공복지를 포기해야 한다거나 모든 복지국가 활동에 대한 지출을 상당 부분 삭감해야 한다는 확신까지 미국인들에게 심어주지는 못했다. 퓨 리서치 센터에 따르면, 1997년 미국인들은 여전히 '저렴한 의료보험'을 보장하고, 노인들에게 '적절한 생활수준'을 제공하며, 빈곤을 줄이는 정부 프로그램에 강력한 지지를 표시했다.[28] '강력한 공화당 지지자' 사이에서조차 대부분의 복지국가 활동에 대한 지지는 높았다.[29]

복지는 물론 국가의 경제 안정 프로그램과 사회적 우선성에 대한 강력한 지지와는 별개의 문제다. 복지에 대한 대중적 지지 ─ 결코 처음부터 강력한 지지를 받지 못했던 ─ 는 빈민들에 대한 부조가 중요하고도 좋은 평가를 받는 공적 측면의 우선적인 고려 대상으로 남겨졌을 뿐, 1970년대 초에 거의 자취를 감췄다. 1981년 정부간관계자문위원회는 조세와 정부에 대한 미국인들의 태도를 조사하기 위해 설문조사를 두 가지로 나누어 진행했다. 위원회는 두 가지 모두에서 주민들에게 '삭감'에 가장 적당한 공적 프로그램에 대해 질문했다. 첫 번째 조사에서 위원회는 선택란에 '공공복지'를 포함했지만, 두 번째 조사에서는 '빈곤층에 대한 부조'로 이를 대체했다. 이렇게 단어를 바꿈으로써 매우 다른 결과가 도출되었다. 첫 번째 조사에서 설문 대상자의 39%가 '공공복지'의 축소를 지목했지만, 두 번째 조사에서는 단지 7%만이 '빈곤층에 대한 부조'가 줄어들어야 한다고 생각했다.[30] 이러한 결과는 1950년대 초부터 극빈층에 대한 욕구 중심의 현금 부조만으로 정의된 복지가 그 규모나 비용 면에서 평균적 납세자의 생각과 차이가 있다는 정치적 함의를 보여준다. 수백만 명의 미국인들에게 경제 안정을 제공했던 중간계급의 복지국가를 점차 체감할 수 없게 되자 빈곤층을 위한 복지가 자유주의 국가의 대명사로 떠올랐다. 좌파에게는 불충분하고 비효율적이라고, 우파에게는 무책임하고 부도덕하다고 비판받고, 모든 이들에게 낭비, 사기, 남용이라고 공격받음으로써, 자유주의 국가를 상징한다고 여겼던 복지에 대한 대중적 지지가 약화하는 동시에, 의회 의원들이 낮은 세율과 관대한 사회급여에 대한 대중적 요구를 조화시키도록 했다.

이러한 역사 속에서 전통적인 민주당의 자유주의와 공화당의 보수주의 사이에서 '제3의 길' 추구를 약속했던 빌 클린턴 대통령이 선거 공약으로 내세운 '큰 정부 시대'의 마감을 지키기 위한 하나의 방식으로 "우리가 알고 있는 복지의 종식"을 선택한 것은 놀랄 일이 아니다. 1996년에 제정된 PRWOA — AFDC를 새로운 주州 정액교부금 TANF로 대체했고, 하나의 자격으로서의 복지의 지위를 효과적으로 폐지시켰던 — 로 클린턴 행정부는 주요 빈곤해소 계획을 보완했는데, 대표적으로는 근로장려세제EITC의 확대를 들 수 있다.[31] 한때 복지 수급자들을 '종빈마'로 불렀던 루이지애나주의 민주당 상원 의원 러셀 롱에 의해 1970년대 중반 도입된 EITC는 근로 빈곤층에게 반환되는 세금 공제를 제공했다. 이 제도는 1980년대 초까지는 느린 속도로 성장하다가 10년 후에는 급격하게 늘어났는데, 1990년대 내내 국회의원들이 자격 요건을 확대함으로써 공제액도 늘어났고, 물가 상승과 연동하기도 했다. 실제로 1996년이 되자 연방정부는 AFDC보다 EITC에 더 많은 예산을 지출했다.[32] 2000년에는 연방정부의 이 프로그램에 320억 달러가 들었고, 1,930만 명의 납세자에게 재정 지원이 제공되었다.[33] 6년 후, 이 프로그램의 비용과 적용 인원은 각각 444억 달러와 2,300만 명으로 확대되었다.[34] EITC는 근로 가족을 위한 일종의 감세로 이해되었고, '실패한' 복지정책에 대한 하나의 대안으로 제시됨으로써 상당한 정치적 지지를 받았다. 1999년 하원의 공화당 지도부가 EITC 지급을 1년 유예하여 80억 달러의 예산을 절감할 것을 제안했을 때, 양당 지도급 인사들은 이 제도를 옹호하는 쪽으로 재빨리 움직였다. 클린턴 대통령은 "가장 쪼들리는 우리나라 노동자들에 대한 실효세 증가"를 의미하는 어떤 조치에도 서명하기를 거부했다. 1999년, 2000년 공화당 대통령 경선에서 선두를 달렸던 텍사스 주지사 조지 W. 부시는 "빈곤층을 희생하여 예산 균형을 맞추자"는 다른 공화당 주자들을 신랄하게 비판하며 이에 동의했다.[35]

EITC는 의심할 여지 없이 근로 빈곤층에게 필요한 재정 지원을 상당 부분 제공했지만, 더 큰 정치적 함의라는 측면에서 보면 한계가 있었다. 숨겨진 형태의 모든 사회급여와 마찬가지로 EITC는 정치적 의식을 거의 육성하지 못했고, 공제급여는 전반적으로 적극적 국가에 대한 지지로 전환되지 않았다. 이는 조세법을 통한 또 다른 지출 형태에도 해당된다. 수잔 메틀러Suzanne Mettler가 주장했듯, 보이지 않는 지출의 혜택을 받는 납세자 대부분은 종종 "그들이 실제로 이러한 정책으로부터 얼마나 많은 것을 얻는지 알지 못한다." 그리고 결코 "감세를 사회적 혜택이라고 생각하지" 않을 수도 있다.[36] 미국이 이러한 보이지 않는 조세 프로그램으로 사회복지 예산을 증대시키는 데 주력했지만, 정치적 자산이라는 관점에서 보면 수익률이 오히려 낮다. 조세지출은 개인과 가족의 경제적 안녕에 유익한 영향을 줄 수 있지만, 적극적 국가의 평판을 신장시키거나, 조세지출의 유지 혹은 확장에 관심을 갖는 정치적으로 강력한 유권자들을 만들어내는 데는 취약했다.

눈에 보이지 않는 연방정부의 역할은 역사적으로 미국 조세국가의 가시적 제도에 극명하게 대조적 입장을 보인 대다수 미국 시민들에게 최소한의 경제 안정과 기회를 보증하는 데 기여해왔다. 스벤 스타인모_Sven Steinmo가 지적했듯이, 정부의 징세 수단은 '공공지출의 수준'과 과세 및 지출 문제를 둘러싼 정치 모두를 결정한다.[37] 누진적 연방소득세와 목적세인 급여세 양자에 대한 미국인들의 의존성은 정부의 부담을 매우 명확하게 했고, 정부의 혜택을 점점 더 인식하기 어렵게 했다. 1968년 소득세 부가금에 대한 지난한 투쟁과 1990년대 초 예산 적자로 인한 조지 H. W. 부시 대통령의 증세 결정은 가시적인 세금 증가가 커다란 정치적 위험을 가져온다는 것을 보여준다.

증세의 정치적 위험은 최근 더욱 커지고 있다. 연방세율 구간의 물가연동제는 의회 의원들이 더 이상 새로운 프로그램에 충당하거나 현행 제도를 개선하기 위해 자동적이고 인플레이션을 유발하는 세입에 의존할 수 없다는 것을 의미한다. 1990년에 도입된 예산 규정―어떤 새로운 지출 사항은 다른 예산 분야의 삭감이나 새로운 세입 증대를 통해 상쇄되도록 하는―도 프로그램에 대한 정치적 비용을 상승시켰다.[38] 이 새로운 재정 계산법의 유일한 결과는 정책 결정자들이 증세도, 인기 있는 정책을 축소하는 것도 꺼렸기 때문에 적자만 늘려 놓았다는 것이다. 이 새로운 '긴축재정'은 또한 희소 자원에 대한 프로그램 간 경쟁을 가열시켰다. 이러한 경향은 이미 1965년 소득보장대책본부가 존슨 대통령에게 더 이상의 사회보장 확대는 다른 우선순위의 지출에 대한 지지를 깎아 먹는 비용으로 작용할 뿐이라고 분명하게 경고하면서 명백하게 드러난 바 있는데, 이후 한 연구자가 "재정 살리기를 위한 격렬한 다원주의자들의 투쟁"으로 불렀던 상황으로 넘어

갔다.[39] 감세정치에 몰두하는 보수주의운동의 출현은 그 정치적 이해관계를 훨씬 첨예하게 했다. 공화당의 '감세 정당'으로의 변신은 닉슨 행정부의 전략가들이 주와 지방세에 대한 초기의 저항에서 백인, 노동계급 및 중간계급의 이른바 침묵하는 다수를 정치적 충성층 — 혹은 최소한 투표층 — 으로 견인할 기회로 인지했던 1970년대 초부터 시작되었다. 1980년대와 1990년대 초에 걸쳐 공화당 지역위원회caucus의 재정 적자에 강경한 보수 매파들은 이 감세 의제를 억제했지만, 이 세력은 1990년대 중반, '조세 개혁을 위한 국민모임Americans for Tax Reform'과 '성장을 위한 클럽Club for Growth'을 포함한 열정적이고 재정적으로 탄탄한 반조세 집단들이 의회 내 감세에 주력할 의원들을 늘리기 위해 상당한 노력과 자금을 투여하자 모두 공화당 내 주변부로 밀려났다.[40] 결국 재정 적자에 대해 공화당이 어떤 법률을 실행하느냐와 상관없이 감세는 좋은 정책이자 좋은 정치라고 공화당 의원 간 거의 만장일치를 본 것이다. 2002년 한 해 동안 백악관 조세 정책 전략회의에서 리처드 체니Richard Cheney 부통령이 말한 것으로 보도된 바와 같이, "적자라도 상관없다"는 것이었다.[41]

제2차 세계대전 종전부터 1970년대 초까지 미국 정치를 지배했던 자유주의자들처럼 공화당 보수주의자들은 자신들의 의제가 현대 미국 정치의 근본적인 딜레마에 빠졌음을 알아차렸다. 즉 미국인들은 기본적인 시민권으로서 연방정부에게 더 많은 서비스를 요구하지만, 이를 위한 징세는 원하지 않는다. 자유주의 세력은 이러한 이중적 요구를 낮은 조세율과, 새로운 경제 안정과 기회 체계에 대한 접근을 포함하는 사회 협약을 도입함으로써 조정했다. 낮은 세율 의제에 대한 자유주의 세력의 절대적 추종과 자유시장의 선함에 대한 신뢰는 궁극적으로 어떠한 집단적 의무감보다도 개인적인 자기 이익이 앞서고 시민의 의무―즉 납세의 의무―를 시민으로서 받는 혜택으로부터 분리시키는 정치제도와 이념의 조합을 만들어냈다. 이 책에서 보여준 바와 같이, 자유주의 제도와 이념은 납세자를 조세 수혜자와 분리하고, 대개 후자의 요구와 권리 주장에 대해 전자의 권리와 이익을 앞세우는 정치 담론을 육성했다. 1970년대에 경제가 불안정할 때, 보수 세력은 자신을 자유주의 국가의 희생자로 간주하는 백인 중간계급 유권자들의 충성심을 포섭하기 위해 낮은 조세 부담과 개인적 권리에 대한 자유주의의 전통적인 공약을 활용하기에 매우 유리한 입장에 있었다. 공세적인 신흥 반기득권 세력에 의해 정당화된 공화당의 반조세 정치는 납세자 권리를 칭송했고, 그들이 표적으로 삼은 국가의 제한적 정의definition를 절실한 경제 부흥과 연계했다. 이전의 자유주의 국가 건설자들처럼, 보수주의 세력은 그들의 사회 정책 의제를 발전시키는 데 복지가 유용한 도구임을 발견했다. 자유주의 세력이 사회 정책에 대한 새로운 투자와 새로운 복지국가 제도의 창출을 정당화하기 위해 복지 실패를 활용했었다면, 보수주의 세력은 복지국가 자체를 공격하기 위해 복지의 '실패'를 이용했던 것이다. 그리고 과거의 자유주의 세력과 마찬가지로, 보수주의 세력은 새로운 형태의 사회보호와 낮은 개별 세금 부담을 모두 약속한 전후 사회 협약에 의해 그들 스스로도 제약받고 있다는 점을 인식하게 되었다.[42]

옮긴이의 글

미국인들은 뉴딜에 대한 향수가 있다. 대공황Great Depression의 절망에서 벗어나 대압착Great Compression을 통해 중산층의 시대를 연 자본주의 황금기의 또 다른 이름이었기 때문이다. 프랭클린 루스벨트 집권기부터 시작된 1930년대 이후 30년간의 이른바 뉴딜 체제는 이후 신우파와 신자유주의 시기 양극화, 그리고 1 대 99의 사회와 대비되며 그 향수를 더욱더 자극하고 있다.

그런데 이 책의 필자인 몰리 미셸모어는 신우파 정권이 집권할 수 있었던 이유를 흥미롭게도 뉴딜 자유주의자들의 경제 정책, 특히 조세와 복지를 둘러싼 연방정부의 정책(프로그램)과 정치 담론에서 찾고 있다. 즉 레이건의 보수주의 혁명은 뉴딜 체제의 파산이 아니라, 그것에 뿌리를 두고 있다는 주장이다.

뉴딜 체제를 근간으로 했던 대압착 시대가 노동계급과 중간계급을 사회의 주류로 만들 수 있었던 것은 소득 재분배, 즉 사회보장급여와 각종 세금 공제, 그리고 다양한 정부 보조금 덕분이었다. 이것이 1935

년 사회보장법으로 구축된 미국 복지국가의 기본 프로그램들이었다. 미국 복지국가의 초석인 1935년 사회보장법은 아동과 장애인을 포함한 전 국민의 기본적인 생계 보장과 경제적 안정을 목적으로 하고 있었다. 노령연금과 노령부조, 실업보험 등 크게 5개 부문으로 구성되어 있는 사회보장 프로그램들은 고용주와 피고용인이 분담하는 급여세를 재원으로 하는 기여형 사회보험제도들이었다. 이 책에서 자주 등장하는 급여세는 연방보험기여법(FICA)에 의거, 공적연금(사회보장연금)과 의료보험의 기여금으로 피고용인과 고용인에게 부과하는 세금이다. 사회보장연금에서는 사회보장세social security tax, 의료보험에서는 의료보험세Medicare tax로 불리는데, 노동자의 총임금을 기초로 과세된다. 사회보장세의 세율은 임금의 12.4%(2018년 현재)로 피고용인과 고용인이 반씩 부담한다. 의료보험세도 동일한 구조를 가지고 있으며 세율은 2.9%다. 급여세는 기여형 사회보험 체제의 재원을 제공한다. 아래 그림에서 확인할 수 있듯이, 급여세가 전체 미국 연방 세입에서 차지하는 비중은 1950년대부터 점진적으로 확대되어 최근에는 연방소득세에 버금가는 규모를 보이고 있다. 급여세의 비중이 크다는 것에서 왜 미국의 복지국가가 중간계급을 위한 것인지, 그리고 왜 미국인들이 그토록 세금에 대한 불만이 큰지를 이해할 수 있다.

뉴딜 추진 세력들은 미국의 복지 체제를 처음부터 기여형 사회보험 체제, 즉 일반 사적 보험이나 저축과 같은 개념을 기초로 구축했다. 기여형 사회보험 체제는 노동시장에 진입한 노동자들의 근로소득

연방 예산에서 세입 구성 비율(출처: 위키피디아)

을 기초로 하는 것으로, 재분배 효과가 적을 뿐만 아니라, 노동시장의 불평등이 노후까지 이어지는 역진적인 제도로 이해된다. 필자에 따르면 이는 세금에 대한 자유주의자들의 강박관념에 기인한 것으로, 바로 "낮은 과세율과 경제 성장"을 주요 구성요소로 하는 뉴딜 사회 협약의 근간을 이루고 있었다. 이른바 미국 자유주의 세력의 경제성장 우선주의는 전후 냉전의 영향을 크게 받았지만, 냉전 이전에 이미 뉴딜 체제를 지속하기 위한 주요한 정치 전략으로 자리 잡고 있었다. 그 유명한 파이를 키우자는 이야기도 민주당이 집권한 백악관에서 나온 단골 메뉴였다. 우리가 알고 있는 유효수요 창출과 완전고용, 그리고 노동조합의 권한 보장을 통한 노동과 자본의 타협 체제였던 뉴딜 복지국가의 이면에는 이렇듯 취약한 복지 체제가 자리 잡고 있었던 것이다.

미국인들에게 복지라고 하면, 보통 TANF(빈곤가족일시지원제도. 이 책에서 등장하는 AFDC의 후신)나 SNAP(보충영양지원제도. 2008년 푸드 스탬프에서

278

개칭)을 지칭한다. 이런 의미에서 미국인들에게 복지란 극빈층에 대한 구제제도에 다름 아니다. 이른바 보충성 원칙에 기반을 둔 잔여적 복지 체제가 그렇듯이, 이러한 협의적 개념의 복지는 복지 수혜자들에게 혐오의 낙인을 찍는다. 미국의 노동계급과 중간계급이 자신을 복지의 수혜자가 아닌 권리를 위협받는 납세자로 규정하는 가장 큰 이유도 연방소득세를 재원으로 하는 이러한 공공부조 제도에 대한 과장된 정치적 수사 때문이라는 것이 필자의 분석이다. 실제로는 1994년까지 AFDC가 전체 복지 예산에서 차지하는 비중이 2% 미만에 불과했다. 이러한 복지에 대한 협소한 개념적 이해는 달리 말하면, 미국 복지 체제의 최대 수혜자는 바로 중간계급과 노동계급이었다는 것이고, 필자 역시 이 점을 거듭해서 강조하고 있다.

여기서 한 가지 의문이 생긴다. 뉴딜과 위대한 사회는 엄청난 소득세율로 잘 알려져 있다. 그런데 뉴딜 체제와 위대한 사회를 이끌었던 민주당 집권 세력이 낮은 세금을 추구했다는 게 무슨 말인가? 이 대목에서 필자가 왜 복지국가가 아닌 조세복지국가 혹은 조세국가와 복지국가의 모순을 이야기했는지를 이해할 필요가 있다. 하나는 민주당 집권 세력의 조세에 대한 정치 담론은 기본적으로 낮은 세금에 있었다는 것이다. 이에 대한 민주당과 백악관 내, 그리고 백악관과 의회간 갈등과 공조의 역사는 본문을 참고하길 바란다. 다른 하나는 바로 광범위한 조세지출 정책의 활용이다. 실제로 미국의 소득세 최고세율은 1919년에서 1921년 사이 73%에서 대공황기 공화당 정부의 대폭적인 감세 정책으로 24.7%까지 떨어졌다가, 프랭클린 루스벨트와 케네디 집권기인 1951년과 1963년 사이 91%로 정점을 찍었다. 이후 점진적으로 낮아지다가 레이건 신보수정권기 28%로 최저점에 이르렀다. 하지만 최고세율의 정점을 이룬 전후 시기 민주당 정부는 퇴역 군인 프로그램, 노령연금과 실업보험, 농업 보조금, 그리고 중간계급 주택 소유자들을 위한 모기지세 보조금을 포함하는 광범위한 형태를 갖춘 공적 지원, 즉 조세지출(세금 감면)을 실행한다.

요컨대 높은 과세율이 반드시 높은 수준의 재분배와 빈곤의 감소를 의미하는 것은 아닐뿐더러, 정부 재정도 빈곤층에게 돌아가기보다는 중간계급의 생계 안정과 복지에 더 기여했지만, 미국 복지체계의 특성상 중간계급의 조세저항에 악영향을 끼쳤다는 것이 필자의 견해다. 나와는 상관없는 '복지'에 대한 미국 시민들의 분노는 자유주의 복지 담론과 그에 의해 파생된 정책의 후과로 납세자와 복지 수혜자를 분리시키는 결과를 가져왔으며, 이는 곧 감세정치의 정당성으로 이어졌다. 또한 이러한 조세저항운동은 풀뿌리 수준, 즉 주와 지방 수준에서 확대됨으로써 뉴딜 복지국가를 위협하게 된다.

미국 복지국가의 취약성에 대한 필자의 분석에서 눈에 띄는 점은 복지제도뿐만 아니라 조세 체계를 통해 미국의 복지국가 역사를 추적하고 있다는 점이다. 이를 통해 경제 성장과 낮은 세율을 근간으로 하는 전후 미국 자유주의자들의 사회 협약의 근거들이 드러난다. 1942년 재정법을 통해 연방소득세 대상을 중간계급과 노동계급으로 확대하는 대중 조세 체계가 확립되었다. 그리고 1954년 재정법에 의해 누진 체계를 유지하되 조세특례 및 면세제도가 확대되었다. 이는 양당

간 합의에 의한 것이었다. 1964년 재정법은 1960년대 초부터 발생한 지역 관료들로부터의 조세저항과 이에 대한 감세 여론이 확대되자 케네디와 존슨 행정부가 대규모 감세를 통한 경제 성장을 약속하면서 탄생하게 된다. 실제로 케네디와 존슨은 연방부조에 의존하는 세금 수혜자들의 권리와 이익보다는 납세자의 권리와 이익을 강조하면서, 감세 그리고 빈곤과의 전쟁을 복지 의존성을 탈피하는 방식—노동시장의 참여를 조건으로 하는 근로 연계 방식 – 으로 이해했다. 1960년대 말부터 부자 증세와 서민감세운동이 활발하게 전개되었다. 1970년대 진보 진영의 조세개혁운동은 "평범한 납세자들의 부담"이 "부자를 위한 복지" 때문이라는 인식에 기반하고 있었다. 이 조세개혁운동은 보수주의 반조세운동과는 방향을 달리하는 것이었지만, 과세 기반의 확대를 통한 제도적이고 보편적인 광의의 복지 개념의 확장보다는 기존의 낮은 세금을 통한 경제적 안정이라는 자유주의적 인식에 기반했다는 측면에서 보수주의 조세저항운동과 궤를 같이한 것으로 볼 수 있다. 어쨌든 이러한 부자 증세와 기업의 대규모 조세 감면 반대라는 진보 진영의 조세저항운동은 제도적 결실을 보지 못하고, 오히려 고소득자들에게 면세 혜택을 주는 역진적인 과세안을 채택하는 1978년 재정법으로 넘어가게 되었다.

보수 진영을 정치적으로 대표하는 공화당의 본격적인 감세정당으로서의 변신은 주지하다시피 1970년대 후반, 캘리포니아 제안 13호로 상징되는 전국적인 조세저항운동과 레이건의 집권을 통해서였다. 그 배후에는 기존 공화당 보수주의와는 결을 달리하는 신보수주의 반체제(반기득권) - 이른바 티파티Tea Party - 세력이 있었다. 사실 이전의 공화당 보수주의 세력은 균형예산과 재정보수주의(이는 뉴딜 자유주의도 마찬가지였다)에 입각한 낮은 세금과 지출 억제 정책을 기본적인 재정 정책으로 삼고 있었다. 하지만 필자는 이러한 레이건의 (신)보수주의 혁명이 성공한 이념적 기초가 뉴딜 체제의 사회 협약의 담론과 닮아 있었다는 데서 그 연속성을 강조한다. 하지만 뉴딜 자유주의가 조세와 복지국가의 간극을 넘어서지 못했듯이 레이건의 보수주의 역시 조직되지 않은 빈곤층에 대한 낙인찍기를 제외하면, 전체적인 복지 규모의 축소에는 실패하고 만다. 미국 복지국가의 교착과 위기가 반복되고 지속되고 있는 데는 이러한 자유주의 세력과 보수주의 세력의 자기모순이 깊숙이 자리 잡고 있다.

이 책의 묘미는 풀뿌리 수준, 즉 도시 지역에서 펼쳐지는 반복지와 조세저항운동을 매우 세밀하게 묘사함으로써 미국의 복지 갈등에 대한 이해를 높이고 있다는 데 있다. 이는 필자가 역사학자인 이유도 있을 것이다. 특히 필자가 현대 미국 정치의 모순으로 꼽고 있는 상반된 국민 인식, 즉 보다 많은 정부의 공적 지원을 바라지만, 정작 세금은 내기 싫어하는 이유에 대한 세심한 기술은 이 책의 장점 중 하나다.

우리나라 역시 필자가 그려낸 미국 조세복지국가의 모습과 닮은 점이 있다. 어느 나라나 세금 내기 싫어하는 것은 인지상정이겠지만, 우리 역시 내가 낸 세금이 내 경제적 안정과 복지로 돌아온다는 복지의 효능감이 낮은 국가 중 하나다. 조세지출 수준도 OECD 평균을 상회

한다. 어떤 조세 체제를 갖느냐, 또한 어떤 복지국가를 지향하느냐는 정치적 선택의 영역이다. 사회지출 영역과 규모를 꾸준히 확대하고는 있지만, 보편적이고 촘촘한 재분배 정책을 추진하고 있는지, 이 책에서 말하는 미국 조세복지국가의 역사에서 그 시사점을 얻을 수 있다면 더할 나위 없는 보람이겠다.

이 책을 번역하기로 마음먹은 지 오래되었지만, 이런저런 이유로 상당한 시간이 지체되었다. 페이퍼로드 최용범 대표에게 마음의 빚을 덜게 되어 고맙고 또 미안한 마음이다. 짧은 시간에 꼼꼼하게 교정을 봐준 김진희씨에게도 감사의 마음을 전하고 싶다. 물론 번역상의 오류는 전적으로 역자의 책임이다. 사실 번역하는 과정에서 가장 고민을 많이 했던 것은 liberalism을 어떻게 옮길까 하는 것이었다. 정치적으로 공화당의 보수주의와 대립 지점에 있는 것이 민주당의 자유주의이긴 하지만, 흔히 우리는 유럽 기준의 자유주의, 보수주의, 사민주의에 익숙하기 때문에 역자에 따라서는 미국의 자유주의를 진보주의로 번역하기도 한다. 시모어 마틴 립셋이 『미국 예외주의American Exceptionalism』에서 언급했듯이 미국인들은 유럽인들이 자유주의라고 불렀던 이념을 보수주의라고 지칭하는데, 이는 미국의 보수주의가 유럽의 자유주의와 같이, 자유방임주의의 미덕을 강조하는 철저하게 반국가주의적 교의에 뿌리를 틀고 있기 때문이다. 이 책에서 서술된 바와 같이 민주당의 뉴딜 자유주의는 국가 개입을 통한 적극적 국가를 지향하고 있다는 점에서 유럽 기준의 사민주의와도 일정 부분 공통분모를 가지기도 한다. 하지만 이 책의 문제의식 속에서 필자가 강조하고 있는 전통적인 미국 자유주의자들의 반조세 논리는 민주주의나 유럽 기준의 진보주의와는 분명 거리를 두고 있다는 점을 존중하여 자유주의, 자유주의자로 옮겼음을 밝힌다.

주석

1 Susan B. Hansen, *The Politics of Taxation: Revenue Without Representation*(New York: Praeger Special Studies, 1983), 표 3.2 참조. 2008년은 민주당과 공화당 강령에서 필자가 직접 계산. "Renewing America's Promise", John T. Woolley and Gerhard Peters, eds., *The American Presidency Project*(Santa Barbara: University of California, Woolley and Peters), http://www.presidency.ucsb.edu/ws/?pid=78545, 78283.

2 Franklin Roosevelt, "Statement on Signing the Social Security Act of 1935," 1935년 8월 14일, in Woolley and Peters, 14916. 최근 학자들은 미국 복지국가에 대한 우리의 이해를 확장시켰다. 유럽 복지국가 모델을 정상태로 여기는 전통적 분석들은 대부분 노령연금법이나 '사회보장법' 및 실업보험법, 혹은 직접적인 복지수당을 포함하는 사회보장에 초점을 맞춰왔다. 학자들은 미국이 전통적으로 사회보험이나 수당보다는 신용보증, 규제, 그리고 아마도 가장 중요한 조세 정책-개인과 사용자에게 간접적인 혜택을 제공하는-에 더 의존해왔다는 점을 인정하면서, 미국 복지국가에 대한 평가에서 이러한 정책 도구들을 포함시키기 시작했다. 경제협력개발기구(OECD)는 최근 '비전통적'이고 간접적인 사회복지 지출 형태에 대한 자료를 수집함으로써 이러한 복지국가 정의(definition)를 승인했다. Christopher Howard, *The Welfare State Nobody Knows: Debunking Myths About U. S. Social Policy*(Princeton, N. J.: Princeton University Press, 2007); Jacob Hacker, *The Divided Welfare State: The Battle over Public and Private Social Benefits in the United States*(New York: Cambridge University Press, 2002); Jennifer Klein, *For All These Rights: Business, Labor, and the Shaping of America's Public-Private Welfare State*(Princeton, N.J.: Princeton University Press, 2003)

3 C. Eugene Steuerle, *Contemporary U. S. Tax Policy*(Washington, D. C.: Urban Institute Press, 2004), 228.

4 역사가들을 비롯한 학자들은 지난 몇십 년 동안, 미국 정치에서 '우경화'를 설명하고자 보수주의 정치인들, 이데올로그들, 그리고 정치 기획자들이 1960년대의 민권운동과 여성해방운동-자유주의적 이상과 입법가들에 대항해 일종의 의사(疑似) 포퓰리즘적 반발을 초래했던-으로 터져 나온 광범위한 사회와 문화 변동에 대한 대중적 불만을 조작하는 방식에 초점을 맞춰왔다. 좀 더 최근에는 또 다른 역사가들이 1940년대와 1950년대 자유주의적

합의에 대한 심각하고 때로는 폭력적인 민초들의 도전을 부각시키면서, 이러한 하향식 설명 방식(narratives)에 대해 의문을 제기했다. 이 책은 이러한 반발과 민중들의 도전을 다룬 문헌들을 기초로, 현대의 미국을 만든 복지와 조세 체계를 설계하고, 제도화하며, 지켜냈던 자유주의 정책 결정자들에게 다시 초점을 맞추고 있다. 이러한 의사 포퓰리즘적 '반발'을 다룬 문헌의 좋은 예로는 Dan T. Carter, *From George Wallace to Newt Gingrich: Race in the Conservative Counterrevolution*(Baton Rouge: Louisiana State University Press, 1996); Thomas B. Edsall and Mary Edsass, *Chain Reaction: The Impact of Race and Right on American Politics*(New York: Norton, 1991). 토머스 서그루(Thomas Sugrue)의 선구적 연구인 *The Origin of the Urban Crisis: Race and Inequality in Postwar Detroit*(Princeton, N. J.: Princeton University Press, 1996)를 바탕으로 자유주의적 질서에 대한 민중들의 도전을 다른 연구들로는 또한 Matthew D. Lassiter, *The Silent Majority: Suburban Politics in the Sunbelt South*(Princeton, N. J.: Princeton University Press, 2006); Robert O. Self, *American Babylon: Race and the Struggle for Postwar Oakland*(Princeton, N. J.: Princeton University Press, 2003) 참조.

5 Republican National Committee, Fact Book 1978, in Paul Kesaris, ed., *Papers of the Republican Party*(Frederick, Md.: University Publications of America, 1978), Reel 15, Frame 252. Martin Andersen, *Welfare: The Political Economy of Welfare Reform in the United States*(Stanford, Calif.: Hoover Institute Press, 1978), 56도 참조.

6 Ronald Reagan, First Inaugural Address, 20 January 1981, in Woolley and Peters, 43425.

7 Barbara Gottschalk and Peter Gottschalk, "The Reagan Revolution in Historical Perspective," in *Remaking the Welfare State: Retrenchment and Social Policy in America and Europe*, ed. Michael K. Brown(Philadelphia: Temple University Press, 1988), 59-72.

8 분석가들은 메디케어의 파트 D[처방전 보험_옮긴이]가 2023년까지 약 1,900억 달러의 비용이 들 것으로 추산한다. 더 자세한 것은 Steurle, 228 참조. 복지국가의 구축과 확장을 위해서 공화당 국회의원들이 해온 역할에 대한 분석은 Howard, 제4장을 참조.

9 Suzanne Mettler, "The Transformed Welfare State and the Redistribution of Political Voice," in *The Transformation of American Politics: Activist Government and the Rise of Conservatism*, ed. Paul Pierson and Theda Skocpol(Princeton, N. J.: Princeton University Press, 2007), 191.

10 정치적 신뢰의 정치적 결과에 대한 분석은 Marc J. Hetherington, *Why Trust Matters: Declining Political Trust and the Demise of American Liberalism*(Princeton, N. J.: Princeton University Press, 2005) 참조.

11 Humphrey Tayler, Harris Poll 21, 2011년 2월 16일, Harris Interactive, http://www.harrisinteractive.com/NewsRoom/HarrisPolls/, 2011년 2월 21일 검색. 이 여론조사에서 80%가 사회보장 수당 삭감에, 71%는 교육 지출 삭감에, 67%는 연방 보건 프로그램 축소에 반대했다. 또한 다수가 주정부가 분담하는 연방 예산 지출(55% 대 28%), 연방 구직 프

로그램(56% 대 33%), 시정부에 대한 연방정부 지원(55% 대 34%), 연방정부의 고속도로 예산 (59% 대 31%), 오염 통제(54% 대 37%), 그리고 푸드 스탬프 프로그램(51% 대 40%) 삭감에 반대했다. 다수가 삭감에 찬성한 유일한 프로그램은 해외 원조 예산 축소(69 % 대 20%)였다. 응답자 중 가까스로 다수(51%)가 연방 복지 지출의 삭감에 찬성했는데, 이것은 역사적으로 가장 인기 없는 국내 예산 1순위다. 이러한 결과는 연방 예산 삭감에 대한 생각은 지지를 받는 데 반해, 구체적인 삭감 항목을 미국인들에게 물으면 그러한 생각이 사라진다는 것을 보여준다. 여론조사 책임자인 해리스 여론조사 회장, 험프리 테일러는 "많은 사람들이 숲은 없애도, 나무들은 베고 싶어 하지 않는 듯하다"고 결론짓는다.

12 Julian Zelizer, "The Uneasy Relationship: Democracy, Taxation and State Building Since the New Deal," in *The Democratic Experiment: New Direction in American Political History*. ed. Meg Jacobs, William J. Novak, and Julian Zelizer(Princeton, N. J.: Princeton University Press, 2003), 276-300.

13 Bertram Harding, *A Narrative History of the War on Poverty*, 18, in Lyndon B. Johnson Library(이후 NBJL), White House Central Files(이후 WHCF), Administrative History, Office of Economic Opportunity, Box 1(Crisis of 1967), File: Vol.1, Part2, Narrative History 3 of 3.

14 미국 사회보장법의 약사에 대해서는 Blanche Coll, *Safety Net: Welfare and Social Security, 1929-1979*(New Brunswick, N. J.: Rutgers University Press, 1995); James Patterson, *America's Struggle Against Poverty in the Twentieth Century*(Cambridge, Mass.: Harvard University Press, 2000) 참조.

15 1994년 회계연도에 연방 사회복지 지출은 총 8,670억 달러로 총 연방 지출의 59%에 달했다. 메디케어와 사회보장제도에 의한 지출이 거의 4,580억 달러로, 연방 복지 지출의 가장 큰 비중(53%)을 차지했는데, 주정부에 대한 지원금(AFDC)은 약 165억 달러였다. Dawn Nuschler, *CRS Support for Congress: Social Welfare Spending in Fiscal Year 1994*: A Fact Sheet(Washington, D. C.: Congressional Research Service, 8 November 1994) 참조.

16 Paul Malloy, "The Relief Chiselers Are Stealing Us Blind!" *Saturday Evening Post*, 8 September 1951; Rufus Jarman, "Detroit Cracks Down on Relief Chiselers," *Saturday Evening Post*, 223, 14(10 December 1949): 122.

17 Michael B. Katz and Lorrin Thomas, "The Invention of 'Welfare' in America," *Journal of Policy History* 10, 4(1998): 401.

18 Roosevelt, "Annual Message to Congress," 4 January 1935, Woolley and Peters, 14890; President William J. Cliton, "Address Before a Joint Session of Congress on the Accepting the Democratic Nomination at the Democratic National Convention in New York," 16 July 1992, Woolley and Peters, 25958.

19 '출구 없는 빈곤(gate-less poverty)'이라는 말은 1965년 워싱턴 D. C.에 소재한 흑인 대학인 하워드 대학교에서 존슨 대통령이 행한 역사적인 졸업식 연설에서 등장했다. 이 연설

을 통해 존슨 대통령은 공민권의 입법화를 위한 새로운 방향, 즉 형식적 평등을 넘어 "실제 (fact)로서의 평등과 결과로서의 평등"을 약속했다. "Commencement Address at Howard University: 'To Fulfill These Rights,'" 4 June 1965, in Woolley and Peters, 27201.

20 Josephine Brown, *Public Relief, 1929-1930*(New York: Holt, 1940), Patterson, 55에서 재인용.

21 Patterson, 55-59. William Leuchtenburg, *Franklin D. Roosevelt and the New Deal*(New York: Harper and Row, 1963)도 참조. 미국이 복지 자본주의 체제로 처음 출발한 것은 인종 및 우애 조직과 일시적 재정 지원, 개인적 자선, 그리고 가족 지원 조직을 제공하는 상호부조협회들이 번성한 1920년대였다. 이러한 전통적인 제도들로는 불충분하다는 점이 드러난 뒤에야 사람들은 정부의 지원을 요구하기 시작했다. 당시만 해도 중앙정부보다는 주정부와 지방정부가 대부분의 부조를 제공했다. Lizabeth Cohen, *Making a New Deal: Industrial Workers in Chicago*(New York: Cambridge University Press, 1990).

22 Roosevelt, "Annual Message to Congress," 4 January 1935.

23 Ibid.

24 Committe on Economic Security, "Technical Board Report," August 1934, Coll, 39에서 인용.

25 주요 부문별 프로그램인 OAA와 ADC는 노동 능력이 없는 빈곤층의 절망적인 빈곤의 완화를 목적으로 하는 기존 프로그램 위에 구축되었다. 법률에는 연방정부가 '자격 있는 빈자'를 위한 구제프로그램에 주정부와 지방정부의 기여를 연동시키게 되어 있지만, 여기에 노령 빈곤층, 부양 아동이 있는 싱글맘, 그리고 맹인 같은 노동 능력이 없는 빈곤층은 제외됐다. 이 구제 프로그램들은 특정 집단에게만 연방부조를 제공했고 주정부와 지방정부에 재정적 지원을 요구했기 때문에 상대적으로 소액으로 정해졌고, 지방정부 업무 수행에 연방정부가 관여하거나 개입하는 데 제한을 두었다. 이 제도는 공공부조가 재정이 열악한 주와 부유한 주 사이에 다양하게 적용되고, 이 프로그램을 운영하는 데 사회복지사들이 상당한 재량권을 행사할 수 있도록 했다. 연방법에서 수급 자격은 모호하고 급여 수준은 언급되어 있지 않아서, 주정부는 적합한 가정(suitable home)과 같은 편향적 기준을 통해 자격 기준을 자유롭게 제한했고, 한부모 여성이 부조 자격을 받을 수 없도록 아버지 중심으로 법규를 자의적으로 대체했다. 또한 최저생계 수준에도 못 미치는 보조금을 지급했다. 기존 여성, 자녀, 그리고 노령 '연금' 프로그램에 관한 더 많은 내용에 관해서는 다음을 참조. Theda Skocpol, *Protecting Soldiers and Mothers: Political Orgins of Social Policy in the United States*(Cambridge, Mass.: Belknap Press of Harvard University Press, 1992); Joanne Goodwin, "Employable Mothers and 'Suitable Work': A Re-Evaluation of Wage Earning and Welfare in the Twentieth Century," in *Mothers and Motherhood: Reading in American History*, ed. Rima D. Apple and Janet Gordon(Columbus: Ohio State University Press, 1997). 주정부에 의한 ADC수당 삭감을 법률적 측면에서 간략히 요약한 것으로는 Bureau of Public Welfare, *Illegitimacy and Its Impact on the Aid to Dependent Children Program*(Washington, D. C.: GPO, 1962) 참조. 이러한 기준 문제에 대한 법적 대응에 관해서

는 다음을 참조. Gwendolyn Mink, Welfare's End(Ithaca, N. Y.: Cornell University Press, 1988); Elizabeth Bussiere, *(Dis)Entitling the Poor: The Warren Court, Welfare Rights, and the American Political Tradition*(University Park: Pennsylvania State University Press, 1997).

26 루스벨트 대통령은 특정 목적의 급여세에 지나치게 의존하는 선택을 했는데, 이 조세로 저임금 노동자들이 과도한 부담을 지게 될 것이라고 올바른 지적을 했던 의회 내 많은 뉴딜 지지자들과 수많은 사회보험 전문가들의 권고를 수용하지 않았다. 그러나 루스벨트는 신설 프로그램이 "일반과세의 증가보다는 기여에 의한 재정 증가"여야 한다는 확고한 입장을 보였다. 해리 홉킨스(Harry Hopkins)와 렉스포드 터그웰(Rexford Tugwell)을 포함한 행정부 관료들은 대통령에게 신설되는 실업 및 은퇴 프로그램은 일반예산 밖에서 일부 지급되어야 한다고 촉구했다. 사회보험 전문가들과 경제학자들은 누진적이고 비효율적이라는 이유로 급여세를 비판했다. 제안된 사회보장 체계는 한 가지 사회보험만을 고수하도록 하는 것으로, "궁핍한 빈자들에 의한 강제 지급 체계"와 다름없었다. 하버드대학 경제학 교수인 앨빈 한센(Alvin Hansen)은 경제적 호황과 불황기를 가리지 않고 강제적 급여세 형태로 소비자의 주머니에서 돈을 강탈해가는 프로그램 이면의 경제학에 대해 의문을 제기했다. 이에 대해서는 Mark J. Leff, "Taxing the 'Forgotten Man': The Politics of Social Security Finance in the New Deal," *Journal of American History* 70, 2(September 1983): 363을 참조. Abraham Epstein, *Insecurity: A Challenge to America: A Study of Social Insurance in the United States and Abroad*(New York: Random House, 1936); Edwin E. Witte, *The Development of the Social Security Act: A Memorandum on the History of the Committee on Economic Security and Drifting and Legislative History of the Social Security Act*(Madison: University of Wisconsin Press, 1962)도 참조. 사회보험 재정에 대한 전문 경제학자의 반대 견해에 대해서는 Edward D. Berkowitz, "Social Security and the Financing of the American State," in *Funding the Modern American State, 1941-1995: The Rise and Fall of the Era of Easy Finance*, ed. W. Elliot Brownlee(Washington, D. C.: Woodrow Wilson Center Press, 1997), 148-93 참조.

27 Julian Zelizer, "The Forgotten Legacy of the New Deal: Fiscal Conservatism and the Roosevelt Administaration, 1933-1938," *Presidential Studies Quarterly* 30, 2(June 2000): 335.

28 J. Douglas Brown, Columbia University Oral History Project, Pt. 3, "Social Security," 113, Michael K. Brown, *Race, Money, and the American Welfare State*(Ithaca, N. Y.: Cornell University Press, 1998), 57에서 인용.

29 Ellen S. Woodward, "America's Further Needs in Social Security," Address to the National Conference on Family Relations, Cleveland, 22 May 1943, National Archives and Records Administration(NARA) II, College Park, Md., RG 235, Family Security Agency(FSA), Office of Information Reference Files, 1934-1946, Box 26, File: SSB Addresses. 모든 사회보장 전문가들이 새로운 실업 및 은퇴 보장 프로그램을 선전(sell)하기 위해 사적 보험의 언어를 활용하는 정치적 지혜(political wisdom)를 수용했던

것은 아니다. 예를 들어, 이완 클라그는 보험에 관한 이미지는 "모든 미국인들에게 의미 있는 경제 안정을 제공하는 프로그램의 능력을 제한하고 사회 안전망의 성장을 제약하는 오해와 오류의 새로운 조합을 만들" 뿐이라고 조언했다. Ewan Clague to Arthur Altmeyer, 1 July 1937, Folder 011, "June–December 1937," Central Files of the Social Security Board(1935-1947), NARA, RG 47, Jerry Cates, *Insuring Inequality: Administrative Leadership in Social Security*(Ann Arbor: University of Michigan Press), 34에서 인용.

30 캘리포니아의 의사인 프랜시스 에버렛 타운센드(Francis Everett Townsend)의 이름을 딴 타운센드 운동은 1935년에 절정에 다라 거의 3천만 명이 참여했다. 타운센드는 모든 60세 이상 은퇴자들에게 매월 200달러-한 달 안에 모두 소진해야 지급-를 지급할 것을 제안했다. 매년 240억 달러-혹은 1930년대 중반 연간 국내소득의 약 절반-가 소요될 것으로 예측되었던 이 제안은 '거래세(transaction tax)'에 해당하는 것으로 재원을 충당하려고 했다. 더 자세한 것은 Coll, 50-51 참조.

31 "Tax Strike Stops Chicago Police Pay," *NYT*, 17 May 1931, 15; "Chicago Tax Strike Laid to Overload," *NYT*, 7 November 1932, 2.

32 David Beito, *Taxpayers in Revolt: Tax Resistance During the Great Depression*(Chapel Hill: University of North Carolina Press, 1989), 8에서 인용. 주정부 차원의 조세 폭동에 대한 대응은 Michael K. Brown, 36-37 참조.

33 행정부 경제 안정 법안들의 대안에 대해서는 Linda Gordon, *Pitied But Not Entitled: Single Mothers and the History of Welfare*(New York: Free Press, 1994), 제8장 참조.

34 로버트 리버먼(Robert Lieberman)이 지적했던 바와 같이, 신설된 사회보장위원회의 행정 조직 또한 이 새로운 프로그램에 대한 납세자들의 저항을 최소화하는 데 도움을 주었다. 사회보장위원회는 소속 산업체의 사용자들에게 이 프로그램에 등록된 3천만 명의 노동자 각각에 대한 임금보고서를 요구한 새로운 연방 프로그램 설계에 대한 하중으로, 이 정보 취합을 위한 권한은 국세청에 위임했다. 사회보장위원회는 수당 분배 과제를 맡았다. 이 독창적인 구성으로 위원회는 상대적으로 빨리 새로운 안정화 정책을 구축할 수 있게 되었을 뿐만 아니라, 사회보험 자격과 보험 수급자들에게 지급되는 세금을 더 분리시킬 수 있었다. 이는 여론이 세무 관료를 등졌을 때에도 사회보험의 권리를 보호하는 데 도움이 되었다. Lieberman, *Shifting the Color Line: Race and the American Welfare State*(Cambridge, Mass.: Harvard University Press, 1998), 76-77 참조.

35 1930년대 내내 대공황으로 개인 소득과 기업 이윤이 바닥을 쳤기 때문에 고소득자 중심의 소득 체계는 미국 조세 체계에서 더욱 제한적인 역할에 머물게 되었다. 예를 들어, 1926년에서 1930년까지 개인소득세와 법인세는 모두 연방 세수에서 64%를 차지했다. 담배, 술, 그리고 제조업체를 포함한 소비세는 16%에 그쳤다. 10년이 지난 후 법인세와 개인소득세는 연간 연방 세수에서 40%, 소비세는 32%, 주로 저소득층과 중위 소득의 노동자들에 의한 사회보험 급여세가 나머지 13%를 차지했다. Mark J. Leff, *The Limit of Symbolic Reform: The New Deal and Taxation, 1933-1939*(Cambridge: Cambridge University Press, 1984) 12, 표 1,

미국 연방 조세 구조의 구성, 1925-1980(연간 세수 구성 비율) 참조.

36 "25 Percent in Nation Held Unaware of Taxes," *NYT*, 21 June 1939, 5.

37 사회보장법에 내재된 젠더적 전제에 관해서는 Alice Kessler-Harris, *In Pursuit of Equity: Women, Men, and the Quest for Economic Citizenship in Twentieth-Century America*(New York: Oxford University Press, 2001); Gwendolyn Mink, *The Wages of Motherhood: Inequality in the Welfare State*(Ithaca, N. Y.: Cornell University Press, 1994) 참조. 뉴딜 시기 복지정책 결정의 인종적 동학에 대한 간략한 개관으로는 Jill Quadagno, *The Color of Welfare: How Racism Undermined the War on Poverty*(New York: Oxford University Press, 1994) 참조. 사회보장법 추진 과정에서 미국 남부의 인종 문제의 역할과 정치경제의 일반적인 학문적 가정에 대한 도전적 분석으로는 Martha Derthick and Gareth Davies, "Race and Social Welfare Policy: The Social Security Act of 1935," *Political Science Quarterly* 112, 2(Summer 1997): 217-35 참조.

38 연방하원 세입위원회에서의 사회보장위원회 위원장 아서 알트마이어의 증언, Social Security Act Amendments of 1949: Hearings, 81st Cong., 1st sess, 28 February, 1-4, 7-11, 14-18, 21-23 March 1949, Gilbert Steiner, *Social Insecurity: The Politics of Welfare*(Chicago: Rand McNally, 1966), 22에서 인용.

39 Elizabeth Wickenden Oral History Project, Interview 1, 5 April 1966, Folder 5, Box 16, Elizabeth Wickenden Papers, Wisconsin Historical Society, Jennifer Mittelstadt, *From Welfare to Workfare: The Unintended Consequences of Liberal Reform, 1945-1965*(Chapel Hill: University of North Carolina Press, 2005), 29에서 인용.

40 Alvin Hansen, "Economic Progress and Declining Population Growth," *American Economic Review* 29(March 1939): 4, Robert M. Collins, *More: The Politics of Economic Growth in Postwar America*(New York: Oxford University Press, 2000), 6에서 인용. 하지만 콜린스가 지적했듯이, '장기 정체성'에 대한 한센의 분석이 뉴딜 경제 정책 결정에 상당한 영향력을 미쳤지만, 뉴딜 추진 세력들의 "희소성의 경제학과 경기침체론(stagnationism)은 갈등과 논쟁의 원천으로서, 종종 모순적이었다."(7)

41 일리노이주 의회, 상원 재정위원회 사회보장법 개정에 관한 증언: Hearing, 81st Cong., 2nd. sess., 8 February 1950, Steiner, 22에서 인용. 산업별조합회의(CIO)의 사회보장위원회도 마찬가지로 하원 세입위원회에서 "공공부조는 잔여적일 것"이라고 증언했다. House Committee on Ways and Means, Amendments to the Social Security Act, Part 8, 79th Cong., 2nd sess., 7 May 1950, 961 참조.

42 Harry S. Truman, "Letter to the President of the Senate on a Pending Bill to Increase Public Assistance Benefits," 18 July 1951, in Woolley and Peters, 13842.

43 Arthur J. Altmeyer, The Formative Years of Social Security(Madison: University of Wisconsin Press, 1966), 205, Cates, 71에서 인용.

44 Lieberman, 67.

45 Steiner 참조.

46 Epstein, *Insecurity*(New York: Smith and Haas, 1933), 23, Kessler Harris, 78에서 인용.

47 Arthur J. Altmeyer, "Making of Social Security a Reality," Address to 63rd Annual Convention for the American Federation of Labor, Boston, 5 October 1943, NARA II, Family Security Agency, Office of Information, Reference Files, 1939-46, Box 26, File: SSB Addresses.

48 Harold Ickes, "To Have Jobs," *Negro Digest*(1943): 73, Michael K. Brown, 64에서 인용. John Kirby, *Black Americans in the Roosevelt Era: Liberalism and Race*(Knoxville: University of Tennessee Press, 1980).

49 뉴딜 노동정책의 인종적 불평등 결과에 대해 더 보려면 Ira Katznelson, *When Affirmative Action Was White: An Untold History of Racial Inequality in Twentieth-Century America*(New York: Norton, 2005), 제3장 참조.

50 상원 재정위원회, Revenue Act of 1932, Hearings on HR 10236, 72nd Cong., 1st sess., 6 April 1932, Leff, *The Limits*, 16에서 인용.

51 Benjamin Stolbert and Warren J. Vinton, *The Economic Consequences of the New Deal*(New York: Harcourt Brace, 1935), 73, 그리고 "Mr. President, Begin to Tax!" Nation 141(6 March 1935): 64, Leff, *The Limits*, 97, 103에서 인용.

52 Benjamin Marsh, 하원 세입위원회, 징세 제안: Hearing, 74th Cong., 1st sess., 8-13 July, 1935, Leff, *The Limits*, 105에서 인용.

53 조지 갤럽 미국 여론연구소가 실시한 여론조사에서 유권자들에게 주당 15달러에서 20달러를 버는 사람이 어떠한 연방소득세는 납부해야 하는가를 질문했다. 88%가 "아니요"라고 대답했다. 대중들은 훨씬 현저한 차이에도 불구하고, 40달러에서 50달러를 버는 기혼남성에게 이보다 약간 적은 비율(64%)로 소득세를 부과하는 데도 반대했다. "Cut in Exemption on Tax Opposed," *NYT*, 12 March 1939, 59; Leff, *The Limits*, 113에서 인용.

54 *New York Herald Tribune*, "Press at Odds on Tax Message," *NYT*, 2 June 1937, 16에서 인용. Leff, *The Limits* 112에서도 인용. 1935년 타운센드 노령연금운동과 루이지애나 상원 의원 휴이 롱의 부의 공유 운동의 압박으로, 대통령은 부자-이른바 악한 부자들-의 소득과 자산에 대한 세율 상승을 제안했다. 루스벨트는 1935년 재정법-보통 부유세로 일컫는-을 의회와 국민들에게 제안하면서 "다수의 고용과 복지에 비해서 상대적으로 소수인 개인에게 대규모로 부의 지배가 집중되는 것은 바람직하지 않다"고 비판했다. 새로운 조세법은 법인에 대한 누진세, 지주회사가 그들이 운영하는 회사들로부터 받는 배당금에 대한 새로운 과세, 그리고 더욱 누진적인 소득세를 만들고 미국의 최고 부자들에게 더 높은 세금을 부과하는, 최상위 부유층의 소득에 대한 부과세를 포함하고 있었다. 1936년, 상위 1% 납세자의 실효소득 세율은 16.4%이었는데, 이는 제1차 세계대전 이후 가장 높은 소득세율이었다. Franklin Roosevelt, "Message to Congress on Tax Revision," 19 June 1935, in Woolley and Peters, 15088. W. Elliot Brownlee, *Federal Taxation in America: A Short*

History, new ed.(Cambridge: Cambridge University Press, 2004), 85-90; Leff, The Limits, 제2
장도 참조.

55 Ronald King, *Money, Time, and Politics: Investment Tax Subsides and American*
Democracy(New Haven, Conn.: Yale University Press, 1993), 제3장 참조; Alan Brinkley, *The*
End of Reform: New Deal Liberalism in Recession and War(New York: Knopf, 1995), 제1장과 에
필로그도 참조.

56 Lizabeth Cohen, *A Consumers' Republic: The Politics of Mass Consumption in Postwar*
America(New York: Knopf, 2003).

57 이 재정법은 개별 납세자와 그 부양자들에 대한 면세 범위를 현저하게 낮추고, 이를 통해
연방소득세의 의무 기준을 낮춤으로써 대중적 조세 체계를 실현했다. 1942년 법률에 대한
더 자세한 서술은 Roy G. Blakely and Gladys C. Blakely, "The Federal Revenue Act of
1942," *American Political Science Review* 36, 6(December 1942): 1069-82 참조. Brownlee,
Federal Taxation, 114-19도 참조.

58 Mark J. Leff, "The Politics of Sacrifice on the American Home Front in World War II,"
Journal of American History 77, 4(March 1991): 1296-1318.

59 〈새로운 정신〉이라는 제목이 달린 한 짧은 애니메이션에서 도널드 덕은 처음으로 납세신
고서를 작성하고 걱정했던 것보다 쉽고 경제적으로 그리 고통스럽지 않다는 것을 발견한
다. 또 다른 〈43년의 정신〉이라는 애니메이션에서 도널드 덕은 봉급을 바로 지출하느냐, 새
로운 소득세 의무를 지키기 위해 저축하느냐를 두고 괴로워한다. 그가 망설일 때, 그의 삼
촌-검소한 스코틀랜드 출신의 스크루지 맥덕-이 "전투 중인 우리 군인들을 잊지 않도록"
도널드 덕의 조카를 상기시켜준다. 도널드가 의무의 길을 선택하자 그의 뒤에 있는 술집의
자동문이 닫히면서 나치 문양이 나타나는데, 동네 술집에서 '돈'을 쓰도록 유혹했던 방탕
아가 나치-칫솔 모양의 콧수염을 단-임이 드러난다. Walter Disney Pictures, "The New
Spirit," 23 January 1942; "The Spirit of '43," January 1943. 재무부가 '세금 납부 문화'
를 만들어내려고 노력했던 것에 대한 분석은 Carolyn C. Jones, "Mass-Based Income
Taxation: Creating a Taxpaying Culture, 1940-1952," in Brownlee. ed., *Funding*,
107-47. James T. Sparrow, "Buying Our Boys Back: The Mass Foundations of Fiscal
Citizenship in World War II," *Journal of Policy History* 20, 2(2008): 263-86도 참조.

60 "The Spirit of '43"; Dorothy Ducas, "Wartime Taxes," 7 December 1942, in
Occasional Publications, 1942-1943, Miscellaneous Publications on War Subjects,
1942-1943, Records of the Office of War Information, RG 208, Jones, 114에서 인용.
연방소득세에 대해 적대감을 가진 사람이라고 하더라도 희생의 평등을 강조하는 유사한 애
국적 관점에서 다른 과세 형식을 옹호했다. 예를 들어, 오하이오의 한 기업가는 전국 매출
세를 위해 오하이오주 상원 의원인 로버트 태프트(Robert A. Taft)에게 보낸 편지에서 "전쟁
에서 승리하기 위한 의무와 부담은 모두의 몫"이라고 주장했다. W. H. Moores to Senator
Taft, 24 October 1942, in Robert A. Taft papers, LoC, Box 824, File: Taxes 1942 참조.

61 Sparrow, 271.

62 Office of War Information, "Battle Stations for All," February 1943, in Pamphlet, 1942-1943, Records of the Office of War Information, RG 208, Jones 114에서 인용; Franklin Roosevelt, "Excerpts from a Press Conference," 28 December 1943, in Woolley and Peters, 16358.

63 Altmeyer, "Making Social Security a Reality."

64 Ewan Clague, "Social Security During Demobilization: Address Delivered Before 1944 Biennial Conference and Institutes of the Wisconsin Welfare Counsil," 28 October 1944, NARA II, RG 235, FSA, Office of War Information, Reference Files, 1939-1941, SSB, Box 27, File: SSB Articles, Publications, etc.

65 1943년과 1945년 와그너-머리-딩걸 법안은 은퇴 프로그램에 요구되는 자격 기준을 완화하고, 1935년 법에 명시된 직업 독점 조항을 폐지하며, 실업보험을 완전하게 연방정부에서 관리하고, 새로운 전국적 의료보험 정책을 시행하며, ADC와 다른 분야별 공공부조 프로그램들을 "필요에 기초하여 이에 도움을 제공하는 포괄적인 … 일반 공공부조 체계"로 대체하려고 했다. 와그너-머리-딩걸 법안에 대한 더 자세한 입법사에 대해서는 Edwin Amenta and Theda Skocpol, "Redefining the New Deal: World War II and the Development of Social Provision in the United States," in *The Politics of Social Policy in the United States*, ed. Margaret Weir, Ann Shola Orloff, and Theda Skocpol(Princeton, N. J.: Princeton University Press, 1988), 81-122. National Resources Planning Board, S*ecurity, Work, and Relief Policies: Report of the Committee on Long-Rang Work and Relief Policies*(Washington, D. C.: GPO, 1942)와 John Jeffries, "FDR and American Liberalism: The 'New' New Deal," *Political Science Quarterly* 5, 3(Autumn) 1990): 397-418도 참조.

66 미국의 전국 의료보험 역사에 관해서는 Colin Gordon, *Dead on Arrival: The Politics of Health Care in Twentieth-Century America*(Princeton, N. J.: Princeton University Press, 2004).

67 "Wider Security Is Debated Here," *NYT*, 12 February 1943, 33; Letter to the Editor, "Financing Social Security," *NYT*, 19 February 1943, 18.

68 사회보장위원회의 공식 회의 기록, 22 July 1936, SSA, Woodlawn, Md., Cates, 29-30에서 인용.

69 Luther Gulick에서 인용한 Franklin Roosevelt, Memorandum for the File, "Memorandum on Conference with FDR Concerning Social Security Taxation, Summer 1941," Social Security History Online, Http://www.socialsecurity.gov/history//Gulick.html.

70 전후 사회보장제도의 확대를 허용하고 심지어 강제했던 제도적 논리에 관해서는 Lieberman 참조.

71 최근 연구는 간접적인 사회지출 형태가 정부에 대한 긍정적 태도를 생성할 가능성이 직접 제공보다 적다고 제시된다. 공공 정책이 어떻게 시민권을 양성하는지를 증명하는 제대군인

원호법(GI Bill of Rights) 연구에 관해서는 Suzanne Mettler, "Bringing the State Back into Civic Engagement: Policy Feedback Effects of the G. I. Bill for Rights for World War II Veterans," *American Political Science Review* 96, 2(June 2002): 351-65 참조.

72 Jude Waninski, "Should a GOP Scrooge Shoot St. Nick? The Two Santa Theory," *National Observer*, 6 March 1976, 7, 14.

73 Pierson and Skocpol, eds., *Transformation of American Politics* 참조.

제1장 복지국가와 조세국가 지키기 — 뉴딜과 전후 복지국가 논쟁

1 Howard M. Norton, "Public Welfare: A Business Without a Business Manager," *Baltimore Sun*, 15 February 1947, I 1. 볼티모어시 당국의 '조사'에 관한 설명은 Benjamin J. Lyndon, "Relief Probes: A Study of Public Welfare Investigations in Baltimore, New York, Detroit, 1947-1949"(시카고대학교 박사 논문, 1953), 제1부 참조.

2 Howard M. Norton, "Public Welfare: 11 Million Dollars and How It Is Spent," *Baltimore Sun*, 9 February 1947, I 1.

3 제이콥 팬켄(Jacob Panken)이 할 버튼(Hal Burton)에게 한 말, "I Say Relief Is Ruining Families," *Saturday Evening Post* 223, 14(30 September 1950): 113, 25.

4 Donald Howard, "Public Assistance Returns to Page One," *Social Work Journal* 29(April 1948): 47.

5 Blanche Coll, *Safety Net: Welfare and Social Security, 1929-1979*(New Brunswick, N.J.: Rutgers University Press, 1955) 참조. 복지 개혁의 정치와 아동 지원 정책 실행에 관해서는 Gwendolyn Mink, *Welfare's End*(Ithaca, N. Y.: Cornell University Press, 1998) 참조.

6 정부효율성과 경제위원회, *The Department of Welfare: City of Baltimore*(Baltimore, December 1947), 13.

7 오하이오주 로버트 태프트 상원 의원. Gary Donaldson, *Truman Defeats Dewey*(Lexington: University of Kentucky Press, 1999), 34-35에서 재인용. Susan Hartmann, *Truman and the 80th Congress*(Columbia: University of Missouri Press, 1971)도 참조.

8 자세한 것은 다음을 참조. Christopher Howard, *The Hidden Welfare State: Tax Expenditures and Social Policy in the United States*(Princeton, N. J.: Princeton University Press, 1997); Ira Katznelson, *When Affirmative Action White: An Untold History of Racial Inequality in Twentieth-Century America*(New York: Norton, 2005); Jacob Hacker, *The Divided Welfare State: The Battle over Public and Private Social Benefits in the United States*(New York: Cambridge University Press, 2002); John Jeffries, "FDR and American Liberalism: The 'New' New Deal," *Political Science Quarterly* 5, 3(Autumn 1990): 397-418; Edwin Amenta and Theda Skocpol, "Redefining the New Deal: World War II and the Development of Social

Provision in the United States," in *the Politics of Social Policy in the United States*, ed. Margaret Weir, Ann Shola Orloff, and Theda Skocpol(Princeton N. J.: Princeton University Press, 1988), 81-123.

9   David Lawrence, "What Is Right in the Left?" *U. S. News and World Report*, 20 January 1950, 35.

10   Robert M. Collins, *More: The Politics of Growth in Postwar America*(New York: Oxford University Press, 2000), 42.

11   Michael K. Brown, *Race, Money, and the American Welfare State*(Ithaca, N.Y.: Cornell University Press, 1998), 169.

12   "Illustrations of OASI 'Bargains' for Some Favored Retirants," in Taft Papers, LoC, Box 799, File: Social Security, 1950.

13   Allen Otten, "Tax Overhaul: Universal Sales Levy? Income Tax Ceiling? No More Excises?" *Wall Street Journal*, 21 April 1953. 1.

14   경제적 보장에 대한 의미와 뉴딜과 전후 사회 협약 모두에서 그 핵심에 대해서는 Jennifer Klein, *For all These Rights: Business, Labor, and the Shaping of America's Public-Private Welfare State*(Princeton, N. J.: Princeton University Press, 2003) 참조.

15   Herbert Lehmann, Jonathan Bell, *The Liberal State on Trial: Cold War and American Politics in the Cold War*(New York: Columbia University Press, 2004), 20에서 인용.

16   George Bigge, "The Goal of Social Security," 1944년 9월 21일 뉴욕 기독교회포럼(Christ Church Forum)에서 행한 연설, in National Archives and Records Administration II(이후 NARA II), RG 235, Office of Information, Reference Files, 1939-1946, SSB, Box 26, File: SSB Addresses.

17   Herbert Stein, *The Fiscal Revolution in America*(Chicago: University of Chicago Press, 1969); Robert M. Collins, *The Business Response to Keynes, 1929-1964*(New York: Columbia University Press, 1982); Lizabeth Cohen, *A Consumers' Republic: The Politics of Mass Consumption in America*(New York: Knopf, 2003) 참조.

18   Commission on Governmental Efficiency and Economy, 1, 83-84.

19   D. Howard, 48; Lyndon, 14.

20   New York State Department of Social Welfare, *Public Social Services in 1948*, 82nd Annual Report, 1 January 1948-31 December 1948(New York, 1948), Legislative Document 7638, 38.

21   Commission on Governmental Efficiency and Economy, 13.

22   대공황 시기 볼티모어시의 구제사업 역사에 관해서는 Jo Ann E. Argersinger. *Toward a New Deal in Baltimore: People and Government in the Great Depression*(Chaple Hill: University of North Carolina Press, 1988), 제2장 참조.

23   Lyndon, 20.

24 앞의 책, 24.

25 앞의 책, 25에서 인용.

26 "To Understand the Workings of Our Public Welfare System," Baltimore Sun, 10 February 1947, I 24.

27 Norton, "Public Welfare: 11 Million Dollars," 1.

28 앞의 기사, 3.

29 볼티모어시의 액수는 Lyndon, 20; 정부효율성과 경제위원회, 8; 뉴욕시는 "State Relief Increased Month by Month in Year," NYT, 22 May 1947, 2 및 Department of Administration, Mayor's Executive Committee, *Report on the New York City Department of Welfare*, 24 October 1947(New York, 1947) 참조.

30 "Family on Relief, Evicted, Lodged in Hotel by City at $500 a Month," *NYT*, 10 May 1947, I 1.

31 "A Crisis for the Mayor," *NYT*, 24 May 1947, I 14.

32 Indianapolis Star, 21 October 1951, Hilda Arndt, "An Appraisal of What the Critics are Saying About Public Assistance," *Social Service Review* 26(1952): 470; D. Howard, 51에서 인용.

33 Gallup Poll, Survey #367-K, Question 2, 30 March 1946, in George Gallup, ed., *The Gallup Poll, 1935-1971*, (New York: Random House, 1972), 1: 566.

34 Paul Boyer, *By the Bomb's Early Light: American Thought and Culture at the Dawn of the Atomic Age*(New York: Pantheon, 1985) 참조.

35 "The Boom," *Fortune*, June 1946, 99.

36 Gallup Poll, Survey #375-K, Question 14a, in Gallup, 1: 594. 갤럽 여론조사에 따르면, 60%가 10년 이내 이러한 '심각한 경기 침체'가 현실화될 것으로 예상했다.

37 Chester Bowles, Meg Jacobs, *Pocketbook Politics: Economic Citizenship in Twentieth-Century America*(Princeton, N. J.: Princeton University Press, 2005), 222에서 인용. 물가 상승과 경제적 불안정성의 정치적 효과에 대한 최신 분석은 Robert J. Samuelson, T*he Great Inflation and Its Aftermath: The Past and Future of American Affluence*(New York: Random House, 2008); Jacob Hacker, *The Great Risk Shift: The Assault on American Jobs, Families, Health Care, and Retirement, and How You Can Fight Back*(New York: Oxford University Press, 2006) 참조.

38 Franklin D. Roosevelt, Jr., Letter, no date, WHS, ADA, Series 1, File: Office of Price Administration, Correspondence, 1946 June-January 1947; William O'Dwyer, Letter, 30 April 1946, WSHS, ADA, Series 1, File: Office of Price Administration, Correspondence, 1946 June-January 1947.

39 물가 상승과 소비자 정치의 정치적 효과에 대한 더 많은 설명은 Jacob and Cohen 참조.

40 D. Howard, 51; Rufus Jarman, "Detroit Cracks Down on Relief Chselers," *Saturday Evening Post*(10 December 1949): 122; Paul Malloy, "The Relief Chiselers Are Stealing US

Blind!" *Saturday Evening Post*, 8 September 1951 참조. '모피 입은 귀부인'의 사례도 구호 수급자들이 '싸구려 보석에 돈 쓰기'를 좋아한다는 강박을 표현한 것이었다. 이른바 '모피 입은 귀부인'은 1947년 가을, 『뉴욕 타임스』가 가장 눈에 잘 띄는 일면 머리기사로 다음과 같은 3단짜리 칼럼을 게재하면서 대중들의 관심을 모으게 되었다. "주정부의 조사 발표로 드러난 6만 달러짜리 모피를 입은 생활보호 대상 여성들." 부정 수급에 관한 사항은 부제를 통해 계속되었다. "42가지 사례가 분석됨. 조사관들은 수급자의 정당성에 대해 조사 중이라고 언급. 그중 하나는 경마 도박 사업자의 위장 사례. 남편이 부도수표로 지급한 1만 4천 달러에는 부인이 받은 수급액이 분명하게 포함됨." *NYT*, 30 October 1947, 1.

41 Gallup Poll, Survey 414-K, Question 2b, March 1948, in Gallup, 1: 721.

42 Samuel Lebell, *The Future of American Politics*(New York: Harper, 1952), 216.

43 Commission on Governmental Efficiency and Economy, 80; D. Howard, 51.

44 Brown, tables 8a b, 178.

45 Arthur Altmeyer, "The Need for Social Security", Andrea Campbell and Kimberly Morgan, "Financing the Welfare State: Elite Politics and the Decline of the Social Insurance Model in America," *Studies in American Political Development* 19, 2(Fall 2005): 197에서 인용. Ellen Woodward, "America's Further Needs in Social Security: Address to the National Conference on Family Relations," Cleveland, 22 May 1943, in NARA II, HEW, Family Security Agency, Office of Information Reference Files, 1939-1949, Box 26, File: SSB Addresses.

46 1950년 개정 사회보장법에 대한 분석 및 설명에 관해서는 Martha Dethrick, *Policymaking for Social Security*(Washington, D. C.: Brookings Institution, 1979), 제11장; Julian Zelizer, Taxing America: Wibur D. Mills, *Congress and the State, 1945-1975*(Cambridge: Cambridge University Press, 1988), 제4장 참조. 사회보장법의 전문가들과 공공부조 관료들 간의 논쟁에 관한 분석은 Jerry Cates, *Insuring Inequality: Administrative Leadership in Social Security, 1935-1954*(Ann Arbor: University Michigan Press, 1983)과 Edward Berkowitz, *Mr. Social Security: The Life of Wilbur J. Cohen*(Lawrence: University of Kansas Press, 1995) 참조.

47 OAA의 중요성은 점차 약해져서 20년 뒤인 1972년 의회에 의해 보충적 보장소득으로 알려진 새로운 사회보험 프로그램으로 대체되었다.

48 Wilbur Mills, 미 하원 1949년 10월 5일 제81회 1차 회기 회의록(U. S. House, *Congressional Record*, 81st Cong., 1st sess., 5 October 1949, 13905), Zelizer, *Taxing America*, 75에서 재인용.

49 이 주장의 사례에 관해서는 1943년 클리블랜드 광고위원회 연설인 George Bigge, "Social Security and Private Enterprise in a Post-War World"와 빅(Bigge)의 사회보장에 관한 연설과 논문들을 모아 놓은 NARA II, HEW, Family Security Agency, Office of Information, Reference File, 1939-1946, SSB, Box 26, File 참조. 또한 정부간관계자문위원회의 *The Federal Role in the Federal System: The Dynamics of Growth: Public Assistance, The Growth of a Federal Function*(Washington, D. C.: GPO, 1980), 42 참조.

50 공공부조자문회의(ACPA)의 1960년 보고서에 따르면, 전국적으로 각 주들은 빈곤층의 약 85.7%를 충족시키는 데 그쳤다. 문제는 남부 지역에서 더 악화되었는데, 남부는 평균 요부양아동부조가 최소 수준보다 30% 이상 못 미쳤다. 이에 대해서는 Advisory Council on Public Welfare, Staff Paper, "Greater Adequacy of Income for Needy People: Recommendations Made to the Advisory Council on Public Welfare," 9 September 1965, table B-24, NARA II, RG 363, Box 1, Advisory Council Files, File: "Advisory Council Actions Taken or Deferred." 참조.

51 국가자원계획위원회는 1943년 보고서에 이 결과를 예상했고, 사실상 1930년대 후반과 1940년대 초 많은 주들이 연방정부의 보조가 없는 일반 구제 프로그램의 부담을 덜기 위해 여성과 아동에서 요보호아동으로 입법 활동을 옮겨 갔다. U. S. National Resources Planning Board, Committee on Long-Range Work and Relief Policies, *Security, Work, and Relief Policies, 1942: Report of the Committee on Long-Range Work and Relief Policies to the National Resources Planning Board*(Washington, D. C.: GPO, 1943), 470-73; 90-94 참조.

52 Arthur Altmeyer to Oscar Ewing, "*Chicago Tribune* Article Under Date of December 16," 5 January 1948, NARA II, RG 235, DHEW, FSA, Office of the Administrator, General Classification Files, September 1944-December 1950, Box 308, File: 1948.

53 Lubell, 217; James T. Sparrow, "Buying Our Boys Back: The Mass Foundations of Fiscal Citizenship in World War II," *Journal of Policy History* 20, 2(April 2008): 263-82에서 인용.

54 Edward Folliard, "Alone in a Leftist World, We're Veering Farther Right," *Washington Post*, 27 October 1946, B1.

55 Joseph Martin, *My First Fifty Years in Politics*(New York: McGraw-Hill, 1960), 179, Donaldson, 34에서 인용.

56 존 보리스(John M. Vorys) 상원 의원(오하이오), 문서, 선거 자료들(1946), Hartmann, 8에서 인용.

57 로버트 태프트 상원 의원, 라디오 연설, Donaldson, 34-35에서 인용.

58 얼 윌슨(Earl Wilson) 하원 의원(인디애나), Hartmann, 36에서 인용.

59 조지 멜론(George Malone) 상원 의원(네바다), 1947년 7월 18일, Bell, 49에서 인용; 상원 재정위원회, *Report: Individual Income Tax Reduction Act of 1947*, 제80대 제1차 회기 (80th Cong., 1st sess.), 9 July 1947(Washington D. C.: GPO, 1948), 1, 11; 해럴드 넛슨(Harold Knutson) 하원 의원(미네소타), Brown, 120에서 인용.

60 Malone, 1947년 7월 18일; 상원재정위원회, 1, 11.

61 조셉 마틴(Joseph Martin) 하원 의원(매사추세츠), 1947년 2월 25일 펜실베이니아 제조업협의 회 연례회의 연설, Bell, 49에서 인용.

62 멜론(Malone) 상원 의원의 제80대 제1차 회기 상원 연설, *Congressional Record* 93, 9277, Bell, 49에서 인용.

63 1947년 초에 제안된 조세 법안은 감세에 대한 대중적 호소력을 활용하고 공화당의 정책

은 노동 및 중간계급 대신 극소수의 부유층에 친화적이라는 친숙한 비난을 피하기 위해 하위 소득 계층에 대한 가장 높은 감세율을 제시했고, "무거운 조세 부담률에 고통받는 모든 이들을 구제"하기 위해 "개별 소득세의 즉각적인 감세"를 약속했다. 이 법안은 1,000달러의 순소득 혹은 공제 후 더 낮은 소득의 납세자들은 소득세 부담액에서 30% 감세 혜택을 받도록 했다. 1,000달러에서 1,400달러 사이의 순소득을 가진 납세자들은 20~30%, 1,400달러에서 4,000달러 구간은 20%의 감세 혜택을 받게 되어 있었다. 연간 과세 대상 소득이 4,000달러 이상인 납세자들은 최초 4,000달러에는 20%, 나머지 소득에서는 10% 삭감을 받도록 했다. 최종 법안에서는 개별 과세율을 10~30%로 낮췄고, 낮은 과세 구간의 감세율을 더 높였으며, 개별 면세는 500달러에서 600달러로 올렸는데, 이는 약 655만 달러의 예산 손실에 해당했다. 이에 대해서는 1948년 1월 27일 제80대 의회, 2차 회기, 하원 세입위원회, *Report: Revenue Act of 1948*(Washington, D. C.: GPO, 1948) 표 1과 표 3 참조. 상원 재정위원회, 11도 참고.

64 W. E. Clow to Taft, 18 November 1947, Taft Papers, Box 892, File: Taxes 1947.

65 Tax Foundation, *U. S. Federal Individual Income Tax Rates History, 1913-2010*, http://www.taxfoundation.org/publications/show/151.html.

66 Jon Bakja and Eugene Stuerle, "Individual Income Taxation Since 1948," *National Tax Journal* 44, 4(December 1991): table A. 1.

67 Coll, 177.

68 Claude Robinson, Letter, 1946?, Taft Papers, Box 786, File: Republican Party: Wilkieism. 여론조사센터(Opinion Research Center)의 연구에 따르면, 민주당은 공화당에 대해 상당한 이점을 향유했다. 유권자들은 민주당을 "기업 친화적이지 않고" 부도덕하게 돈을 낭비하는 집단으로 인식했지만, 다른 한편으로 루스벨트와 트루먼의 민주당은 국제적인 감각을 지닌 "보통 사람들의 친구"로 보았다. 공화당은 "지출에 민감"하고 "효율적인 행정가"로 높은 점수를 얻은 반면, "부자들의 친구"와 "시대에 뒤떨어진 외교 정책" 추진 세력으로 여겨지기도 했다. 이 보고서에 따르면, 36%의 응답자들이 민주당을 "서민, 노동자, 빈곤층"이란 단어와 연계시켰다. "자유무역"과 "뉴딜/자유주의"(10%)가 두 번째와 세 번째 특징으로 가장 많이 언급되었다. 공화당과 관련해서는 21%의 응답자들이 "대기업/자본주의"를, 19%가 "부자/상층계급"을 가장 두드러진 특징으로 꼽았다.

69 Broadcast, Sen. Robert A. Taft, Columbia Radio Network, 25 May 1947, Taft Papers, Box 832, File: tax Reduction Bill 1947.

70 Claude Robinson, "Confidential/Background Report: Truman, the Republicans, and 1948," Opinion Research Corporation, Princeton, N. J., July 1945, in Taft Papers, Republican Policy and Propaganda.

71 이 운동은 1930년대 말 브루클린 출신 민주당 하원 의원인 이매뉴얼 셀러(Emanuel Celler)가 수정헌법 제16조를 폐지하고 소득, 상속, 증여에 대한 "최고 세율이 어떠한 경우에도 25%를 초과해서는 안 된다"를 헌법 조항에 새롭게 명기하는 것으로 대체할 것을 제안한

것에서 유래했다. 이는 고드프리 넬슨(Godfrey Nelson)이 인용한 바와 같이 셸러 수정헌법으로 불린다. "Tax Revision Held Key to Prosperity," *NYT*, 24 July 1938, 38.

72 과거 모든 헌법 개정은 연방의회의 권한이었고, 주의회에서 승인되었다. 감세 주창자들은 일종의 검증되지 않은 절차이지만 감세 문제를 다룰 헌법제정회의 개최를 주의회에서 연방의회에 청원할 수 있다고 설득함으로써 이 균형을 뒤집으려고 계획했다. 이 제안의 합헌 여부에 관한 분석은 경제보고서를 위한 합동위원회와 소기업에 관한 상원특별위원회(Joint Committee on the Economic Report and House Select Committee on Small Business), *Constitutional Limitation on Federal Income, Estate, and Gift Taxes*, 82nd Cong., 2nd sess. (Washington, D. C.: GPO, 1952) 참조.

73 제2차 세계대전 이전과 전시에 감세 조치를 고려하거나 승인한 주들은 1940년 미시시피, 로드아일랜드, 1941년 아이오와, 메인, 매사추세츠, 미시간, 1943년 앨라배마, 아칸소, 델라웨어, 일리노이, 인디애나, 뉴햄프셔, 펜실베이니아, 위스콘신, 1944년 켄터키, 뉴저지 주였다. 감세운동 약사와 그 재정적 함의에 대해서는 앞의 책 참조.

74 앞의 책, 8-10.

75 개런티 트러스트사(Guaranty Trust Corporation)가 특성화한 그러한 사례들은 "Tax Shift Seen as Postwar Need," *NYT*, 27 June 1947 참조.

76 Rep. Ralph Gwinn(뉴욕), "Reality Men Favor a U. S. Tax Ceiling," *NYT*, 4 December 1949, 77 참조.

77 Chalmers Roberts, "Biggest Tax Tangle May Occur in '53," *Washington Post*, 11 June 1953, M6.

78 "House Group Open PAC Inquiry Here," *NYT*, 13 November 1944, 25. 1944년 사무총장인 에드워드 럼리(Edward A. Rumley) 박사는 헌정위원회에 1백 달러 이상을 납부한 기부자 명단 제출을 요구한 상원 선거자금위원회의 소환을 거부했는데, 이때 헌정위원회는 의회에 의해 곤경에 빠져든 것을 알아차렸다. 럼리는 소환 기록 작성 과정에서 '의도적인 해태(상원위원회 출석불이행)' 혐의로 기소되었지만, 연방 배심원은 최종적으로 그의 모든 혐의에 대해 무혐의 처분했다.

79 "Financial Backers of Lobbies Sought by House Inquiry," *NYT*, 27 May 1950, 7.

80 Drew Pearson, "The Washington Merry-Go-Round: Ike Held Duped by Rep. Gwinn," *Washington Post*, 18 June 1949, B13.

81 "Disguised Propaganda," *Washington Post*, 29 May 1950, 8.

82 House Select Committee on Lobbying Activities, *Report Citing Edward A. Rumely*, 81st Cong., 2nd sess., 30 August 1950(Washington D. C.: GPO, 1950), 11.

83 앞의 글, 2.

84 "Rumely Bars Data to Lobby Inquiry," *NYT*, 28 July 1950, 11; "Rumely Is Cleared of House Contempt," *NYT*, 10 March 1953, 21; Select Committee on Lobbying Activities, 13.

85 "Top Tax: One Fourth of Income?" *U. S. News and World Report*, 8 June 1951, 54.

86 "Tax Ceiling Pressed: Proponents See Chance to Force Congress to Take Action," *NYT*, 21 December 1952, 37.

87 Gallup Poll, Survey489K, Question 35, 12 July 1952, in Gallup, 2: 1075. 질문은 다음과 같다. "연방정부는 전시를 제외하고 어떤 개인소득에서도 25% 혹은 4분의 1 이상을 과세할 수 없다는 법안이 제출된 바 있습니다. 당신은 이 25% 과세 제한에 찬성하십니까?"

88 일례로 Arthur G. Rotch for Americans for Democratic Action, Letters to the Editor, *Christian Science Monitor*, WSHS, ADA, Series 3, Box 53, File: Taxes Correspondence, n. d. 참조.

89 Peter Lindert, "Median and Mean Money Income of Families Before Taxes, by Type of Family: 1947-1998," table Be67-84, in *Historical Statistics of the United States, Earliest Time to the Present: Millennial Edition,* ed. Susan B. Carter et al.(New York: Cambridge University Press, 2006); Joint Committee, *Constitutional Limitation*, 14.

90 Department of Commerce, Bureau of the Census, *Current Population Reports, Consumer Income: Family Income of the United States*, 1952, Series P-60, No. 14, 27 April 1954, table A: Number of Families, by Family Income for the United States, 1952, http://www2.census.gov/prod2/popscan/p60-015.pdf.

91 Joint Committee, *Constitutional Limitation*, 14.

92 위의 보고서, 11.

93 덕슨이 헌법 개정을 지원하고 후원했던 것이 이번이 처음은 아니었다. 1930년대 일리노이주 공화당은 국민투표를 통해 유권자들이 전쟁 선포에 동의할 것을 요구하는 고립주의자 러드로(Ludlow) 수정안에 찬성하는 발언을 했다. 1940년대 말 덕슨은 22조 수정안에 지지 의사를 밝혔는데, 이는 대통령의 연임을 제한하는 것이었다. 1950년대에는 평등권 수정안에 공동 발의자로 서명했고, 1960년대는 공립학교에 기도 시간을 허용하고, 베이커 대 카(Baker v. Carr), 그리고 레이놀드 대 심스(Raynolds v. Simms) 판결에 따라 연방 대법원에 의해 확립된 '1인 1표' 규정을 약화하는 헌법 개정안을 제안했다. 덕슨이 "그의 정치적 이익을 위해 헌법"을 조작하려 했던 시도에 대해서는 David Kyvig, "Everett Dirksen's Constitutional Crusades," *Journal of Illinois State Historical Society* 95, 1(spring 2002): 68-85 참조. 과세제한 수정안에 찬성하는 대표적인 주장들은 Robert Dresser, "The Case for the Income Tax Amendment: A Reply to Dean Griswold," *American Bar Association Journal* 39(January 1953): 25-28, 84-87, www.heinonline.com ; Frank Packard, "Put a Ceiling on Taxes!" *Kipplinger Magazine*(August 1951): 43-44 참조. 이 자료는 온라인 구글북에서 이용할 수 있다. House Committee on Government Operations, Limitation of Federal Expenditures; Hearing on H. R. 2 and H. J. Res 22, 83rd Cong., 1st sess., 13 April 1953(Washington, D. C.: GPO, 1953)과 Senate Judiciary Committee Subcommittee, Taxation and Borrowing Powers of Congress: Hearing on S. J. Res. 61, 83rd Cong.,

2nd sess., 13 May 1954(Washington D. C.: GPO, 1954)도 참조. 납세자 집단들은 정부 운영에 관한 상원위원회 보고서 40쪽을 인용했다.

94 Testimony of Rep. Ralph Gwinn(R-N.Y), Senate Judiciary Committee Subcommittee, 12.

95 Samuel Pettingill, "The History of a Prophecy: Class War and the Income Tax," *American Bar Association Journal* 39 (June 1953): 474-75.

96 Abraham Lefkowitz, "The UDA and the NAM," Draft Remarks to the UDA Tax Conference in WSHS, ADA, Series 1, Box 33, File: Taxation Conference 1942.

97 ADA, 1953 Platform, Edward D. Hollander, "Memorandum: Taxes Some Questions to Be Considered in Determining ADA Position," 5 November 1953, in WSHS, ADA, Series 3, Box 52, File: Taxes, Correspondence, 1953-1957에서 인용.

98 Dresser, 28.

99 Erwin Griswold, "Can We Limit Taxes to 25 Percent?" *Atlantic Monthly,* August 1952, 78.

100 Allen Otten, "Tax Overhaul: Universal Sales Levy? Income Tax Ceiling? No More Excises?" *Wall Street Journal,* 21 April 1953, 1.

101 이러한 특별 조항은 때때로 예기치 못한 결과를 야기했다. 예를 들어, 가속감가상각 조항은 새로운 장비투자에 대한 기업의 동기부여로 설계되었지만, 결과적으로, 그리고 의도하지 않게 도시 주변 쇼핑센터의 성장을 촉진했고, 전후 스프롤(sprawl) 현상(대도시의 경계가 확산되는 현상_옮긴이)과 도시의 투자 철회에 기여했던 것으로 보인다. 이에 대한 더 많은 정보는 Thomas Hanchett, "U. S. Tax Policy and the Shopping-Center Boom of the 1950s and 1960s," *American Historical Review* 101, 4(October 1996): 1082-1100 참조. 이 조항의 공적 반대급부로서 "사적 복지국가"의 결과에 대해서는 Nelson Lichtenstein, "From Corporatism to Collective Bargaining: Organized Labor and the Eclipse of Social Democracy in the Postwar Era," in *The Rise and Fall of the New Deal Order, 1930-1981,* ed. Gary Gerstle and Steve Fraser(Princeton, N.J.: Princeton University Press, 1988): 122-53; Beth Stevens, "Blurring the Boundaries: How the Federal Government Has Influenced Benefits in the Private Sector," in Weir et al., 123-48. 피고용인의 의료 기금에 대한 고용주 기여금의 공제 결정으로, 어마어마한 손실분은 재무부가 그 비용을 충당했고, 노동 인구 중 특정하고 혜택을 받는 집단에게 쓰이는 민간 의료보험의 간접적인 정부 보조금이 제공되었다. 이에 대해서는 Hacker, *Divided Welfare State* 참조.

102 Ronald F. King, *Money, Time, and Politics: Investment Tax Subsidies and American Democracy* (New Haven, Conn.: Yale University Press, 1993), 140.

103 국가 비교 연구자들은 비가시적인-역진적이긴 하지만-과세 형태(국내판매세, 부가가치세 등)에 상당히 의존하고 있는 정부들이 납세자들로부터 저항을 덜 받았고 더 보장성이 강하고 관대한 복지국가를 건설할 수 있었다는 점을 보여주었다. 재산세나 소득세에 의존하

는 재정 체계는 누진성을 가시성과 맞바꿨는데, 이는 정부가 시민들로부터 조세 재정을 추출할 수 있는 능력을 궁극적으로 제한하는 하나의 거래였고, 그래서 복지 지출에 대한 제한으로 작동했다. 재정 추출의 더 가시적인 방식은 종종 납세자들에게 상당한 액수의 일괄 지급을 요구하거나 정기적인 소득의 원천징수를 부과한다. 세금에 대한 의식은 가시적인 국가 지출 형식을 견제하는 경향으로 나타났다. 이에 대해서는 Sven Steinmo, *Taxation and Democracy: Swedish, British, and American Approaches to Financing the Modern State*(New Haven, Conn.: Yale University Press, 1993)의 제7장; Monica Prasad, *The Politics of Free Markets: The Rise of Neoliberal Economic Policies in Britain, France, Germany, and the United States*(Chicago: University of Chicago Press, 2006) 참조.

104 Committee 4 of the Republican National Advisory Committee, "Report on Taxation and Finance," 18 May 1944, in Taft Papers, Box 164, File: Taxation.

105 W. Elliot Brownlee, "Tax Regimes, National Crisis, and State-Building in America," in *Funding the Modern American State, 1941-1995: The Rise and Fall of the Era of Easy Finance,* ed. W. Elliot Brownlee(Washington, D. C.: Woodrow Wilson Center Press, 1996), 85 참조.

106 Franklin D. Roosevelt, "Message to Congress on Tax Revision," 19 June 1935; "Acceptance Speech for the Renomination for the Presidency," Philadelphia, 27 June 1936, in Woolley and Peters, 15088.

107 조세지출에 관해서는 Stanley Surrey, *Pathways to Reform: The Concept of Tax Expenditures*(Cambridge, Mass.: Harvard University Press, 1973) 참조.

108 Cohen, *A Consumers' Republic.*

109 Frederic A. Delano et al. to Franklin Roosevelt, 24 August 1943, Collins, *More,* 14에서 인용.

110 Harry Truman, "Annual Message to Congress: The President's Economic Report," 6 January 1950, *Public Papers of the Presidents of the United States: Harry S. Truman: 1950*(Washington D. C.: GPO, 1965), 19; Truman, "Special Message to Congress on Tax Policy," 23 January 1950, ibid., 121.

111 Walter Reuther, "Reuther Challenges of 'Fear of Abundance,'" *NYT,* 16 September 1945, SM5.

112 Alfred Sloan, *The Challenge: Address at Annual Dinner of Second War Congress of American Industry and the National Association of Manufacturers,* 10 December 1943, in Taft Papers, Box 752, No File.

113 General Electric Advertisement: "People's Capitalism," *U. S. News and World Report,* 15 June 1956.

114 Sloan, *Challenge.*

115 큰 정부와 그것이 민간 산업에 끼칠 영향에 대한 기업 대표들의 두려움에 관해서는 Collins, *Business Response;* Beardsley Rum!, "A Look Ahead: Address to the American Retail

Federation," 29 February 1944, in Taft Papers, Box 752, File: Postwar Economic Planning, George Committee 참조.

116 Employment Act of 1946, Collins, *More,* 16에서 인용.

117 Harry Truman, "Radio Report to the American People on the Status of the Reconversion Program," 3 January 1946, in Woolley and Peters, 12489.

118 Arthur M. Schlesinger, Jr., *The Vital Center: The Politics of Freedom* (Boston: Houghton Mifflin, 1949).

119 이 모든 광고는 1950년에서 1960년 사이에 *U. S. News and World Report*에 게재되었다. Republic Steel, "Last Will and Testament," *U. S. News,* 27 October 1950; Warner and Swasey, "Federal Aid Is as Childish as Santa Claus or Easter Rabbits," 28 September 1959; "Robin Hood in Chin Whiskers," 11 May 1959; "You and a Guy Named Ivan," 2 March 1951; "Security Is No Manly Word," 11 May 1951; Timken Roller Bearing Company, "We Shall Force the United States to Spend Itself to Destruction," 8 February 1952; Electric Light and Power Companies, "The Song the Sirens Sing," 28 July 1950 and "How 'Big' Should Government Be?" 29 February 1952.

120 "Wagner Plan Seen as a Bid to Idleness," *NYT,* 13 January 1944, 38.

121 "Proposed Statement of Policy and Program(Strictly Confidential and Not for Publication in Any Form), Supplement to GOP platform proposed by Republican Members of Congress," Taft Papers, Box 786, File: Republican Policy and Propaganda.

122 Dresser, 25-28 and 84-87.

123 *Senator Robert A. Taft on Taxing and Spending,* issued by the National Taft for President Committee, Washington, D. C., 1948, in Taft Papers, box 240, file: Taxing and Spending(1948).

124 Rep. Leon H. Gavin(R-Pa.), ADA, "Quotes Against Co-Op Housing, House Debate, Mar. 1950," in WSHS, ADA, Series 3, Box 56, File: Welfare 1958에서 인용.

125 A. H. Raskin, "35% Limit on Taxes Is Urged by N. A. M.," *NYT,* 2 December 1954, 1.

126 "Reds Linked to Relief!" *New York Journal-American,* 22 May 1947, 1, 1; "Oust Reds in City Jobs!" *New York Journal-American,* 23 May 1947, 1, 1; "Accused Red Passport Violator Holds Relief Post!" *New York Journal-American,* 1, 1.

127 Burris Jenkins, Jr., "What? No Caviar?" *New York Journal-American,* 22 May 1947, 1, 20.

128 이에 대한 더 많은 정보는 Julian Zelizer, *Arsenal of Democracy: The Politics of National Security from World War II to the War on Terrorism*(New York: Basic Books, 2010) 참조.

129 Cohen, 118. 선벨트 지역의 부흥과 미국의 경제적 지리의 전환에 관한 냉전 시기 지출 효과에 대해서는 Bruce Schulman, *From Cotton Belt to Sunbelt: Federal Policy, Economic Development and the Transformation of the South, 1938-1980*(Durham, N. C.: Duke University Press, 1991) 참조.

130 전후 미국의 대도시의 풍경을 바꾼 미연방주택청(FHA)과 그 역할, 그리고 다른 연방주택 프로그램의 역할에 대한 더 자세한 서술은 Kenneth Jackson, *Crabgrass Frontier: The Suburbanization of the United States*(New York: Oxford University Press, 1985), 제11장과 제12장 참조.

131 National Economic Council, *Tax Dollars Are Your Tax Dollars,* Pamphlet, in Taft Papers, Box 316, File: 1950 Campaign Miscellany, 1949-50.

132 Alan Brinkley, *The End of Reform: New Deal Liberalism in Recession and War*(New York: Knopf, 1995) 참조.

133 Jeffries, 416.

134 Council of Economic Advisors, *Annual Economic Review*(1950): 75, King, 134에서 인용.

135 Walter Heller, "Economic Growth, Challenge, and Opportunity: Address to the Loeb Awards Annual Presentation Luncheon," New York, 18 May 1961, in JFK Library, Heller Papers, Events File, Box 26, King, 227에서 인용.

136 Harry Truman, "Special Message to Congress on Tax Policy," 23 January 1950, Woolley and Peters, 13545.

137 Stein, 제10-11장 참조.

138 "U. S. Tax Ceiling at 25% Is Urged, Senate Committee Considers Constitutional Amendment-Humphrey Is Opposed," *NYT,* 28 April 1954, 25.

139 Robert A. Taft, "Are We Heading for Financial Disaster? Address to American Retail Federation," 4 April 1950, Taft Papers, Box 316, File: 1950 Campaign Miscellany.

제2장 시장의 실패 — 존슨 정부 시기 감세와 복지 축소의 정치

1 미첼은 시의 복지 예산을 줄이는 13가지 계획을 제안하면서 다음과 같은 사항들을 요구했다. (1) 현금 제공을 바우처나 현물 지급으로 바꿀 것. (2) 모든 비장애 복지 수급자들에게 1주일에 40시간의 근로를 요구할 것. (3) 근로를 거부하는 이들에게는 현금 부조를 금지할 것. (4) 공공부조를 받는 동안 혼외 자녀를 낳는 여성에게 어떠한 부조도 금지할 것. (5) 고의적으로 고용을 회피하는 이들에게는 생활 보호 금지. (6) 공공부조 금액은 시의 피고용인 최저임금으로 제한. (7) 시 자치위원회에서 모든 부조 사례를 매달 심사할 것. (8) 모든 '이주자들'은 시당국에 '구체적인 고용 신청서'를 제출하고 '신입 이주자들'의 지원은 2주로 제한할 것. (9) 모든 지원금은 1년에 3개월로 제한할 것. (10) 모든 수급자들은 그들의 지위를 재심사하기 위해 공공복지과에 매달 보고서를 제출할 것. (11) 시 공공복지과 예산은 추가 지급할 수 없는 고정 금액으로 지급. (12) 1개월 단위로 모든 공공부조 항목에 대한 지출을 제한. (13) '부적절한 가정환경'에서 생활한다고 간주되는 모든 아동은 즉시 위탁가정에 맡길 것. "Newburgh Welfare Rules," *NYT,* 16 July 1961, 48 및 "Newburgh Welfare

Rules in Effect," *NYT,* 16 July 1961, 48. 참조.

2 John Averill, "Newburgh Center for GOP Joust," *Los Angeles Times,* 13 August 1961, B13, Lisa Levenstein, "From Innocent Children to Unwanted Migrants and Unwed Moms: Two Chapters in the Public Discourse on Welfare in the United States, 1960-1961," *Journal of Women's History* 11, 4(Winter 1999): 25에서 재인용.

3 NBC White Paper, "The Battle of Newburgh"(New York: NBC News, 28 January 1962).

4 Joseph Loftus, "Newburgh Code Stirs Welfare Review," *NYT,* 16 August 1961, IV 10.

5 Levenstein, 17. 1961년 8월 갤럽 여론조사에서 미첼 프로그램에 대한 전폭적인 지지가 나타났다. 이 조사에서 뉴버그시를 거론하지는 않았지만 뉴버그 '13개 계획'의 상당한 부분에 대한 대중적 지지가 있다고 평가받았다. 조사에 따르면, 응답자의 85%가 근로사업으로 현금부조를 대체하자는 데 동의했고, 84%는 모든 '근로 가능 수급자'는 "현재 수급액에 상응하는 어떠한 구직 제안"도 받아들여야 한다는 데 찬성했다. 모든 전입자들은 그들이 생활보호 조건을 갖추기 전에 '분명한 구직' 의사가 있음을 밝혀야 한다는 데는 75%가 동의했다. 갤럽은 또한 1명 이상의 '혼외 자녀'를 가진 여성 부조에 대한 대중의 태도를 조사했는데, 단지 10%만이 이러한 아동이 새로 태어날 때마다 구호 기금을 늘리는 현행 제도에 찬성했다. Gallup Poll, Survey 648K, 13 August 1961, Questions 50, 32, 51; Survey 648K, 16 August 1961, Question 53a, reprinted in George Gallup, ed., *The Gallup Poll: Public Opinion, 1935-1971*(New York: Random House, 1971), 3: 1730-31 참조.

6 "Newburgh Welfare Rules."

7 George McKennally, Joseph P. Ritz, *The Despised Poor: Newburgh's War on Welfare* (Boston: Beacon Press, 1966), 48에서 재인용.

8 Joseph Mitchell, "Opinion of the Week: At Home and Abroad: Problem of Relief," *NYT,* 16 July 1961, IV9; "Battle of Newburgh"에서 재인용.

9 "Relief: Soapbox Derby," *Newsweek,* 31 July 1961, 27.

10 Department of the Treasury, *The Tax Program: Some Questions and Answers,* Pamphlet, Lyndon B. Johnson Library(이후 LBJL), LE/FI, Box 51, File: 22 November-20 December 1963.

11 John. F. Kennedy, "Text of a Letter from the President to the Honorable Wilbur Mills, Chairman of the House Ways and Means Committee," 19 August 1963, NARA, Senate Finance Committee Files, RG 46, Box 16, File: Revenue Tax Cut/Presidential Message, 2 of 2; Secretary Douglas Dillon Testimony, House Ways and Means Committee, *President's 1963 Tax Message: Hearing Before the Committee on Ways and Means,* 88th Cong., 1st *sess.,* 13-15, 19 March 1963(Washington, D. C.: GPO, 1963), 543; Secretary Willard Wirtz, Testimony, Ways and Means, ibid., 725.

12 Secretary Luther Hodges, Testimony, ibid., 545.

13 Kennedy to Mills.

14 Bruce Jansson, *The Sixteen-Trillion-Dollar Mistake: How the U. S. Bungled Its National Priorities from the New Deal to the Present*(New York: Columbia University Press, 2001), chap. 8.

15 Arthur Okun, Robert M. Collins, *More: The Politics of Economic Growth in Postwar America*(New York: Oxford University Press, 2000), 59에서 재인용.

16 Bertram Harding, *A Narrative History of the War on Poverty*, 18, LBJL, White House Central Files(hereafter WHCF), Administrative History, OEO, Box 1(Crisis of 1967), File: Vol. 1, Part 2, Narrative History 3 of 3.

17 Sven Steinmo, *Taxation and Democracy: Swedish, British, and American Approaches to Financing the Modern State*(New Haven, Conn.: Yale University Press, 1993), 11.

18 Herbert Stein, *The Fiscal Revolution in America*(Lanham, Md.: AEI Press, 1990), 373.

19 Walter Heller, *New Dimensions of Political Economy*(New York: Harper and Row, 1965), 117, Stein, 380에서 재인용.

20 Democratic National Committee, "The 1960 Democratic Fact Book: The Democrat's Case, People, Peace, Principles," Smithsonian Institution(이후 SI), National Museum of American History(이후 NMAH), Political Archives; Democratic National Convention, Platform Writing Committee, "Democratic Platform: The Rights of Man," SI, NMAH, Political Archives. 경제 성장은 1960년대 선거운동에서 두드러지게 등장했다. 공화당의 부통령 지명자였던 닉슨(Richard Nixon)은 공산주의의 위협에 맞선 "경이적인 자유기업 체제의 혜택"을 선전하면서 거의 아이젠하워 행정부의 평화와 번영의 성과에 맞춰 선거운동을 펼쳤다. 선거 홍보물은 자주 이러한 점을 잡아내기 쉽도록 "미국 역사에서 전쟁 없이 가장 번영했던 공화당 행정부 7년(Seven Most Prosperous Years in American History Have Been Under a Republican Administration Without War)"을 상기시켰고 "공화당의 집권기가 좋았다(Republican Times are Good Times)"는 점을 주장했다. 사실상 선거 기간 내내 공화당은 공화당 리더십의 경제적 성과를 찬양하는 노래-〈행복한 열차(Good Time Train)〉로 불린 이 노래는 11월 선거에서 공화당이 승리한다면 "현재와 미래의 행복, 그리고 자유로운 인간 사이의 평화"가 모두 올 것이라고 약속했다-를 선거 로고송으로 의뢰할 정도로 이러한 낙관적 경제 메시지를 밀어붙였다. Kansas Republican National State Committee Flier, RNC, *Republican Times are Good Times,* pamphlet, RNC Press Release, July 1960, "Republicans Sing in '60," all in SI, NMAH, Political History Archives. Carl Brauer, "Kennedy, Johnson, and the War on Poverty," *Journal of American History* 69, 1(June 1982): 98-119도 참조.

21 John F. Kennedy, "Special Message to the Congress: Program for Economic Recovery and Growth," 2 February 1961, Woolley and Peters, http://www.presidency.ucsb.edu/ws/?pid=8111.

22 John F. Kennedy, "The New Frontier: Acceptance Speech of John F. Kennedy," Democratic National Convention, 15 July 1960, SI, NMAH, Political Archives.

23 Kennedy, "Program for Economic Recovery and Growth."

24 John F. Kennedy, "Special Message to Congress on Budget and Fiscal Policy," 24 March 1961, in Woolley and Peters, 8549 참조.

25 Stein, 391.

26 Council of Economic Advisors Oral History Memoir, 34, 39, in John F. Kennedy Presidential Library, in Collins, *More,* 51에서 인용.

27 John F. Kennedy, "The President's News Conference," 7 June 1962, Woolley and Peters, 8698.

28 "President Outlines Tax Cut in State of the Union Message," CQ, 18 January 1963, 45.

29 "Tax Issue Looms Large in 88th Congress's Agenda," CQ, 4 January 1963, 14에서 인용.

30 "Budget, State of the Union Message Debate," CQ, 18 January 1963, 52에서 모두 인용.

31 "Key Lobby Groups Flay President's Tax Proposals," CQ, 22 February 1963, 224.

32 AFL-CIO Department of Research, "Needed: Tax Cuts to Create Jobs," *AFL-CIO American Federationist,* July 1963, NARA, SFC, Subject Files, Taxes, Box 15, No File.

33 George Meany, Testimony, Ways and Means, *President's 1963 Tax Message,* 1981.

34 Rep. James Byrnes(R-Wisc.), ibid., 534.

35 Text of Rep. Byrnes Reply to President's Tax Cut Speech, CQ, 27 September 1963, 1695.

36 Byrnes, *President's 1963 Tax Message,* 534.

37 Joint Senate-House Republican Leadership, "Administration Tax Proposal Hearings Open," CQ, 15 February 1963, 198에서 인용.

38 "Joint Economic Committee Issues Annual Report," CQ, 15 March 1963, 322.

39 Dillon, Ways and Means, *President's 1963 Tax Message,* 452.

40 Ibid., 629.

41 Kermit Gordon, Ways and Means, *President's 1963 Tax Message,* 757.

42 Dillon, ibid.

43 Eileen Shanahan, "Dillon Musters Business Backing for Cut in Taxes," *NYT,* 21 October 1963, 1.

44 Secretary Luther Hodges, Ways and Means, *President's 1963 Tax Message,* 545.

45 Rep. Hale Boggs(D-La.), ibid., 540.

46 백악관은 처음에 제안한 세입 증대 구조 개혁을 위해 너무 성급하게 추진하지 않기로 결정했다. 행정부의 최우선 과제는 딜런이 세입위원회를 설득했듯이, '실업 부담을 제거'하는 것과 경제 성장을 촉진하는 것이었다. Dillon, ibid., 614. 참조

47 Kennedy to Mills.

48 President John F. Kennedy, "Remarks to National Conference of the Business

Committee for Tax Reduction in 1963," 10 September 1963, reprinted in CQ, 13 September 1963, 1575.

49 Robert D. Novak, "Tax Cut Climate," *Wall Street Journal,* 7 January 1963, 1.

50 "Tax Bill Winning General Lobby Support," CQ, 13 September 1963, 1564.

51 Novak, 1.

52 "Joint Economic Committee," 327.

53 Tom Wicker, "White House Presses Tax Bill: A Major Effort Is Being Made to Garner Strong Public Support," *NYT,* 8 September 1963, E8.

54 Julian Zelizer, *Taxing America: Wilbur D. Mills, Congress, and the State, 1945-1975*(Cambridge: Cambridge University Press, 1998), 200에서 인용.

55 Department of the Treasury, *The Tax Program.*

56 Waller Heller to Clark Kerr, 16 February 1963, reprinted in William Leuchtenburg, ed., *The Council of Economic Advisors Under President Johnson,* Research Collections in American Politics: Microfilms from Major Archival and Manuscript Collections(Bethesda, Md.: Lexis-Nexis Academic and Library Solutions, 2004).

57 "Business Leaders to Urge Tax Cut Without Reforms," *Wall Street Journal,* 26 April 1963, 3; "Random Notes from All Over: How to Be Put on a Committee," *NYT* 13 May 1963, 16.

58 Cathie Jo Martin, "American Business and the Taxing State: Alliances for Growth in the Postwar Period," in *Funding the Modern American State, 1941-1995: The Rise a11d Fall of the Era of Easy Finance,* ed. W. Elliot Brownlee(Washington, D. C.: Woodrow Wilson Center Press, 1996), 368, 374. 『계간 의회』에 따르면, 기업위원회는 감세에 대한 행정부의 입장으로 의회와 전국 여론이 더 가깝게 이동하는 것을 자신의 공적이라고 주장할 수 있었다. 왜냐하면 기업위원회가 전국에 걸쳐 법안에 찬성하거나 반대하는 데 상당한 감정을 자극했던 '유일한 조직'이었기 때문이다. "Tax Bill Winning General Lobby Support," 1565 참조.

59 Business Committee for Tax Reduction in 1963, "Statement of Principles," 25 April 1963, WSHS, ADA, Series 3, Box 53, File: Taxes Correspondence 1963.

60 Citizens' Committee for Tax Reduction and Revision in 1933, Press Release, 7 July 1963, in Leuchtenberg, ed., *Council of Economic Advisors.*

61 Edward Hollander, Leon Keyserling, Robert Nathan, John P. Roche, and Marvin Rosenberg, on behalf of Americans for Democratic Action, Letter, 24 April 1963, in WSHS, ADA, series 3, box 53, file: Taxes, Correspondence, 1963.

62 Industrial Union Department, AFL-CIO, Press Release, 8 Wednesday 1963, WSHS, ADA, Series 3, Box 53, File: Taxes Correspondence, 1963.

63 Henry Fowler, Memorandum for the President, "Briefing Memorandum for Meeting with Citizens' Committee for Tax Reduction and Revision on Thursday(January 9) at

4:00 p.m.," LBJL, LE/FI, Box 52, File: LE/FI, 4 Januar y-14 February 1964.

64 Heller to Herman Wells, Fred Harrington, and Clark Kerr, 4 May 1963, in Leuchtenburg, ed. 참조.

65 Memorandum to Walter Heller, from Rashi Fein, "Citizens' Committee on the Tax Bill, Current Status," 6 May 1963, in Leuchtenberg, ed.

66 Citizens' Committee for Tax Reduction and Revision in 1963, "Statement of Principles," No Date, in WSHS, ADA, Series 3, Box 53, File: Tax Correspondence, No Date.

67 Citizens' Committee for Tax Reduction and Revision in 1963, Letter, 12 August 1963, NARA, SFC, Subject Files, Taxes, Box l 5, No File.

68 Citizens Committee fo r Tax Reduction and Revision in 1963, Bulletin No. 5, 5September 1963, in Leuchtenberg, ed.

69 "House Tax Report Filed; GOP Members Urge Defeat," CQ, 20 September 1963, 1637.

70 Ibid.

71 Rep. Mills(D-Ark.), "Address on H. R. 8363," 16 September 1963, CQ, 20 September 1963, 1668.

72 Ibid.

73 "House Votes $11.1 Billion Tax Cut, 271-155," CQ, 27 September 1963, 1673.

74 Henry Fowler, Memorandum to the Secretary, "Tax Bill: Strategy and Tactics," LBJL, WHCF, LE/FI Box 51, File: LE/FI 11, 22 November-20 December 1963.

75 Ibid.

76 Sen. Gore(D-Tenn.) to President Kennedy, 28 June 1962, reprinted in Finance Committee, *Revenue Act of 1934: Hearings,* 88'h Cong., lst sess., 15 October 1963, Washington D. C.: GPO, 1963), 343.

77 Gore to Kennedy, 15 November, 1962, reprinted in ibid., 344.

78 Johnson, "Annual Message to the Congress on the State of the Union," 8 January 1964, in Woolley and Peters, 26787.

79 "Transcript of Johnson's Remarks on the Tax-Reduction Measure at Its Signing," *NYT,* 27 February 1964, 18.

80 Secretary Dillon, Lawrence Lindsey, *The Growth Experiment: How Tax Policy is Transforming the U. S. Economy*(New York, Basic Books, 1990), 34에서 인용.

81 Walter Heller, Memorandum for the President, "Economic Welfare and the Pace of Expansion," 11 December 1964, LBJL, EX BE 5, Box 23, File BE 5 1 November 1964-29 January 1965.

82 Gardner Ackley, Memorandum for the Honorable Joseph A. Califano, "Tax Cuts

Since 1962," 31 December 1966, Gen FI 9, Box 56, File: FI 11, 29 August 1966-2 January 1967.

83 Office of the White House Press Secretary, "Gains from Effective Policies for an Expanding Economy," 30 October 1964, LBJL, EX BE 5, Box 23, File: BE, 12 January-31 October 1964.

84 Gardner Ackley, "Economic Welfare and the Pace of Expansion," 11 December 1964, LBJL, EX BE 5, Box 23, File BE 5, 1 November 1964-29 January 1965.

85 Walter Reuther, "An Economy of Opportunity," 8 January 1965, LBJL, EX WE 9 Box 25, File: WE 9, 26 December 1964-31 January 1965.

86 Johnson, "Annual Message."

87 Harding, 15; Michael Harrington, *The Other America: Poverty in the United States*(New York: Macmillan, 1962); Dwight MacDonald, "Books: Our Invisible Poor," *New Yorker* 28, 48(19 January 1963): 82-132. Dona Hamilton and Charles Hamilton, *The Dual Agenda: Race and the Social Welfare Policies of Civil Rights Organizations*(New York: Columbia University Press, 1997), 123-26도 참조.

88 Walter Heller, Memorandum for the President, "Progress and Poverty," 1 May 1963, LBJL, WHCF, LEG BKG, EOA, Box 1, File: CEA Draft History of the War on Poverty(1 of 3).

89 Robert Lampman, Memorandum to Walter Heller, "An Offensive Against Poverty," 10 June 1963, 4, ibid.

90 Walter Heller, Memorandum for the Cabinet, "1964 Legislative Programs for 'Widening Participation in Prosperity': An Attack on Poverty," 5 November 1963, ibid.

91 Harding, 19에서 인용.

92 Lampman to Heller.

93 Adam Yarmolinsky, Memorandum for Mr. Shriver, 6 February 1964, LJBL, WHCF, ADM HIST OEO, Box 2, File: Vol. II- Documentary Supplement, chap. 1(2 of 2).

94 William Capron, Memorandum to Walter Heller, "Johnsonian Talking Points on Poverty-in Johnsonian Style," 5 December 1963, LBJL WHCF, LEG BKG EOA, Box 1, File: CEA Draft of the History of the War on Poverty.

95 House Committee on Education and Labor, Subcommittee on War on Poverty Program, *HR 10440: Economic Opportunity Act of 1964, Hearings,* 88th Cong., 2nd sess., March-April 1964(Washington, D. C.: GPO, 1964), 22.

96 Lyndon B. Johnson, Kermit Gordon, Memorandum for Agency Heads, 23 November 1964, LBJL, WHCF, EX WE 9, Box 25, File: WE 9, Poverty Program(The Great Society), 1 October-10 December 1964에서 인용; William Capron, Memorandum to Walter

Heller, "Johnsonian Talking Points on Poverty-in Johnsonian Style."

97 Harding, 21에서 인용.

98 복지 전문가들은 대중 언론의 요부양아동부조에 대한 비판을 받아들이지 않았지만, 1940 년대 후반부터 1950년대까지 복지 수급자들의 명백한 부도덕성 때문에 곤혹을 겪었다. 사회사업가이자 모자 복지정책과 수급자들에 대한 최초의 포괄적 분석서 중 하나의 저자인 위니프레드 벨(Winifred Bell)은 사회사업가들이 "빈곤의 관습과 가치관을 보여주는 결손가정과 농성가정들(beseiged families) 때문에 모욕감 또한 느꼈다고 나중에 지적했다. Winifred Bell, Jenni fer Mittelstadt, *From Welfare to Workfare: The Unintended Consequences of Liberal Reform*(Chapel Hill: University of North Carolina Press, 2005), 47에서 인용.

99 Phyllis Osborn, "Aid to Dependent Children: Realities and Possibilities," *Social Service Review* 28(1954): 162; Hilda Arndt, "An Appraisal of What the Critics Are Saying About Public Assistance," *Social Service Review* 26(1952): 475.

100 "Text of the President's February 1 Public Welfare Message," CQ, 2 February 1962, 140. 1962년의 공공복지개정법은 1956년 사회보장법 개정안을 출발점으로 1950년대 시작된 요보호아동 프로그램에 대한 일련의 소규모 개혁에 기반해 있었다. 비록 이 법이 요보호아동지원제도 수급자에게 '의미 있는' 사회서비스-1962년 부양아동부조법과 같이-를 제공하려는 주정부의 요구에 미치지는 못했지만, 더 많은 서비스가 요부양아동부조에 통합되는 첫 단계였다. 1962년 공공복지개정법과 선행 법들의 포괄적인 역사에 대해서는 Charles Gilbert, "Policy-Making in Public Welfare: The 1962 Amendments," *Political Science Quarterly* 81, 2(June 1966): 196-224 참조.

101 CQ, 17 August 1962, 1368.

102 Bureau of Public Assistance(BPA), *Services in the Aid to Dependent Children Program: Implications for Federal and State Administration*(Washingotn D. C.: GPO, 1959), l; Arndt, 475.

103 Sargent Shriver, Memorandum for the President, "National Anti-Poverty Plan," 10 October 1965, LBJL, WHCF, EX WE 9, File: WE 9, 14 October-17 December 1965.

104 Advisory Commission on Intergovernmental Relations, *Welfare: The Growth of a Federal Function*(Washington, D. C.: GPO, 1980), 49.

105 Brauer, "Kennedy, Johnson," 108.

106 Johnson, Harding, iii에서 인용.

107 Walter Heller, Draft, "Message on Poverty," 3 March 1964, LBJL, WHCF, Legislative Background Economic Opportunity Act, Box 2, File: Message on Poverty. 다음 장에서 이야기하겠지만, 이러한 약속들은 의회의 보수파들이 AFDC 수급 가정이 늘었다는 점을 들어 빈곤과의 전쟁은 실패했다고 주장하자 결국 존슨 행정부에 부메랑이 되어 돌아왔다.

108 Lyndon B. Johnson, OEO Public Affairs, Memorandum to all OEO Staff Members, "Remarks of the President at Swearing-In-Ceremony of Hon. Sargent Shriver as Director, Office of Economic Opportunity, East Room of the White House,"

16 October 1964, LBJL, WHCF, Administrative History OEO, Box 2, File: Vol. II-,Documentary Supplement, chap. 1(2 of 2).

109 "Why Should Conservatives Support the War on Poverty?" LBJL, WHCF, Legislative Background, Economic Opportunity Act, Box 2, File: Legislative History of the Poverty Program.

110 Johnson, "Remarks of the President."

111 Johnson, "Annual Message."

112 Harding, 9.

113 Hamilton and Hamilton; Thomas F. Jackson, "The State, the Movement, and the Urban Poor: The War on Poverty and Political Mobilization in the 1960s," in *The "Underclass" Debate: Views from History*, ed. Michael Katz(Princeton, N. J.: Princeton University Press, 1993), 403-39 참조.

114 Nancy Maclean, *Freedom Is Not Enough: The Opening of the American Workplace* (New York: Sage, 2006), 104.

115 A. Phillip Randolph, Opening Remarks, White House Conference on Civil Rights, 17 November 1965, in *Civil Rights During the Johnson Administration: A Collection from the Holdings of the Lyndon B. Johnson Administration, Part IV: The White House Conference on Civil Rights(Microform)*(Frederick, Md.: University Publications of America, 1984), Reel 16, Frame 0530-37; Carl Holman, Berl Bernhard, and Harold Fleming, Memorandum to Lee. C. White, "Health and Welfare," 3 December 1965, in *Civil Rights During the Johnson Administration*, Part IV, Reel 6, Frame 087. 역사학자들은 흑인들의 평등한 경제적 권리에 대한 주장을 흑인 민족주의의 산물이자 보다 '합법적인' 남부 지역 운동에서 나온 근본적인 출발점으로서 하나의 1960년대 후반의 현상으로 보는 경향이 있어왔다. 그러나 로버트 셀프(Robert O. Self)는 이러한 서술들이 흑인 민족주의운동이 주장하는 바를 왜곡하고, 남부의 경험을 규범적으로 취급하며, 전후 북부와 남부 모두에서 흑인정치의 근본적 구성요소-법적·시민적·사회적·경제적 불평등을 유지하고 조성하는 권력 구조와의 정치적 대결-를 무시한다고 지적했다. 찰스와 도나 해밀턴(Charles and Dona Hamilton) 역시 모든 미국인을 위한 사회적 권리와 민권법을 전국 민권운동 단체가 동시에 추진한 '이중 의제(dual agenda)'의 역사를 복원해냈다. 이에 대해서는 Robert O. Self, *American Babylon: Race and the Struggle for Postwar Oakland*(Princeton, N. J.: Princeton University Press, 2003); Hamilton and Hamilton 참조.

116 Martin Luther King, Jr., "Annual Report of Martin Luther King, Jr., President SCLC, Annual Convention, Savannah," 28 September-2 October 1964, 14, A. Phillip Randolph Papers](hereafter APRP), LoC, Reel 2, Frame 0567.

117 Ibid., Frame 0568- 69; For a similar critique of mainstream liberal policy, sec Bayard Rustin, Address to Democratic National Convention, Atlantic City, N. J., August 1964,

William Forbath, "Caste, Class, and Equal Citizenship," *Michigan Law Review* 98, 1(October 1999), 86에서 인용.

118 Whitney M. Young, Jr., "The Urban League and Its Strategy," *Annals of the American Academy of Political and Social Science* 357(January 1965): 107.

119 Whitney M. Young, Jr., "Domestic Marshall Plan," *NYT,* 6 October 1963, 240.

120 Ibid.

121 "Freedom Budget: Third Draft," APRP, Reel 18, Frame 0771-0774, 0778.

122 Ibid., 0778, 0777.

123 존슨 대통령은 하워드 대학교 학위 수여식 연설에서 1965년 6월 백악관 민권회의 개최를 발표했다. 민권법을 위한 전투에서 이후 더 심화된 단계를 촉발시키기 위한 의도를 가지고 있었던 백악관 회의는 1965년 8월 이른바 와츠 폭동(흑인 밀집 지역인 와츠에서 경찰이 흑인 청년을 속도위반 혐의로 체포하자 그의 어머니를 포함, 주변 흑인들이 이에 항의하면서 발생한 사건으로 3만 명의 흑인들이 가세한 후 5일간 항의 시위가 벌어졌다. 1만 4천 명의 주 방위군이 투입된 후 일단락된 이 사건으로 34명이 희생되었고, 1천여 명의 부상자와 4천만 달러의 재산 피해가 발생했다_옮긴이)이)라 논란이 된 대니얼 패트릭 모이니한의『흑인 가족에 관한 보고서(Report on the Negro Family)』발간에 따른 정치적 결과에 대한 역풍에 희생되고 말았다. 백악관은 모이니한 논란을 해소하고, 민권단체와 행정부 간의 커지는 갈등 봉합을 기대하면서 1965년 11월 예비 '기획회의'에 240명의 '전문가'만을 초청하여 계획된 회의를 축소했다. 언론은 대체로 회의가 '유명무실'하게 된 것으로 판단하고 '흑인 무장 세력의 비명'에 시민권이 '재앙'을 맞았다고 비난했다. 이 기획회의 보고서와 백악관에 대한 권고사항에 대해서는 *Civil Rights During the Johnson Administration.* For a narrative account of the conference, Kevin Yuill, "The 1966 White House Conference on Civil Rights," *Historical Journal* 41, 1(March 1998): 259-82 참조. 모이니한 논쟁사에 대한 문헌은 Lee Rainwater and William Yancy, eds., *The Moynihan Report and the Politics of Controversy*(Cambridge, Mass.: MIT Press, 1967); Daryl Michael Scott, *Contempt and Pity: Social Policy and the Image of the Damaged Black Psyche, 1880-1996*(Chapel Hill: University of North Carolina Press, 1997), chap. 8 참조.

124 "Freedom Budget: Third Draft," Frame 0778, 0776-0781.

125 A. Phillip Randolph, Letter to AFL-CIO Executive Council, 3 November 1966, APRP, Reel 18, Frame 0758.

126 "Freedom Budget, Third Draft," Frame 0772.

127 King, "Annual Report," 18, APRP Reel 2, Frame 0571.

128 A. Phillip Randolph, Letter to John Lewis, 11 July1966, APRP, Reel 18, Frame 0756.

129 "Freedom Budget, Third Draft," Frame 0771.

130 Dorothy DiMascio, Testimony, Senate Finance Committee, *HR 12080: Social Security Amendments of 1967; Hearings,* 90th Cong., 1st sess., August-September(Washington, D. C.: GPO), 1470.

131 Whitney Young Testimony, Ways and Means, *President's 1963 Tax Message,* 1304.

132 Ibid., 1305.

133 White House Task Force on Income Maintenance(IMTF), Report, 21 November 1966, LBJL, WHCF, Legislative Background on the Social Security Amendments of 1967, I3ox 1, Report of Income Maintenance Task Force, File: Report of Income Maintenance Task Force, 9.

134 Finance Committee, *H. R. 12080: Social Security Amendments,* 1467.

135 Edward Sparer, "The Right to Welfare," in *The Rights of Americans: What They Are and What They Should Be,* ed. Norman Dorsen(New York: Random House, 1971), 87.

136 Charles A. Reich, "The New Property," *Yale Law Journal* 73, 5(April 1964): 735, 746. 라이시는 정부 보조금에 대한 시민의 권리가 법으로 보호받지 못하면 정부 소유의 '새로운 자산'이 개인의 기본권을 잠식할 것이라고 우려했다. 그는 그러한 법률 및 헌법상 보호가 없다면 시민들이 생계와 권리 행사 중 하나를 선택하도록 강요받은 '새로운 봉건국가'가 등장할 것이라는 점을 염려했다.

137 Charles A. Reich, "Individual Rights and Social Welfare: The Emerging Legal Issues," *Yale Law Journal* 74, 7(June 1965): 1255. 라이시의 '새로운 자산' 이론은 대법원으로부터 일부 인정 판결을 받았다. 대법원은 궁극적으로 복지를 헌법상의 권리로 명시하는 것은 기각했지만, 복지 수급권을 '시혜성 급여'보다 '자산'에 더 가깝게 간주하는 것이 현실적일 수 있음을 인정했다. 윌리엄 브레넌(William Brennan) 대법관의 결정문에서, 대법원은 빈민을 통제하는 데 강제성이 그들의 '빈곤'에 도움을 줄 수 없음을 인정했고, "빈곤층이 접할 수 있도록 지역 공동체의 삶에 타인들의 의미 있는 참여가 가능하게 하는 동등한 기회를 가져다주도록 도울" 수 있는 복지를 제안했다. Supreme Court, *Goldberg v. Kelley,* 397 U. S. 254, 90 S. Ct. 1011, 23 March 1970, 264-65 n8. 복지권 운동가들의 주장한 복지의 헌법상 권리에 대한 분석은 Elizabeth Bussiere, *(Dis)Entitling the Poor: The Warren Court, Welfare Rights, and the American Political Tradition*(University Park: Pennsylvania State University Press, 1997); Martha Davis, *Brutal Need: Lawyers and the Welfare Rights Movement*(New Haven, Conn.: Yale University Press, 1993)를 참조.

138 Michael K. Brown, *Race, Money and the American Welfare State*(Ithaca, N.Y.:Cornell University Press, 1999), 267.

139 연방 소득세 개혁에 관해서는 Carolyn C. Jones, "Mass Based Income Taxation: Creating a Taxpaying Culture, 1940- 1952," in Brownlee, 107-47.

140 Andrea Louise Campbell, *How Policies Make Citizens: Senior Political Activism and the American Welfare State*(Princeton, N.J.: Princeton University Press, 2003), 2.

141 Poll: "The Blacks: Too Much, Too Soon?" in "The Troubled American: A Special Report on the White Majority," *Newsweek,* 6 October 1969, 45.

1   Ben Wattenberg, Memorandum to Douglas Cater, "Talking Points for Monday Speech to AFL-CIO Policy Committee," 4 February 1967, Lyndon B. Johnson Library(hereafter LBJL), Welfare(EX WE 9), Box 28, File: WE 9, January-8 February 1967.

2   "The Troubled America: A Special Report on the White Majority," *Newsweek,* 6 October 1969, 29. "Man and Woman of the Year: The Middle Americans," *Time,* 5 January 1970, 10도 참조.

3   Pemburt Heights Association, Letter to Rep. Martha Griffiths(D-Mich.), 1967, Martha W. Griffiths Papers(hereafter MGP), Bentley Historical Library, University of Michigan, Ann Arbor, Box 21.

4   Letter to Rep. Griffiths, 15 September 1966, MGP, Box 21.

5   Pete Hamill, "The Revolt of the White Lower Middle Class," *New York Magazine,* 13 April 1969, reprinted in *The White Majority: Between Poverty and Affluence,* ed. Louise Kapp Howe(New York: Random House, 1970), 10-22; Peter Schrag, "The Forgotten American," *Harpers,* August 1969, 27. 슈래그(Schrag)에 따르면, 1960년대 말까지 노동계급과 중간계급 중에서 '잊힌 미국인들'은 '미국에서 가장 소외된 사람들'이 되었는데, 그는 이들 대부분을 '존재감 없는 절반의 가시성'을 지닌 존재로 규정했다.

6   Letter to Rep. Griffiths, 2 November 1969, MGP, Box 21.

7   Letter from F. J. Halik of Detroit to Sen. Philip Hart(D-Mich.), 2 November 1969, MGP, Box 37, File: Inflation.

8   Letter from Martha Seligman of Detroit to Rep. Griffiths, 15 February 1966, MGP, Box 26, File: President's Poverty Program.

9   Ben Wattenberg, Memorandum to Douglas Cater, "Talking Points for Monday Speech to AFL-CIO Policy Committee," 4 February 1967, LBJL, Welfare(EX WE 9), Box 28, File: WE 9, January-8 February 1967; Christopher Howard, *The Hidden Welfare State: Tax Expenditures and Social Policy in the United States*(Princeton, N. J.: Princeton University Press, 1997). Jacob Hacker, *The Divided Welfare State: The Battle over Public and Private Social Benefits in the United States*(New York: Cambridge University Press, 2002)도 참조.

10 June L. Alexander to Rep. Griffiths, 20 June 1968, MGP, Box 28.

11 비평가들은 빈곤과의 전쟁 프로그램의 효과에 의문을 제기하는 것 이상을 지적했다. 그들은 뉴어크와 디트로이트 같은 도시들에서 가난한 노동자들과 정부 지원 단체들이 폭력 사태의 발생에 '기여'했다는 점을 비난했다. 예를 들어, 휴 아돈지오(Hugh Addonzio) 뉴어크 시장은 가난한 노동자들이 "폭력 사태를 이끈 난폭하고 분별없는 사람들과 극단주의자들의 행태와 행동에 기름을 부었다"고 비난했다. 아이오와 공화당 상원 의원 윌리엄 프라우티

(William Prouty)는 뉴어크에서의 '폭력과 무정부상태'는 경제기회국(OEO)이 지원한 지역사
회 활동 프로그램의 직접적인 결과일 것이라고 경고한 경찰 국장 도미니크 스피나(Dominick
Spina)의 편지를 공개했다. Bertram Harding, *A Narrative History of the War on Poverty,* 579,
LBJL, White House Central Files(hereafter WHCF), Administrative History OEO, Box
I(Crisis of 1967), File: Vol. 1, Pt. 2, Narrative History(3 of 3); Republican Coordinating
Committee, Task Force on Job Opportunities and Welfare, Improving Social Welfare,
11 December 1967, NARA, SFC, Subject Files: Medicaid- Suggested Amendments,
File: President's 1967 Welfare Program 참조.

12 Harding. 544.

13 Charles Schultze, Memorandum to the President, "Great Expectations vs.
Disappointments." 7 November 1966, LBJL, Welfare(EX WE9), Box 28, File: WE 9, 15
October- 31 December 1966.

14 President Lyndon B. Johnson, "Annual Message to Congress on the State of the
Union: 1967," 10 January 1967, in John Woolley and Peters, www.presidency.ucsb.
edu/ws/?pid=28338.

15 Schultze, Memorandum to the President.

16 일명 존슨 대통령의 '총과 마가린' 연설에 관해서는 James Reston, "A Midterm Report:
Guns and Margarine Speech Is Found Lacking in Old Rhetoric and Promises," *NYT,*
11 January 1967, 17 참조.

17 Advisory Council on Intergovernmental Relations, Public Assistance: The Growth of
the Federal Function(Washington, D. C.: GPO, 1980) 참조.

18 Wilbur J. Cohen, Memorandum to the President, "Re: Social Security Bill," 14 July
1967, LBJL, WHCF, LE/WE, Box 158, File: LE/WE 6, 22November 1963-31 August
1967.

19 Margaret Malone, "Major Provisions of HR 12080 ⋯ As Reported Favorably by the
Committee on Ways and Means and Major Provisions of HR 5710(Administration
Bill) Not Included in HR 12080," LoC, Legislative Reference Service, Education and
Public Welfare Division, 11August1967, NARA, WM, RG 233, Leg. Files: HR 5710,
Box lOA, No File.

20 Johnson, "Statement by President upon Signing the Social Security Amendments and
upon Appointing a Commission to Study the Nation's Welfare Programs," 2 January
1968, Public Papers of the Presidents of the United States: Lyndon B. Johnson,
1968-1969, Book 1 (Washington, D. C.: GPO, 1970), 14-15.

21 Advisory Council on Public Welfare, Staff Paper, "Greater Adequacy of Income for
Needy People: Recommendations Made to the Advisory Council on Public Welfare,"
9 September 1965, NARA II, RG 363, Box 1, Advisory Council Files, File: Advisory

Council Actions Taken or Deferred.

22 U. S. House, Ways, and Means Committee, H. R. 12080: Social Security Amendments of 1967, Report, 90th Cong., 1st sess., August 1967(Washington, D. C.: GPO,1967), 95-96.

23 Republican Coordinating Committee, "Improving Social Welfare."

24 Ronald Reagan, Edward Berkowitz, *Mr. Social Security: The Life of Wilbur J. Cohen*(Lawrence: University Press of Kansas, 1995), 252에서 인용.

25 ACIR, Public Assistance, 55.

26 Ibid., 49.

27 Congress, House of Representatives, Committee on Ways and Means, *Section by-Section Analysis and Explanation of the Provisions of HR 5710, the "Social Security Amendments of 1967," as Introduced on February 20, 167, Prepared and Furnished by the Department of Health, Education, and Welfare*, 90th Cong., 1st sess.(Washington, D. C.: GPO, 1967), 1; Wilbur J. Cohen, Memorandum to Evelyn Thompson, 20 February 1967, NARA, SFC, RG 46, Box 42, File: Presidential Social Security Proposal도 참조.

28 Wilbur J. Cohen, Memorandum to the President, Re: Social Security Bill, 14 July 1967, LBJL, WHCF, LE/WE, Box 158, File: LE/WE 6, 22 November 1963-31 August 1967.

29 James Lyday, Memorandum for Robert Levine, "Ways and Means Committee Social Security Proposals," 5 August 1967, LBJL, WHCF, LE/WE Box 158, No File.

30 Harding, 579; Republican Coordinating Committee, "Improving Social Welfare." 참조.

31 "House Unit Prepares Welfare Aid Changes Forcing Many Able Bodied Adults Off Rolls," *Wall Street Journal*, 27 July 1967, 9, Berkowitz, *Mr. Social Security*, 255에서 인용.

32 Jennifer Mittlestadt, *From Welfare to Workfare: The Unintended Consequences of Liberal Reform, 1945-1965*(Chapel hill: University of North Carolina Press, 2005), 165-66. 하지만 미틀스타트와 다른 학자들도 지적했듯이, 남성 부양자 중심으로 설계된 빈곤과의 전쟁은 빈곤 여성과 그의 자녀들로 구성된 대부분의 AFDC 대상자들에게 거의 도움이 되지 않았다. 사실상 경제기회국은 빈곤과의 전쟁을 통한 일자리 중 단지 15%만 제공하면서 그들의 노동 및 인력 개발 프로그램에서 여성을 명백하게 차별했다. Diana Pearce, "Welfare Is Not for Women: Why the War on Poverty Cannot Conquer the Feminization of Poverty," in *Women, the State, and Welfare*, ed. Linda Gordon(Madison: University of Wisconsin Press, 1990), 265-80 참조.

33 "Key LBJ Comments from Tax Message," *Washington Post*, 4 August 1967, A4.

34 House, "Rep. Wilbur D. Mills of Arkansas Speaking for HR 12080, Social Security Amendments of 1967," *Congressional Record*, 90th Cong., 1st sess., 17 August 1967, H 10668.

35 House Committee on Ways and Means, Report on HR 12080, the Social Security Amendments of 1967, 90th Cong., 1st sess., 7 August 1967(Washington, D. C.: GPO, 1967), 96.

36 Ibid.

37 Ibid., 110.

38 Mills, speaking for HR 12080, H 10674.

39 House, "Rep. John Byrnes of Wisconsin Speaking for HR 12080," H l0677-78.

40 Sen. Russell Long(D-La.), in Senate Committee on Finance, Hearings, HR 12080, the Social Security Amendments of 1967, Part II, 28-31 August, 11, 12, 18, 19 September 1967, 90th Cong., 1st sess.(Washington, D. C.: GPO, 1967), 789.

41 이러한 종류의 복지정치에 대한 수사적 호소에 대해서는 Michael Weiler, "The Reagan Attack on Welfare," in Reagan and Public Discourse in America, ed. Michael Weiler and W. Barnett Pearce(Tuscaloosa: University of Alabama Press, 1992), 248 참조.

42 Mills, "Address on HR 12080," Congressional Record, 2598.

43 Ways and Means, Report, HR 12080, 97.

44 Senate Committee on Finance, Social Security Amendments of 1967: Part VII - Work Incentive Program, Confidential Committee Print, 90th C, 1st Sess., NARA, SPC, Bill Files, "HR 12080," Box 28.

45 '근로 연계' 프로그램의 발전에 대해서는 Nancy E. Rose, Workfare or Fair Work: Women, Welfare, and Government Work Programs(New Brunswick, N. J.: Rutgers University Press, 1995) 참조.

46 이에 대한 더 많은 논거는 Joanne Goodwin, "'Employable Mothers' and 'Suitable Work': A Re-Evaluation of Welfare and Wage-Earning for Women in the 20th Century United States," Journal of Social History 29, 2(Winter 1995): 253-74 참조.

47 Sen. Russell Long, Senate Finance Committee, Hearings, HR 12080, 1537; "Welfare Protesters Rebuked," Washington Post, 21 September 1967, A2. 롱 상원 의원의 독설은 전국복지권기구(NWRO)를 대표하는 한 복지 수급 어머니회가 재정위원회 청문회실에서 '농성'을 한 후 터져 나왔다. 복지권 운동에 관해서는 Felicia Kornbluh, The Battle for Welfare Rights: Politics and Poverty in Modern America(Philadelphia: University of Pennsylvania Press, 2007) 참조.

48 "A Proposal by the Southern Christian Leadership Conference for the Development of a Nonviolent Action Movement for the Greater Chicago Area," in The Eyes on the Prize: Civil Rights Reader, ed. Cyborne Carson(New York: Penguin, 1991), 296.

49 New Jersey Legislature, Welfare Investigating Committee, The Aid to Dependent Children Program in New Jersey(Trenton, N. J, 1963), 1, 41.

50 Daniel Patrick Moynihan, The Negro Family: The Case for National Action, U. S.

Department of Labor, Office of Policy Planning and Research, March 1965, 14, reprinted in *The Moynihan Report and the Politics of Controversy*, ed. Lee Rainwater and William L. Yancey(Cambridge, Mass.: MIT Press, 1967).

51 Leo Irwin, Letter to Rep. Lloyd Meeds(D-Wash.), NARA, Ways and Means, 90th Cong., Leg. Files, Box 21, No File; "Welfare-Some Say 'Freeze' Will Be Heartless," *NYT*, 17 December 1967, NARA, SFC, Leg. Files, HR 12080, Box 33, File: Press Clippings.

52 Peter Edelman, Memo to Sen. Robert Kennedy(D-N.Y.), "HR 12080: Conference Report," 8 December 1967, NARA Ways and Means, 90th Cong. Leg Files, HR 12080, Box 21A, No File.

53 Sidney Schanberg, "Lindsay Sees Rise in City Relief Costs if U. S. Cuts Funds," *NYT*, 11 December 1967, NARA, Senate Finance Committee, Leg. Files, HR 12080, Box #33, File: Press Clippings에서 인용.

54 U.S. Senate Committee on Finance, HR 12080: Brief Summary of Major Provisions, 90th Cong, 1st sess., 5 October 1967(Washington, D. C.: GPO, 1967), 60; Congress, Ways and Means and Finance Committees (Joint Publication), Summary of Social Security Amendments of 1967, December 1967(Washington D. C.: GPO, 1967), 20. 롱 위원장의 '가출 아버지 법'의 하원 개정법 12080에 대해서는 Finance Committee, "Runaway Parents Location and Liability: Memorandum," "Runaway Parents: Draft, 11/1/67," "Amendment Not Yet Formally Introduced, 'Run-Away Poppa'(Sen. Long)," "Explanation of How 'Run-Away Poppa' Amendment of Senator Long's Would Work," 23 October 1967, NARA, Senate Finance Committee, Bill Files, "HR 12080," Box 35, File: Runaway Poppas 참조.

55 HR 12080의 입법 역사를 꼼꼼하게 읽으면 의원들의 법 제정 의도가 여성의 능력이나 부권을 확립하고 질서 유지를 위해 정부 당국에 협력할 의지 여부에 따라 AFDC 자격을 부여하기 위한 것임을 알 수 있다. 그러나 1967년 법은 그러한 협력에 대한 AFDC 수급 조건을 명시적으로 지정하지는 않았다. 따라서 이 법은 사법적인 판단에서 개방적이었다. 1969년과 1973년 대법원은 지속적인 AFDC 수급 조건으로 부권을 공고하게 하는 데 협력하게 하는 주정부의 조정권에 타격을 주는 15건의 하급 법원 판결을 지지했다. 예를 들어, 도우 대 플라워(Doe v. Flowers) 사건에서 법원은 이전의 도우 대 샤피로(Doe v. Shapiro) 판결문을 인용하면서, "사회보장법이 AFDC 수급을 받는 혼외 자녀의 부권을 확인하기 위해 적극적인 조치를 취해야 한다고 요구하고 있지만, 우리는 1967년 법에서 규정하는 있는 복지 제공이 반대로 국가로 하여금 자격을 갖춘 아동의 자격을 박탈하도록 의도된 것"이라고 생각하지 않는다고 주장했다. Gwendolyn Mink, *Welfare's End*(Ithaca, N. Y.: Cornell University Press, 1998), 59에서 인용.

56 U.S. Senate Committee on Finance, The Welfare Mess: A Scandal of Illegitimacy and Desertion, address by Sen. Russell Long, 92nd Cong., 1st. sess., 14 December

1971(Washington, D. C.: GPO, 1971), 3.

57 Sen. Pete Dominici(R-N. M.), "Final Vote on H. R. 3153," Social Security Amendments of 1973, 93rd Cong., 1st sess. Congressional Record 119, pt. 30(1 December 1973), 39055.

58 Ways and Means Staff, "Confidential Conference Committee Memorandum, Senate Amendment No. 198(AFDC-Work Training)," NARA, Ways and Means, Leg. Files, HR 12080, box 21A, no file.

59 예를 들어, 보건 교육 복지부에 따르면, "직업 훈련, 훈련 인센티브 지급, 종일 보육 및 근로 소득 공제와 같은 … 적극적인 기능을 가지고, AFDC 수급 어머니"를 "훈련받도록" 의무화 하는 것은 "불필요"한 것이었다. 보건교육복지부 장관인 존 가드너(John Gardner)는 재정위 원회에서 이 법안의 적극적인 근로 유인책이 복지 수급자들의 재활과 "가족과 사회 적응을 해결"하고 "괜찮은 직업을 얻도록" 돕는 데 충분할 것이라며 자유주의자들과 유사한 주장 을 했다. John Gardner, Testimony, Senate Finance Committee, Hearings, HR 12080, 215; Department of Health, Education, and Welfare, "Proposed Public Welfare and Child Health Amendments to HR 12080," Social Security Amendments of 1967, NARA, SFC, Bill Files: HR 12080, Box 30, No File 참조.

60 Gareth Davies, *From Opportunity to Entitlement: The Transformation and Decline of Great Society Liberalism*(Lawrence: University Press of Kansas, 1996), 174에서 인용. 코헨은 연방의 회에서 밀스의 힘을 염두에 두고, 행정부가 의미 있는 복지 개혁에 대해 그와 협력할 계획 을 가지고 있다고 점을 확신시키기 위해 애썼다. 『워싱턴 포스트』에서 "두 윌버"가 사회 보장법과 복지 개혁 법안을 두고 충돌했다는 보도가 나가자, 코헨은 밀스 위원장에게 "사 실과 전혀 다르다"고 말했다. Wilbur Cohen to Wilbur Mills, 23 August 1967, NARA, WMC, Bill Files: HR 5710, Box 21C, No File; Cohen, Memorandum to the President, "Social Security Bill," 28 August 1967, LBJL, WHCF, LE/WE Box 158, File: LE/WE 6, 23 November 1963-31 August 1967.

61 Finance Committee, Hearings, HR 12080, 215.

62 NWRO는 복지 수급자들의 '권리'를 지키기 위해 이중의 정치적이고 합법적인 전략을 취 했다. 합법적인 전략은 경제기회국이 재정 지원하는 '빈곤 자문 변호사'와 협력하여, 주정 부 수준의 복지 관련 법에 대한 법률적 비판과 복지에 관한 헌법적 권리 수립을 최고의 목 적으로 설계된 행정적 실행으로 이루어졌다. NWRO와 LSP 변호사들이 "적합한 가정," "대리 아버지," 그리고 주(州) 거주법에 문제를 제기하는 데 성공했지만, 미 대법원은 끝 내 복지에 관한 헌법적 권리 제정은 기각했다. LSP의 합법적 전략에 관해서는 Elizabeth Bussiere, *(Dis)Entitling the Poor: The Warren Court, Welfare Rights, and the American Political Tradition*(University Park: Pennsylvania State University Press, 1997); Martha Davis, *Brutal Need: Lawyers and the Welfare Rights Movement*(New Haven, Conn.: Yale University Press, 1993) 참조.

63 "Welfare Protesters Rebuked," *Washington Post,* 21 September 1967, A2.

64 Finance Committee, *Hearings, HR 12080,* 1537.

65 "Welfare Protesters Rebuked."

66 George A. Wiley, "Letter from the President," *NWROs in Action: Newsletter of the National Welfare Rights Organization* 21(Washington, D. C.: National Poverty Rights Action Center, 1967).

67 Finance Committee, *Hearings, HR 12080,* 1465, 1466.

68 Ibid., 1465.

69 "Motherhood: A Full Time Job: A letter to Senator Steven Young," *Welfare Fighter* 1, 20(Washington, D. C.: National Poverty Rights Action Center, 1970).

70 Lillian Baines, "Why Not a Subsidy for Mothers," *Welfare Fighter* 1 , 19.

71 이 시민-어머니의 주장은 미국의 복지 전통에 뿌리를 두고 있었다. 그웬돌린 밍크(Gwendolyn Mink), 린다 고든(Linda Gordon), 테다 스카치폴 등 많은 사람들이 지적했듯이, 19세기 후반과 20세기 초반에 걸쳐 사회 복지 담론과 정책은 어머니로서의 여성의 역할을 국가 자체의 미래에 연결시키고 있었다. 어머니들은 "정치적으로 드러나지 않는 존재"였음에도 불구하고, 이 '모성주의' 정치가 여성에게 "남성적 미덕의 수호자로서, 그리고 공화국 질서의 재생산자로서의 상당한 정치적 중요성"을 부과했다고 밍크는 주장한다. 20세기 초 사회복지정책은 여성에게 특별 보호(노동보호법) 혹은 최소 수준의 경제적 보장(모성연금)을 제공했다. 20세기 초, 사회복지정책 형성 과정에서 '모성주의'의 중요성에 관해서는 다음을 참고. Sonya Michel and Seth Koven, eds., *Mothers of a New World: Maternalist Politics and the Origins of Welfare States*(New York: Routledge, 1993); Theda Skocpol, *Protecting Soldiers and Mothers: The Political Origins of Social Policy in the United States*(Cambridge, Mass.: Belknap Press of Harvard University, 1992); and Linda Gordon, *Pitied but Not Entitled: Single Mothers and the History of Welfare, 1890-1935*(Cambridge, Mass.: Harvard University Press, 1994).

72 1960년대 말과 1970년대 여성주의 운동과 복지 수급 어머니들의 모성주의적 주장의 관계에 대해서는 Johanna Brenner, *Women and the Politics of Class*(New York: Monthly Review Press, 2000)와 Pearce를 참조.

73 Sen. Russell Long, "Work Requirements, Draft Dear Colleague," NARA, SFC, Bill Files, HR 12080, Box #1, No File.

74 Kornbluh, 91.

75 이 주장은 NWRO의 공식 기관지인 『복지 전사(Welfare Fighter)』 1970년 판에서 나온 것이다. Barnes, "Why Not a Subsidy for Mothers," 9 참조.

76 John Gardner, Memorandum for the President, 11 December 1967, LBJL, WHCF, LE/WE Box 158, File: LE/WE 6, 9/ 1/67-12/31/67; Joe Califano, Memorandum for the President, 11 December 1967, 10:15 p.m., LBJL, WHCF, LE/WE Box IS8, File: LE/WE 6, 9/1/67- 12/31/67.

77 Gardner, Memorandum for the President.

78 Califano, Memorandum for the President, 11 December 1967, 4:40 p.m.

79 Mike Manatos, Memorandum for the President, 13 December 1967, l 1:4S A.M., LBJL, WHCF, LE/WE Box 168, File: LE/WE 6, 9/1/67-12/31/67.

80 Califano, Memorandum for the President, 9 December 1967, with Johnson's note attached, dated 10 December 1967, LBJL, Confidential File, LE/WE 6, Box 64, Davies, 199에서 인용.

81 일례로 다음을 참조. Gardner Ackley, Memorandum for the President, "Scare Talk on the Tax Increase," 2 September 1965, LBJL, WHCF, Gen FI 9, Box 55, File: FI 11 Taxation, 29 June 1965-16 March 1966.

82 Walter Heller, Letter to the Editor of the *Minneapolis Sunday Tribune,* No Date, LBJL, GEN FI 19 Box 55, File: FI 11 Taxation, 29 June 1965-16 March 1966.

83 John J. Wallis, "Total Government Expenditure, by Function: 1902-1995," table Ea61-124, in *Historical Statistics of the United States, Earliest Times to the Present: Millennial Edition,* ed. Susan B. Carter, Scott Sigmund Gartner, Michael R. Haines, Alan L. Olmstead, Richard Sutch, and Gavin Wright(New York: Cambridge University Press, 2006), http://dx.doi.org.

84 Ackley, Memorandum for the President, "Policy Implications of the Budget," No Date, LBJL WHCF, Gen FI 9, Box 55, File: Fl 11 Taxation, 29 June 1965-16 March 1966.

85 Lyndon Johnson, Handwritten note on Memorandum from Joe Califano, 17 December 1966, LBJL, WHCF, Gen FI 9, Box S5, File: FI 11 Taxation, 29 June 1965-16 March 1966. 6월 말, 존슨 대통령은 그의 "재정 보좌관에게 향후 경제에 관한 추측, 특히 추가적인 조세의 필요성에 대한 예측을 삼가"라고 분명하게 지시했다. Joseph E. Kintner, Memorandum for Henry H. Fowler et al., "President's Desire for No Speculation Regarding Increased Taxes or Future Economic Problems," 29 June 1966, LBJL, GEN FI 11, Box 55, File: FI 11, 12 March-20 August 1966.

86 Johnson, "Annual Message to the Congress on the State of the Union," 12 January 1966, in Woolley and Peters, 28015.

87 George McGovern, *Congressional Record,* 19 September 1967, Davies, 189에서 인용.

88 Walter Reuther, "Fiscal Policy for 1967," forwarded to President Lyndon Johnson, 22 December 1966, LBJL, EX BE 5, Box 25, File: BE Sl6 December 1966-15 March 1967.

89 Joseph Bowman, Memorandum to Henry Hall Wilson, Jr., "Subject: House Debate on the Tax Adjustment Act of 1966, February 23, 1966," 24 February 1966, LBJL, LE/Fl Box 52, File: LE/FI 11, 15 February 1964-2 April 1966.

90 Hard1ng, 21에서 인용.

91 "The Economy: Time to Touch the Brakes," *Time,* 18 March 1966.

92 Republican National Committee, *Great Society Funny Money* Campaign Flier, 1964, SI, NMAH, Political Archives.

93 Gardner Ackley, Memorandum for the President: "The State of the Economy," 1 December 1966, LBJL, WHCF, EX BE 5, Box 24, File: "BE 5, 16 December 1966-15 March 1967." Willard Wirtz, Memorandum for Honorable Joseph Califano, "Tax Policy," 15 November 1966, LBJL, WHCF, EX FI 1 L-4, Box 60, File: F 11-4, 11 October-15 December 1966; Walter Heller, Memorandum for the President, "The Tax Increase Issue Today," 14 December 1966, LBJL, WHCF, Gen FI 9, Box 56, File: FI 11, 24 September 1966도 참조.

94 Bruce Jansson, *The Sixteen-Trillion-Dollar Mistake: How the U. S. Bungled Its National Priorities from the New Deal to the Present*(New York: Columbia University Press, 2001), 161.

95 Robert McNamara, Henry Fowler, Willard Wirtz, Connor, Charles Schultze, Gardner Ackley, Clark Clifford, and Joe Califano, Memorandum for the President, 9 January 1967, LBJL, WHCF, EX FI 11-4, Box 60, File: FI 11- 4, 16 December 1966-15 January 1967.

96 William McChesney Martin, Memorandum for the President, 13 December 1966, LBJL, WHCF, EX FI 11- 4, Box 60, File: FI 11-4, 11 October- 15 December 1966.

97 Lyndon B. Johnson, "Annual Address to the Congress on the State of the Union," 10 January 1967.

98 Henry Fowler, Letter to Sen. John Williams(R-Del.), 22 November 1967, NARA, Senate Finance Committee, 90th Cong., Bill Files, Box #3, "HR 15414," Folder: Surtax Amendment to 15414.

99 Johnson, in Gilbert Burck, "Capitol Hill's 'Show Me' Economist," *Fortune,* February 1968, 204에서 인용, in NARA, Senate Finance Committee, 90th Cong., 90A-F8, Box 23, File: Economic Policy-Excess Profits Tax.

100 Gardner Ackley, Memorandum for the President, "The Case for Higher Taxes," 10 May 1966, LBJL, GEN FI 11, Box 55, File: FI 11, 17 March 1966-20 August 1968.

101 Walter Heller, Memorandum for the President, "Accelerator vs. Brakes," 11 July 1967, LBJL, EX FI 11-4, Box 60, File: 11 June-15 July 1967.

102 Henry Fowler, Memorandum for the President, 11 May 1966, LBJL, GEN FI 11, Box 55, File: FI 11, 17 March-20 August 1966.

103 Fowler to Williams, 22 November 1967.

104 Council of Economic Advisors, Edwin Dale, No title, *NYT,* 2 February 1968, NARA, Senate Finance Committee, Subject Files, Box 23, "Revenue: Economic Policy Excess

Profits Tax," File: Revenue: Economic Policy에서 인용.

105 Walter Heller, Memorandum for the President, "Conversation with Wilbur Mills, August 19, 1966," 20 August 1966, LBJL, GEN FI 11, Box 55, File: FI 11, 17 March-20 August 1966.

106 Rep. Wilbur Mills, "Delay Hinted for Any Tax Rise Until Jan. 1," *Wall Street Journal,* 21 June 1967, NARA SFC, Subject Files, Box 23, Revenue: Economic Policy-Excess Profit Tax, File: Revenue: Economic Policy에서 인용.

107 Wilbur Mills, Edward Fried Oral History Memoir, Tape 1, 38, Robert M. Collins, *More: The Politics of Economic Growth in Postwar America*(New York: Oxford University Press, 2000), 75에서 인용.

108 "The New Congress," *Newsweek,* 21 November 1966, 38.

109 Fowler to Williams.

110 Mills, Burck, 206에서 인용.

111 "Text of Mills Statement on Federal Spending and Growth of Government," *NYT,* 7 October 1967, Julian Zelizer, *Taxing America: Wilbur D. Mills, Congress, and the State, 1945-1975*(Cambridge: Cambridge University Press, 1998), 265에서 인용.

112 "Now the Year of the Worried Bull," *Newsweek,* 8 January 1968, in NARA, Senate Finance Committee, Subject Files, Box 23, File: Economic Policy-Excess Profits Tax.

113 Burck, 207.

114 John Martin, "Confidential Memorandum to House Conferees on HR 15414: Section 1, 2, 3, 4 and 17(Smathers-Williams Expenditure Cut and Tax Surcharge Amendment)," NARA, Ways and Means, 90th Cong., Leg. Files, Box 27, HR 15414, No File.

115 Mills, cited in "Committee Roundup: Administration Renews Plea for Tax Surcharge," *Congressional Quarterly,* 26 January 1968, 104에서 인용, in NARA, SFC, 901h C, Bill Files, Box #1, "15114-15414," No folder.

116 75th Anniversary celebration of Security Trust Company of Rochester, New York, 22 May 1967에서 밀스의 발언, "Expenditure Control and Tax Policy," NARA, Senate Finance Committee, Subject Files, Box 23, File: Revenue: Economic Policy.

117 더 자세한 것은 Collins, *More,* 69-85 참조.

118 Edwin Dale, No title, *NYT,* 2 February 1968, NARA, Senate Finance Committee, Subject Files, Box 23, File: Revenue: Economic Policy에서 인용. 로버트 콜린스(Robert Collins)가 지적하듯이, 1968년의 세계적 위기는 "극적인 요소가 없지 않았다." 많은 경제학자들과 정책 결정자들에게 3월에 시작된 골드러시는 "세계적 경제 불황의 첫 번째" 신호였다. 존슨 행정부의 한 재무성 관리에 따르면, "모든 이들이 망연자실할 뿐이었다. 문자 그대로 날마다 실시간으로 금시장을 지켜볼 수밖에 없는 무시무시한 기간이었다." Collins, *More,* chap. 3, and "The Economic Crisis of 1968 and the waning of the 'American

Century,'" *American Historical Review* 101, 2(April 1996): 396-422.

119 Marjorie Hunter, "Senate Prodding House to Break Tax Rise Impasse," *NYT*, 24 March 1968, NARA, Senate Finance Committee, 90th Cong., Bill Files, RG 46, Box 1, No File.

120 Senate Finance Committee, Press Release, "Finance Committee Reports Excise Tax Extension Bill," 14 March 1968, NARA, Ways and Means Committee, 90th Cong., Bill File: HR 15414, No File. 전문가들은 대통령은 삭감을 더 줄이기 위해 적극적으로 밀어붙이는 반면, 재무부는 불간섭 정책을 취하며, 백악관이 세입세출법안에 대해 오락가락 대처하는 데 주목했다. 재무성은 세입세출법안에 대한 상원 법안의 민주당 공동 발의자인 조지 스매더스(D-FI.)와 협력했다. Henry Fowler, Memorandum for the President, "Contingency Plan on Senate Amendment to Tax Adjustment Act," 27 March 1968, LBJL, WHCF, LE/FI Box 52, File: LE/FI, 3 April 1966 참조.

121 U.S. Congress, Conference Committee, *Revenue and Expenditure Control Act of 1968: Explanation of Bill HR 15414 as Agreed to in Conference*, 90th Cong., 2nd sess., 10 June 1968, Committee Print(Washington, D. C.: GPO, 1968), 3.

122 Minutes of Special Cabinet Meeting, 14 May 1968, LBJL, Cabinet Papers, Box 13, Collins, *More*, 96에서 인용.

123 Lyndon Johnson, Message, *Aid for the Aged*, 23 January 1967(Washington, D. C.: GPO, 1967), 1.

124 Ibid., 3.

125 Tom Vail, Memorandum to Frank McDermott, "Re: Proposed Financing for the President's Recommendations on Social Security," 12 January 1967, NARA, SFC, Bill Files, HR 12080, File: President's Social Security Proposals. 행정부는 피고용인/고용주 합계 급여세를 현재의 8.8% 수준에서 1969년에는 9%, 1972년에는 10%의 두 단계로 인상할 것을 제안했다. 또한 현재의 6,600달러에서 1973년까지 1만 8백 달러로 급여세-근로소득세로도 알려진-의 소득 한도를 점진적으로 늘릴 것을 권고했다.

126 "Social Security: Drifting Off Course," *Fortune*, December 1967, 104.

127 President's Task Force on Income Maintenance, "Report of the Task Force on Income Maintenance, Administratively Confidential," LBJL, LEG BKG SSA 1967, Box l, File: Report of the Income Maintenance Task Force, November 1966, table C, 33, 9.

128 Paul Samuelson, "Social Security: Drifting Off Course," 104에서 인용.

129 Julian Zelizer, "The Uneasy Relationship: Democracy, Taxation, and State Building Since the New Deal," in *The Democratic Experiment: New Directions in American Political History*, ed. Meg Jacobs, William J. Novak, and Julian Zelizer(Princeton, N. J.: Princeton University Press, 2003), 289.

130 "Social Security: Drifting Off Course," 104.

131 John Herbers, "Malaise in Congress: Members Found Edgy and Frustrated as They Sense Shift in Voters' Values," *NYT,* 20 March 1967, 15.

132 Norman C. Miller, "Revolt over Benefits: House Is Set to Cut Social Security Rise Proposed by Johnson," *Wall Street Journal,* 28 February 1967, 1, 16.

133 Jon Bajkia and Eugene Steuerle, "Individual Income Taxation Since 1948," *National Tax Journal* 44, 4(December 1991), table A. 1. 반대로 연방소득세는 같은 기간 1948년 개인소득의 8.7%에서 1968년 10%로, 상대적으로 완만하게 15% 상승했다.

134 "Social Security: Drifting off Course," 105.

135 Walter Reuther Testimony, U. S. House Committee on Ways and Means, *President's Proposals for Revision in the Social Security System: Hearings,* 90th Cong., lst sess., 20-23 March, 4, 5 April 1967(Washington, D. C.: GPO, 1967), 1466.

136 Ibid., 1425.

137 Margaret Malone, "The Social Security Amendments of 1967: Summary of Major Provisions"(Washington D. C.: Congressional Research Service, Education and Public Welfare Department, 18 December 1967), 1. 이 법안에는 여러 가지 이유로 이 체계에 편입되지 못해 수급 자격이 없는 '72세 이상'에 급여를 확대하는 신설 프로그램과 노령층에게 임금소득과 OASDI 수급을 더 쉽게 연계시키는 융통성 있는 '퇴직 검증' 그리고 약 6만 5천 명의 '사망한 노동자'의 '부인과 남편'에 대한 신설 수당 확대 등 수많은 다른 관대하고 비용이 많은 드는 조항들이 포함되어 있었다.

138 이 예외적 복지확대 시기에 대해서는 Martha Derthick, *Policymaking for Social Security*(Washington, D. C.: Brookings Institution Press, 1979), chap. 17 참조.

139 CEA, "Draft History of the War on Poverty," 18, LBJL, WHCF, Legislative Background Economic Opportunity Act, Box 1, File: CEA Draft History of the War on Poverty.

140 President's Task Force on Income Maintenance(IMTF), "Report of the Task Force on Income Maintenance, Administratively Confidential," LBJL, Legislative Background Social Security Amendments of 1967, Box l, File: Report of the Income Maintenance Task Force, November 1966, table C.

141 Ibid., 9.

142 Ibid., 9, 8.

143 Ibid., 46.

144 Ibid., 34.

145 Ibid., 34, 36.

146 Gardner Ackley, "Basic Issues in Income Maintenance," November 1966, LBJL, Welfare(GEN WE 4), Box 15, File: WE6, 1 April-30 November 1966. 존슨 대통령은 1966년 12월, 이 비공식 문서를 읽고 "조 캘리파노(Joe Califano)에게 이것을 조사하고 … 내게 보고하라"고 지시했다.

1 St. Louis Tax Reform Group, Press Release, 15 February 1973, in Wisconsin Historical Society(hereafter WHS), MEJ Box 18F: 8TJP BKGR, St. Louis Tax Reform Group and Missouri Tax Reform Group(2).

2 ANTE UP, *Taxaction* 2, 6(June 1975); 2, 8(August 1975); in WHS, MEJ, Box 18, File 1: TJP, BKGR, State Organizations–Calif. Americans Nonpartisan for Tax Equity.

3 Isaac Martin, *The Permanent Tax Revolt: How the Property Tax Transformed American Politics*(Stanford, Calif.: Stanford University Press, 2008), 54.

4 1968년 이후 민주당과 공화당 강령에서 조세 정책의 중요성에 관한 연구는 Susan B. Hansen, *The Politics of Taxation: Revenue Without Representation*(New York: Praeger, 1983), 86-97 and table 3. 2; U. S. Department of Commerce, Bureau of the Census, *Statistical Abstract of the United States: 1979*(Washington, D. C.: GPO, 1979), table 442 참조.

5 사례로는 "Man and Woman of the Year: The Middle Americans," *Time,* 5 January 1970, 13; "The Troubled American: A Special Report on the White Majority," *Newsweek,* 6 October 1969 참조. 닉슨이 "전후 가장 계급에 대해 잘 이해하고 있는 대통령 중 한 명"이라는 것에 관해서는 Jefferson Cowie, "Nixon's Class Struggle: Romancing the New Right Worker, 1969-1973," *Labor History* 43, 3(Fall 2003): 257-83 참조.

6 Murray Friedman, *Overcoming Middle Class Rage*(New York: Westminster Press, 1971), 13.

7 Kevin Phillips, *The Emerging Republican Majority*(New Rochelle, N. Y.: Arlington House, 1969), 463.

8 Richard M. Scammon, "Into the '70s: A GOP Decade?" *Newsweek,* 6 October 1969, 68.

9 Jefferson Cowie, "Vigorously Left, Right, and Center: The Crosscurrents of Working-Class America in the 1970s," in *America in the Seventies,* ed. Beth Bailey and David Farber(Lawrence: University Press of Kansas, 2004), 80-82.

10 Michael Harrington, "Two Cheers for Socialism," *Harpers,* October 1976, 78, Cowie, "Vigorously," 76에서 인용.

11 Scammon, "Into the '70s: A GOP Decade?"

12 Richard M. Scammon and Ben Wattenberg, *The Real Majority*(New York: Coward-McCann, 1970); Elizabeth Brenner Drew, "Washington Report," *Atlantic Monthly,* April 1968도 참조.

13 Jack Newfield and Jeff Greenfield, *A Populist Manifesto: The Making of a New Majority*(New York: Praeger, 1972), 5.

14 George A. Wiley, Untitled Speech, 5 March 1973, WHS, GWP, Box 10, Folder 3, Isaac Martin, "The Origins of Populist Neoliberalism, or How the Tax Revolt

Turned Right," paper presented at Annual Meetings of the Social Science History Association, Portland, Oregon, 3-5 November 2005에서 인용.

15 Colson to Haldeman, 14 September 1970, Cowie, "Romancing," 269에서 인용. 코위 가 지적했듯이, 백악관의 몇몇 인사들-가장 잘 알려진 인물로는 척 콜슨(Chuck Colson), 노 동부 장관인 조지 슐츠(George Shultz), 그리고 패트릭 부캐넌(Patrick Buchanan)-은 노동계급 이 '새로운 미국의 다수'에 열쇠를 쥐고 있다고 확신했던 반면, 전통적으로 좀 더 보수적인 대통령의 참모들은 '블루칼라 전략'의 적실성에 대해 의문을 가졌다. "노동자들이 민주당을 떠나 우리를 지지할 것"이라는 생각은 명백하게 "잘못된 것"이라고 재무부 관료인 찰스 워 커(Charles Walker)는 충고했다.

16 Martin, *Permanent Tax Revolt.*

17 Richard M. Nixon, "Address to the Nation on Domestic Programs," 8 August 1969, *Public Papers of the Presidents of the United States: Richard M. Nixon, 1969,* Book l(Washington, D. C.: GPO, 1971), 638- 39.

18 재판(reprint)된 피트 해밀턴 논문은 *The White Majority: Between Poverty and Affluence,* ed. Louise Kapp Howe(New York: Random House, 1970), chap. 1 참조.

19 Andrew Hacker, "Is There a New Republican Majority?" in Howe, 277.

20 Vincent Burke and Vee Burke, *Nixon's Good Deed: Welfare Reform*(New York: Columbia University Press, 1974), 45에서 인용.

21 복지 문제를 지목한 참모 중 한 명은 존슨 행정부 시절 노동부에서 근무했으며, 잘 알려지 지는 않았지만 1965년『흑인 가족에 관한 보고서』의 저자이자 닉슨의 '자유주의 가정교사' 인 대니얼 패트릭 모이니한이었다. 모이니한은 FAP에서 중요한 역할을 했지만, 과장되기 도 했는데, 부분적으로 그 주제에 관해 방대한 양의 저술을 남겼기 때문이었다. 그는 대통 령이 정치적·정책적 이유 모두를 위해서 FAP에 서명해야 한다고 촉구한 유일한 핵심 집 단의 일원이었다. Daniel Patrick Moynihan, *The Politics of a Guaranteed Income*(New York: Random House, 1973) 참조. 1965년 이후 그의 '복지'와 의존성의 문제에 관한 견해에 대해 서는 Moynihan, "The Crises in Welfare," *Public Interest* 10(Winter 1968): 3-30 참조.

22 Worth Bateman, quoted in Burke and Burke, *Nixon's Good Deed,* 53.

23 Arthur Burns, Memorandum for the President, "A Plan for Welfare Reform," 14 July 1969, Nixon Presidential Materials Project(hereafter NPMP), White House Special Files (hereafter WHSF), John D. Ehrlichman(hereafter JDE), SSF, Box 38, File: Welfare Book; Maurice Stans, Memorandum for the President, 7 May 1969, NPMP, WHSF, JDE, Box 40, File: Welfare Book, Reaction.

24 Burns, Memorandum to the President, "A Review of the "Revolt of the White Lower Middle Class" by Pete Hamill," 16 May 1969, NPMP, WHSF, Staff Member Office Files(hereafter SMOF), JDE, SSF, Box 39, File: Attitudes Toward Welfare.

25 Spiro Agnew, Memorandum to the President: FSS, 4 August 1969, NPMP, WHSF,

JDE, SSF, Box 38, Welfare Book, 2 of 2.

26 슐츠와 번스는 해밀의 '백인 중하층의 분노'에 대한 연구에서 이 설명을 차용했다. 닉슨은 1969년 5월에 『뉴욕 매거진(New York Magazine)』 기사를 읽었다. 해밀의 결론에 인상적인 감동을 받은 그는 참모에게 기사의 중요한 요점을 요약하고 "정부가 무엇을 할 수 있을지 정리"하라고 지시했다. 번스는 해밀의 연구를 대통령이 FAP를 철회해야만 하는 "분명하고, 어쩌면 적절한 시기의 경고"로 해석했다. 그는 백인 노동자들이 "비만한 복지 쓰레기들(welfare bitch)"에 훨씬 많은 복지 급여를 제공하는 동안, 백인 노동계급의 요구를 무시하고 생활수준을 떨어뜨린 정부에 대해 분노하고 있다고 결론 내렸다. 닉슨은 이 점이 "가장 중요하다"고 믿었고, 대통령 보좌관 존 에를리히먼(John Ehrlichman)에게 슐츠, 핀치, 모이니한 등에게 그 함의를 생각하고 해결책을 찾아보라고 이야기할 것을 지시했다. 슐츠는 번스의 정책적 결론에 반대했지만, 해밀의 관찰-대체로 닉슨 스스로의 관찰과 유사한-이 갖는 타당성을 대변함으로써 대통령의 요청에 응답했다. 해밀은 "현재 상황이 되돌릴 수 없는 지점으로 가고 있다. 백인 노동계급은 덫에 걸렸으며, 더 악화되고 있고, 자칭 민주주의 사회에서 무시당하고 있다고 느끼고 있다고 경고했다. 이에 대해서는 다음을 참조. Burns, Memorandum to the President; Alexander Butterfield to JDE, Memorandum, 2 June 1969, NPMP, WHSF, SMOF, JDE, SSF, Box 39, File: Attitudes Toward Welfare; and George Shultz, Memorandum for the President, 16 May 1969, Alan Matusow, *Nixon's Economy: Booms, Busts, Dollars, and Votes*(Lawrence; University Press of Kansas, 1998)에서 인용. Pete Hamill, "The Revolt of the White Lower Middle Class," *New York Magazine,* 13 April 1969, reprinted in Howe, 10-22도 참조.

27 George Shultz, Memorandum for the President, 16 May 1969, Matusow, 28에서 인용.

28 Richard M. Nixon, "Address to the Nation on Domestic Problems," 8 August 1969, Woolley and Peters, http://www.presidency.ucsb.edu/.

29 닉슨은 연설문 작성 담당관과 대변인들에게 납세자들의 요구에 맞춰 FAP의 방어 논리를 조정하고 '현재 복지 수급자' 혹은 '흑인 실업자들'은 무시하라고 지시했다. 그는 또한 연설문 작성관들에게 FAP를 방어하고 정의하는 데 가능한 한 자주 "복지 수혜자(welfare rolls)는 제외하고 과세 대상자 명부(tax rolls)"를 활용하라고 말했다. JDE Notes, No Date, NPMP, WHSF, SMOF, JDE, SSF, Box 38, File: Welfa re Book, Domestic Speech, 8 August 1969 참조.

30 Department of Health, Education, and Welfare, Office of the Assistant Secretary for Planning and Evaluation, "Selected Characteristics of Families Eligible for the Family Assistance Plan, 1971 Projections," 2 February 1970, NARA, RG 46, SFC, Bill Files: HR 16311. Box 69A, File: Administration Material.

31 "Effects of the '70 Vote," *U. S. News and World Report,* 16 November 1970, 22.

32 JDE Notes, 2 April 1971, NPMP, WHSF, SMOF, JDE, Box 5, File 2.

33 Marisa Chappell, *The War on Welfare: Family, Poverty, and Politics in Modern*

America(Philadelphia: University of Pennsylvania Press, 2009), 84.

34 Testimony to the Senate Finance Committee, Hearing on HR 16311, 10 September 1970, 2107; Richard Armstrong, "The Looming Money Revolution Down South," *Fortune,* June 1970, 152, 둘 다 Chappell, 83에서 인용.

35 "Long Blasts 'Lazy' Women on Welfare," *Washington Evening Star,* No Date, NARA, SFC, Subject Files, Box 61, File: AFDC; Senate Finance Committee, Press Release, "Television Interview with Senator Russell B. Long, June 7, 1972," 9 June 1972, NARA, RG 233, WM, Fill Files: HR 1. Box 39, File: HR 1: Conti.

36 "Interview with Governor Reagan: Welfare, America's No. l Problem," *U. S. News and World Report,* l March 1971, 39.

37 Ronald Reagan, *National Review* 22, 27(14 July 1970): 718에서 인용.

38 "Interview with Governor Reagan," 39.

39 언론인 닉 코츠(Nick Kotz)는 닉슨의 이야기가 레이건이 즐겨 썼던 것 중 하나라고 지적했다. 백악관에 따르면, 닉슨이 다시 거론했던 근거 자료는 레이건이 『유에스 뉴스 앤드 월드 리포트』와 인터뷰한 내용이었다. 코츠는 주지사의 언론 보좌관이 레이건이 말한 사례가 어디에서 나온 것인지 몰랐다고 강조했다. Nick Kotz, "The Political Complexion of the Welfare Reform Issue: The President Borrows from Governor Reagan," *Washington Post,* 15 May 1971, Al 4 참조.

40 Moynihan, *Politics of a Guaranteed Income,* 278.

41 일례로, 미국보수주의연합은 노동계급 유권자들에게 맞춘 다음과 같은 유인물을 생산했다. *The Family Assistance Plan: A Guaranteed Annual Income-What It Means to YOU as a Taxpayer,* Chappell, 99에서 인용.

42 "Ending Poverty," *New Republic,* 7 August 1971, 8-9, Chappell, 94에서 인용.

43 George A. Wiley, Memo, 12 April 1972, Series 4, Box 581, Folder: Welfare Reform Analys is-NWRO, 71-72; LWV Detroit to Lucy Benson, 24 February 1972, Series 4, Box 598, Folder: Welfare Reform State and Local-Michigan-Wisconsin, 71-72, LWV Papers, both cited in Chappell 66; Rep. Charles Rangel(D-N.Y.), Warren Weaver, Jr., "20 in House Seek Welfare Plan giving $6500 to a Family of 4," *NYT,* 7 April 1971, 22에서 인용.

44 FAP를 통해서 닉슨이 그의 자유주의 반대파를 분열시키는 데 성공한 것과 자유주의 정치 네트워크를 약화하고 재정 지원을 중단하기 위해 연방 정책을 활용한 것에 관한 분석은 Bruce Schulman, *The Seventies: The Great Shift in American Culture, Society, and Politics*(New York: Free Press, 2001), chap. l 참조.

45 Chappell, 105에서 인용.

46 JDE Notes, 3 October 1972, NPMP, WHSF, SMOF, JDE, Box 6, File 5.

47 SSI와 사회보장 체계의 성장에 관한 더 많은 논의는 Jill Quadagno, "From Old-Age.

Assistance to Supplemental Security Income: The Political Economy of Relief in the South, 1935-1972"; John Myles, "Postwar Capitalism and the Extension of Social Security into a Retirement Wage," in *The Politics of Social Policy in the United States,* ed. Margaret Weir, Ann Shola Orloff, and Theda Skocpol(Princeton, N. J.: Princeton University Press, 1988), 235-64, 264-92 참조.

48 의회가 FAP를 제정하지는 못했지만 AFDC 체계와 국가의 사회 안전망에 대한 수많은 점진적인 변화를 이루었다. 특히 기존의 성인 대상 프로그램-노령부조 및 맹인구호-을 새로운 프로그램인 보충적 사회보험(SSI)으로 통합한 것이 가장 두드러졌다. 의회는 또한 1967년에 수립된 '근로 연계' 프로그램을 개정하고 AFDC 대상 아동을 위해 연방정부 차원의 강제적 아동 지원 종합 체계를 신설했다. 이에 대한 더 많은 정보는 R. Kent Weaver, *Ending Welfare as We Know It*(Washington, D. C.: Brookings Institution Press, 2000) 참조.

49 Chappell, 111에서 인용한 Jon Margolis, "Survival in the Working Class," *Newsday,* 1969 참조.

50 Joint Economic Committee(JEC), Subcommittee on Consumer Economics, Staff Study: "Inflation and the Consumer in 1975," 10 February 1974, 1-5, in WHS, MEJ, Box 16, File 18: NCTJ-TJA-Congress. 인플레이션에 의한 임금 상승은 종종 납세자를 과표 공포(bracket creep)로 알려진 상층 과표 구간으로 몰아넣었다. 과표는 하층과 중간 소득 범위에서 가장 작았고 위로 올라갈수록 커졌기 때문에 과표 공포는 상층 과표 구간으로 이동한 중하층 납세자들에게 영향을 주었다. Alan Murray, "Income Tax Progression and Inflation," 26th National Conference of the Tax Foundation, December 1974, JEC Staff Study, 25에서 인용.

51 Chappell, 123.

52 의회는 재무부에 이 조사를 1968년 재정 및 지출 규제법의 일환으로 수행할 것을 지시했다.

53 House Ways and Means Committee, *Tax Reform, 1969, Part 1: Hearings,* 9lst Cong., 1st sess., 4 September 1968(Washington, D. C.: GPO, 1969), 4; John Witte, *The Politics and Development of the Federal Income Tax*(Madison: University of Wisconsin Press, 1985), 166; "House Committee Begins Major Tax Reform Proposals," CQ, 28 February 1969, 312; 이에 대해서는 U. S. Congress, Joint Committee on Internal Revenue Taxation, *Summary of HR 13270, Tax Reform Act of 1969 as Reported by the Committee on Finance,* 91st Cong., lst sess., 18 November 1969(Washington, D. C.: GPO)도 참조.

54 Eileen Shanahan, "Taxes: Why Reforms, at Last, May Be in Reach," *NYT,* 27 July 1960, E2; "House Committee Begins Major Tax Reform Proposals."

55 Anthony Lewis, "When Tax Justice Is Not Seen to Be Done," *NYT,* 3 August 1969, E11.

56 Eileen Shanahan, "Full Nixon Tax Reform Bill Seems Unlikely in '69," *NYT,* 20 March 1969, 23. '의회의 조세 담당자들'과 내국세입법 개혁을 위한 이들의 노력

에 대해서는 Julian Zelizer, *Taxing America: Wilbur D. Mills, Congress and the State, 1945-1975*(Cambridge: Cambridge University Press, 1998) 참조.

57 "Tax-Relief Bill with Some Reform Provisions Reported," CQ, 7 November 1969, 2186.

58 "Surtax in Danger," *NYT*, 27 June 1969, 36.

59 Eileen Shanahan, "House Is Warned by Mills on Taxes," *NYT*, 7 August 1969, 24.

60 John W Finney, "Economy 1: A Lot of Politics in Thal Tax Bill," *NYT*, 14 December 1969, E1.

61 Senate Committee on Finance, *Tax Reform Act of 1969: Hearings*, 9lst Cong., 1st sess., 4, 5 September 1969(Washington, D. C.: GPO, 1969), 10, 513.

62 Jonathan Rose to Peter Flanigan, "Possible Veto of Tax Bill," 19 December 1969, NPMP, WHCF, Subject Files, FI, Box 58, File: EX FI 11 Taxation 5 of?

63 David Kennedy, Robert P. Mayo, and Paul McCracken, Memorandum to RMN, 19 December 1969, NPMP, WHCF, Subject Files, FI, Box 58, File: EX FI 11, Taxation, 5 of?

64 Andrew H. Malcolm, "Shift of Tax Burden Sought," *NYT*, 11 January 1971, 67.

65 Robert Bartell, Acting President, National Tax Action, "Measures to Finance Schools Are Being Defeated Across U. S.," *NYT*, 24 May 1970, 80에서 인용.

66 Martin, *Permanent Tax Revolt*, 55.

67 "Phone Tax Protest Planned," *NYT*, 13 April 1970, 70.

68 Martin, *Permanent Tax Revolt*, 56.

69 "Economic Issues: Views of Top Democratic Rivals," CQ, 10 June 1972, 1332에서 인용. 맥거번 경제 정책의 발전에 대해서는 Gordon Weil, *The Long Shot: George McGovern Runs for President*(New York: Norton, 1973); Theodore White, *The Making of the President, 1972*(New York: Atheneum, 1973) 참조. 맥거번은 조세 하한선을 올리고, 법인세율을 높이며, 기존 상속세와 증여세법을 개정함으로써 연방소득세 제도의 불균형을 교정하자고 제안했다. 중도주의자인 메인주 상원 의원 에드 머스키는 그의 '국가 공정 분배 정책(National Fair Share Program)'을 통해 부당한 조세 탈루 140만 달러를 환수하겠다고 약속했다. 보수파인 밀스는 대통령 지명대회 출마를 선언한 후, 1974년에서 1976년 동안 모든 세금우대 조치의 실질적 폐지를 약속하는 법안을 세입위원회에 제출했다. "Economic Issues: Views of Top Democratic Rivals," 1332-1336; Democratic National Convention, "Majority Report of the Platform Committee," CQ, l July 1972, 1728-29

70 Majority Report of the Platform Committee, 1728-29.

71 Ibid., 1730.

72 Jerry Berman, Memorandum to CHNBP Steering Committee, "Counter or Alternative Budget," Draft, 14 February 1973, WHS, GWP, Box 4, File: CHNBP.

73 Ibid.

74 Paul Clancy, "Ex-Senator Stumps for Tax Reform," *Charlotte Observer,* 15 February 1973, WHS, MEJ, Box 17, File 4: Background, National Organizations, Tax Action, Harris.

75 Carl P. Leubsdorf, "Harris Launching 'Tax Justice Campaign'," *Montgomery Journal,* 12 February 1973, WHS, MEJ, Box 17, File 4: Background, National Organizations, Tax Action, Harris.

76 조세행동운동의 자문위원회에는 미국통신노동자, 미국섬유노동자연합, 국제소매노동자연합, 국제전기 노동자연맹, 전기노동자동업조합, 화가 및 연합무역 국제동업조합, 미국정부 공무원연맹, 광산노동자 연합, 플로리다, 노스캐롤라이나 및 웨스트버지니아의 AFL-CIO 등에서 파견한 대표자들이 포함되었다. 존 케네스 갤브레이스, 폴 더글러스(Paul Douglas), 메리 더블린 키설링(Mary Dublin Keyserling), 앤드루 영(Andrew Young), 조지 와일리, 그리고 베이어드 러스틴 등 자유주의 경제학자들도 이 신설 조직의 자문위원회에 참석했다. Advisory Board, Tax Action Campaign, WHS, MEJ, Box 17. File 4: Background, National Organizations, Tax Action, Harris 참조.

77 Tax Action Campaign, "Tax Action Day-April 16, 1973," Summary of Activities, in WHS, MEJ, Box 17, File 4: National Organizations, Tax Action, Fred Harris.

78 Wiley, "The Need for a Taxpayers'Uprising," Speech to National Council of the Church of Christ Conference on Taxes and Redistribution of Wealth, 5 March 1973, in WHS, MEJ, MS 766, Box 11, File: Tax Reform Conference.

79 Movement for Economic Justice, News Release, "Former Welfare Head to Organize Taxpayers," 5 March 1973, in WHS, MEJ, Box 22, File: Tax Justice Project, Mailings, Flyers, Newsletters.

80 전국 수준에서 복지권운동은 1972년 이후 소멸해갔고, NWRO는 1975년 공식적으로 해체되었다. 복지 수급자들의 소규모 집단들이 주와 지방의 복지 법률과 규제에 함께 도전하면서 지역 수준에서 복지행동주의는 계속되었다. Anelisse Orleck, *Storming Caesar's Palace: How Black Mothers Fought Their Own War on Poverty*(Boston: Beacon Press, 2005); Kathryn L. Nasstrom, *Everybody's Grandmother and Nobody's Fool: Frances Freeborn Pauley and the Struggle for Social Justice*(Ithaca, N. Y.: Cornell University Press, 2000); Felicia Kornbluh, *The Battle for Welfare Rights: Politics and Poverty in Modern America*(Philadelphia: University of Pennsylvania Press, 2007) 참조.

81 Movement for Economic Justice, Flier, *About the Movement for Economic Justice,* WI-IS, MEJ, MS 766, Box 11, File: Tax Reform Confe rence; Movement for Economic Justice, Letter, 6 February 1973, in WHS, MEJ, Box 22.

82 Wiley, "Need for a Taxpayer's Uprising," Discussion Draft on Organization, 29 August 1974, WHS, MEJ, File 4: TJP BKGR-State Organizations, California Tax

Reform Association.

83 Community Tax Aid for the Tax Justice Project and the Movement for Economic Justice, *Tax Clinic Handbook: A Guide for Volunteers,* 1973, WHS, MEJ, Box 22, File 15: Tax Clinics, Tax Clinic Handbook.

84 Movement for Economic Justice, Letter, 6 February 1973.

85 Barry [No Last Name] to Tom and Ralph [Nader], Memorandum, "Organizing in Ways and Means Districts," 5 May 1973, WHS, MEJ, Box 17, File 6: TJP, BKGR Tax Reform and Research Group (Nader).

86 Movement for Economic Justice, Flier, *Welfare for Wall Street,* in Tax Organizing Kit Prepared by the MEJ for Unions, WHS, MEJ, Box 16, File 21: NCTJ, TJA, Unions.

87 Movement for Economic Justice, Flier, *The Political Pickpockets,* in Tax Organizing Kit.

88 Movement for Economic Justice, Flier, *America Why Business Loves to Leave It,* in Tax Organizing Kit.

89 Tax Justice Project, Flier, *How to Write Your Congressman,* in Tax Organizing Kit.

90 Tax Justice Project, Flier, *Tax Reform Crucial in the Fight Against Recession and Inflation,* in Tax Organizing Kit.

91 National Committee for Tax Justice, Draft, "Dear Colleague Letter," 18 November 1975, WHS, MEJ, Box 16, File 20: NCTJ TJA Mailings.

92 Dave Aylward, Memorandum, "Setting Up an Organization-Some Caveats," 7 February 1973, WHS, MEJ, Box 22, File 13: TJP Tax Clinics, Misc.

93 California Action League (CAL), Flier, *Cut the Waste, Not the Services or the Employees,* 1977, WHS, MEJ, Box 18, File 3: TJA Background State Organizations CAL(2).

94 Mike Barnes, "What Is Cal?" 23 July 1975, WHS, MEJ, Box 18, File 2: TJP, BKGR, State Organizations CAL(1).

95 "Welfare and Our Taxes," *Beyond Just Gripes: St Louis Tax Reform Group Newsletter* 2, 1 December 1972, in WI-IS, MEJ, box 18, file 11: TJP BKGR, St. Louis Tax Reform Group and Missouri Tax Reform Group (3).

96 Wiley, "Need for a Taxpayers' Uprising,"

97 Worth Bateman and Jodie Allen, "Income Maintenance: Who Gains and Who Pays," in *Blue Collar Workers: A Symposium on Middle America,* ed. Sar Levitan (New York: McGraw-Hill, 1971), Chappell, 118에서 인용.

98 Wiley, Draft Testimony, Ways and Means Committee, WHS, MEJ, Box 16, File 18: TJA-Congress.

99 Testimony of Robert Loitz, Chairman, NCTJ, Draft/prepared, 15 July 1975, WHS, MEJ, Box 16, File 18: TJA-Congress.

100 Stanley Surrey and Paul McDaniel, *Tax Expenditures* (Cambridge, Mass.: Harvard University

Press, 1985), Christopher Howard, "The Hidden Side of the American Welfare State," *Political Science Quarterly* 108, 3(Fall 1993): 407에서 인용.

101 '조세 전문가 집단(tax community)' 중에서 '조세 개혁파' 출현의 전체 역사와 이들이 조세 개혁 담론에 미친 공헌의 중요성에 대해서는 Zelizer, chap. 9 참조.

102 Wilbur Mills, "The Prospects for Tax Reform in the 93rd Congress," *National Public Accountant,* February 1973, Zelizer, 309-10에서 인용.

103 이 연방 소득세법에 의한 조세 지출 규모와 효용성(value)은 정말 인상적이었다. 1913년 연방소득세가 처음 실시된 이후 의회 의원들은 조세법을 특정 집단 혹은 활동을 지원하기 위해 이용해왔음에도 불구하고 그들도 알고 있었던 것처럼 이 세출의 효용성은 제2차 세계대전 이후 미국 조세국가의 성장과 함께 기하급수적으로 증대되었다. 이러한 여러 가지 특별세율, 면세, 공제, 과세유예로 연줄 좋은 기업과 개인에게만 조세 감면 혜택이 제공된 것은 아니었다. 의원들은 또한 소득보장, 주택 소유, 그리고 아동 돌봄 권리와 같은 사회복지의 목적을 승인했다. 세법을 통한 지출로 입법가들은 새로운 프로그램이나 추가 기금 승인없이 특정 사회 목표를 이루는 데 성공했다. 보통 대규모 조세법에 따른 조세 지출은 정치적 갈등을 거의 일으키지 않았고 흔히 대중의 관심에서 벗어났다. 조세 지출은 신설 혹은 확대된 직접 지출과 연계된 정치적 비용이 늘어남으로써 1950~1960년대 민주 공화 양당 의원들에게 점차 인기를 얻어갔다. Christopher Howard, *The Welfare State Nobody Knows: Debunking Myths About U. S. Social Policy*(Princeton, N. J.: Princeton University Press, 2007), chap.1 ; W. Elliot Brownlee, "Tax Regimes, National Crisis and State-Building in America," in *Funding the Modern American State, 1941-1995: The Rise and Fall of the Era of Easy Finance,* ed. W. Elliott Brownlee(Washington, D. C.: Woodrow Wilson Center Press, 1996), 98-99 참조.

104 Economic Affairs Committee, Democratic Policy Council, 1972, "Issues and Alternatives in Economic Policy," NPMP, WHCF, SMOF, Herbert Stein, Box 49, File: Memoranda.

105 George McGovern, "A Balanced Full Employment Economy," Remarks to New York Society of Social Security Analysts, 29 August 1972, WHS, GWP, Box 32, File 9: Politics, U.S. Presidential Campaign, 1972.

106 Joseph Pechman and Benjamin Okner, *Individual Income Tax Erosion by Income Class,* in Joint Economic Committee, *Economics of Federal Subsidy Programs: Part I, General Study Papers,* 92nd Cong., 2nd scss., 8 May 1972(Washington, D. C.: U. S. GPO, 1972), 26.

107 Benjamin Okner, in Joint Economic Committee, Subcommittee on Priorities and Economy in Government, *Economics of Federal Subsidy: Hearings,* 92nd Cong., 1st sess., 13, 14, 17 January 1972(Washington D. C.: GPO, 1972), 66.

108 Surrey. Tony Bennett, Memorandum to George A. Wiley, 15 March 1973, "3/13/73: The Tax Reform Dinner-Some Skimby Notes," in WHS, GWP, Box 42, File 8: Tax

Justice Project '73에서 인용.

109 Musgrave. 같은 자료에서 인용.

110 George A. Wiley, "notes on Trip to Milwaukee, Wisconsin," 8 May 1973, WHS, GWP, Box 42, File 4, Chappell, 124에서도 동일하게 인용됨.

111 Mike Barnes, Letter to CAL Supporters, "What Is CAL?" 23 July 1975, WHS, MEJ, Box 18, File 2: TJP, BKGR, State Organizations, CAL.

112 "Mauled by Federal Programs, Steps Urged to Ease Middle-Class Tax Burdens," CQ, 8 April 1978, 828-33.

113 Michael K. Brown, "The Segmented Welfare State: Distributive Conflict and Retrenchment in the United States, 1968-1984," in *Remaking the Welfare State: Retrenchment and Social Policy in America and Europe,* ed. Michael K. Brown(Philadelphia: Temple University Press, 1988), 198.

114 1970년대 중반 전국적인 언론의 중간 및 노동계급에 대한 묘사에 변화가 있었다. 1960년 대 말과 1970년대 초에는 침묵하는 다수의 잠재적인 극도의 좌절과 분노에 대해 거의 신경 질적인 경고가 확산되었으나, 1974이 되자 이러한 기사는 높은 세금과 생활비 상승으로 압박받는 광범위한 중간층에 관한 이야기로 대체되었다. 1970년대 중반의 미국 중간층은 첫 번째 기사의 흐름에서 다룬 블루칼라 노동자가 아니었고, "중서부의 젊은 잡지 편집자", "피츠버그 주식 중개인"이거나 "필라델피아의 홍보 사업 관리"였다. 『유에스 뉴스 앤드 월 드 리포트』는 '중간계급'을 비서, 교사, 변호사, 용접기사, 택시 운전사 또는 소매상인 등 원 하는 사람이면 누구에게나 개방된 "모든 남성 혹은 모든 여성의 클럽"이라고 불렀다. 『비즈 니스 위크』역시 마찬가지로 "중간계급에는 이제 배관공, 트럭 운전사 그리고 기계공부터 기술자와 중간 관리자까지 모든 사람이 포함된다"고 결론 내렸다. "Squeeze on America's Middle Class: A Special Report," *U. S. News and World Report,* 14 October 1974, 42; "Middle Class Squeeze," *Business Week,* 10 March 1975, 54 참조.

115 "Nixon Proves It's Time for Tax Justice," *Memo from COPE,* 4 February 1974, in WHS, MEJ, Box 20, File 5: TJP BKGR Taxes, Loopholes, Who Gets Them and What They Cost.

116 Russell Barta, "Are the Rules Changing," *America,* 20 October 1971, 345, Chappell, 114에서 인용.

117 Tax Action Project, Working Group Discussion Paper(Confidential) 7 June 1973, WHS, MEJ, Box 17, File: 4: TJP BKGR Nat'l Organizations-Tax Action Campaign-Fred Harris.

118 "Nixon Proves It's Time for Tax Justice."

119 Chappell, 141.

120 Patrick Buchanan to H. R. Haldeman, "Dividing the Democrats," 5 October 1971, NPMP, WHSF, SMOF, Patrick Buchanan(hereafter PB), Box 1, File: June, 1971.

121 Patrick Buchanan, Memorandum to the President, 3 April 1972, NPMP, WHSF, SMOF, PB, Box 2, File: April 1972.

122 Ed Harper to JDE, Confidential Memorandum re Taxes and Analysis of Poll Data, 23 November 1971, NPMP, WHCF, SMOF, Herbert Stein, Box 49, File: Memoranda.

123 Louis Harris, "President Trailing on Issue of Taxes," *Chicago Tribune,* 9 October 1972, in WHS, MEJ, Box 17, File 4: BKG, National Organizations, Tax Action, Harris.

124 U. S. House Committee on Ways and Means, *Message from the President on Tax Reform,* 91st Cong., 1st sess., 21 April 1969(Washington, D. C.: GPO, 1969), 4.

125 행정부가 고려한 부가가치세(VAT)는 연간 8천 달러까지 소득을 올리는 납세자에게 소득세 공제를 제공하거나 이에 대략 비례하도록 약 2,500만 명의 납세자에게 세금 환급을 제공하는 것이었다. 5% 부가가치세가 약 255억 달러가 될 것이라는 의미에서 부가가치세 1% 포인트마다 약 51억 달러를 거둬들이게 될 것이었다. 이 제안은 새로운 세출을 위해서 약 90억 달러까지 신설된 세금에서 나오는 순이득을 감소시킴으로써 기존 조세 구조에 몇 가지 개혁을 구체화했다. 제안된 개혁안에는 50억 달러의 세입 교부, 40억 달러의 감가상각 개혁, 교육비 지급을 위한 30억 달러의 세금공제 제안, 약 5억 달러의 보육수당 및 35억 달러의 개인 및 법인세 통합이 포함되었다. Memorandum for the President, 3 December 1970, Information, Value Added Tax, NPMP, WHCF, Subject Files, FI, Box 58, File: EX FI 1, Taxation, October–December 1970.

126 John Huntsman to JDE, Memorandum, "Re: HR 1," 30 October 1971, NPMP, WHSF, SMOF, JDE, Alphabetical Subject Files, Box 18, File: Scrapbook 1 of 1.

127 John Connally, Memorandum to the Honorable John D. Ehrlichman, Re: Tax Reform Issue, 12 May 1972, NPMP, WHCF, Subject Files, FI, Box 60, File: EX VI, 11, Taxation, March–May 1972.

128 Harris, "President Trailing on Issue of Taxes."

129 Herb Stein to President Nixon, "Re: The Economy at Early June," 8 June 1972, NPMP, WHCF, SMOF, Herbert Stein, Box 45, File: Memoranda for the President, 2 of 4.

130 Patrick Buchanan and Kenneth Khachigian, "Assault Strategy," June 8, 1972, NPMP, WHSF, SMOF, PB, Box #2, File: June 1972.

131 Patrick Buchanan to Julie Eisenhower, 17 July 1972, NPMP, WHSF, SMOF, PB, Box 2, File: July 1972.

132 슐츠와 조지 미니의 대화와 관련한 에를리히먼과 조지 슐츠 간 전화 대화. NPMP, WHSF, SMOF, JDE, Box 28, File: August 1972. 미니가 맥거번에 대한 지지를 거부한 것은 민주당 내 계급 분열을 반영한 것이었고, 이를 악화했다. 강경파인 워싱턴주 상원 의원 헨리 '스쿠프'잭슨(Henry 'Scoop' Jackson)뿐만 아니라, 심지어 온건파인 메인주의 에드먼드 머스키(Edmund Muskie)도 노동조합의 지지를 획득하는 데 실패했다. 요컨대 미니는 민주당의

후보 지명 과정에서 조직노동의 영향력 행사 권한의 축소에 격분하여, 민주당이 사회적 자유주의 때문에 경제적 자유주의를 포기했다고 비난했다. 그는 선거를 일주일 앞두고 "이번 대통령 선거운동은 조지 맥거번에 대한 거부를 요청하는 것이 민주당과 미국의 노동자들에게 최대 이익이라는 나의 깊은 신념을 확인하고 강화해주었다"고 주장했다. Meany, "Statemen," 25 October 1972, NPMP, WHSF, SMOF, PB, Box 2, File: October 1972.

133 Buchanan and Khachigian.

제5장 게임 오버 — 레이건 혁명과 조세 논쟁의 종식, 그리고 그 한계

1 "Game Satirizing Life on Welfare Draws Criticism, but Sells Well," *NYT,* 30 November 1980, 60; Nicholas Lemann, "Cheat Thrills and 'Public Assistance,'" *Washington Post,* 11 November 1980, Bl; U. S. Court of Appeals, 2nd Ct., *Hammerhead Enterprises Inc. v. Brezenoff.* 28 April 1983, http://openjurist.org/707/f2d/33.

2 Hammerhead Enterprises, *Public Assistance: Why Work for a Living When You Can Play This Great Welfare Game,* 1980, author's personal collection.

3 Lemann, B3.

4 *Hammerhead Enterprises v. Brezenoff,* 6. 공공부조 게임에서 인종과 성정치는 수많은 곳에 포진해 있었다. 많은 찬스 상황—"하루 종일 동전 던지며 놀기," "링컨은 새로운 도색 일이 필요함," "금융회사가 당신의 캐딜락을 회수함"—은 흑인에 대한 인종적 고정관념에 따른 것이었다. 전미유색인지위향상협회(NACCP)가 회원들에게 이 게임을 판매하는 가게에 대해 불매운동을 지시한 것은 당연한 것이었다. 전국여성기구(NOW)는 이 게임이 "신화를 영속시키고 복지에 대한 여성의 역할을 완전히 왜곡"시킨다고 비난했다. 뉴욕시 인적자원국장인 스탠리 브레즈노프(Stanley Brezenoff)는 이 게임이 … "이 사회의 가장 가난한 시민들"이 "납세자와 복지 수급자 모두에게 심각하게 부당한 짓을 한다"며, 추악하고 큰 상처를 주었다고 비난했다. 카터 행정부의 보건사회복지부 장관인 퍼트리샤 해리스(Patricia Harris)는 이 게임의 인종주의와 성차별주의를 비판하면서, "고정관념의 악순환"이라고 평가절하했다. *Hammerhead Enterprises, Inc. v. Brezenoff,* 9와 각주 2번 참조.

5 Lemann. B3.

6 "Game Satirizing."

7 Republican National Committee, Research Division, *Fact Book 1978,* August 1978, in Paul L. Kesaris, ed., *Papers of the Republican Party*(Frederick, Md.: University Publications of America, 1987), Reel 14, Frame: 0252-0254.

8 John Palmer and Isabel Sawhill, "Overview," in *The Reagan Record: An Assessment of Americas Changing Domestic Priorities,* Urban Institute Study(Cambridge, Mass.: Ballinger, 1984), 4.

9 Carol Horton, *Race and the Making of American Liberalism*(New York: Oxford University Press, 2005), 193.

10 이 '민주주의의 딜레마'에 대해 더 보려면, Julian Zelizer, "The Uneasy Relationship: Democracy, Taxes, and State Building Since the New Deal," in *The Democratic Experiment: New Directions in American Political History,* ed. Meg Jacobs, William J. Novak, and Julian Zelizer(Princeton, N.J.: Princeton University Press, 2003), 276-300 참조.

11 수많은 역사학자들이 최근 지적했듯이, '희생자 서사'는 지방의 조세정치뿐만 아니라, 지방의 근린 및 학교 통합의 갈등을 통해 맨 처음 하층의 서민들(grassroots)에게서 전개되었다. Kevin Kruse, *White Flight: Atlanta and Modern Conservatism*(New York: Oxford University Press, 2000); Matthew D. Lassiter, *The Silent Majority: Suburban Politics in the Sunbelt South*(Princeton N.J.: Princeton University Press, 2006); Thomas Sugrue, *The Origins of the Urban Crisis: Race and Inequality in Postwar Detroit*(Princeton, N.J.: Princeton University Press, 1996) 등 참조.

12 Leonard Silk, "The Battle over Taxes," *NYT,* 23 September 1976, 72. 카터의 정치적 실책은 카터가 '중위 소득 납세자'에 대해 낮은 과세를 약속했다는 점을 누락한 AP통신의 전송 실수와 '평균'과 '중위' 소득의 차이에 대한 그의 명백한 혼돈으로 인해 악화되었다.

13 Ronald Reagan, "Remarks at the Annual Meeting of the United StatesChamber of Commerce," 22 April 1982, *Public Papers of the Presidents,* 516, Marissa Chappell, "From Welfare Rights to Welfare Reform: The Politics of AFDC, 1964-1984"(Ph. D. dissertation, Northwestern University, 2002), 244에서 인용.

14 Ronald Reagan, First Inaugural Address, Washington, D. C., 20 January 198 L, In Gerhard and Peters, 43130.

15 일반적으로 임금 상승률은 물가 상승률에 못 미친다. 예를 들어, 1973년 소비자 물가지수는 8.7% 상승했다. 같은 기간의 시간당 임금은 6.2% 증가하는 데 그쳤다.

16 Robert J. Samuelson, *The Great Inflation and Its Aftermath: The Past and Future of American Affluence*(New York: Random House, 2008), 22-23.

17 Theodore White, *America in Search of Itself: The Making of the President, 1956-1980*(New York: Harper and Row, 1982), 155.

18 Carl Everett Ladd and Seymour Martin Lipset, "Public Opinion and Public Policy," in *The United States in the 1980s,* ed. Peter Duignan and Alvin Rabushka(Stanford, Calif: Hoover Institution, 1980), 77.

19 1976년 2천 가구를 대상으로 한 한 연구에 의하면, "중간 및 고소득층 미국인들은 물가 상승을 견디는 데 별 어려움은 없었으나," 인플레이션과 경제적 불안정은 그들의 "미래를 위한 계획"을 위협하는 것으로 나타났다. David Caplovitz, "Making Ends Meet: How Families Cope with Inflation and Recession," *Annals of the American Academy of Political and Social Science* 456,(July 1981): 88-98 참조. 육류 불매운동과 소비자 정치에 대해서는

Meg Jacobs, *Pocketbook Politics: Economic Citizenship in the Twentieth Century*(Princeton, N. J.: Princeton University Press, 2005); Lizabeth Cohen, *A Consumers' Republic: The Politics of Mass Consumption in Postwar America*(New York: Knopf, 2003) 참조.

20 John Herbers에서 인용된 Stuart Eizenstadt의 말. "Deep Government Disunity Alarms Many U.S. Leaders," *NYT,* 12 November 1978, l, 78.

21 Ladd and Lipsel, 77에서 인용.

22 Caplovitz, 97.

23 American National Election Studies(ANES), Title, table 5A. 3, http://www. electionstudies.org/. ANES는 응답자들에게 다음과 같이 질문했다. "정부 내 인사들이 당신이 낸 세금을 많이 낭비한다고 생각하십니까? 조금 혹은 많이 낭비하지 않는다고 생각하십니까?" 전체 조사 시기 동안(1958~2004), 대다수의 응답자들은 '많이' 혹은 '조금'이라고 대답했다. 하지만 1964년과 1980년대 사이 정부가 세금을 '조금' 낭비한다고 생각하는 사람들의 수는 44%에서 18%로 떨어졌다.

24 전후 자유주의의 지배는 부분적으로 경제 성장과 케인스주의 거시경제관리에 대한 광범위한 신뢰에 의해 유지되었다. 1970년대 '스태그플레이션'으로, 수정케인스주의 재정 관리 의제를 둘러싸고 발전했던 '전문가 합의'는 난해한 물가 상승과 실업에 직면하면서 해체되었다. 닉슨의 경제고문이었던 허버트 스타인(Herbert Stein)이 나중에 지적했듯이, 다수의 '괜찮은 선택지들(respectable options)'이 경제의 취약성과 선거 기반의 유지, 둘 다를 고려하는 정치인들에게 활용되었다. Herbert Stein, "The Fiscal Revolution in America, Part II," in *Funding the Modern American State, 1941-1995: The Rise and Fall of the Era of Easy Finance,* ed. W. Elliot Brownlee(Washington, D. C.: Woodrow Wilson Center Press, 1996), 266.

25 Thomas B. Edsall, *The New Politics of Inequality*(New York: Norton, 1984), 17.

26 Jimmy Carter, Edward Cowan, "President Submits Tax-Cut Plan for 'Fairer and Simpler' System," *NYT,* 22 January 1978, 1에서 인용.

27 David Rosenbaum, "Tax Cut Urged on Incomes Below $100,000," *NYT,* 22 January 1978, 32.

28 Robert Reinhold, "Urban League Fights $25 billion Tax Cuts," *NYT,* 18 January 1978, A15.

29 Edward Cowan, "Ullman Opposes Plans to Tighten Business Expense Account Taxes," *NYT* 19 January 1978, A1.

30 3월에 상원 예산위원장인 민주당 메인주 에드먼드 머스키는 세출에 관한 의회예산국(CBO)의 새로운 보고서를 유출했다. 의회예산국은 연간 5만 달러 이상의 소득을 올린 납세자들이 1977년에 연방 조세법을 통해 '지출'액의 거의 3분의 1을 돌려받았다고 밝혔다. 머스키가 흘려보낸 의회예산국 보고서는 1969년에 '조세저항시위'가 일어날 것이라고 바(Barr) 장관이 증언했던 것처럼, 대체로 상층 소득 구간의 사람들에게 불공정하게 유리한 조세에 대항해 중간층 납세자의 분노를 유발하기 위해 작성되었다. 그러나 이번에는 보고서가 크

게 주목받지 못했다.

31 "Carter Aides Plead Case for Economic Plan," CQ, 4 February 1978, 273-74.

32 Edward Cowan, "President and House Democrats Discuss Tax Cut Without Reform," *NYT*, 22 April 1978, 1.

33 Robert Brandon, "Congress Approves $18.7 Billion," 3027; Public Citizen, Letter, 5 October 1979, NARA, SFC, 95th Congress, House Bills Referred to Senate Committee, Box 9 of 9, No File에서 인용.

34 "The Year in Review: Foreign Policy, Economics, Defense, Top 1978 Key Votes," CQ, 25 November 1978, 3335.

35 스타이거는 1978년 재정법 통과 이후 6개월도 채 지나지 않아 심장마비로 사망했다. Richard Haloran, "Rep. William A. Steiger, Hailed as New GOP Hope, Dies at 40," *NYT*, 5 December 1978, B19 참조.

36 마이클 블루먼솔 재무부 장관은 스타이거의 수정안을 5월 하원 세입위원회의 37명 위원에게 보내는 서한에서 "살찐 고양이 수정안(fat-cat amendment)"으로 묘사했다. Thomas Mullaney, "Economic Scene: Standing Ground on Capital Gains," *NYT*, 19 May 1978, D2 참조. 그는 6월 말에는 "백만장자 구제법(Millionaires' Relief Act)"이라는 표현을 사용했다. Edward Cowan, "Plan to Cut Gains Tax Draws Fire," *NYT*, 29 June 1978, D1에서 인용. Clyde Farnsworth, "Momentum for Tax Cut: A Lower Ceiling on Capital Gains Levies Wins Paradoxical Level of Political Support," *NYT*, 17 July 1978, D3도 참조.

37 Robert M. Collins, *More: The Politics of Growth in the Postwar United States*(New York: Oxford University Press, 2000), 179-82 참조.

38 Jude Wanniski, "The Mundell-Laffer Hypothesis A New View of the World Economy?" *Public Interest* 39(Spring 1975): 31.

39 1827년, 세이는 "과세를 극단적으로 밀어붙이면 국가를 풍요롭게 하지 않고, 개인을 가난하게 만드는 불행한 결과를 만든다. … 국민(신민)이 정부에 지불한 세금은 정부의 지출로 환급되지 않는다. 정부는 어떤 가치도 생산할 수 없기 때문에 결코 획득한 가치를 대체할 수 없다"고 썼다. Jean Baptiste Say, *A Treatise on Political Economy*, trans. C. R. Prinsep, from 4th ed.(London: Grigg Elliot, 1827), 412, 378. Paul Craig Roberts, *The Supply-Side Revolution: An Insider's Account of Policymaking in Washington*(Cambridge, Mass.: Harvard University Press, 1984), 20; Norman B. Ture, "The Department of the Treasury," in *Mandate for Leadership: Policy Management in a Conservative Administration*, ed. Charles Heatherly(Washington, D. C.: Heritage Foundation, 1981), 648도 참조.

40 Ture, 648. 투어는 케인스주의 수요 관리에 대해 일고의 가치도 없다며 신랄하게 비판했다. "공급경제학은 전반적인 수요경제학의 방법론을 거부한다. 실질적인 생산이 없다면 실질소득의 증가는 발생할 수 없다. 노동 그리고/혹은 자본 공급의 변화가 없다면 실질 생산에서 변화는 일어날 수 없다. 감세만으로 실질적인 가처분소득과 지출은 증가할 수 없다. 감세가

우선 노동과 자본 공급의 동기에 영향을 주고 이러한 생산 투입량 사용의 증가로 귀결되고 그 결과 실질소득이 오를 때, 어떤 실질적인 소득 증가도 발생할 것이다"(650).

41 Collins, 182.

42 이 보수주의 대안 집단의 성장에 대해서는 다음을 참조. Alice O'Connor, "Financing the Counterrevolution," in *Rightward Bound: Making America Conservative in the 1970s,* ed. Bruce Schulman and Julian Zelizer(Cambridge, Mass.: Harvard University Press, 2008); Steven Teles, "Conservative Mobilization Against Entrenched Liberalism," in *The Transformation of American Politics: Activist Government and the Rise of Conservatism,* ed. Paul Pierson and Theda Skocpol(Prince ton, N. J.: Princeton University Press, 2007), 160-88.

43 John Brooks, "Annals of Finance: The Supply Side," *New Yorker,* 18 April 1982, 100. 와니스키는 이 모임이나 냅킨에 적힌 것을 기억하는 유일한 사람이다.

44 Wanniski, ibid., 104에서 인용.

45 Norman Miller, "Tax Cut Plan Gives GOP a New Issue And a New Face," *Wall Street Journal,* 9 September, 1978 1.

46 Brooks, 106.

47 Rep. William Steiger(R.-Wisc.), Edward Cowan: "Issue and Debate: Capital Gains Tax: Wealth, Egalitarianism, the Economy," *NYT,* 9 June 1978, D3; Cowan, "Blumenthal Assails Bill Designed to Cut Capital Gains Tax," *NYT,* 16 May 1978, 47; Cowan, "Plan to Cut Gains Tax Draws Fire," *NYT,* 29July1978, D1에서 인용.

48 Prepared Statement of National Association of Manufacturers, Senate Committee on Finance, *Hearings: HR 13270: To Reform the Income Tax Laws,* 4, 5 September 1978, 9lst Cong., 1st sess.(Washington, D. C.: GPO, 1978), 229.

49 Prepared Statement of Jack Carlson, Chief Economist, National Chamber of Commerce in Senate Committee on Finance, *Hearings: HR 13270,* 246.

50 Cowan, "Blumenthal Assails Bill."

51 Eugene McCarthy, "Capital Gains and Carter's Economics," *Washington Evening Star,* 13 August 1978, reprinted in *Hearings: H. R. 13270,* 203-4.

52 "Rich, Poor, and Taxes," *Washington Post,* 2 June 1978, A16.

53 "How to Unsoak the Rich," *NYT,* 19 May 1978, A26.

54 Prepared Testimony of Andrew Biemiller, Legislative Director, AFL, CIO, *Hearings: H.R. 13270,* 427-28.

55 Statement of Leon Shull, on Behalf of Americans for Democratic Action, *Hearings: H. R. 13270,* 500-501.

56 Mullaney; Blumenthal quoted in Cowan, "Issue and Debate."

57 President Jimmy Carter, News Conference, 26 June 1978, "Transcript of President's News Conference on Foreign and Domestic Matters," *NYT,* 27 June 1978, A12.

58 Farnsworth.

59 Text of S. 125, Sunset Tax Act, Library of Congress, http://thomas.loc.gov.

60 '조세 지출'의 역사뿐만 아니라, 연방 예산에서 그 분담에 대한 분석과 관련해서는 Senate Committee on the Budget, *Tax Expenditures: Relationship to Spending Programs, Background Material on Individual Provisions,* 95th Cong., 2nd sess., September 1978, Committee Print. 참조. Christopher Howard, "The Hidden Side of the American Welfare State," *Political Science Quarterly* 108, 3(1993): 403-36도 참조.

61 이 조항은 1974년 예산법에 관련된 것이었다. 더 자세한 것은 Howard 참조.

62 Sen. Edward Kennedy(D-Mass.) speaking on behalf of the "Glenn Amendment" to the Tax Reform Act of 1978, *Congressional Record,* 95th Cong., 2nd sess., 7 October 1978, 34510- 12.

63 Sen. John Glenn(D-Ohio) on behalf of "Glenn Amendment," 34520.

64 Sen. Lloyd Bentsen(D-Tex.) against "Glenn Amendment," 34524.

65 Sen. Ted Stevens(R-Alaska) against "Glenn Amendment," 34529.

66 Ibid, 34530.

67 Sen. Clifford Hansen(R-Wyo.) against "Glenn Amendment." 34530.

68 Milton Friedman, "What Belongs to Whom," *Newsweek,* 13 March 1978, 71. IBM 천공카드에 적힌 경고 문구였던 "접고 찢거나 훼손하지 마시오"란 문구는 소외, 분리 (abstraction), 과잉 단순화(oversimplication), 그리고 인권유린(dehumanization)에 저항하는 1960년대의 구호가 되었다. 이 문구가 정치적으로 맨 처음 공개적으로 사용된 것은 1960 년대 초 캘리포니아 대학교 버클리 캠퍼스에서 자유언론운동(Free Speech Movement)의 한 회원에 의해서였다. Steven Lubar, "'Do Not Fold, Spindle, or Mutilate': A Cultural History of the Punch Card," *Journal of American Culture* 15, 4(Winter 1992): 43-55.

69 Ladd and Lipset, 65.

70 Farnsworth.

71 최근 연구는 작은 소수자 집단에게만 가시적인 혜택을 제공하는 빈곤층 지원이나 푸드 스 탬프 같은 프로그램을 위해서 다수에게 재정적 희생을 요구는 재분배 정책을 유지하는 데 높은 수준의 정치 신뢰가 필요함을 보여주었다. 신뢰는 "정부로부터 어떤 금전적 혜 택을 받는 낭비될 가능성"이 있는 "자격 없는" 집단을 돕는다고 인식될 때 더욱 중요하 다. 낮은 수준의 신뢰는 시민들이 재분배 정책을 덜 지지하게 만들 가능성이 높다. Marc J. Hetherington, *Why Trust Matters: Declining Political Trust and the Demise of American Liberalism*(Princeton, N. J.: Prince ton University Press, 2005), 83; John T. Scholz and Mark Lubell, "Adaptive Political Attitudes: Duty, Trust, and Fear as Monitors of Tax Policy," *American Journal of Political Science* 42, 3(1998): 903-20; Monica Prasad, *The Politics of Free Markets: The Rise of Neoliberal Economic Policies in Britain, France, Germany, and the United States*(Chicago: University of Chicago Press, 2006) 참조.

72 제안 13호는 몇 가지 방식을 통해 이를 가능하게 했다. 이 법안은 캘리포니아 지방정부의 재산세율 책정을 평가가치의 1%로 제한하도록 했다. 이는 1975년 자산평가 수준으로 되돌리는 것이었고, 미래 부동산 평가액의 증가율을 연간 2%로 제한했다(매매가 될 때까지). 마지막으로 향후 과세율을 높이려면 주의회 3분의 2 이상의 압도적 다수가 필요하도록 했다. 최근 몇몇 학자들은 제안 13호와 그것의 성공으로 '조세 저항'을 권리의 문제로 '전환'할 수 있었다고 주장했다. 제안 13호가 중요했다 하더라도, 미국 조세정치에서 결정적이었던 것은 아니었고, 그것만으로 미국 조세정치의 전환을 가져왔던 것은 아니었다. '권리로의 전환'은 이미 카터 대통령이 제안한 온건한 재분배 개혁안을 의회가 거부했을 때 분명해졌다. 더욱이 앞장에서 주장했듯이, 공화당 의원들과 보수주의 정치 기획가들은 1970년대 초부터 '침묵하는 다수'를 공화당 쪽으로 끌어들이기 위해 감세 의제를 개발하기 시작했다. 하지만 제안 13호는 의원들에게 "감세를 통해 정치적 승자(당선)가 될 수 있다"는 "결과에 초점을 맞추는" 기능을 했다. 1979년에 에버렛 칼(Everett Carl)이 지적했듯이, "적지 않은 정치 지도자들"이 "조세 저항이 마치 현저하게 강화된 것처럼 행동했다"는 사실은 "그 자체로 다수 대중의 여론정치와는 별개로 조세 저항에 상당한 영향"을 주었다. 아마도 가장 중요한 것은 엘리엇 브라운리와 유진 스튜얼(Gene Steurle)이 주장했듯이, 제안 13호의 성공이 "이 운동을 중간계급의 조세 저항에 둘러싸인 정부의 제한에 초점을 맞출 … 때가 되었다"는 확신을 레이건에게 주었다는 것이다. Everett Carl Ladd, Jr., with Marilyn Potter, Linda Basilick, Sally Daniels, and Dana Suszkiw, "The Polls: Taxing and Spending," *Public Opinion Quarterly* 43, 1(Spring 1979): 178; Isaac Martin, *The Permanent Tax Revolt: How the Property Tax Transformed American Politics*(Stanford, Calif.: Stanford University Press, 2008); Brownlee and Steuerle, "Taxation," in *The Reagan Presidency: Pragmatic Conservatism and Its Legacies,* ed. W. Elliot Brownlee and Hugh Davis Graham(Lawrence: University Press of Kansas, 2003), 157 참조.

73 Jimmy Breslin, "Prop. 13: The Shot Heard Round America," *Los Angeles Times,* 5 June 1978, C7; Roscoe Drummond, "Tax Revolt: The Political Impact," *Christian Science Monitor,* 28 June 1978, 23.

74 Bill Peterson, "GOP Plans 'Blitz' to Push Tax Cut Bill," *Washington Post,* 7 July 1978, A4.

75 『워싱턴 포스트』의 칼럼리스트인 아트 파인(Art Pine)에 따르면, 제안 13호는 "국가적 전망의 근본적인 변화 … 1960년대 말에 공유했던 부에 관한 철학의 종식과 빈자들에게 소득을 재분배하는 새로운 사회 정책을 실현하려는 의지"에 관한 전조(signal)였다. 주드 와니스키와 같은 제안 13호 지지자들은 조세제한운동을 "자신의 의무를 수행하지 못했던 정치 계급"에 대한 시민들의 비난을 보여주는 "민주주의의 유쾌한 모험"이라고 일관되게 추켜세웠다. Art Pine, "Revolt Against Taxes … And Performance," *Washington Post,* 11 June 1978, H1; Jude Wanniski, "The California Tax Revolt," *Wall Street Journal,* 24 May 1978, 22 참조.

76 Ladd et al., 127.

77 Jack Citrin, "Do People Want Something for Nothing? Public Opinion on Taxes and Government Spending," *National Tax Journal: Proceedings of a Conference on Tax and Expenditure Limitations* 32, 2(June 1979): 127, 117. 조세와 지출에 대한 유권자들의 태도와 연방, 주, 그리고 지방정부와 조세에 관한 상대적인 인지도에 관한 더 많은 사항은 ACIR, *1980: Changing Public Attitudes on Governments and Taxes, a Commission Survey*(Washington, D. C.: GPO, 1980) 참조.

78 Ladd ct al., 130에서 인용.

79 "'Welfare Queen' Becomes Issue in Reagan Campaign," *NYT,* 15 January 1976, 51. 문제의 여성이었던 린다 테일러(Linda Taylor)는 결국 불법 복지 수급과 위증으로 유죄 판결을 받았다. 그러나 순회법정(Circuit Court)은 그녀가 두 개의 가명을 사용해 8천 달러 상당의 공공부조물표(check)를 모았다고 판결했을 뿐이었다. "Chicago Relief 'Queen' Guilty," *NYT,* 19 March 1977, 8; Hetherington, 76-78 참조.

80 Sally Quinn, "Proposition Man: Howard Jarvis, the Tax Fighter, Is Riding High on Number 13," *Washington Post,* 29 June 1978, Bl에서 인용.

81 이러한 믿음은 주정부가 인플레이션으로 50억 달러의 잉여분을 축적해왔던 캘리포니아에서는 최소한 단기적으로는 어느 정도 정당화되었다. 유권자들은 주정부가 이러한 자금으로 제안 13호로 삭감된 예산을 보충할 수 있을 것으로 믿었다. William Oakland, "Proposition 13-Genesis and Consequences," *National Tax Journal* 32, 2, supplement: Proceedings of a Conference on Tax and Expenditure Limitations, Held at the University of California, Santa Barbara, 14-15 December 1978(June 1979): 387 참조.

82 Mervin Field, "Sending a Message: Californians Strike Back," *Public Opinion* 1, 1(July-August 1978): 5.

83 "Revolt over Taxes," *Time,* 5 June 1978, 12에 실린 사진.

84 Republican National Committee, Public Affairs Division, *The Carter Record,* August 1979, in *Papers of the Republican Party,* Reel 15, Frame 01165.

85 *Newsweek,* 19 June 1978에 실린 Proposition 13 현수막 사진.

86 Robert O. Self, *American Babylon: Race and the Struggle for Postwar Oakland*(Princeton, N. J.: Princeton University Press, 2003) 참조.

87 보수주의 조세정치는 인종적 의미를 부여해왔다. 민권운동 혁명과 현상 유지를 원하는 짐 크로(Jim Crow)와 같은 인종주의 옹호자 양측의 '과도함'에 치인 백인 노동 유권자와 중간계급 유권자 사이에 보수주의의 선거 기반 확대를 바라면서, 공화당은 인종 중립적이라는 세간의 평가를 받았지만, 암묵적으로 다수의 백인 비빈곤층의 합법적 권리를 소수의 비백인 빈곤층의 비합법적 권리주장과 다투게 하는 매우 매우 인종차별적인 정치를 완성했다. 민주당은 연방 재정을 '특별한 집단'에 집중하고자 했으나, 공화당은 연방 재정을 '모든 미국인들을 돕는 데' 쓰고자 했다. 민주당은 흑인의 사회적·경제적 발전을 보장하기 위해 "복

지의 확대, 정부 일자리와 소수인종 우선 정책(racial preference)"에 의존한 반면, 공화당은 "흑인, 그리고 모든 국민을 포함한 저소득 국민에게 더 많은 선택지를 부여하기 위해 … 장 막을 제거"하겠다고 약속했다. 공화당은 모든 미국인들을 위한 이동성은 정부의 문건이 아 니라 시장의 기적을 통해 가장 잘 제공될 수 있다고 공언했다. 로널드 레이건은 첫 번째 임 기 초에 NACCP에 "모든 미국인의 복지와 마찬가지로 흑인의 복지는 경제의 건전성과 직 접적인 연관이 있다"고 말했다. 처음에는 더 많은 국가정책을 도시에 거주하는 흑인에 집중 하는데 대한 관심이 인종차별에 반대하는 자유주의자들(racial liberal)에 의해 진전되었으나, 보수주의자들은 이러한 문화적 담론을 쉽게 장악하고, 이를 복지국가의 억제와 인종차별 에 반대하는 자유주의의 권위 실추(delegitimation)라는 전혀 다른 목표로 전환시켰다. 당시 공화당의 시장의 '인종 중립적. 포용성'에 관한 사례에 대해서는 RNC, *Fact Book 1978*. Reel 15, Frame 0295-0298; Ronald Reagan, "Remarks in Denver, Colorado, at the Annual Convention of the National Association for the Advancement of Colored People; 29 June 1981, *Public Papers of the President*, 575-76, Chappell, 247 인용 참조. 좌파와 우파 모두에 대한 인종주의 정책에 대한 비판은 Daryl Michael Scott, *Contempt and Pity: Social Policy and the Image of the Damaged Black Psyche, 1880-1996*(Chapel Hill: University of North Carolina Press, 1997). 참조. 이에 대해서는 Michael K. Brown, ed., *Whitewashing Race: The Myth of a Colorblind Society*(Berkeley: University of California Press, 2003)에 실린 논문들도 참조할 수 있음.

88 Charles Murray, *Losing Ground: American Social Policy, 1950-1980*(New York: Basic Books, 1984) 참조.

89 George Gilder, *Wealth and Poverty*(New York: Basic Books, 1981), xii, 128, 135. 길더와 머 리가 이러한 주장을 펼치는 유일한 사람들은 아니었다. 1970년대 중반, 한 보수주의 지식 인 집단-새로운 '반기득권' 보수주의 싱크탱크로 정착한-은 미국 자유주의의 기본적인 전 제 및 약속과 연계시키는 방식으로 인종의 의미를 재해석했다. 이 새로운 패러다임은 군 나르 뮈르달(Gunnar Myrdal)의 '미국인들의 딜레마'의 분석을 뒤집어 1970년대 인종과 계 급균열(division)을 섞어 놓았다. 신보수주의 지식인들-이들 중 다수는 좌파에 불만을 느껴 이탈한 사람들-은 사회경제적 불평등을 완화하고자 고안된 복지 프로그램을 포함한 소수 자 우대 정책을 짐 크로가 도덕적 등가성으로 정의한 인종 중심적이고 계급 중심적인 분석 으로 발전시켰다. 이러한 프로그램들-고용이나 대학 입학에서의 '할당'의 보장 여부나 '부 자'에서 '빈자'로 부의 재분배를 수행하는지와 상관없이-은 집단 권리 주장이라는 이름으 로 개인의 정당한 권리를 희생시키기 때문에 미국 자유주의 기본 원리에서 수용할 수 없 는 폭력을 대변한다는 것이었다. 이 새로운 보수주의 입장은 공민법과 투표법에서 약속 한 흑인의 정치적·시민적 권리는 인정했지만, 법에 따른 차별 철폐는 미국인들의 신념 을 위한 의무를 이미 충족시켜왔다고 주장했다. 평가하자면 인종차별의 형식적 구조는 없 어졌으므로 흑인 빈곤층의 지속적인 불이익은 문화적 결핍이나 시장 경제 질서의 자연스 럽고 정상적인-유감스러울지라도-결과라고 할 수 있다는 것이었다. Gunnar Myrdal, *An*

American Dilemma: The Negro Problem and Modern Democracy(New York: HarperCollins, 1944) 참조. 보수주의 '반체제 집단'에 관해서는 Edsall; Joel Rodgers and Thomas Ferguson, *Right Turn: The Decline of the Democrats and the Future of American Politics*(New York: Hill and Wang, 1986); Carol Horton, *Race and the Making of American Liberalism* (New York: Oxford University Press, 2005) 참조. '인종 중립적' 정신(ethos)에 대해서는 Matthew Lassiter, "Suburban Strategies: The Volatile Center in Postwar American Politics," in *The Democratic Experiment* 참조.

90 선벨트 지역의 발전에 관해서는 Bruce Schulman, *From Cotton Belt to Sunbelt: Federal Policy, Economic Development, and the Transformation of the South, 1938-1980*(Durham, N. C.: Duke University Press, 1994) 참조; 선벨트 지역 보수주의 민중들에 대해서는 Lisa McGirr, *Suburban Warriors: The Origins of the New American Right*(Princeton, N. J.: Princeton University Press, 2001) 참조.

91 Schulman and Zelizer, "Introduction," in *Rightward Bound* 참조.

92 White House, Office of the Press Secretary, "Fact Sheet: Fall Budget Program," 24 September 1981, Ronald Reagan Presidential Library(hereafter RRPL), Staff Member Office Files(hereafter SMOF), David Gergen Files, Box 3, File: Economy(June 1981-October 1982).

93 Sen. Bob Dole(RKans.), "Memorandum: Summary of the Principal Provisions of the Economic Recovery and Tax Act of 1981, as Agreed to by the Conferees," 1 August 1981, in RRPL, SMOF: Oglesby(Office of Legislative Affairs), Box 3of 12, File: Misc: Members of Congress.

94 Richard Darman, *Who's in Control? Polar Politics and the Sensible Center*(New York: Simon and Schuster, 1996), 7, Gareth Davies, "The Welfare State," in *Reagan Presidency,* 211에서 인용.

95 "Transcript of the President's News Conference on Foreign and Domestic Matters," *NYT,* 14 August 1981, A10.

96 ACIR, *1983: Changing Public Attitudes.*

97 "Transcript of the President's News Conference."

98 Robert Mason, *Richard Nixon and the Quest for a New Majority*(Chapel Hill, N. C.: University of North Carolina Press, 2003), 27에서 인용.

99 전후 대부분의 기간 동안, 민주당은 '국가 번영'을 가장 잘 유지할 수 있는 주체로서 분명한 우위를 가지고 있었지만, 1981년 5월에 이르러 민주당은 이러한 우위를 공화당에 넘겨주었다. 여론조사 결과, 응답자의 41%가 공화당이 "국가의 번영을 유지하는 데 더 적합하다"고 믿고 있었던 반면, 민주당에게 그러한 우위가 있다고 생각한 사람들은 28%였다. 갤럽 여론조사에 따르면, 공화당이 "번영의 주체로 민주당과의 차이"를 유지하고 넓힐 수 있다면, "주요한 정치적 재편"을 기대할 수 있었다. Gallup Poll, "May 3: Party Best for Peace and Prosperity," *The Gallup Poll: Public Opinion, 1981*(Wilmington, Del.: Scholarly Resources,

1982), 95-96.

100 ACIR, *1980: Changing Attitudes*, 2.

101 켐프-로스의 제안은 최상위층 소득 구간에 집중해서, 한계소득세율을 3년간 매년 10%씩 삭감하는 것이었다. 이 제안을 통해 또한 세율을 인플레이션율과 연계시킬 것이라고 약속했다. 이 프로그램 지지자들은 낮은 세율이 '몰수적 과세율'에 의해 현재 사기가 꺾인 생산적 투자를 자극할 것이라고 믿었다.

102 Susan Hansen, *The Politics of Taxation: Revenue Without Representation*(New York: Praeger, 1983), 86-97, table 3-2.

103 David Gergen, "Briefing Book on the Economic Package," RRPL, SMOF, David Gergen, Box I, File: Briefing Material-Economic Package, 14 April 1981. 이 '위임' 은 레이건 정책의 성공 여부에 결정적인 것이었다. 역사학자 길 트로이(Gil Troy)에 따르면, 대통령의 보좌관들은 대부분 위임받은 것이 실제-"기대로부터 위임의 형식과 권한(force) 이 발생"하는 중요한 개념인-보다 더 분명하다고 이해했다. 대부분의 분석가들은 1980 년 대선을 레이건의 정책에 대한 열정적인 승인이라기보다는 인기 없는 대통령을 거부한 것으로 해석했지만, 백악관은 마치 '대중'이 "미국을 통치할 새로운 공공철학의 추구를 인정"한 것처럼 행동했다. Gil Troy, *Morning in America: How Ronald Reagan Invented the 1980s*(Princeton, N. J.: Princeton University Press, 2005), 53-60 참조.

104 『애틀랜틱 먼슬리(Atlantic Monthly)』의 윌리엄 그라이더(William Greider)와의 논쟁적인 대담에서 데이비드 스토크먼은 켐프-로스 안과 ERTA가 요구한 '전면적인' 감세가 경제적 이유보다는 정치적인 이유로 필요하다는 점을 인정했다. 스토크먼은 공급 측면 감세의 어려운 부분은 최고 구간을 70%에서 50%로 낮추는 것이고, 나머지는 부차적이라고 털어놓았다. 그에 따르면, "원래 주장은 최고 구간 세율이 너무 높아서 경제에 가장 파괴적인 효과를 준다는 것이었다. 그래서 정치적 문제로서 이것을 입맛에 맞게 만들기 위해 모든 구간의 세율을 낮춰야 한다는 것이 일반적인 주장이었다. 하지만 내 생각으로는 켐프-로스 안은 최고 구간의 세율을 낮추기 위한 트로이의 목마였다." William Greider, "The Education of David Stockman," *Atlantic Monthly*, December 1981 참조.

105 Brownlee and Steuerle, 160.

106 Public Affairs Office, "Some Questions Answered," RLPL, Public Affairs, WHO, Box 2, File: Reagan Program for Economic Recovery.

107 "Draft Budget Speech, 27 April 1982, 8:00 p.m., RRPL, Craig Fuller Files, Series II, Subject Files, 1981-1985, OA 10972, Box 2, File: Economic/Budget Policy, April-May 1982.

108 "Draft: Budget Cutting Principles," 11 February 1981, RRPL, Speechwriting WHOO, Speech Drafts, 1981-1984, Box 2, File: "Address to Joint Session/Economy," 18 February 1981; Thomas M. Humbert, Memorandum, 3, 16-17, 1981, RRPL, SMOF: Edwin Meese, Box 5, File: Tax Bill Materials(5).

109 Reagan, Address to Joint Session; Reagan, "Address of the President to the Nation on the Economy," 5 February 1981, in Gerhard and Peters, 43132. 연설 다음 날, 재무성은 백악관에 연설에서 인용한 경제 통계와 이론들과 관련한 목록을 보냈다. 재무성 분석에 따르면, 통계의 많은 부분이 잘못되었고, 틀렸거나 확인할 수 없는 것들이었다. David Chew to Ken Khachigian, Memorandum, "Notes on the President's Speech," 6 February 1981, in RLPL, Speechwriting, WHOO, Speech Drafts, 1981-1989, Box 1, File: Address to the Nation(Economy) 참조.

110 Gallup Poll, 1981 "March 17: President Reagan," Gallup Poll, 59.

111 Andrew Kohut, "April 13: The Fragile Mandate," Gallup Poll, 1981, 79-80.

112 David Stockman, The Triumph of Politics: Why the Reagan Revolution Failed(New York: Harper and Row, 1986), 232에서 인용.

113 Adam Clymer, "Public Prefers a Balanced Budget to Large Cut in Taxes, Poll Shows," NYT, 3 February 1981, A1, B9.

114 Steven V. Roberts, "Congress Chiefs Predict Big Changes in Tax Plan," NYT, 10 March 1981, D1.

115 Rep. Ken Holland(D-S.C.) Steven W Roberts, "3 Conservative Democrats Wary on Tax Cut," NYT, 17 May 1981, 32에서 인용.

116 Citizens for Tax Justice, "The Reagan Tax Shift: A Report on the Economic Recovery Act of 1981, Part III, Why Did it Happen?" March 1982, 5, RRPL, CEA Records, Box I of 5, File: Economic Recovery Act of 1981: Effects(1).

117 Thomas P. O'Neill, Man of the House: The Life and Political Memoirs of Speaker Tip O'Neill(London: Bodley Head, 1987), 338, quoted in Davies, 211.

118 Office of the Press Secretary, "Fact Sheet"; Speech Draft on White House Stationery, 1981?(No Date). RRPL, Speechwriting, WHOO, Speech Drafts, 1981-1984, Box 2, File: Address to Joint Session, 18 February 1981.

119 Office of the Press Secretary, "Fact Sheet"; "Memorandum: Key Points on RR's Budget Cuts," RRPL, Public Affairs, WHO, Box 1, File: Reagan Tax Cut Plan(1 of 8).

120 Ronald Reagan, First News Conference on Foreign and Domestic Topics, 29 January 1981, "Transcript of President's First News Conference," NYT, 30 January 1981, A10.

121 Greider, "The Education of David Stockman."에서 인용. 예를 들어 2월 11일 '예산 삭감 원칙'에 관한 비공식 문건의 초고에는 프로그램 삭감 결정을 위한 8가지 목록이 제시되어 있었다. (1) 비비곤층에 대한 예산 배제, (2) 중간/고소득층 보조금 폐지, (3) 기업 보조금 폐지, (4) 지역 교부금 폐지, 5) 불필요한 중복 지원 중단, (6) 개별 지원 프로그램을 총괄 보조금으로 전환, (7) 비용 효과의 향상, (8) 비생산적 정책의 종식. "Draft: Budget Cutting Principles." 참조.

122 Gergen, "Briefing Book on the Economic Package."

123 Martin Anderson, "The Objectives of the Reagan Administration's Social Welfare Policy," in *The Social Contract Revisited: Aims and Outcomes of President Reagan's Social Welfare Policy*, ed. D. Lee Bawden(Washington, D. C.: Urban Institute Press, 1984), 113.

124 Troy, 71.

125 Palmer and Sawhill, 3.

126 백악관이 제안한 삭감액 중 약 11%만이 사회보장, 메디케어 혹은 실업보험에 영향을 주는 것이었다.

127 30과 1/3 조항은 사회보장법 수정안의 한 부분으로 1967년에 만들어졌다. 이 법률은 AFDC 수급자들에게 어떤 소득이더라도 최초 30달러와 추가 소득 3분의 1을 AFDC 급여 의 동일한 액수의 삭감 없이 제한하는 것으로 수급자들에게 근로의 재정적 동기를 제공하 기 위한 것이었다. Nancy E. Rose, *Workfare or Fair Work: Women, Welfare, and Government Work Programs*(New Brunswick, N. J.: Rutgers University Press, 1995), chaps. 4, 5 참조.

128 Palmer and Sawhill, 13; D. Lee Bawden and John L. Palmer, "Social Policy: Challenging the Welfare State," in Palmer and Sawhill, 92.

129 Chappell, 248.

130 Speech Draft on White House Stationery.

131 Bob Carleson, Memorandum for Ed Gray, 19 March 1981, RRPL, Martin Anderson Files, CFOA 88-91, Box 4, File: "Welfare, 2 of 3."

132 Chappell, 260.

133 Palmer and Sawhill, 14.

134 R. Kent Weaver, Ending Welfare as We Know It(Washington, D. C.: Brookings Institution Press, 2000), 68.

135 Morton C. Blackwell, Memorandum to Elizabeth Dole re "Outside Support for the President's Economic Package," RLPL, SMOF: Elizabeth Dole, Series I, Box 18, File: Economic Recovery.

136 Weaver 참조. Tom Joe, *By the Few, for the Few: The Reagan Welfare Legacy*(Lexington, Mass.: Lexington Books, 1985)도 참조.

137 "Draft Issue Alert: General Observations on the Urban Institute Report on The Reagan Experiment," 14 September 1982, RRPL, Edwin Meese Files, OA, 9456-9458, Box 25, File: Urban Institute Study: The Reagan Experiment.

138 Congress, House of Representatives, Office of the Majority Leader, "Some Questions and Answers for Democrats," 5 March 1981, RRPL, SMOF Oglesby, Box 4 of 12, File: Democratic Strategy.

139 Tip O'Neill, "Speaker's Statement: Press Conference," 8 April 1981, RRPL, Oglesby, Office of Legislative Affairs, Box 4 of 12, File: Democratic Strategy.

140 Steven V. Roberts, "Tax Pressures Illuminate Splits Among Democrats," *NYT*, 2 June 1981, Bll.

141 Chamber of Commerce economist Richard Hahn, *Citizens for Tax Justice*, "Reagan Tax Shift."에서 인용.

142 Office of the Majority Leader, "Some Questions and Answers for Democrats," O'Neill, "Speaker's Statement: Press Conference."

143 Edward Cowan, "Democrats Confronting Their Own Tax Dispute," *NYT*, 15 June 1981, Dl-D5; Howell Raines, "On Tax Cuts The President Gives While the Getting Is Good," *NYT*, 7 June 1981, El. See also Leonard Silk, "Economic Scene: Tax Writers' Christmas Tree," *NYT*, 26 January 1981, D2도 참조.

144 Gallup Poll, "June 7: Reagan's Economic Plan," *Gallup Poll, 1981,* 119-23.

145 7월 23일, 12개 기업의 CEO들이 조세 법안에 대한 로비를 위해 주저하고 있는 민주당을 방문했다. 12명의 CEO는 모두 "우리의 조세 법안이 한 사람의 부자가 낸 조세 법안이었다는 인식"에 맞서기 위해 "대통령이 TV에 출연해야 한다"는 데 동의했다. Elizabeth Dole, Memorandum to Ed Meese, Jim Baker, Michael Deaver, and Max Friedersdorf, "Re Intelligence on the Tax Bill," 23 July 1982, 1:30 p.m., RRPL, SMOF. Oglesby, Office of Legislative Affairs, Box 2 of 12, File: Letters/Presidential, 1 of 2.

146 Ronald Reagan, Address to the Nation, 27 July 1981, in RLPL, SMOF: Edwin Meese, Box 5, File: Tax Bill Materials(#3).

147 Rep. Tip O'Neill(D-Mass.) to reporters, from AP report, in RRPL, Oglesby, Office of Legislative Affairs, Box 3 of 12, File: O'Neill's Strategy.

148 C. Eugene Steuerle, *The Tax Decade: How Taxes Came to Dominate the Public Agenda*(Washington, D. C.: Urban Institute Press, 1991), 42.

149 Grover Norquist, Paul Krugman, "The Tax Cut Con," *NYT*, 14 September 2003에서 인용.

150 Jonathan Weisman, "Reagan Policies Gave Green Light to Red Ink," *Washington Post,* 9 June 2004, A11.

151 Palmer and Sawhill, 8.

152 Davies, 222.

153 Brownlee and Steuerle, 162, 168; Jacob Hacker and Paul Pierson, "Tax Politics and the Struggle over Activist Government," in Pierson and Skocpol, 262-63도 참조.

154 Palmer and Sawhill, 16.

155 W. Elliot Brownlee, "Tax Regimes, National Crisis, and State-Building in America" in Brownlee, *Funding the Modern American State,* 101.

156 Palmer and Sawhill, 9.

157 Paul Pierson, *Dismantling the Welfare State? Reagan, Thatcher, and the Politics of*

Retrenchment(Cambridge: Cambridge University Press, 1994), 169.

158 James Stimson, *Public Opinion in America: Moods, Cycles, and Swings* , 2nd. ed.(Boulder, Colo.: Westview, 1998), cited in Paul Pierson and Jacob Hacker, *Off Center: The Republican Revolution and the Erosion of American Democracy*(New Haven, Conn.: Yale University Press, 2006), 38-39.

에필로그 교착 상태의 미국 복지국가

1 Carl Campanile, "Bam on Gurard vs. 'Screw-Up': Warns NY Dems as McCain Zings 'Welfare' Tax Plan," *New York Post*, 18 October 2008.

2 Glenn Johnson, "McCain Criticizes Obama Tax Plan by Telling Florida Crowds to 'Hold onto Your Walets," *Associated Press Newswire*, 17 October 2008.

3 Joseph Curl, "McCain Calls Obama's Tax Plan Soicalist: Democrat Hits Back, Says Republicans Cuts 'Welfare,'" *Washington Times*, 19 October 2008, A1.

4 Julian Zelizer, "The Uneasy Relationship: Democracy and State Building Since the New Deal," in *The Democratic Experiment: New Directions in American Political History*, ed. Meg Jacobs, William J. Novak, and Julian Zelizer(Princeton, N. J.: Princeton University Press, 2003), 293.

5 Suzanne Mettler, "The Transformed Welfare State and the Redistribution of Political Voice," in *The Transformation of American Politics: Activist Government and the Rise of Conservatism*, ed. Paul Pierson and Theda Skocpol(Princeton, N. J.: Princeton University Press, 2007), 191.

6 C. Eugene Steuerle, *Contemporary U. S. Tax Policy*(Washington, D. C.: Urban Institute Press, 2004), 228.

7 Mettler, 191.

8 티파티 운동과 2010년 티파티 전당대회에 관해서는 Jonathan Raban, "At the Tea Party," New York Review of Books 57, 6(10 March 2010) 참조. 정치적 신뢰의 중요성에 관해서는 Marc J. Hetherington, *Why Trust Matters: Declining Political Trust and the Demise of American Liberalism*(Princeton, N.J.: Princeton University Press, 2005).

9 ANES, The ANES Guide to Public Opinion and Political Behavior, 표 5A. 5, "Trust in Government Index," http://www.electionstudies.org/nesguide/ . 정부신뢰지수는 정부의 공적 신뢰 척도로 설계된 네 가지 질문에 대한 여론조사의 응답으로 구성되어 있다. 표 5A.1-5A.4.

10 ANES, 표 5B.2, "People Don't Have a Say in What Government Does." 시민참여율의 하락에 대해서는 Robert Putnam, *Bowling Alone: The Collapse and Revival of the American*

Social Community(New York, Simon and Schuster, 2000).

11 정치적 무관심이 균등하게 적용되지는 않았다. 부유층과 더 많이 교육받은 시민들이 가난하고, 덜 교육받은 시민들보다 정치 활동에서의 투표와 참여가 더 많다. Suzanne Mettler and Richard B. Freeman, "What, Me Vote?" in *Social Inequality*, ed. Kathryn Neckerman(New York, Sage, 2004), 703-28 참조.

12 조세지출에 관해서는 Christopher Howard, *The Hidden Welfare State: Tax Expenditures and Social Welfare in the United States*(Princeton N. J.: Princeton University Press, 1997과 T*he Welfare State Nobody Knows: Debunking Myths About U. S. Social Policy*(Princeton N. J.: Princeton University Press, 2007) 참조. 사적 복지국가의 결과에 관해서는 Jacob Hacker, *The Divided Welfare State: The Battle over Public and Private Social Benefits in the United States*(Cambridge: Cambridge University Press, 2002) 참조.

13 ERISA에 관한 더 많은 이야기는 Jennifer Klein, *For All These Rights: Business, Labor, and the Shaping of America's Public-Private Welfare State*(Princeton, N. J.: Princeton University Press, 2003) 참조. 민권법 제7장에 관해서는 Nancy MacLean, *Freedom Is Not Enough: The Opening of the American Work Place*(New York: Sage, 2006) 참조.

14 Hacker, 16.

15 Brian Balogh, "Keep Your Government Hand Off of My Medicare: A Prescription Progressives Should Fill," *Forum* 7, 4(2009): 1. 물론 미국인들만 세금 신설을 싫어한다고 하기는 힘들다. 스벤 스타인모가 미국, 영국, 그리고 스웨덴의 조세정치에 대한 교차 국가 연구에서 제시한 바와 같이, "누구도, 어떤 나라도 새로운 세금에 대해 좋게 생각하지 않는다." Sven Steinmo, *Taxation and Democracy: Swedish, British, and American Approaches to Financing the Modern State*(New Haven, Conn.: Yale University Press, 1993), 제7장 참조.

16 노사 간 민주주의 대신에 부가 급여를 추진한 노동조합의 결정에 관해서는 Nelson Lichtenstein, "From Corporatism to Collective Bargaining: Organized Labor and the Eclipse of Social Democracy in the Postwar Era," in T*he Rise and Fall of the New Deal Order, 1930-1980*, ed. Gray Gerstle and Steven Fraser(Princeton, N. J.: Princeton University Press, 1989), 144-45 참조.

17 Walter Klodrubetz, Office of Research and Statistics, Department of Health, Education and Welfare, *Growth in Employee Benefit Plans, 1950-1965*, reprinted in House Committee on Ways and Means, *Hearings: President's Proposals for Revision in the Social Security System*, 90th Cong., 1st sess., 20-23 March, 4, 5 April 1967(Washington, D. C.: GPO, 1967), 403-4.

18 White House Task Force Income Maintanance(IMTF), Report, 21 November 1966, Lyndon B. Johnson Library, WHCF, Legislative Background on the Social Security Amendments of 1967, Box 1, Report of Income Maintanance Task Force, File: Report of Income Maintanance Task Force.

19 Center for Budget and Policy Priorities, "Strengths of the Safety Net: How the EITC, Social Security, and Other Government Programs Affect Poverty," 9 March 1998, https://www.cbpp.org/archiveSite/snd98-rep ., 2011.1.30. 검색.

20 Mettler, 212-13. 사회복지 프로그램들이 정치적 시민권을 생성할 수 있는 방식에 관한 분석은 Andrea Louise Campbell, *How Policies Make Citizens: Senior Political Activism and the American Welfare State*(Princeton, N. J.: Princeton University Press, 2003). 전국복지권기구 (NWRO)에 관한 연구가 보여준 바와 같이, 인기 없고, 낙인찍는, 소액의 프로그램이라고 할지라도 수급자들의 정치화에 기여할 수 있다. NWRO가 단명했고, 복지권을 위한 대규모 투쟁이 주로 전후사에서 커다란 오류 중 하나로 평가받았지만, 이 운동에 대한 콘블루의 연구는 흑인해방운동과 연대하여 AFDC를 통해서 복지 수급자들이 물질적이고 수사적 자원을 가지고 그들의 정치적 권리를 행사했던 방식에 대해 제시하고 있다. Felicia Kornbluh, *The Battle for Welfare Rights: Politics and Poverty in Modern America*(Philadelphia: University of Pennsylvania Press, 2007) 참조.

21 Paul Krugman, "Health Care Realities," *NYT*, 31 July 2009, 23.

22 경제 쟁점에 대해 민주당이 '유리하다(win)'고 가정하는 '통념(conventional wisdom)'에 관한 사례는 Thomas Frank, *What's the Matter with Kansas: How Conservatives Won the Heart of America*(New York: Metropolitan Books, 2004); 토머스 프랭크, 김병순 옮김, 『왜 가난한 사람들은 부자를 위해 투표하는가: 캔자스에서 도대체 무슨 일이 있었나』, 서울: 갈라파고스, 2012.

23 Mark A. Smith, "Economic Insecurity, Party Reputations, and Republican Ascendance," in Pierson and Skocpol, 143, 146-50.

24 Jacob Hacker, *The Great Risk Shift: The Assault on American Jobs, Families, Health Care, and Retirement, and How You Can Fight Back*(New York: Oxford University Press, 2006), 27, 24.

25 Klein, 263.

26 Ben Wattenberg, Memorandum to Douglas Carter, "Talking Points for Monday Speech to AFL-CIO Policy Committee," 4 February 1967, LBJL, Welfare(EX WE 9), Box 28, File: WE 9, 1 January-8 February 1967.

27 미국정치의 재정화(fiscalization)에 관해서는 Paul Pierson, *Dismantling the Welfare State? Reagan, Thatcher and the Politics of Retrenchment*(Cambridge: Cambridge University Press, 1994); 폴 피어슨, 박시종 옮김, 『복지국가는 해체되는가』, 서울: 성균관대학교 출판부, 2006; C. Eugene Steuerle, *The Tax Decade: How Taxes Came to Dominate the Public Agenda*(Washington, D. C.: Urban Institute Press, 1991) 참조.

28 Pew Research Center for the People and the Press, *Deconstructing Distrust: How Americans View Government*(1998), http://people-press.org/reports/display.php3?ReportID=95, Howard, *Welfare State Nobody Knows*, 118에서 인용.

29 Howard, *Welfare State Nobody Knows*, 119.

30 정부간관계자문위원회(ACIR), 1981에 관해서는 *Changing Public Attitudes on Governments and Taxes: A Commission Survey*(Washington, D. C.: GPO, 1981), 1 참조.

31 1996년 복지개혁법안의 개괄적 내용에 대해서는 R. Kent Weaver, *Ending Welfare as We Know It*(Washington D. C.: Brookings Institution Press, 2000) 참조. 미국에서 인종 및 젠더적 편향과 '복지 개혁'과의 관계에 관한 비판적 분석은 Gwendolyn Mink, *Welfare's End*(Ithaca, N. Y.: Cornell University Press, 1998) 참조.

32 Steuerle, *Contemporary Tax Policy*, 표 3.4, 45.

33 Howard, *Welfare State Nobody Knows*, 99.

34 Christine Smith, *The Earned Income Tax Credit(EITC): An Overview*(Washington, D.C.: Congressional Research Service, 9 May 2009), 8.

35 Terry Neal, "Bush Faults GOP Spending Plan: 'I Don't Think They Ought to Balance Their Budget on the Backs of the Poor'," *Washington Post*, 1 October 1999, A1.

36 Mettler, 213.

37 Steinmo, 195.

38 1991년 예산 결의에서 채택된 페이고(PAYGO) 규정에 관해서는 Zelizer, 292; Steuerle, *Comtemporary Tax Policy*, 162-64 참조.

39 Hacker, *Divided Welfare State*, 315.

40 Jacob Hacker and Paul Pierson, "Tax Politics and the Struggle over Activist Government," in Pierson and Skocpol, eds., 257-80; Hacker and Pierson, *Off Center: The Republican Revolution and the Erosion of American Democracy*(New Haven, Conn.: Yale University Press, 2005).

41 Katrina and Van Den Heuvel, "Books of the Times: Cabinet Member Picks His Loyalty and Pays the Price," *NYT*, 4 February 2004, E10에서 인용.

42 복지국가에 대한 직접적인 공격이 결실을 맺지 못하자 보수 진영은 세련된 기교를 선보였다. 일련의 장기 침체와 더불어, 2001년과 2003년의 감세로 인한 예산 파행으로, 새로운 사회지출 프로그램은 고사하고, 현행 사회수당 체계에도 위협을 가하며 심각하게 국가 "재정을 고갈시키는" 복지국가 축소에 찬성하는 여론이 강화되었을지도 모른다. 이전엔 보수 우파의 일부 급진파가 담당했던 '민영화' 의제가 공화당 주류로 진입했다. 하나의 정책이자 정치적 책략으로서 기존의 사회보장제도를 대체하는 민영화된 퇴직금 계정을 도입하려는 조지 W. 부시 대통령의 계획은 실패했지만, 하원 예산위원회의 폴 라이언(Paul Ryan, 위스콘신주) 의원이 만든 공화당의 '미국의 미래를 위한 로드맵(Roadmap for America's Future)'에는 사회보장 체계에 '사적' 계정 도입이 포함되어 있고, 메디케어, 메디케이드, 그리고 아동건강보험프로그램(CHIP)을 저소득 가정, 노령층, 그리고 장애인들이 민간 의료보험을 구입할 수 있도록 바우처 체계(voucher system)로 대체하자고 제안하고 있다. 민영화의 정치에 대한 더 많은 부분은 Jacob Hacker, "Privatizing Risk Without Privatizing the Welfare State: The Hidden Politics of Social Policy Retrechment in the United States," *American*

Political Science Review 92, 2(2004): 243-60 참조. 라이언의 '로드맵'에 대한 예산과 정책우선성 센터(CBPP)의 분석은 Paul N. Van de Water, "The Ryan Budget's Radical Priorities," 10 March 2010, Center on Budget and Policy Priorities, http://www.cbpp.org/cms/index.cfm?fa=view&id=3116 참조.

색인

기타

ㅊ ㅋ ㅌ ㅍ ㅎ

인명 색인

감사의 글

이 책은 거의 10년에 걸친 작업의 결과로 내 동료와 친구들, 그리고 가족의 지원과 이해, 그리고 격려가 없었다면 불가능했을 것이다. "글쎄 … 이건 세금에 관한 책이야"라는 말을 들은 후, 나는 나의 말을 매우 주의 깊게 들어주려고 하는 좋은 사람들을 만나는 믿기지 않는 행운을 누렸다.

나는 다행스럽게도 미시건 대학교에서 친구이자 조언자인 매튜 래시터Matthew Lassiter를 만났다. 매튜는 나와 같은 해에 앤 아버Ann Arbor 캠퍼스에 부임했는데, 2000년 가을 그의 대학원 세미나에 참석한 것은 나에게는 너무나도 완벽하고 놀라운 행운이었다. 그는 나에게 적재적소의 조언과 사려 깊은 비판을 해주었고, 새로운 연구 및 분석 방법, 그리고 '큰 틀의 사고big ideas'를 하도록 독려했다. 이 작업과 나에 대한 그의 믿음-나 스스로의 믿음이 흔들릴 때조차도-에 영원한 감사를 드린다.

마리스 비노프스키스Maris Vinovskis에게도 역시 고마움을 전한다. 초고에 대한 그녀의 꼼꼼하고 비판적인 독해 덕분에 내 가설에 대해 몇 가지를 재고하게 되었고, 특히 정책과 정치의 관계에 대한 내 생각을 명확히 할 수 있었다. 지나 모란츠-산체스Gina Morantz-Sanchez 또한 '지식인 독자'의 역할을 자처하면서 헤아릴 수 없는 도움을 주었다. 또한 지나와 제프 일리Geoff Eley는 세미나를 통해 역사 연구에 대한 나의 사고방식을 변화시켜 전체적인 세계관으로 이끌어주었다. 이것에 대해 그들에게 감사한다. 토니 첸Tony Chen에게도 고마움을 전한다. 그는 나를 거의 알지 못했을 때도 한 사람의 독자가 되어달라는 데 동의해주었고, 친구가 된 이후에는 학술대회에 종종 참석해 나에게 힘이 되어주었다.

나는 내 첫 번째 강의 연도를 잘 보내게 해준 소냐 로즈(Sonya Rose)와 캐롤 칼슨Carol Karlsen, 그리고 톰 굴리엘모Tom Guglielmo에게도 빚을 졌다. 릴리 가이즈머Lily Geismer, 캐시 워보이스Kathy Worboys, 타마르 캐롤Tamar Carroll, 타마라 워커Tamara Walker, 앨런 워드Allen J. Ward, 로브 맥린Rob MacLean, 그리고 토드 로빈슨Todd Robinson과 같은 동료이자 친구들은 앤 아버에서의 생활과 연구, 그리고 강의가 훨씬 잘 되도록 도와주었다. 특히 케이트 루온고Kate Luongo에게 특별한 감사를 전한다. 그녀는 그녀가 가진 모든 우정과 사랑을 전해주었으며, 완벽한 일을 동시에 할 수 있다는 점을 일깨워주었다.

정책사에 대한 나의 관심은 학부 과정과 말단 하급 직원으로서의 의회 경험 모두에서 나왔다. 애머스트 대학에서 사료 조사에 처음 발을 들여놓았을 때 나를 지도해준 프랭크 쿠바스Frank Couvares와 마사 색스톤Martha Saxton에게 특히 감사드린다. 아직도 가끔 내 집 같다는 생각이 드는 워싱턴 D. C.에서 지낸 짧은 기간에 만났던 훌륭한 분들에게도 고마움을 전한다. 그들의 조언과 입법 활동에 대한 헌신은 정책과 정치가 여전히 중요하다는 확신을 갖는 데 일조했다. 특히 우정과 지원을 보내주고, 내가 지역 조사를 위해 워싱턴 D. C.로 잦은 출장을 떠나 숙박 장소가 필요할 때 그들의 집에서 묵게 해준 메리베스 살로몬 테스타Marybeth Salomone Testa, 제이슨 박Jason Park, 그리고 앨리사 카로셀리Alyssa Caroselli에게 감사하고 싶다.

이 작업은 많은 기관의 지원이 없었다면 성사될 수 없었을 것이다. 미시간 대학교 및 래컴 대학원의 관대한 재정적 지원으로 내 연구를 구체화할 수 있었으며, 비교적 짧은 시간에 완료할 수 있었다. 스미소니언 연구소Smithsonian Institution와 국립미국사박물관National Museum of American History은 워싱턴 D. C.에서 몇 개월간 머무를 수 있게 해주었을 뿐만 아니라, 박물관에 소장된 수많은 정치 유인물을 이용할 수 있게 해주었고, 줄리아 차일드의 부엌Julia Child's Kitchen* 전시관에서 지근거리에 있는 책상을 하나 내주었다. 린든 존슨 도서관에서 받은 연구 지원금으로 오스틴에서 일주일을 제2장과 제3장의 연구를 위해서 보낼 수 있었다. 사실 이 책은 미 의회도서관 열람실, 국립문서기록관리청NARA, 닉슨 대통령 문헌자료보관소, 린든 존슨 대통령도서관, 로널드 레이건 대통령도서관, 미시간대 벤틀리 역사도서관, 그리고 위스콘신 역사협

---

* 제2차 세계대전이 끝난 후 6년간 파리에 체류하면서 6개월간 코르동 블뢰 요리학교를 다녔고, 일류 요리사인 막스 뷔냐르에게 사사받은 후 미국에 돌아와 프랑스 전통요리를 텔레비전을 통해 소개한 인물로, 그녀의 부엌이 박물관에 재현되어 있다.

회 사서들과 기록 보관원들의 도움이 없었다면 불가능했을 것이다.

나는 특히 버지니아 대학교와 밀러공공행정센터Miller Center of Public Affairs
에 신세를 졌다. 나는 밀러센터의 1기 연수생으로 있으면서 수많은
경험을 쌓았다. 브라이언 발로와 시드니 밀키스Sidney Milkis는 진정으로
특별한 무언가를 만들어주었고, 정책과 정치를 진지하게 받아들였던
신세대 학자들에게 칭송받을 만한 자격을 갖추었다. 또한 밀러센터는
줄리안 젤라이저Julian Zelizer를 소개해주었는데, 하원 세입위원회 윌버
밀스 위원장과 조세정치에 관한 그의 연구는 이 책에 영감을 주었다.
그리고 그는 내 연수 기간에 지도교수단 일원이 되는 데 흔쾌히 동의
해주었다.

또한 이 책이 출판되는 데 도움을 준 워싱턴 앤드 리 대학교의 내
친구들과 동료들에게 감사하고 싶다. 워싱턴 앤드 리 대학교의 다른
수많은 동료들만큼 게리 렌페스트Gerry Lenfest와 교수 연구 개발에 대한
그의 조언에 많은 빚을 졌다. 렌페스트 여름 학기 연구 보조금의 넉넉
한 지원으로 남부 캘리포니아, 워싱턴 D. C. 그리고 위스콘신에서의
연구 원정을 수행할 수 있었고, 인쇄용 원고를 완료할 수 있었다. 또
한 워싱턴 앤드 리 대학교의 역사학과 동료들, 특히 최근 5년 동안 지
원해준 테드 델라니Ted Delaney, 홀트 머천트Holt Merchant, 그리고 데이비드
피터슨David Peterson, 세 분의 학과장에게 감사를 드리고 싶다. 사라 호로
위츠Sara Horowitz, 데이비드 벨로David Bello, 마크 캐리Mark Carey, 그리고 존 이
스트우드Jon Eastwood에게 각별한 고마움을 표한다. 이들의 지원과 우정
으로 렉싱턴에서의 내 삶의 질과 교수와 학자로서의 내 일의 역량 모

두 향상되었다. 펜실베이니아 대학교 출판사의 모든 이들, 특별히 밥 로크하트Bob Lockhart에게도 감사를 표한다. 밥은 처음부터 이 연구의 잠재성을 알아보았고, 이 잠재성이 실현되도록 항상 나를 독려했다. 밥의 비판적 시각이 없었다면 이 책은 매우 달라졌을 것이고, 또한 아주 볼품없어졌을 것이다. 아일린 보리스Eileen Boris, 마고 캐나데이Margot Canaday와 내 절친 브래들리 라이체크Bradley Reichek를 포함한 모들 이들에게도 고마움을 전한다. 이들은 사려 깊은 제안과 비평으로 인쇄용 초고에 조언을 해주었다.

내가 정말 좋아하는, 버팀목이 되어주는 사랑하는 가족의 일원이 된 것은 엄청난 행운이다. 나의 할머니 낸시 윌리엄스Nancy Williams는 정치적·사회적으로 적극적 시민이 어떤 모습이어야 하는지 보여주는 본보기다. 그녀의 원기 왕성함, 지적 호기심 및 사회정의에 대한 헌신은 끊임없이 영감을 불어넣어주고, 경직되고 둔감하지 않고도 나이가 들어갈 수 있다는 것을 깨닫게 해준다. 남동생 댄Dan은 세상에서 내가 가장 좋아하는 사람이고, 내가 알고 있는 사람 중 가장 재미있는 사람이다. 대부분의 사람들은 한 달에 한두 번 그들의 형제들과 이야기를 나누지만, 나는 뭔가 재미있는 일, 화나는 일이나 중요한 일이 일어날 때마다 내 형제들과 이야기한다.

이 작업을 하는 동안 정말 필요한 위안을 주고, 정서적인 지원을 해준 학술계 밖의 내 친구들에게 사랑과 감사를 전한다. 특히 내 애머스트 친구들, 타라 콜Tara Kole, 트리나 리어 버크Trina Lear Berk, 슬론 퍼니스Sloane Furniss, 시드 스티븐스Cyd Stevens에게 고마움을 표하고 싶다. 아만다 아놀드 샌소니Amanda Arnold Sansone, 그리고 내가 여전히 그리고 항상 내 룸메이트라고 하고 싶은 헤더 '케스 도기독' 그린Heather 'Kess Doggy Dog' Green에게도.

내 렉싱턴 가족들, 폴Paul, 릴리Lily, 그리고 오레오Oreo. 나를 웃게 만들고 너무도 사랑해주어서 고맙다.

누구보다 변함없이 나를 지원해주는 내 어머니와 아버지, 크리스Chris와 데이비드 미셸모어David Michelmore에게 감사드리고 싶다. 두 분 모두 이 방대한 초고를 읽고 절실했던 격려뿐만 아니라, 아낌없는 충고, 수정을 위한 구체적인 제안을 해주셨다. 두 분의 도움과 지도가 없었다면 결코 이 계획을 끝내지 못했을 것이다. 두 분께 정말 사랑한다는 말을 전한다. 이 책은 두 분을 위한 것이다.

미국은 왜 복지국가
만들기에 실패했나

조세정치와 미국 자유주의의 한계

초판 1쇄 발행 2019년 7월 22일
개정판 1쇄 발행 2020년 2월 28일
개정판 2쇄 발행 2020년 6월 12일

지은이	몰리 미셸모어
옮긴이	강병익
펴낸이	최용범

편집	김진희, 박호진, 김소망
디자인	김규림, 김태호
관리	강은선

펴낸곳	페이퍼로드
출판등록	제10-2427호(2002년 8월 7일)
주소	서울시 동작구 보라매로5가길 7 1322호
이메일	book@paperroad.net
블로그	https://blog.naver.com/paperoad
포스트	https://post.naver.com/paperoad
페이스북	www.facebook.com/paperroadbook
전화	(02)326-0328
팩스	(02)335-0334

ISBN   979-11-90475-09-9 (03340)

• 이 저서는 2014년도 정부(교육부)의 재원으로 한국연구재단의 지원을 받아 수행된 연구임(NRF-2014S13A2044833)